统计软件应用与方法系列丛书

基于R的应用统计

（第二版）

主　编　徐德义
副主编　李奇明　李忠武
编　委　（以姓氏笔画为序）
王林珠　王德运　石跃勇　李奇明
李忠武　汪小英　诸艳霞　徐德义

中国统计出版社
China Statistics Press

图书在版编目(CIP)数据

基于R的应用统计 / 徐德义主编 ；李奇明，李忠武副主编. —— 2版. —— 北京 ：中国统计出版社，2023.4(2026.1重印)
(统计软件应用与方法系列丛书)
ISBN 978－7－5230－0122－6

Ⅰ. ①基… Ⅱ. ①徐… ②李… ③李… Ⅲ. ①统计分析—应用软件 Ⅳ. ①C819

中国国家版本馆CIP数据核字(2023)第061097号

基于R的应用统计(第二版)

作　　者/徐德义
责任编辑/姜　洋
封面设计/黄俊杰　张　冰
出版发行/中国统计出版社有限公司
通信地址/北京市丰台区西三环南路甲6号　邮政编码/100073
发行电话/邮购(010)63376908 书店(010)68783171
网　　址/https://www.zgtjcbs.com/
印　　刷/河北鑫兆源印刷有限公司
经　　销/新华书店
开　　本/787mm×1092mm 1/16
字　　数/400千字
印　　张/16.75
版　　别/2023年4月第2版
版　　次/2026年1月第2次印刷
定　　价/55.00元

第二版前言

本书自2019年首次出版以来，社会反响较好，同时也收到很多来自读者的宝贵意见和建议。为适应大数据时代数据更新极其频繁的特点，落实全面推进高校课程思政建设的要求，本书编写组适时启动了这次再版工作。

第二版的主要变化有：

第一，立足课程思政思想。将课程思政元素贯穿教材编写始终，选择与教学内容结合密切、能够反映我国改革开放以来经济社会发展成就的案例作为部分章的开篇引例，引导学生将统计方法与实践应用深度融合。同时，还搜集整理了国家及省级宏观经济面板数据和城乡居民社会养老保障调查数据，借助案例分析和可视化手段客观呈现我国经济社会在取得高速发展和巨大进步的同时，尚存在区域差异和配套不完善的现实。

第二，优化章节结构安排。将第一版的第3章"总体与样本"适度简化后与第1章"导论"进行了合并，构成了第二版的第1章"绪论"；第一版的第2章"R语言基础"分解为第二版的第2章"R语言快速入门"和第4章"数据的图形展示"；第二版还新增了用于分类数据统计分析的第9章"列联分析"。

第三，调用全新R生态系统。方便、灵活、友好的tidy流以及强大、易用、扩展性强的ggplot2的出现，弥补了R基础系统的诸多缺陷和不足。当今应用最广泛的统计软件R不断推陈出新，编写组基于全新的R生态系统对所有的代码进行了更新和调试，并以RMarkdown格式输出。命令代码与执行结果的交互也更便于读者理解统计方法的内涵和案例结果的重现。

第四，更新例题和习题数据。除了采用本书配套的数据集以外，将很多经典R扩展包中的经典数据集以例题或习题的方式介绍给读者，让读者更好地领略R的强大功能，感受R的无所不在。

在第一版的基础上，编写人员对第二版进行了交叉修订编写。具体分工如下：第1章(徐德义)，第2章(徐德义、李忠武)，第3章和第9章(李奇明)，第4章(诸艳霞、李忠武、徐德义)，第5章(汪小英)，第6章(李忠武)，第7章(王林珠)，第8章和第12章(王德运)，第10章(石跃勇、李忠武)，第11章(诸艳霞)。全书由李忠武负责统纂工作。

感谢为本书再版提出宝贵意见和建议的同仁和学生，感谢中国统计出版社的大力支持，感谢R社区和Github论坛各位R用户的无私帮助。书中若有错误和不妥之处，敬请广大读者批评指正，我们将秉承实事求是、与时俱进和精益求精的精神，渴求本书不断完善以飨读者。

本书所有的原始数据以及例题、习题答案和全部图形的原始代码均可在网站(https://www.zgtjcbs.com)下载。

徐德义

2023年1月于光谷未来城

第一版前言

以互联网、物联网和社会网络为信息互联互通纽带，以人工智能为技术特征的大数据时代的到来，人们的生活、工作和思维正在发生着迅猛的改变。以数据为研究对象的方法论学科——统计学面临着极大的挑战，同时也迎来了极佳的发展机遇。统计学一方面必须进行自身革新，将传统方法推广到大数据领域，发展传统的统计思维以适应新时代的需要；另一方面必须更紧密地与计算机和网络等新技术科学进行结合，有效地应对从体量庞大、增速迅猛、结构复杂的大数据中抓捕有用信息的技术挑战。

统计学在经济、管理等人文学科，生物、环境、地质等自然科学中的应用同样需要更多的新技术和新方法，而这些新技术和方法都需要编程语言去实现。适应技术和方法快速更新的统计编程语言非 R 莫属。让学生一接触统计学时就用 R 语言，以便学生在掌握基本的统计方法的同时熟练地掌握使用 R 去实现统计方法的技术，进而在统计方法更新时能够迅速应对。我们认为这样既懂统计方法又懂统计编程技术，不仅仅对学生今后从事与统计方法有关的各个学科领域的科研工作很重要，而且对学生今后在与广阔的数据科学有关的行业从业也很重要，没有技术的方法和没有方法的技术都很难适应时代发展的需要。正是这种考量让我们策划了本教材的编写。

我们在遵从课程教学大纲的前提下，教材中统计学的内容尽量做到问题导向，用经济管理等领域的实际问题引出相关的统计方法，尽量简化理论推导，尽量使用现实数据，让学生切实体会到统计在现实生活中无处不在，看得见摸得着。由于所有的计算都是用 R 实现的，所以舍去了传统教材中各种分布的概率表等附加内容。在 R 语言部分的编写方面，不追求内容的完整性，仅仅限于 R 的最基本、最核心的内容，用一条主线贯穿全部内容，省去了旁枝末节，用最少的学时让学生掌握基本技能，这样是不会对今后的拓展带来障碍的。在 R 语言运用方面尽可能直奔主题，不对各种命令和函数的详细功能做介绍。由于关于 R 的书籍很多，而且 R 没有一天停止过扩展，因此我们也没有列出多余的 R 函数和命令，而把它们留给学生自己去拓展。本教材所有例题和习题的配套数据可在中国统计出版社官网（网址：https://www.zgtjcbs.com）下载使用。

本教材的编写是以统一规划、统一要求、分工合作的形式进行的。第 1 章"导论”和第2章“R语言基础”由徐德义完成；第3章“总体与样本”和第4章“数据整理与展示”由李奇明完成；第6章“统计量与抽样分布”及第5章“数据的统计特征”的第3节和第4节由诸艳霞完成；第7章“参数估计”由石跃勇完成；第8章“假设检验”和第5章的第1节由汪小英完成；第9章“方差分析”和第5章第2节由王林珠完成；第10章“一元线性回归分析”和第11章“多元线性回归分析”由李忠武完成；第12章“非参数统计”由王德运完成；全书由李忠武总纂稿。本教材适合经济、管理等人文社科专业和资源、环境、生物等自然科学专业本科生使用，也可供其他专业本科生选用。该课程教学建议以高等数学、概率论和线性代数为先导课程。建议授课64学时，其中上机实习12～18学时。部分章节可以根据不同专业要求做适当取舍。

因水平有限，书中定有不少错漏，敬请读者批评指正；内容取舍、图文表达定有不妥之处，诚请读者不吝赐教，以便我们不断完善。

徐德义

2019年4月

目 录

第 1 章　绪　论

【统计名人名言】

在终极的分析中，一切知识都是历史；在抽象的意义下，一切科学都是数学；在理性的世界里，所有的判断都是统计学。

——［印度］拉奥

不明于数欲举大事，如舟之无楫而欲行于大海也。

—— 管仲

1.1　统计学及其发展

统计思想、统计方法的产生与发展是与人类生存、生活和生产的发展同步的，其起源可以追溯到人类的远古时期。人类在生产活动中自觉地进行观察，记录观察到的结果——这也是人类最初使用文字和计数的起源，从积累的记录中总结出经验，最后将经验用来预测事物的未来，指导今后的实践。这种“观察→记录→总结→预测→指导实践”的过程就是一个统计过程。

个人在生活和工作中或多或少、自觉或不自觉地做一些统计；政府部门、企事业单位为有效地管理需要统计；公司为提高生产效率，从而获得更大利润需要统计；一个国家为管理好整个社会，保障人民的生活，促进国家的进步更离不开统计。事实上，统计成为一门学科正是为研究国家的人口、生产和经济等状况而产生的。社会发展至今天，统计已经存在于社会的各个层面，存在于各行各业，存在于各个领域，而统计作为一门学科也得到了前所未有的发展。

1.1.1　什么是统计学

从研究对象来讲，统计学是关于数据的科学。从研究内容来讲，统计学是收集、组织、分析、解释和描述数据的科学。从学科范畴来说，统计学是关于方法论的学科。因而，统计学是研究如何测度、收集、整理和分析反映客观现象有关信息的数据，以帮助人们正确认识客观世界数量规律的方法论学科。统计自从成为了一门学科，其方法在生产、生活及管理中的应用就成了一种自觉行为或一种制度。

统计所研究的对象往往具有随机性，也就是因为影响因素太多而事先不知道确切结果的对象。比如明年的国内生产总值、居民消费价格指数、某只股票明日的开盘价、某一年龄段人群患重大疾病的比例、长江的下一个洪峰的高度，等等。

确定了研究的对象后，就用适当的手段获取反映对象相关信息的数据。获取数据的手段有观察测量、社会调查、科学实验等，随着科学技术的发展，人们获取数据的手段越来越先进，以至数据量以前所未有的速度发生着大爆炸,推动着人类社会进入了大数据(Big Data)时代。用于传统统计分析的数据通常具有事先设计的结构,比如具有适当的容量、具有一定的时间间隔、具有给定的指标体系等,以便将其更好地应用于成熟的统计模型和统计方法。

收集到的数据需要整理,以使其能更客观、更有效、更准确地反映研究对象。原始数据可能有缺失,可能有异常,测量指标可能有冗余,不同来源的数据可能需要合并,不同指标的测量尺度可能需要统一,数据格式可能需要规范等。将数据整理好、组织好不仅仅是正确地反映客观对象的需要,也是方便数据保存、方便计算机软件和程序调用的需要。

分析数据是统计工作的技术核心。分析数据即为统计分析,通常分为描述性统计分析和推断性统计分析。描述性统计分析的目的是直观地呈现数据的基本属性和整体性状,用一些常用的统计量和各种图形将数据展现出来。描述性统计分析本身是统计分析的一部分,更重要的是它往往可以为进一步分析的方法选择做启发。推断性统计分析包括对总体分布的推断及总体参数的推断,更多的是对总体中变量间的相关性进行推断和建模。这种推断性统计分析是用可以观察到的有限历史数据对所研究对象的属性及其分布规律进行归纳和验证。

统计分析的目的是通过可以获得的数据对客观对象的规律进行归纳,这种归纳出来的规律不仅可以提高对客观事物的认识,更能对事物的发展进行预测,指导人们的实践。行为人可以规避风险、提高质量,生产者可以降低成本、提高效率,管理者可以作出更科学、更有效的决策。

1.1.2 统计的产生与发展

我国《书经·禹贡篇》记述了公元前 22 世纪夏禹时代土地和人口的基本情况,西周建立了较为系统的统计报告制度,秦时《商君书》提出"强国知十三数",其中包括粮食储备、各国人数、农业生产资料及自然资源等。可见,统计在我国远古的历史上就已经萌芽。统计研究一般认为是始于古希腊的亚里士多德时代,迄今已有两千三百多年的历史。

在两千多年的发展过程中,统计学发展到现代之前至少经历了"城邦政情""政治算术""统计分析科学"和"现代统计"等四个发展阶段。

1. 城邦政情阶段

城邦政情阶段始于古希腊的亚里士多德撰写"城邦政情"或"城邦纪要"。城邦政情式的统计研究延续了一两千年,直至 17 世纪中叶才逐渐被"政治算术"这个名词所替代,并且很快被演化为"统计学"。统计学的英文"statistics"最早是源于现代拉丁文的"国会"以及意大利文的"国民或政治家"。德文"statistic"最早是由阿亨华尔(Gottfried Achenwall)所使用,代表对国家的资料进行分析的学问,也就是"研究国家的科学"。城邦政情阶段的统计是国家为其统治而对其人口、资源、财富等进行的记录。

2. 政治算术阶段

政治算术的特点是统计方法与数学计算和推理方法开始结合,分析社会经济问题的方式更加注重运用定量分析方法。它与城邦政情阶段没有很明显的本质的差别。一般认为这个阶段以 1690 年英国威廉·配第(William Petty)出版《政治算术》一书作为起始标志。威廉·配第用数字、重量和尺度将社会经济现象数量化的方法是近代统计学的重要特征。因此,威廉·配第的《政治算术》被评价为"近代统计学的来源",威廉·配第本人也被评价为"近代统计学之父"。配第在书中使用的数字有三类:第一类是对社会经济现象进行统计调查和经验观察得到的数字;第二类是运用某种数学方法推算出来的数字;第三类是为了进行理论性推理而采用的示例性的数字。

3. 统计分析科学阶段

在政治算术阶段出现的统计与数学相结合的趋势逐渐发展形成了“统计分析科学”。19世纪末,欧洲大学开设的“国情纪要”或“政治算术”等课程名称逐渐消失,取而代之的是“统计分析科学”课程。“统计分析科学”课程的出现是近代统计的开端。比利时统计学家凯特勒(Adolphe Quetelet)是近代统计学的代表人物,是他发现了大量现象具有统计规律性,实现了统计学与概率论的结合,并将统计方法广泛应用于社会科学、自然科学和工程技术科学领域,极大地拓展了统计学的应用,促进了统计学的发展,他也因此被誉为“统计学之父”。

4. 现代统计阶段

作为现代统计学的理论基础,概率论起源于15世纪中叶数学家们对赌博中的机遇问题的研究,逐渐形成了概率论理论框架。到了19世纪初,概率论中的观察误差理论、正态分布理论和最小平方法则等理论基础被逐渐建立起来。于是,现代统计方法便有了比较坚实的理论基础。

现代统计可以分为两大类:一类是以抽象的数量为研究对象,研究收集数据、整理数据和分析数据的一般方法的理论统计学;另一类是以不同领域的具体数量为研究对象的应用统计学。理论统计学把研究对象一般化、抽象化,以数学中的概率论和其他相关的数学方法为基础,从纯理论的角度对统计方法加以推导和证明。应用统计学则与不同领域的实质性学科有着非常密切的联系,是有具体对象的方法论应用。所谓应用既包括一般统计方法的应用,也包括各自领域实质性科学理论的应用。应用统计学从所研究的领域或专门问题出发,根据研究对象的性质采用适当的指标体系和统计方法,以解决所需研究的问题。

在统计学发展道路上,理论统计学和应用统计学总是互相促进,共同提高的。理论统计学的研究为应用统计学的数量分析提供方法论基础,大大提高了统计分析的认识能力,而应用统计学在对统计方法的实际应用中,又常常会对理论统计学提出新的问题,进一步拓展了理论统计学的研究领域。

1.1.3 大数据统计

一切都可以数据化是大数据时代到来的标志。社会网络、电子商务、移动通信、深空探测、卫星遥感、基因测序以及其他科学测量仪器时时刻刻都在自动测量和记录着数据,而且这一趋势在不断增强,这使得统计的研究对象——数据,发生了革命性改变。我们已经步入大数据时代,大数据正在引起一场革命,它将改变我们的生活、工作和思维,统计学也迎来了一场变革,面临着前所未有的机遇和挑战。

关于大数据,人们从不同的方面进行了描述和定义。从特征的角度来看,大数据具有“4V”:Volume(大量)、Velocity(高速)、Variety(多样)、Value(价值)。(1)Volume。由于当今数据的体量大,其处理和管理只能依靠专门的技术,驾驭这些先进技术是开启大数据宝藏的钥匙;(2)Velocity。快速处理大数据并获取有用信息;(3)Variety。要开发利用的大数据的数据类型庞杂、数据源众多;(4)Value。大数据中隐含着商机,隐含着企业、行业乃至国家战略决策的依据,它是煤、石油、金属矿产、水等之外的一种新型资源。

从统计的角度来看,大数据不是基于人工设计,借助传统方法而获得的有限、固定、不连续、不可扩充的结构型数据,而是基于现代信息技术与工具可以自动记录、储存和连续扩充的、大大超出传统统计记录与储存能力的一切类型的数据。

从技术的角度来看,大数据是指无法在可承受的时间范围内用常规软件工具进行捕捉、管理、处理的数据集合。

从产业的角度看,常常把这些数据与采集它们的工具、平台、分析系统一起称为大数据。

大数据时代,统计学不仅要对数据本身进行再认识,而且要对传统统计学中的技术、方法、观念进行再认识,比如大数据统计要不要抽样,该如何抽样?在巨量、庞杂的数据中是追求精确,还是简单?在类型、结构不断变化的数据中是探求因果关系,还是相关关系?我们认为,大数据不仅是资源与技术,也是专业与产业。统计学是 21 世纪最有发展前途的学科之一已经成为人们的共识。

1.2 变量与数据

在统计学中,事物的属性特征用变量来表示,变量的观测值就是数据,因而对事物的研究就是对数据的研究。

1.2.1 变量及其类型

变量是可以测度并且可以取不同值的研究对象的特征,身高、年龄、收入、出生地、学习成绩和住房类型等都是变量的例子。变量可分为分类(Categorical)变量和数值型(Numerical)变量两大类。分类变量可细分为名义(Nominal)分类变量和有序(Ordinal)分类变量;数值型变量可以细分为离散型(Discrete)变量和连续型(Continuous)变量。

1. 分类变量

分类变量是指无法量化的特征,也称为定性变量(Qualitative Variables),它可以是名义变量或有序变量。名义变量是描述没有自然顺序的名称、标签或类别的变量,如性别、城市类型、交通方式等;有序变量是有顺序的类别变量,如产业链的“上游”“中游”和“下游”,各类别的取值之间有一个自然顺序。但是,类别之间的间距通常不需定义。

值得注意的是,虽然分类变量无需量化,但为了存储和编程方便,可以用顺序的数字对其编码,如用 0,1 分别代表“女”和“男”;用 1,2,3 分别代表“上游”“中游”和“下游”等。

2. 数值型变量

数值型变量用来记录可量化的特征,也称为定量变量(Quantitative Variables),其值是数字(代表类别的数字编码除外)。数值型变量既可以是离散的,也可以是连续的。

如果一个变量可以在给定的区间内取无限数量的实数值,则称该变量是连续的。例如,省域的经济总量、CPI、河流的水位,等等。

只能在给定区间内取有限数量的实数值的变量称为离散型变量。比如,区域的人口数、新能源汽车的台数,等等。

1.2.2 数据及其类型

统计学是关于数据的科学,获取数据是开展统计分析的前提。一般地,通过观察法、实验法和调查法获得的数据称为第一手数据;而从第三方间接获取的数据称为二手数据。观察、实验和调查获得数据往往是针对具体的研究问题而进行的,比如考察一个城市的空气质量而检测的 PM2.5 含量,为研究农户的生活质量而用问卷调查得到的家庭生活数据,等等。而今大量的数据都是二手数据,它们来自生产生活、科学实验、政府机构、各种社会组织等第一手数据的长期积累。

在当今大数据时代，数据来源更是层出不穷，数据获取方式发生了根本性变革。比如，互联网企业、通信公司、安全监测部门、遥感测绘部门等都无时无刻不在采集各种各样的数据，除了传统的数据外还包括图片、音频、视频、文字等数据。另外，常用的 R 和 Python 等软件都自带有大量数据供学习和研究使用。

数据可以按照对应变量的类型分为分类数据和数值型数据；根据获取数据的方式分为观察数据、实验数据和调查数据；按照数据的组织形式分为截面数据、时间序列数据和面板数据等，这些是结构化数据。如，考察中南五省 2022 年人口数量、GDP、人均可支配收入，可以将其列成一个 5×3 的表，这个数据就是截面数据；观察湖北省从 1978 年到 2022 年的每年的 GDP，则这个数据就是一个时间序列数据；考察中南五省从 1978 年到 2022 年每年的人口数量、GDP、人均可支配收入则形成了一个截面数据序列，它是面板数据。而大数据往往是非结构化数据或半结构化数据，如一个手机用户在一天中的行动轨迹和从事的活动记录就是非结构化数据，而全社会手机用户的行动轨迹和从事活动的实时记录则构成了大数据。

1.3 总体与抽样

1.3.1 总体、参数与统计量

为开展精准扶贫工作，往往需要统计全国农户生活质量。显然获得全国所有农户的相关数据是非常困难的，统计学的做法是按照一定的方式在全国全部农户中抽取适当数量的部分农户，用抽取农户的相关数据做统计分析，用分析的结果推断全国的农户的生活质量。统计学告诉我们，只要抽样方式和抽样数量符合统计学原理，我们就有足够的把握做出正确的评判。这里，我们需要研究的对象"全国农户生活质量"就是总体(Population)，抽取的部分农户就是样本(Sample)，抽取样本的过程叫抽样(Sampling)，抽取农户的数量就是样本容量(Sample Size)。统计学需要做的是研究样本对总体的代表性、抽样方式选取和样本容量的确定，进而做统计推断。

用以描述总体特征的统计指标是参数(Parameter)，如总体均值 μ、总体比例 π、总体方差 σ^2 等。样本是来自总体的子集，用以描述样本特征的统计指标是统计量(Statistic)，如样本均值 $\bar{x}$、样本比例 p、样本方差 s^2 等。

1.3.2 抽样

如前所述，获取数据的主要方式有普查、抽样调查和各种官方二手数据。本小节重点介绍统计实践中最常用的抽样调查。抽样方式大体上可以分为概率抽样和非概率抽样两类。其中，概率抽样就是遵循随机化原则进行的抽样，包括简单随机抽样、系统抽样、分层抽样、整群抽样；而非概率抽样则是根据特定的抽样场景确定抽样方式的抽样，常用的非概率抽样方法有方便抽样、判断抽样、滚雪球抽样等。

1. 概率抽样

(1)简单随机抽样

简单随机抽样是从含有 N 个个体的总体中，抽取 n 个个体组成一个样本，使得总体中的每一个个体都有相同的概率被抽中。简单随机抽样得到的样本就是简单随机样本。多数统计推断都是以简单随机样本为基础的。

(2)系统抽样

系统抽样也称等距抽样,就是先将总体内的调查对象按某种顺序排列,并按某种规则确定一个随机起点,然后每隔一定的间隔抽取一个调查对象,直至抽取 n 个个体组成一个样本。

(3)分层抽样

分层抽样就是在抽样之前先将总体划分为若干层(或子集),然后再从各个层中抽取一个简单随机样本来组成样本。比如,在全国农户生活质量调查中先按省域分层,再在各省分别抽样,然后合成样本。分层抽样时要尽量根据每一层在总体中所占比例来确定抽取个体的数量。

(4)整群抽样

整群抽样就是先将总体划分成若干群,然后以群作为抽样单元,从中抽取部分群组成一个样本,再对抽中的每个群中包含的所有个体进行调查。

2. 非概率抽样

(1)方便抽样

方便抽样就是在调查过程中由调查人员依据方便的原则,自行确定入样的调查对象。比如,调查人员在街头采访,厂家在出售产品柜台前对顾客的调查等都属于方便抽样。

(2)判断抽样

判断抽样就是研究人员根据经验和对研究对象的了解,将特定某些调查对象作为样本。比如,重点调查、典型调查都属于判断抽样。判断抽样是主观的,样本选择的好坏取决于研究人员的经验和专业程度。

(3)滚雪球抽样

先选择一组调查对象,对其实施调查之后,再请他们提供另外一些属于研究总体的调查对象,调查人员再进行调查。这个过程持续下去,就形成了滚雪球抽样。这类方法适用于对特定群体的社会学研究,其优点是容易找到那些属于特定群体的被调查者,调查的成本也比较低。

重要术语

总体	样本	参数	统计量	分类变量
名义变量	有序变量	数值型变量	离散型变量	连续型变量
一手数据	二手数据	截面数据	时序数据	面板数据
结构化数据	非结构化数据	大数据	简单随机抽样	系统抽样
分层抽样	整群抽样	方便抽样	判断抽样	滚雪球抽样

思考题

1.1 什么是统计学?

1.2 统计学的发展可以分为哪几个阶段?它们各自有什么特点?

1.3 大数据有什么特点?大数据时代的统计学面临哪些挑战?

1.4 举例说明自己在生活中用到的统计思维。

1.5 什么是变量?变量是如何分类的?

1.6 什么是数据?数据是如何分类的?

1.7　获取数据有哪些途径？

1.8　举例说明什么是总体、样本、抽样和样本容量。

1.9　常见的概率抽样和非概率抽样分别有哪些？

练习题

1.10　（数据集 carData::UN）用 R 查看该数据集中的变量及其类型。

1.11　（数据集 DescTools::d.pizza）用 R 查看该数据集中的变量及其类型。

1.12　尝试自己收集一份数据，包含字符型变量、名义分类变量、顺序分类变量和数值型变量，将其保存为 CSV 格式的数据文件。

第 2 章 R 语言快速入门

【日新月异的 R 语言】

R 语言是创建可重复性及高质量分析的最佳途径,它拥有数据处理所必需的一切灵活性及强大要素。庞大的软件包生态系统无疑是 R 语言最为突出的优势之一,如果某项统计技术已经存在,那么几乎必然存在着一款 R 软件包与之对应。R 语言在图形及图表方面的一切功能都是“无与伦比”的,其 dplyr 与 ggplot2 软件包分别用于数据处理与图形绘制,并且“能够非常直观地提升我们的生活质量。”

——[芬兰]马特·亚当斯

20 世纪初,计算机科学技术的进步带来了统计学的快速发展。或者可以说,由于没有先进的计算技术,统计学的发展,特别是统计学的应用曾经受到了很大的制约。由于统计计算涉及的数据多、计算量大、过程复杂,早期的手工乃至半自动计算技术很难胜任,直至计算机的诞生迅速催生了大量用于实现统计计算的统计软件,比如 SAS、EViews、SPSS、STATA、R、Minitab、Python 等。另外,还有一些数学及工程计算软件也可以实现一些统计功能,如 Mathematica、Matlab 等。本章重点介绍目前在统计领域应用广泛的 R 语言及其集成开发环境 RStudio。

2.1 获取 R 及 RStudio

2.1.1 R 及 RStudio 简介

R 是用于统计分析及绘图的语言和操作环境,它是一个自由、免费、开源的软件。R 提供了广泛的统计(线性和非线性建模、统计检验、时间序列分析、分类等)和图形技术,并且具有高度可扩展性。R 最初是由新西兰奥克兰大学的 Ross Ihaka 和 Robert Gentleman 开发(也因此以其首字母而称为 R),现在由“R 核心团队”负责开发。

R 软件有很多集成开发环境(IDE),RStudio 就是其中一款由第三方开发的非常好用的 R 语言集成开发环境。RStudio 界面有 4 个窗口,左上区是支持直接代码执行的语法高亮编辑器;左下区是 R 控制台,显示程序运行的信息;右上区是工作空间和历史记录窗口,显示数据集、R 对象的值以及操作的历史记录信息;右下区是一个包含文件管理、输出图形、包管理以及帮助信息显示的多功能窗口。RStudio 提供开源和商业版本,可在桌面(Windows、Mac 和 Linux)直接运行,也可以连接到 RStudio Server 或 RStudio Workbench 的浏览器中运行。

2.1.2　下载与安装

登录 R 官网 https://cran.r-project.org/，根据操作系统选择相应的 R 版本下载，完成后按指引完成安装。

登录 RStudio 官网 https://www.rstudio.com/products/rstudio/，根据需要选择对应的 RStudio 版本。运行安装包后，RStudio 启动时会搜索系统中已安装的 R 软件并自动与其关联。

2.1.3　R 及 RStudio 更新

R 的版本并不需要实时更新，用户可以根据 R 官网中的“What’s New?”关注最新发布 R 版本的新功能和错误修复，并根据需要进行更新。R 版本的更新方法代码如下：

```
# 查看版本信息
sessionInfo()  # 注意 R 对大小写是敏感的
# 安装 installr 包
install.packages("installr")  # 必须有引号,单引号、双引号均可
# 加载 installr 包
library(installr)  # 引号可以省略
# 更新 R
updateR()
```

RStudio 的更新比较简单，在“Help”选项卡下选择“Check for Updates”，然后根据提示进行操作即可，或者在需要的时候直接登录 RStudio 官网下载并安装最新版本。

2.1.4　快速获取帮助

R 自带了强大的帮助文档以及搜索帮助的工具。用户可以在 RStudio 的“Help”选项卡下访问 HTML 版本的 R 文档，该文档还包括已安装的 R 扩展包的信息，除了 HTML 文档之外，还有一个搜索框，可以在其中输入要搜索的术语。同时在互联网上也有专门的搜索引擎（比如百度、谷歌等）以及专业论坛（比如 CSDN、R 社区等）用于访问有关 R 的信息。

运用 help() 函数和 R 中的“?”符号获取 R 基础包（Standard Packages）和扩展包（Contributed Packages）中有关函数、数据集以及其他对象的帮助文档。如 help("lm") 或 help(lm)、?lm 或 ?"lm" 可以获得用于构建线性模型的 lm() 函数的帮助。如果某个函数所属的包尚未加载，则在 help 命令中加上对应的包的名称，如 help(scatterplotMatrix, package = "car") 命令可以获取 car 包中的散点图矩阵绘制函数 scatterplotMatrix() 的使用说明及示例。直接用 help(package = "car") 也可以获取某一个包的帮助文档及相关信息。

有些 R 扩展包会附带一个叫 vignettes 的帮助文档，提供该包的使用说明和相关注意事项，如 browseVignettes(package = "olsrr") 可以获取 olsrr 包的使用方法示例。

也有一些 R 包可能会包含一个扩展代码演示程序（demos），可以用 demo() 函数调用，如 demo("nlm", package = "stats") 会给出 stats 包中的非线性模型函数 nlm() 的演示代码。

此外，在 R 官网中，CRAN Task Views（https://cran.r-project.org/web/views/）分门别类地提供了各种应用领域的 R 扩展包；R FAQs（https://cran.r-project.org/doc/FAQ/R-FAQ.html）

提供了用户在使用 R 过程中最常遇到的问题及解决办法。GitHub 网站也提供了丰富的统计方法以及相应的 R 源代码、原始数据或帮助文档,比如登录官网 https://github.com/david-dalpiaz/appliedstats 可以获取 David Dalpiaz 编写的《Applied Statistics with R》的相关统计方法、配套数据和原始代码及其说明。

2.1.5 有用的 R 资源

学习 R 的资源非常丰富,这里给出一部分比较经典的教材或网站。初级入门的 R 资源包括《An Introduction to R》(https://cran.r-project.org/doc/manuals/rvrelease/R-intro.html)、《R for Beginners》(https://r4beginners.com/)、《153 分钟学会 R》(刘思喆)、《统计建模与 R 软件》(薛毅,陈立萍)、《R Cookbook》(http://www.cookbook-r.com/)及《R 语言实战》(卡巴科弗)等。中高级入门的 R 资源包括《Applied Statistics with R》(https://book.stat420.org/)、《Modern Statistics with R》(https://modernstatisticswithr.com/)、《R for Data Science》(https://r4ds.had.co.nz/)及《The R book》(迈克尔·J·克劳利)等。

2.2 R 包管理模式

2.2.1 R 包及其类型

包(Package)是 R 函数、数据、预编译代码以一种定义完善的格式组成的集合,计算机上存储包的目录称为库(library)。R 自带了一系列基础包(包括 base、datasets、utils、grDevices、graphics、stats 以及 methods),它们提供了种类繁多的默认函数和数据集。此外,R 还包含许多由用户自主开发编写的扩展包,截至 2022 年 12 月一共有 18000 多个扩展包。

2.2.2 R 包的安装、加载与更新

函数 libPaths()能够显示库所在的位置,函数 library()则可以显示库中有哪些包。R 基础包不需要加载,可以直接调用。R 扩展包需要安装和加载,如扩展包 tidyverse 是由 R 语言首席专家 Hadley Wickham 等开发的一系列用于数据科学的扩展包集合,涵盖了数据科学的整个工作流程,包括数据导入、数据清洗、数据变换、数据可视化、数据建模以及文档沟通,安装该包可以用 install.packages("tidyverse")。在 R 中各种扩展包只有加载后才能使用,加载包用 library()函数,比如 library(tidyverse)。如果某个 R 包(如 ggplot2)推出了更新的版本则可以用 update.packages("ggplot2")进行更新升级,update_all()函数则可以更新所有已安装的扩展包。

2.2.3 应用统计常用的 R 包

R 扩展包种类繁多,在应用统计中经常使用的除了基础包外,还有用于数据导入的包(如 readr、readxl、data.table、haven 等),用于数据清理的包(如 tidyr、dplyr 等),用于文本处理的包(如 jiebaR、cidian 等),用于数据可视化的包(如 ggplot2、lattice、quantmod 等),用于数据转换的包(如 dplyr、forcats、magrittr、tibble、tsibble、lubridate、stringr 等),用于统计推断的包(如 MASS、lsr、car、psych、DescTools、boot 等)以及用于沟通交流的包(如 rmarkdown、knitr、bookdown、yaml 等)。

2.3　R 数据文件操作

2.3.1　工作路径设置及 R 自带数据集调用

1. 设置工作路径

在 R 中，一旦设定了工作路径，R 当前的所有操作都会在既设的路径下工作，如存放代码文件、输出结果文件、工作空间文件等。在 R 中用 setwd()函数设置工作路径，用 getwd()函数查看当前工作路径。

```
# 设置并获取工作路径:如本书第 2 章的工作路径
setwd("D:/ASWR/chapter02")  # 注意斜杠的方向
getwd()
## [1] "D:/ASWR/chapter02"
```

2. R 自带数据集调用

R 基础包和大多数扩展包都会有很多自带的数据集(Data Sets)，可以用 data()函数查看这些数据集。

```
# 查看包中数据集:以 ggplot2 为例
library(ggplot2)
data(package = "ggplot2")    # 输出结果略
# 查看某个具体的数据集
diamonds  # 直接输入数据集名称或者用 head()函数查看前 6 行
## # A tibble:53,940 x 10
##    carat   cut      color  clarity  depth  table  price   x      y      z
##    <dbl>  <ord>     <ord>   <ord>   <dbl>  <dbl>  <int>  <dbl>  <dbl>  <dbl>
## 1  0.23   Ideal      E       SI2    61.5    55     326    3.95   3.98   2.43
## 2  0.21   Premium    E       SI1    59.8    61     326    3.89   3.84   2.31
## 3  0.23   Good       E       VS1    56.9    65     327    4.05   4.07   2.31
## # ... with  53,937      more rows
```

可以看出该数据集共有 53940 个观测个案，每个个案有 10 个变量。读者可以用?diamonds 查看该数据集的说明、数据类型以及具体的变量定义等信息。

2.3.2　手工输入原始数据

1. R 中的数据类型

R 的数据类型主要有数值型(Numeric)、逻辑型(Logical)以及字符型(Character)等。数值型数据通常由数字形式呈现，如钻石重量、GDP、商品价格、身高、工资、通货膨胀率等。逻辑型数据是进行逻辑运算的对象和结果，只有“是”和“否”两个值，分别表示为“TRUE”和“FALSE”，也可以简写为“T”和“F”，R 中的逻辑数据的值必须用大写。字符型数据是用双引号“" "”或单引号“' '”所引的任意字符组成的字符串。如"R 是统计语言"、'I Love China!'、"这本书的名字是《基于 R 的应用统计》"等。字符型数据在大数据时代越来越普遍,语言分析、文字处理、信息挖掘等工作在现代统计中越来越重要。用户可以用 typeof()函数查看数据类型。

2. R 中的数据结构

在计算机科学中,数据结构是指数据在计算机内存中的存储、检索和组织方式,不同类型的数据结构用于支持对数据进行不同类型的操作。在 R 中,主要的数据结构有向量(vector)、矩阵(matrix)、列表(list)以及数据框(data frame)等。

(1)向量

向量是 R 语言最基本也是最核心的数据结构,同一个向量中的数据类型必须相同。向量主要有 6 种类型,分别是逻辑型(logical)、整型(integer)、双精度型(double)、字符型(character)、复数型(complex)和原始型(raw)。

R 创建向量通常有三种方法,第一种是用":"生成以 1 为公差的等差数列并组成向量,第二种是用 seq()函数生成给定步长的等差数列,第三种是用 c()函数将括号中用","分开的若干个数组成一个向量。R 代码及输出结果如下:

```
# 创建一个数值型向量
odd_number <- c(1, 3, 5, 7, 9, 11)
class(odd_number)  # 用 class()函数显示向量类型
## [1] "numeric"
length(odd_number)  # 用 length()函数显示向量长度
## [1] 6
odd_number  # 查看向量的值
## [1]  1  3  5  7  9  11
odd_number[4:5]  # 返回向量中的第 4 个到第 5 个元素
## [1] 7  9
# 创建一个连续等差数值型向量
seq(3, 13, 3)
## [1]  3  6  9  12
# 创建一个字符型向量
char_color <- c("绿色 GDP", "碳排放", "PM10", "碳达峰", "FDI", "能源消费")
class(char_color) # 显示向量类型
## [1] "character"
```

(2)矩阵

R 语言中矩阵类型的数据结构类似于其他语言中的二维数组,矩阵里的元素可以是数字、符号或数学式。R 语言的矩阵可以使用 matrix()函数来创建,其语法格式为:

```
matrix(data = , nrow = , ncol = , byrow = FALSE, dimnames = NULL)
```

其中,data 是矩阵中的数据,nrow 表示行数,ncol 表示列数,byrow 是逻辑值,为 FALSE 表示按列排列,为 TRUE 表示按行排列。

```
# 生成一个 4 行 3 列的矩阵,矩阵元素按行排列
Matrix_row <- matrix(c(21:32), nrow = 4, byrow = TRUE)
print(Matrix_row)
##      [,1] [,2] [,3]
## [1,]   21   22   23
## [2,]   24   25   26
## [3,]   27   28   29
## [4,]   30   31   32
# 矩阵元素按列排列
Matrix_col <- matrix(c(21:32), nrow = 4, byrow = FALSE)
print(Matrix_col)
##       [,1] [,2] [,3]
## [1,]    21   25   29
## [2,]    22   26   30
## [3,]    23   27   31
## [4,]    24   28   32
# 定义行和列的名称
rownames = c("row1", "row2", "row3", "row4")
colnames = c("col1", "col2", "col3")
matrix_name <- matrix(c(21:32), nrow = 4, byrow = TRUE,
                      dimnames = list(rownames, colnames))
print(matrix_name)
##      col1 col2 col3
## row1   21   22   23
## row2   24   25   26
## row3   27   28   29
## row4   30   31   32
```

此外,矩阵的转置可以用 t()函数实现,求解逆矩阵用函数 solve()实现(前提是非奇异矩阵),访问 m×n 矩阵(假定名为 matrix)的第 i 行第 j 列元素用 matrix[i, j],访问第 i 行所有元素用 matrix[i,],访问第 j 列所有元素用 matrix[,j]。矩阵还可以进行加、减、乘(前提是可乘,运算符为%*%)等数学运算。

(3)列表

R 语言中列表类似于向量,但与所有元素都属于同一类型的向量不同,列表的元素可以具有任意类型,既可以是数字、字符串、向量,甚至是其他列表,也可以包含矩阵和函数。列表是一种用于组织信息的强大数据结构,因为列表中包含的数据的形状或类型几乎没有限制。

R 语言创建列表使用 list()函数,比如我们创建一个列表,包含了字符串、向量和数字,可以用 str()函数查看列表元素。在 R 中进行交互式统计分析时,提取列表中的某个元素用列表名后跟美元符号方便实现,如用 list020301$gdp 提取列表 list020301 中的元素 gdp,用 unlist()函数将列表转换成向量。

```
list020301 <- list(province = "河南", gdp = 58900, capital = "郑州",
                   first_3_city = c("郑州", "开封", "洛阳"))
print(list020301)  # 查看列表
str(list020301)  # 查看列表元素
list020301 $ gdp
unlist(list020301)
# 输出结果略
```

(4)数据框

数据框是 R 语言非常重要的数据结构之一,它本质上是一个特殊的二维列表,可以理解成我们常说的表格,其中每一列具有一个唯一的列名、相同的行数和相同的数据类型,不同列的数据类型可以不一样。与标准列表不同,数据框中的对象(也就是列)必须有名称。R 语言创建数据框使用 data. frame()函数实现。

```
# 创建一个名字叫 df020301 的数据框
age <- c(30, 26, 21, 29, 25, 22, 28, 24, 23, 20)
sex <- rep(c("M", "F"), 5)
wt.in.kg <- c(88, 76, 67, 66, 56, 74, 71, 60, 52, 72)
df020301 <- data.frame(Age = age, Sex = sex, Weight = wt.in.kg)
# 查看数据框
df020301
##    Age   Sex   Weight
## 1   30    M      88
## 2   26    F      76
## 3   21    M      67
## 4   29    F      66
## 5   25    M      56
## 6   22    F      74
# 显示数据框的类别
class(df020301)  # 如果用 typeof()函数,则返回"list"
## [1] "data.frame"
# 返回数据框的第 4 行第 3 列数据
df020301[4, 3]
## [1] 66
# 用 dim()、nrow()和 ncol()分别返回数据框的维度、行数和列数
dim(df020301)
## [1] 10  3
nrow(df020301); ncol(df020301)
## [1] 10  ## [1] 3
# 用 $ 指定数据集中的某个变量(列)
df020301 $ Sex
## [1] "M" "F" "M" "F" "M" "F" "M" "F" "M" "F"
```

```
# 根据条件选择某些行
df020301[df020301 $ Weight >= 60 & df020301 $ Weight <= 70,]
# 输出结果略
# 数据框中增加列
df020301 $ Age.in.month <- df020301 $ Age * 12  # 新增一个名为 Age.in.month 的变量
dim(df020301)
## [1] 10  4
```

可以使用 cbind()函数将多个向量合成一个数据框。

```
# 创建几个向量
school <- c("CUG", "HUST", "WHU")
code <- c(10491, 10487, 10486)
website <- c("http://www.cug.edu.cn", " http://www.hust.edu.cn",
             "http://www.whu.edu.cn")
# 将几个向量组合成数据框
df020302 <- cbind(school, code, website)
df020302
##      school  code     website
## [1,] "CUG"   "10491"  "http://www.cug.edu.cn"
## [2,] "HUST"  "10487"  "http://www.hust.edu.cn"
## [3,] "WHU"   "10486"  "http://www.whu.edu.cn"
```

2.3.3 外部数据文件的读取

更多情况下用户拥有各种不同格式的外部数据，R 提供了读取外部数据的多种方法，这里介绍一些常用的方法。

1. 读取 CSV 格式数据

CSV(Comma Separated Values)，有时也称为字符分隔值，是一种非常流行的表格存储文件格式，尤其适合储存中型或小型规模的数据。由于大多数软件支持这个文件格式，所以常用于数据的储存与交互。它的文件格式非常简单：数据一行一行地用文本保存起来，每条记录被分隔符分隔为字段，每条记录都有同样的字段序列。

假如一个 CSV 格式的数据文件，存储路径为“D:\ASWR\chapter02\owndata.csv”，R 有多种方法可以将其读入工作空间，这里列举三种常见的方法。

```
# 用 base R 中的 read.csv()函数
df01_csv <- read.csv ("D:/ASWR/chapter02/owndata.csv", header = TRUE,
                      stringsAsFactors = FALSE)  # 注意这里的反斜杠“/”
# 用 readr 包中的 read_csv()函数
library(readr)
df02_csv <- read_csv("D:/ASWR/chapter02/owndata.csv")
# 用 data.table 包中的 fread()函数
library(data.table)
df03_csv <- fread("D:/ASWR/chapter02/owndata.csv")
```

2. 读取来自互联网的 CSV 格式数据

R 可以直接从互联网读取 CSV 格式的数据。上面的三种方法都可以用,只需要将读取路径修改成相应的 URL 网址即可。

```
# 用 base R 中的 read.csv()函数
df01_url <- read.csv(
  "https://github.com/daviddalpiaz/appliedstats/tree/master/data/marketing.csv")
# 用 readr 包中的 read_csv()函数
df02_url <- readr::read_csv(
  "https://github.com/daviddalpiaz/appliedstats/tree/master/data/marketing.csv")
# 用 data.table 包中的 fread()函数
df03_url <- data.table::fread(
  "https://github.com/daviddalpiaz/appliedstats/tree/master/data/marketing.csv ")
```

3. 下载互联网数据并导入 R

互联网数据的优点之一是时效性强,R 可以将互联网数据直接下载到本地,比如从网址为 https://catalog.data.gov/dataset/2019-2020-local-law-231 的网站下载数据到本地目录。

```
# 定义 URL 位置
url <- "https://catalog.data.gov/dataset/2019-2020-local-law-231"
# 定义下载数据的存放路径
datapath <- "D:\ASWR\downloads"
# 下载数据并保存在指定的路径
download.file(url, datapath)
```

4. 读取压缩文件中的数据

有时我们希望直接从压缩包中读取数据,比如在压缩包 mydata.zip 中存放着 4 个 CSV 数据文件 data01.csv、data02.csv、data03.csv 和 data04.csv,读取方法如下:

```
# 查看压缩包中的数据
unzip("mydata.zip")
# 用 readr 读取 data03.csv,双冒号表示后面的函数来自于前面的包
df03_zip <- readr::read_csv(unzip("mydata.zip", "data03.csv"))
```

5. 读取 Excel 文件

R 导入 Excel 数据文件的方法非常多,使用 readxl 包中的 read_excel()是一种简单易用的方法之一。

```
# 安装并加载 readxl 包
install.packages("readxl")
library(readxl)
# 导入数据,注意双斜线的用法是为了避免报错
df_excel <- read_excel("D:\\ASWR\\chapter02\\data02.xlsx")
```

6. 读取 SAS/SPSS/STATA 数据文件

SPSS、SAS 和 STATA 是三大商业统计软件，用 R 扩展包 haven 中的 read_sas()、read_sav()和 read_dta()函数可以分别读取 SAS、SPSS 和 STATA 格式的数据。

```
# install.packages("haven")  # 确保 haven 包已安装
library(haven)
df_sas <- read_sas("D:/ASWR/chapter02/data02/salary.sas7bdat")
df_spss <- read_sav("D:/ASWR/chapter02/data02/Employee.sav")
df_stata <- read_dta("D:/ASWR/chapter02/data02/WHOdata.dta")
```

2.3.4　数据文件的导出

1. 数据框导出为 CSV 文件

和导入数据的操作方法一样，可以将 R 中的数据导出成 CSV 文件。三种方法包括使用 R 基础包中的 write.csv()函数、readr 包中的 write_csv() 函数以及 data.table 包中的 fwrite()函数，具体操作与第 2.3.3 小节中的数据导入类似，读者可以自行练习。

2. 数据框导出为 Excel 文件

使用 writexl 包中的 write_xlsx()函数可以将数据框导出为 Excel 格式的数据文件，读者可以自行练习。

2.3.5　数据类型的转换

在 R 操作过程中，有时需要在不同的数据类型之间进行转换，比如在向量、矩阵、数据框、因子、字符串、矩阵等之间进行相互转换，下面重点介绍常用的一些转换方法。

1. 列表转换成向量、矩阵或数据框

```
# 定义一个列表 list
list2351 <- list(A = c(3, 1, 4, 1), B = c(5, 9, 2), C = c(6, 5), D = 3)
# 列表转向量方法一
vector2351 <- unlist(list2351, use.names = FALSE)
vector2351
## [1] 3 1 4 1 5 9 2 6 5 3
# 列表转向量方法二
library(purrr)
purrr::flatten_dbl(list2351)
## [1] 3 1 4 1 5 9 2 6 5 3
# 列表转矩阵
list2352 <- list(1:3, 4:6, 7:9, 10:12, 13:15)
matrix(unlist(list2352), ncol = 3, byrow = TRUE)
##      [,1] [,2] [,3]
## [1,]    1    2    3
## [2,]    4    5    6
## [3,]    7    8    9
## [4,]   10   11   12
## [5,]   13   14   15
```

```
# 列表转数据框
# 方法一: 基础包 data.frame()函数
list2353 <- list(letters[1:7], letters[8:14])
data.frame(t(sapply(list2353, c)))
##      X1  X2  X3  X4  X5  X6  X7
## 1     a   b   c   d   e   f   g
## 2     h   i   j   k   l   m   n
data.frame(sapply(list2353, c))
## 输出结果略
# 方法二: 扩展包 data.table 中的 rbindlist()函数
library(data.table)
list2354 <- list(a = list(var1 = 1, var2 = 2, var3 = 3),
                 b = list(var1 = 4, var2 = 5, var3 = 6))
data.table::rbindlist(list2354)
##    var1 var2 var3
## 1:    1    2    3
## 2:    4    5    6
# 方法三: 扩展包中 dplyr 的 bind_rows()函数
dplyr::bind_rows(list2354)
## # A tibble: 2 x 3
##    var1 var2 var3
## 1     1    2    3
## 2     4    5    6
# 方法二和方法三适用于数据量比较大时提高转换速度
```

2. 矩阵转换成数据框

用基础包中的 as.data.frame()函数或 tibble 包中的 as_tibble()函数将矩阵或向量转换成数据框。

```
# 矩阵转数据框(向量是特殊类型的矩阵)
# 方法一: 基础包中的 as.data.frame()函数
matrix_df01 <- as.data.frame(matrix020301)
colnames(matrix_df01) <- c("first", "second", "third", "fourth")
matrix_df01
##    first  second  third  fourth
## 1    1      6      11      16
## 2    2      7      12      17
## 3    3      8      13      18
## 4    4      9      14      19
## 5    5     10      15      20
# 方法二: 扩展包 tibble 中的 as_tibble()函数
library(tibble)
```

```
matrix_df02 <- matrix020301 %>%   # 管道操作符 %>% 的使用方法见第 2.5.7 小节
  as_tibble() %>%
  setNames(c("first", "second", "third", "fourth"))
# 输出结果略
```

3. 因子转换成字符或数值

因子是用于存储分类变量不同类别值的数据类型，也是 R 中非常常见的数据类型之一。比如，区域变量可以分为"东部""中部"和"西部"，其值可能是"east""middle"和"west"，也可能是 1、2 和 3 等。可以用 as.character()函数将因子转换成字符，用 as.numeric()函数将因子转换成数值。

```
# 因子转换成字符
factor2351 <- factor(c("T", "H", "A", "N", "K")); as.character(factor2351)
## [1] "T" "H" "A" "N" "K"
# 数据框的某一列转成字符
dfdf <- data.frame(name = factor(c("A", "B", "C", "D")),
                   status = factor(c("Y", "Y", "N", "N")),
                   income = c(45, 89, 93, 96))
sapply(dfdf, class)  # name 的属性为"factor"
##     name    status     income
## "factor"  "factor"  "numeric"
dfdf $ name <- as.character(dfdf $ name)
sapply(dfdf, class)  # name 的属性变成了"character"
##        name      status       income
## "character"    "factor"    "numeric"
# 数据框中的因子列转成数值
dffn <- data.frame(x = factor(c(1, 5, 7, 8)), y = c(28, 34, 35, 36))
dffn $ x <- as.numeric(as.character(dffn $ x))
# class(dffn $ x)  # 查看结果略
```

4. 字符转换成数值或因子

在 R 中 as.numeric()函数可以将字符型向量转成因子类型，示例略；用 as.factor()函数可以将字符型向量转成因子类型，示例略。

5. 连续型变量转换成分类变量

将连续型变量转换成分类变量又称为连续型变量离散化，比如考试成绩用百分制计量的话就是一个连续型变量，如果想把它转换成"优""良""中""差"等四类，在 R 中可以通过基础包中的 as.factor()函数、factor()函数或者 cut()函数实现。

```
# 创建类别变量
# 生成一个数据框
dfcc1 <- data.frame(xx = c(1, 3, 3, 4, 5), yy = c(7, 7, 8, 3, 2),
                    xy = c(3, 3, 6, 10, 12), yx = c(14, 16, 22, 19, 18))
```

```
# 添加一列名字叫"group"的类别变量
dfcc1 $ group <- factor(c("A", "B", "C", "D", "E"))
# 用 ifelse 生成两类
dfcc1 $ type <- as.factor(ifelse(dfcc1 $ yx < 17, 1, 0))
##     xx  yy  xy  yx  group  type
## 1    1   7   3  14     A      1
## 2    3   7   3  16     B      1
## 3    3   8   6  22     C      0
## 4    4   3  10  19     D      0
## 5    5   2  12  18     E      0
# 连续型变量转分类变量
dfcc2 <- data.frame(team = c("cat", "dog", "fox", "bull", "goat", "sheep", "kitty", "ant"),
                    points = c(78, 82, 86, 94, 99, 104, 109, 110))
# 将宠物比赛得分进行优良分类
dfcc2 $ category <- cut(dfcc2 $ points,
                        breaks = c(70, 80, 90, 100, 110),
                        labels = c("Bad", "OK", "Good", "Great"))
# dfcc2  # 查看数据框(结果略)
# 用 table()函数查看每一类的频数
table(dfcc2 $ category)
##   Bad   OK  Good  Great
##     1    2     2      3
```

2.4 R 基础运算

2.4.1 赋值及简单数学运算

一般计算机语言的赋值使用"＝",R 语言也可以用"＝",但是建议使用分配符"<-"(左箭头后跟一个短划线,在 RStudio 中可以用快捷方式即同时按住"Alt"键和"－"键)。

R 中的简单数学运算包括加、减、乘、除、乘方、整除等,用法代码如下:

```
# 把 8 赋值给变量 a,相当于 a = 8
a <- 8; print(a)  # print()函数显示 a 的取值
## [1] 8
(b <- 16)  # 括号的功能相当于 print()
## [1] 16
# R 中的数学运算符包括加、减、乘、除、乘方等
print(a + b); print(a - b)
## [1] 24  ## [1] -8
print(a * b); print(a / b)
## [1] 128  ## [1] 0.5
```

```
print(23 %% 4)   # 运算符%% 表示整除求余
## [1] 3
print(23 %/% 4)   # 运算符%/% 表示整除
## [1] 5
(Hello <- "Hello with capital H!")
## [1] "Hello with capital H!"
(hello <- "hello is different with Hello!!")
## [1] "hello is different with Hello!!"
x <- pi  # 圆周率 pi
y <- 2.58
area <- x * y^2  # 运算符 ^ 表示乘方
print(paste0("圆的面积是", area))
## [1] "圆的面积是 20.9116973393551"
```

2.4.2　关系运算符

关系运算符用于比较两个向量,将第一个向量与第二个向量的对应元素进行比较,结果返回一个布尔值。表 2.1 列出了 R 语言支持的关系运算符,其使用方法的 R 代码如下：

```
# R 中的关系运算符
vector01 <- c(3, 5, 14, 8, 21, 34)
vector02 <- c(4, 5, 12, 8, 210, 0.34)
print(vector01 > vector02)
## [1] FALSE  FALSE  TRUE  FALSE  FALSE  TRUE
print(vector01 >= vector02)
## [1] FALSE  TRUE  TRUE  TRUE  FALSE  TRUE
print(vector01 != vector02)
## [1] TRUE  FALSE  TRUE  FALSE  TRUE  TRUE
```

表 2.1　R 语言关系运算符

运算符	描　　述
>	判断第一个向量的每个元素是否大于第二个向量的相对应元素
<	判断第一个向量的每个元素是否小于第二个向量的相对应元素
==	判断第一个向量的每个元素是否等于第二个向量的相对应元素
!=	判断第一个向量的每个元素是否不等于第二个向量的相对应元素
<=	判断第一个向量的每个元素是否小于等于第二个向量的相对应元素
>=	判断第一个向量的每个元素是否大于等于第二个向量的相对应元素

2.4.3　逻辑运算符

逻辑运算符可用于数字型、逻辑型和复数类型的向量,非 0 的数字(正数或负数)都为 TRUE。逻辑运算符比较两个向量,将第一个向量与第二个向量的对应元素进行比较,结果返回

一个布尔值。表 2.2 列出了 R 语言支持的逻辑运算符,其用法的 R 代码如下:

```
vector03 <- c(3, -5, TRUE, 0.5 + 4i); vector04 <- c(4, 5, FALSE, 0.5 - 4i)
print(vector03 & vector04); print(vector03 | vector04); print(! vector04)
## [1] TRUE   TRUE   FALSE  TRUE
## [1] TRUE   TRUE   TRUE   TRUE
## [1] FALSE  FALSE  TRUE   FALSE
```

表 2.2　R 语言逻辑运算符

运算符	描　　述
&	元素逻辑与运算符,将第一个向量的每个元素与第二个向量的相对应元素进行组合,如果两个元素都为 TRUE,则结果为 TRUE,否则为 FALSE
|	元素逻辑或运算符,将第一个向量的每个元素与第二个向量的相对应元素进行组合,如果两个元素中有一个为 TRUE,则结果为 TRUE,如果都为 FALSE,则返回 FALSE
!	逻辑非运算符,返回向量每个元素相反的逻辑值,如果元素为 TRUE,则返回 FALSE,如果元素为 FALSE,则返回 TRUE
&&	逻辑与运算符,只对两个向量的第一个元素进行判断,如果两个元素都为 TRUE,则结果为 TRUE,否则为 FALSE
||	逻辑或运算符,只对两个向量的第一个元素进行判断,如果两个元素中有一个为 TRUE,则结果为 TRUE,如果都为 FALSE,则返回 FALSE

2.4.4　R 常用的数学函数

R 中常用的数学函数包括求平方根、指数、对数、三角函数、取整等,其用法的 R 代码如下:

```
# 平方根、e 为底的指数以及对数函数
sqrt(270400); exp(1); exp(2.5)
## [1] 520
## [1] 2.718282
## [1] 12.18249
log(216, 6)  # 以 6 为底 216 的对数等于 3
## [1] 3
log10(0.01)  # 专门用于以 10 为底的对数
## [1] -2
log(10)  # 表示默认的自然对数,结果略
# R 中的三角函数是弧度制
sin(pi / 6); cos(0); tan(3 / 4 * pi); asin(sqrt(3) / 2); acos(0.707)
## [1] 0.5  ## [1] 1  ## [1] -1  ## [1] 1.047198  ## [1] 0.7855492
# R 中的取整函数(四舍五入)
round(12.34567)
## [1] 12
round(12.34567, 3)  # 保留三位小数
## [1] 12.346
```

```
ceiling(4.258)  # 向上取整
## [1] 5
floor(8.245)  # 向下取整
## [1] 8
```

此外，R 中还有许多与统计计算有关的基础函数，常见的有均值函数 mean()、中位数函数 median()、方差函数 var()、标准差函数 sd()、最小值函数 min()、最大值函数 max()、极差函数 range()、秩次函数 rank()以及求和函数 sum()等。它们的用法将在第 3 章中陆续介绍。

2.5　R 数据转换

不管是直接数据还是间接数据，在正式进入统计分析之前，对数据进行预处理是必不可少的步骤之一。数据预处理包括数据的审查、缺失值处理以及必要的数据转换如创建新变量、汇总变量、变量重命名、观测个案重新排序等。用户可以用 R 基础包实现部分数据转换工作，本书重点介绍目前比较流行的 tidyverse 包中的核心包之一 dplyr 进行数据预处理工作。

第一次加载 tidyverse 包时 R 会提示一些冲突消息，那是因为 dplyr 中的某些函数覆盖了基础包中的同名函数，可以用双冒号显性使用它们，如 stats::filter()和 stats::lag()。下面用一个具体的案例来介绍 dplyr 包中几个核心函数的用法，它们分别是个案筛选函数 filter()、排序函数 arrange()、变量选择函数 select()、变量转换函数 mutate()和汇总函数 summarise()。

2.5.1　数据集简介

本节使用的数据集是 nycflights13 包中的 flights 数据框。

```
library(dplyr); library(nycflights13)
str(flights)     # 查看数据框的变量列表及其属性,输出结果略
tibble(flights)  # 也可以用 head()函数查看前 6 行
## # A tibble: 336,776 x 19
##      year  month   day  dep_time  sched_dep_time  dep_delay  arr_time  sched_arr_time
##     <int>  <int>  <int>  <int>       <int>          <dbl>     <int>       <int>
## 1   2013     1      1     517         515             2        830         819
## 2   2013     1      1     533         529             4        850         830
## 3   2013     1      1     542         540             2        923         850
## 4   2013     1      1     544         545            -1       1004        1022
## 5   2013     1      1     554         600            -6        812         837
## # ... with 336,771 more rows, and 11 more variables: arr_delay <dbl>,
## #   carrier <chr>, flight <int>, tailnum <chr>, origin <chr>, dest <chr>,
## #   air_time <dbl>, distance <dbl>, hour <dbl>, minute <dbl>, time_hour <dttm>
```

从以上输出结果可以看出，该数据集包含了纽约市 336776 个航班的诸多信息，可以用 ? flights查看该数据的详细说明。

表的第一行是变量名(year，month，day，…)，下面对应出现了三个(或四个)字母的缩写，

表示变量的类别，常见的有：整型变量(int)、双精度变量(dbl)、字符型(chr)、逻辑型(lgl)、因子型(fctr)和日期型(date)等。如果需要进行数据类型转换，请参照第 2.3.5 小节中的方法先行转换。

2.5.2 数据筛选 filter()函数

用 filter()函数选择想分析的观测个案(又称行筛选)。比如用下面的代码可以选择所有 11 月 11 日的航班信息：

```
# 个案筛选并赋值给新的数据框 double11
(double11 <- filter(flights, month == 11, day == 11))  # 注意 == 的用法
## # A tibble: 983 x 19
##    year  month  day  dep_time  sched_dep_time d  ep_delay  arr_time  sched_arr_time
##   <int>  <int> <int>  <int>        <int>          <dbl>     <int>        <int>
## 1  2013    11    11    453          500             -7       631          651
## 2  2013    11    11    520          515              5       759          808
## 3  2013    11    11    545          545              0       852          855
## 4  2013    11    11    551          600             -9       851          854
## 5  2013    11    11    552          600             -8       809          810
## # ... with 978 more rows, and 11 more variables: arr_delay <dbl>,
## #   carrier <chr>, flight <int>, tailnum <chr>, origin <chr>, dest <chr>,
## #   air_time <dbl>, distance <dbl>, hour <dbl>, minute <dbl>, time_hour <dttm>
```

2.5.3 数据排序 arrange()函数

用 arrange()函数根据关键词对数据进行排序，关键词可以有一个，也可以有多个，默认排序方式是升序，如果需要降序，直接调用 desc()参数。

```
# 升序排列,共有四个关键词
arrange(flights, year, month, day, dep_time)
## # A tibble: 336,776 x 19
##      year  month  day   dep_time  sched_dep_time  dep_delay  arr_time  sched_arr_time
##     <int>  <int> <int>   <int>       <int>          <dbl>      <int>       <int>
## 1    2013    1     1      517         515             2         830          819
## 2    2013    1     1      533         529             4         850          830
## 3    2013    1     1      542         540             2         923          850
## 4    2013    1     1      544         545            -1        1004         1022
## 5    2013    1     1      554         600            -6         812          837
## # ... with 336,771 more rows, and 11 more variables: arr_delay <dbl>,
## #   carrier <chr>, flight <int>, tailnum <chr>, origin <chr>, dest <chr>,
## #   air_time <dbl>, distance <dbl>, hour <dbl>, minute <dbl>, time_hour <dttm>
# 根据航班出发延误(dep_delay)降序排列
```

```
arrange(flights, desc(dep_delay))
## # A tibble: 336,776 x 19
##     year  month   day  dep_time  sched_dep_time  dep_delay  arr_time  sched_arr_time
##    <int>  <int> <int>    <int>           <int>      <dbl>     <int>           <int>
## 1   2013      1     9      641             900       1301      1242            1530
## 2   2013      6    15     1432            1935       1137      1607            2120
## 3   2013      1    10     1121            1635       1126      1239            1810
## 4   2013      9    20     1139            1845       1014      1457            2210
## 5   2013      7    22      845            1600       1005      1044            1815
## # ... with 336,771 more rows, and 11 more variables: arr_delay <dbl>,
## #   carrier <chr>, flight <int>, tailnum <chr>, origin <chr>, dest <chr>,
## #   air_time <dbl>, distance <dbl>, hour <dbl>, minute <dbl>, time_hour <dttm>
```

2.5.4　变量选择 select()函数

大数据时代有很多数据集会包含成百上千个变量，如果只对部分变量进行分析，就可以用select()函数进行变量选择(又称列筛选)。

```
# 根据变量名选择
select(flights, year, month, day, dep_time)
## # A tibble: 336,776 x 4
##    year   month   day   dep_time
##    <int>  <int>  <int>   <int>
## 1  2013      1      1     517
## 2  2013      1      1     533
## 3  2013      1      1     542
## 4  2013      1      1     544
## 5  2013      1      1     554
## # ... with 336,771 more rows
# 用冒号选择连续几个相邻的变量
head(select(flights, month:arr_time))
## # A tibble: 6 x 6
##     month    day   dep_time  sched_dep_time   dep_delay   arr_time
##    <int>   <int>    <int>          <int>       <dbl>      <int>
## 1      1      1      517            515           2        830
## 2      1      1      533            529           4        850
## 3      1      1      542            540           2        923
## 4      1      1      544            545          -1       1004
## 5      1      1      554            600          -6        812
## 6      1      1      554            558          -4        740
# 用 - 排除部分变量
head(select(flights, -(year:dep_delay)))
## # A tibble: 6 x 13
```

```
##   arr_time sched_arr_time arr_delay carrier flight tailnum origin dest air_time
##      <int>          <int>     <dbl> <chr>    <int> <chr>   <chr>  <chr>   <dbl>
## 1      830            819        11 UA        1545 N14228  EWR    IAH       227
## 2      850            830        20 UA        1714 N24211  LGA    IAH       227
## 3      923            850        33 AA        1141 N619AA  JFK    MIA       160
## 4     1004           1022       -18 B6         725 N804JB  JFK    BQN       183
## 5      812            837       -25 DL         461 N668DN  LGA    ATL       116
## 6      740            728        12 UA        1696 N39463  EWR    ORD       150
## # ... with 4 more variables: distance <dbl>, hour <dbl>, minute <dbl>,
## #   time_hour <dttm>
```

2.5.5 变量转换 mutate()函数

有时候我们希望用现有的变量通过某种组合或转换生成新的变量,mutate()函数可以实现这个功能。

```
# 新生成的变量通常放在最后一列,为了方便首先选择部分列
flights_small <- select(flights, year:day, ends_with("delay"),
                        distance, air_time)
mutate(flights_small, gain = dep_delay - arr_delay,
       speed = distance / air_time * 60)
## # A tibble: 336,776 x 9
##    year month   day dep_delay arr_delay distance air_time  gain speed
##   <int> <int> <int>     <dbl>     <dbl>    <dbl>    <dbl> <dbl> <dbl>
## 1  2013     1     1         2        11     1400      227    -9  370.
## 2  2013     1     1         4        20     1416      227   -16  374.
## 3  2013     1     1         2        33     1089      160   -31  408.
## 4  2013     1     1        -1       -18     1576      183    17  517.
## 5  2013     1     1        -6       -25      762      116    19  394.
## # ... with 336,771 more rows
```

2.5.6 分类汇总 summarise()函数

summarise()函数可实现对某一个或某一些变量的汇总。

```
# 汇总平均延误时间,注意缺失值的处理
summarise(flights, delay_ave = mean(dep_delay, na.rm = TRUE))
## # A tibble: 1 x 1
##   delay_ave
##       <dbl>
## 1      12.6
# 分类汇总,比如获得每天(一年 365 天)的平均延误时间
by_day <- group_by(flights, year, month, day)
```

```
# summarise 与 summarize 可以互用
summarize(by_day, delay_ave = mean(dep_delay, na.rm = TRUE))
## # A tibble: 365 x 4
## # Groups:   year, month[12]
##      year    month    day    delay_ave
##      <int>   <int>    <int>   <dbl>
## 1    2013     1        1      11.5
## 2    2013     1        2      13.9
## 3    2013     1        3      11.0
## 4    2013     1        4      8.95
## 5    2013     1        5      5.73
## # ... with 340 more rows
# 多变量分类汇总,统计每天的航班数,计数函数 n()
daily_number <- group_by(flights, year, month, day)
head(per_day <- summarise(daily_number, flights = n()))
## # A tibble: 6 x 4
## # Groups:   year, month[1]
##      year    month    day    flights
##     <int>    <int>   <int>   <int>
## 1    2013     1        1      842
## 2    2013     1        2      943
## 3    2013     1        3      914
## 4    2013     1        4      915
## 5    2013     1        5      720
## 6    2013     1        6      832
```

2.5.7　管道操作符

管道操作符(Pipe Operator)是一个特定的符号,它可以将符号前代码的输出传递给符号后的函数作为其第一个参数,从而将原本相互独立的两段代码连接在一起。通过不断地使用管道操作符,最终可以将多行代码写成“流”的形式。使用管道操作符既可以简化代码,又可以使代码间的逻辑关系更加清晰,还可以省去中间变量的输出。

管道操作符主要有%>%、%T>%、%$%和%<>%等,来自 magrittr 包,其中%>%是 R 代码的必备工具,同时也被 tidyverse 系列的 dplyr 工具包所继承,因此我们可以通过加载这三个工具包中的任何一个来调用它。

在 RStudio 中,快捷键“Ctrl + Shift + M”可以直接输入该操作符,下面用具体的例子来介绍%>%的用法。

【例 2.1】　编写 R 代码实现下面 5 个任务:

(1)生成 10000 个服从正态分布的随机数;

(2)计算这 10000 个数的绝对值,然后分别乘以 50;

(3)把结果转换成一个 100×100 的方阵;

(4)计算矩阵中每行的均值,并四舍五入只保留整数;

(5)把结果除以 7 求余数,并绘制余数的直方图。

解 R 代码及相关注释如下:

```
# 设定种子数,保证模拟结果可以重复
set.seed(10491)
x_1 <- rnorm(10000)  # 生成 10000 个标准正态随机数
x_2 <- abs(x_1) * 50     # 绝对值乘以 50,第一个参数是 x_1
x_3 <- matrix(x_2, ncol = 100)     # 生成 100 行 100 列的矩阵,第一个参数是 x_2
x_4 <- round(rowMeans(x_3))  # 计算行均值并取整,第一个参数是 x_3
hist(x_4 %% 7, main = " ",     # 第一个参数是 x_4
    xlab = "某随机变量被 7 整除的余数", ylab = "频数")  # 绘制直方图(略)
# 嵌套写法
set.seed(10491)
hist(round(rowMeans(matrix(abs(rnorm(10000)) * 50, ncol = 100))) %% 7)
# 输出结果略
# 管道操作符的规范写法
library(magrittr)  # 或 library(dplyr) 或 library(tidyverse)
set.seed(10491)
rnorm(10000) %>%
  abs %>% `*` (50) %>% matrix(ncol = 100) %>%
  rowMeans %>% round %>%
  `%%`(7) %>% hist
# 可以得到相同的输出结果(略)
```

2.6 与概率分布有关的 R 函数

2.6.1 用 R 计算概率值

在统计假设检验中,p 值决策法的应用非常普遍。在已知概率分布类型和相应的检验统计量时,一般使用 R 中的 p*name*()函数计算 p 值,其中 *name* 表示概率分布的名字。

1. 计算 Z 统计量的 p 值

使用函数 pnorm()计算正态分位数对应的概率 p,其语法格式为:

```
pnorm(q, mean = 0, sd = 1, lower.tail = TRUE)
```

其中,q 为分位数,mean 为正态分布的均值(默认为 0),sd 为正态分布的标准差(默认为 1),lower. tail 是一个逻辑型参数,默认值 TRUE 表示 q 左侧的概率,FALSE 表示 q 右侧的概率。

```
pnorm(q = -1.96, lower.tail = TRUE)
## [1] 0.025
pnorm(q = 1.96, lower.tail = FALSE)
## [1] 0.025
```

```
pnorm(q = 0.58, lower.tail = TRUE)
## [1] 0.719
# 双尾检验中的 p 值(单尾 p 值的 2 倍)
2 * pnorm(q = 1.96, lower.tail = FALSE)
## [1] 0.05
2 * pnorm(q = 1.58, lower.tail = FALSE)
## [1] 0.1141
```

2. 计算卡方统计量的 p 值

用 R 中的 pchisq()函数，基本用法同 pnorm()。

```
pchisq(q = 4.36, df = 4, lower.tail = FALSE)
## [1] 0.3595
```

3. 计算 t 统计量的 p 值

用 R 中的 pt()函数，基本用法同 pnorm()。

```
# 左尾 t 检验中的 p 值
pt(q = -.77, df = 15, lower.tail = TRUE)
## [1] 0.2266
# 右尾 t 检验中的 p 值
pt(q = 1.87, df = 24, lower.tail = FALSE)
## [1] 0.03687
# 双尾 t 检验中的 p 值
2 * pt(q = 1.97, df = 22, lower.tail = FALSE)
## [1] 0.06155
```

4. 计算 F 统计量的 p 值

用 R 中的 pf()函数，基本用法同 pnorm()。

```
pf(q = 5.36, df1 = 3, df2 = 14, lower.tail = FALSE)
## [1] 0.01143
```

2.6.2　用 R 生成随机数

在统计学中，有时需要模拟一组服从特定分布的随机数。在 R 中可以用 r*name*()函数生成服从特定分布的随机数，如用 runif()、rnorm()、rchisq()、rt()和 rf()等函数可以生成服从均匀分布、正态分布、卡方分布、t 分布以及 F 分布的随机数。需要说明的是，在生成随机数时，为了保证结果的可重现性，通常要事先用 set. seed()函数设定种子。下面分别给出它们的语法格式：

```
runif( n = , min = , max = )  # 生成均匀分布随机数
rnorm(n = , mean = , sd = )  # 生成正态分布随机数
```

```
rchisq(n = , df = , ncp = )  # 生成卡方分布随机数,ncp 是非中心化参数
rt(n = , df = , ncp =)  # 生成 t 分布随机数
rf(n = , df1 = , df2 = , ncp = )  # 生成 F 分布随机数
```

2.6.3 用 R 计算分位数

在第 2.6.1 小节中,我们是根据分位数(q)计算对应的概率值(*p*),而计算临界值的方法刚好相反,是根据特定分布的概率值(*p*)去计算对应的分位数(q)。在 R 中,用 q*name*()函数实现。下面分别给出它们的语法格式:

```
qnorm(p, mean = 0, sd = 1, lower.tail = TRUE)
qchisq(p, df, lower.tail = TRUE)
qt(p, df, lower.tail = TRUE)
qf(p, df1, df2, lower.tail = TRUE)
```

2.6.4 用 R 计算概率密度

在绘制某种分布的概率密度曲线时,通常要用到计算概率密度的函数,在 R 中用 d*name*()函数实现。下面分别给出它们的语法格式:

```
dnorm(x, mean = 0, sd = 1, log = FALSE)
dt(x, df, ncp, log = FALSE)
dchisq(x, df, ncp = 0, log = FALSE)
df(x, df1, df2, ncp, log = FALSE)
```

2.7 R 中的概率抽样方法

研究人员经常从总体中抽取样本,并根据样本统计量估计推断总体参数,进而得出总体的某种结论。常用的抽样方法有概率抽样和非概率抽样,这里重点介绍在 R 中常用的三种概率抽样方法,分别是分层抽样、群抽样和系统抽样。

2.7.1 分层抽样

分层抽样是将总体分成若干组,然后从每组随机选择一定数量的样品(个案)作为样本。

【例 2.2】 某大学资源与环境学院共有 2000 名本科生,现打算从大一、大二、大三、大四四个年级中分别抽取 50 名组成一个样本量为 200 的样本。

解 首先随机生成 2000 个正态随机数,然后分别用个案数分层和百分比分层两种方法实现分层抽样。R 代码及输出结果如下:

```
# 设定种子数以保证该模拟数据可以重现
set.seed(10491)
# 保留数字位数
options(digits = 4)
```

```
# 创建数据框
df020701 <- data.frame(grade = rep(c("Freshman", "Sophomore", "Junior", "Senior"), each = 500),
                       score = rnorm(2000, mean = 85, sd = 5))
# 查看数据的前 3 行
head(df020701, 3)
##       grade     score
## 1   Freshman   77.39
## 2   Freshman   73.75
## 3   Freshman   87.77
```

(1)用个案数进行分层抽样

用 dplyr 包中的 group_by()函数和 sample_n()函数从上面总体中抽取样本。代码如下：

```
library(dplyr)
# 个案分层抽样
strat_sample <- df020701 %>% group_by(grade) %>% sample_n(size = 50)
# 查看每个年级的样本频数
table(strat_sample$grade)
## Freshman    Junior    Senior   Sophomore
##       50        50        50          50
```

(2)用百分比进行分层抽样

将(1)中的 sample_n()函数换为 sample_frac()函数即可。代码如下：

```
library(dplyr)
# 百分比分层抽样
strat_sample <- df020701 %>% group_by(grade) %>% sample_frac(size = .10)
# 查看每个年级的样本频数
table(strat_sample$grade)
## Freshman    Junior    Senior   Sophomore
##       50        50        50          50
```

2.7.2　整群抽样

整群抽样是把总体分成若干个群，然后从中抽取若干个群组成抽样样本。

【例 2.3】　假设一家提供城市旅游服务的公司想要调查其客户满意度。在一天提供的 10 次旅行中，随机选择 4 次旅行，并要求每位顾客以 1 到 10 的等级对他们的体验进行评分。

解　R 代码及输出结果如下：

```
# 设定种子数
set.seed(10491)
# 创建数据框
df020702 <- data.frame(tour = rep(1:10, each = 20),
```

```
                        experience = rnorm(200, mean = 7, sd = 1))
# 查看前 3 行
head(df020702, 3)
##     tour  experience
## 1    1       5.478
## 2    1       4.751
## 3    1       7.554
# 从 10 次旅行中随机抽取 4 次
clusters <- sample(unique(df020702$tour), size = 4, replace = F)
# 4 次旅行中的所有成员组成抽样样本
cluster_sample <- df020702[df020702$tour %in% clusters, ]
# 查看群及每个群的样本数
table(cluster_sample$tour)
##  2   5   7  10
## 20  20  20  20
```

可以看出,随机抽取的 4 次旅行分别是第 2 次、第 5 次、第 7 次以及第 10 次,每次旅行中的全部 20 位游客均被抽取到。

2.7.3　系统抽样

系统抽样又称简单随机抽样,通常由两个步骤实现。首先对总体中的每一个个体进行排序,然后随机设定一个起始点和一个固定的间隔,每隔一定间隔抽取一个个体组成样本数据。

【例 2.4】 某大学资源与环境学院辅导员打算从全部 2000 个学生中用系统抽样的方法随机抽取 200 个,并显示他们的名字和 GPA 成绩。

解　R 代码及输出结果如下:

```
# 设定种子数
set.seed(10491)
# 创建函数随机生成 4 个大写字母组成的姓名
randomNames <- function(n = 5000) {
  do.call(paste0, replicate(4, sample(LETTERS, n, TRUE), FALSE))
}
# 生成数据框
df020703 <- data.frame(last_name = randomNames(2000),
                       GPA = rnorm(2000, mean = 82, sd = 3))
# 查看前 3 行数据
head(df020703)
##   last_name    GPA
## 1    CZAL    80.08
## 2    FNLQ    80.83
## 3    LXJY    83.69
# 定义函数进行系统抽样
```

```
obtain_sys = function (N, n){  k = ceiling(N / n)
  r = sample(1 : k, 1)
  seq(r, r + k * (n - 1), k)
}
# 获取抽样样本
sys_sample_df <- df020703[obtain_sys(nrow(df020703), 200), ]
# 查看抽样样本的前 3 行
head(sys_sample_df, 3)
##     last_name    GPA
## 4      KRIE      77.94
## 14     NBBM      77.76
## 24     CFCT      82.83
# 查看抽样样本的维度
dim(sys_sample_df)
## [1] 200  2
```

最终抽取的样本数据有 200 行(需求的样本容量)、2 列(变量数),起始个案为 4,间隔为 10,所以抽取的个案号分别为 4, 14, 24, 34, 44, …。

重要术语

R	RStudio	package	library
数据输入	数据输出	向量	列表
矩阵	数据框	关系运算符	逻辑运算符
管道操作符	数据转换	数据筛选	数据排序

思考题

2.1　如何安装 R 及 RStudio?

2.2　如何设置 RStudio 工作环境?

2.3　在 R 中有哪些逻辑运算符?

2.4　简述 R 中的数据类型与数据结构。

2.5　如何将外部数据导入到 R 内存中?

2.6　扩展包 dplyr 如何实现数据的筛选、排序、转换及汇总?

2.7　列举 2～3 个 R 中实现随机抽样的函数。

2.8　简述 R 中将连续型变量转换成分类变量的方法。

练习题

2.9　(数据集 Employee. sav)这是一份 SPSS 格式的公司雇员调查数据,包含 id、gender、

bdate、educ、jobcat、salary、salbegin、jobtime、prevexp、minority 共 10 个变量。各变量的含义如表 2.3 所示。试完成下列数据操作：

(1)将 SPSS 格式的数据导入至 R 并赋值给数据框；

(2)浏览数据框中的变量类型及数据结构；

(3)提取数据框中某一行和(或)某一列元素；

(4)用 dplyr 对数据进行变量筛选、个案选择、数据排序及数据转换；

(5)对不同性别员工的平均工资进行分类汇总；

(6)对不同性别、不同工作岗位员工的平均工资、平均受教育水平以及相应的标准差进行分类汇总；

(7)将数据导出为 CSV 格式的文件。

表 2.3 数据集 Employee.sav 中的变量及其含义

变量名称	变量含义	变量名称	变量含义
id	员工代码	gender	员工性别
bdate	员工生日	educ	受教育年限
jobcat	工作岗位类别	salary	当前工资(美元)
salbegin	起薪(美元)	jobtime	现职时长(月)
prevexp	工作经验(月)	minority	是否少数民族

2.10 (数据集 ggplot2::diamonds)利用该数据集回答下列问题：

(1)数据集共有多少个变量和观测个案？

(2)每个变量的数据类型和数据结构分别是什么？

(3)从中随机抽取样本量为 500 的样本，并将其命名为 diamonds_500；

(4)对(3)中生成的样本，用 dplyr 包中的 mutate()函数生成一个新变量 volume，使其等于 x，y 和 z 的乘积；

(5)按照钻石重量(carat)对数据进行从小到大的排序。

2.11 将第 1 章练习题 1.12 中自己收集的数据导入 RStudio 并将其命名为 my_first_df，然后完成下列任务：

(1)查看变量的数据结构；

(2)根据需要进行数据类型转换。

第 3 章
数据的统计特征

【基于共同富裕的居民人均可支配收入分析】

共同富裕是社会主义的本质要求，是中国式现代化的重要特征。2021 年 8 月 17 日召开的中央财经委员会第十次会议进一步明确了什么是共同富裕，以及如何实现共同富裕。共同富裕是全体人民的富裕，不是少数人的富裕；共同富裕是人民群众物质生活和精神生活双富裕，不是仅仅物质上富裕而精神上空虚；共同富裕是仍然存在一定差距的共同富裕，不是整齐划一的平均主义同等富裕；共同富裕不是同时富裕，而是允许一部分人先富起来，先富带后富、帮后富，不搞"劫富济贫"。

《中国报道》记者就共同富裕相关话题采访了经济学家、当代收入与分配领域代表性学者、浙江大学共享与发展研究院院长李实。李实表示，我国当前的收入分配格局呈现"哑铃型"结构，中等收入人群比重相对较小，具体来说，差距主要体现在城乡之间、区域之间和不同收入人群之间。其中，关于区域之间的差距，无论是东西部差距还是南北部差距，近十年来已有所缩小，但对照共同富裕目标还有较大的努力空间。

为了解我国区域收入差距现状，收集了 2020 年全国 31 个省、自治区、直辖市的居民人均可支配收入(DPI)数据如表 3.1 所示。对各省、自治区、直辖市之间的收入差距进行分析，就需要用到本章学习的知识点。

表 3.1　2020 年全国 31 个省、自治区、直辖市居民人均可支配收入

单位：元

id	地区	DPI	id	地区	DPI	id	地区	DPI	id	地区	DPI
1	北京	69433.5	9	上海	72232.4	17	湖北	27880.6	25	云南	23294.9
2	天津	43854.1	10	江苏	43390.4	18	湖南	29379.9	26	西藏	21744.1
3	河北	27135.9	11	浙江	52397.4	19	广东	41028.6	27	陕西	26226.0
4	山西	25213.7	12	安徽	28103.2	20	广西	24562.3	28	甘肃	20335.1
5	内蒙古	31497.3	13	福建	37202.4	21	海南	27904.1	29	青海	24037.4
6	辽宁	32738.3	14	江西	28016.5	22	重庆	30823.9	30	宁夏	25734.9
7	吉林	25751.0	15	山东	32885.7	23	四川	26522.1	31	新疆	23844.7
8	黑龙江	24902.0	16	河南	24810.1	24	贵州	21795.4			

数据来源：《2021 年中国统计年鉴》

对数据进行描述分析，一方面可以计算反映数据相关特征的统计量，另一方面还可以通过绘制统计图形来概括数据的分布特征。本章主要是介绍相关描述统计量的计算，运用数值方法来对数据进行描述分析，统计图形部分将在第 4 章全面介绍。数据的统计特征可以从三个方面进行测度，即数据的集中趋势、离散趋势和分布形状等。需要强调的是，不同类型的数据适用的描述统计量是不同的。

3.1 数据的集中趋势

数据的集中趋势(Central Tendency)是指一组数据向某一中心值靠拢的程度,它反映了一组数据的中心点所在或平均水平。测度不同类型数据的集中趋势,应使用不同的统计量。

3.1.1 名义分类数据

名义分类数据的集中趋势一般用众数测度。众数(Mode)是一组数据中出现次数最多的观测值,一般用 M_o 表示。众数也可以用于顺序数据和数值型数据。从数据的分布来看,众数与分布的"峰"相对应,它可能是唯一的,也可能有多个,也可能不存在。

【例 3.1】 (数据集 DescTools::d. pizza)该数据集记录了伦敦一家披萨店配送服务的数据,包含各种类型的变量,共 1209 个观测。其中,变量 driver 是一个包含 7 个配送司机姓名的名义分类变量。试求变量 driver 的众数。

解 R 代码及输出结果如下:

```
library(DescTools); data("d.pizza")
Mode(d.pizza $ driver, na.rm = TRUE)
## [1] Carpenter  ## attr(,"freq")  ## [1] 272
## Levels: Butcher Carpenter Carter Farmer Hunter Miller Taylor
```

上述输出结果表明,配送次数最多的司机也就是众数是"Carpenter"(而不是配送次数 272 次)。

众数作为一个集中趋势描述统计量,不仅可以用于名义分类数据,还可以用于顺序分类数据及数值型数据。

【例 3.2】 沿用例 3.1 中的数据集,变量 quality 表示披萨送到时的质量,取值为 low、medium 和 high,是一个顺序分类变量。试求变量 quality 的众数。

解 R 代码及输出结果如下:

```
library(DescTools); data("d.pizza")
Mode(d.pizza $ quality, na.rm = TRUE)
## [1] high
## attr(,"freq")  ## [1] 496  ## Levels: low < medium < high
```

输出结果表明,披萨质量也就是变量 quality 的众数为"high",频数为 496。

【例 3.3】 试求本章开篇案例中我国 31 个省、自治区、直辖市的居民人均可支配收入的众数。

解 R 代码及输出结果如下:

```
library(readxl)
reginc2020 <- read_excel("D:/ASWR/chapter03/data03/reginc2020.xlsx")
Mode(reginc2020 $ income, na.rm = TRUE)
## [1] NA  ## attr(,"freq")  ## [1] 1
```

从运行结果可知,在各省、自治区、直辖市的收入数据中没有众数,每个值都只出现了 1 次。这个例子告诉我们,尽管众数可以用于描述数值型数据的集中趋势,但由于其本身的缺陷即可能不存在,因此在数值型数据的集中趋势测度中较少使用。

3.1.2　顺序分类数据

1. 中位数

对于顺序分类数据,通常用中位数测度其集中趋势。中位数(Median)就是将 n 个样本观测值按从小到大的顺序排列后位于中间位置的值,一般用 M_e 表示。具体来说,如果 n 个观测值按照从小到大顺序排列后为 $X_1 \leqslant X_2 \leqslant \cdots \leqslant X_n$,那么,根据观测值个数是奇数还是偶数,中位数的计算方式如下:

$$M_e = \begin{cases} X_{\frac{n+1}{2}}, & \text{当 } n \text{ 为奇数时} \\ \dfrac{1}{2}\left(X_{\frac{n}{2}} + X_{\frac{n}{2}+1}\right), & \text{当 } n \text{ 为偶数时} \end{cases} \tag{3.1}$$

从中位数的定义可知,中位数是一个典型的位置统计量。显然,比中位数大和比中位数小的数据个数各占总数据的一半。中位数的一个显著特点是不受异常值的影响,能客观反映数据的集中趋势和平均水平,因此在数据分析中被经常使用。中位数不仅可以用于顺序分类数据,还可以用于数值型数据。

【例 3.4】 沿用例 3.1 中的数据集,求披萨质量 quality 的中位数。

解　R 代码及输出结果如下:

```
library(DescTools); data("d.pizza")
median(as.numeric(sort(d.pizza $ quality)), na.rm = TRUE)
## [1] 2
```

输出结果表明,披萨质量的中位数为 2,对应质量中等即"medium"。这一结果与例 3.2 众数计算的结果"high"不同,反映了这两种集中趋势描述统计量之间的差异。

【例 3.5】 试求本章开篇案例中我国 31 个省、自治区、直辖市居民人均可支配收入的中位数。

解　R 代码及输出结果如下:

```
reginc2020 <- read_excel("D:/ASWR/chapter03/data03/reginc2020.xlsx")
median(reginc2020 $ income, na.rm = TRUE)
## [1] 27880.60
```

输出结果表明,在 31 个省、自治区、直辖市中,居民的人均可支配收入中位数为 27880.60 元,代表了全国各地居民人均可支配收入的平均水平,而不用担心极端值的影响。

2. 四分位数

与中位数类似的位置统计量是四分位数(Quartile)。中位数是用一个点将一组数据平均分为两份,而四分位数是用三个点将一组数据平均分为四份。显然,位于正中间的那个点(第二个点)对应的正好是中位数。具体而言,四分位数就是将一组数据按照从小到大排列后,位于四分之一(25%)和四分之三(75%)位置上的值。其中,四分之一分位数习惯上又称为下四分位数

(Lower Quartile),四分之三分位数称为上四分位数(Upper Quartile)。

与中位数类似,四分位数既可以用于顺序分类数据,也可以用于数值型数据。使用 R 中的 quantile()函数进行计算。

【例 3.6】 试求本章开篇案例中我国 31 个省、自治区、直辖市居民人均可支配收入的上四分位数和下四分位数。

解 R 代码及输出结果如下:

```
reginc2020 <- read_excel("D:/ASWR/chapter03/data03/reginc2020.xlsx")
quantile(reginc2020$income, probs = c(0.25, 0.75))
##      25%      75%
## 24856.05 32812.00
```

由结果可知,可支配收入的下四分位数为 24856.05 元,意味着低于这一收入水平的地区占 25%;上四分位数为 32812.00 元,也就是高于这一水平的地区占 25%。居民人均可支配收入处于二者之间的地区占 50%。当然,如果考虑中位数,同样可以划分出 24856.05~27880.60 元和 27880.60~32812.00 元两个收入区间,它们分别占 25%即四分之一。

从上例可以发现,四分位数的计算实际上可以用百分位数来实现。百分位数(Percentile)可以看作是四分位数的推广,也就是将数据按从小到大排序后,用 99 个点将一组数据平分为 100 份,每个点可以称为 p 分位点或 p 分位数,也称为第 $100p$ 百分位数,其中 $0\leqslant p\leqslant 1$。例如,$p=0.95$,那么整个样本的 95%的观测值不会超过 95%分位数。

3.1.3 数值型数据

对于数值型数据,通常用均值测度其集中趋势,或称为平均数。均值(Mean)只能用于数值型数据,不能用于分类数据。常用的平均数有简单平均数、加权平均数和几何平均数。

1. 简单平均数

简单平均数是一组数据求和后,除以数据的个数所得到的结果,即

$$\bar{X}=\frac{1}{n}\sum_{i=1}^{n}X_i \tag{3.2}$$

式(3.2)计算的均值是使用未分组数据计算的平均数,称为简单平均数。

【例 3.7】 试求本章开篇案例中我国 31 个省、自治区、直辖市居民人均可支配收入的均值。

解 R 代码及输出结果如下:

```
reginc2020 <- read_excel("D:/ASWR/chapter03/data03/reginc2020.xlsx")
mean(reginc2020$income)
## [1] 32086.38
```

输出结果表明,我国分地区居民人均可支配收入的均值为 32086.38 元。与前面计算的中位数 27880.60 元相比,均值明显大于中位数。这说明均值作为集中趋势测度值容易受极端值的影响,尤其是当数据分布不对称的情况下,应慎重使用。特别是对于收入差距较大的情况下,均值容易受到高收入地区的影响,其代表性不如中位数。

2. 加权平均数

当使用分组数据(经过整理后的数据)计算平均数时,得到的平均数称为加权平均数。设原始数据被分成 k 组,各组的组中值(一组数据上下限的平均值)分别用 $M_1,M_2,\cdots,M_k$ 表示,各组观测值出现的频数分别用 $f_1,f_2,\cdots,f_k$ 表示,则加权平均数的计算公式为:

$$\bar{X}=\frac{M_1f_1+M_2f_2+\cdots+M_kf_k}{f_1+f_2+\cdots+f_k}=\frac{\sum_{i=1}^{k}M_if_i}{n} \tag{3.3}$$

式(3.3)中,$n=\sum_{i=1}^{k}f_i$,即数据的个数或样本量。

【例 3.8】 表 3.2 是某电脑公司连续 4 个月每天的销售量分组数据,试计算每天电脑销售量的均值。

解　加权平均的计算用 Excel 软件可以清晰地看出计算过程,详见表 3.2。

表 3.2　某电脑公司销售量均值计算过程

单位:台

按销售量分组	组中值 M_i	频数 f_i	M_if_i
140～150	145	4	580
150～160	155	9	1395
160～170	165	16	2640
170～180	175	27	4725
180～190	185	20	3700
190～200	195	17	3315
200～210	205	10	2050
210～220	215	8	1720
220～230	225	4	900
230～240	235	5	1175
合计		120	22200

将数据代入式(3.3)可得:

$$\bar{X}=\frac{\sum_{i=1}^{n}M_if_i}{n}=\frac{22200}{120}=185(\text{台})$$

以上计算过程同样可以用 R 来完成。代码及输出结果如下:

```
compsales <- read_excel("D:/ASWR/chapter03/data03/compsales.xlsx")
weighted.mean(compsales $ mid_value, compsales $ freq)
## [1] 185
```

计算结果与手工计算完全相同,每天电脑销售量的均值为 185 台。

3. 几何平均数

几何平均数常用于计算比率数据的均值,如平均增长率、平均收益率、利率等。几何平均数是 n 个观测值乘积的 n 次方根,用 G 表示。计算公式为:

$$G=\sqrt[n]{x_1\cdot x_2\cdot\cdots\cdot x_n}=\sqrt[n]{\prod_{i=1}^{n}x_i} \tag{3.4}$$

其中,Ⅱ为连乘符号。考虑开根号运算比较复杂,可以对公式两边取自然对数,则有:

$$\ln G=\frac{1}{n}(\ln x_1+\ln x_2+\cdots+\ln x_n) \tag{3.5}$$

对式(3.5)进行指数变换即可得到 G。需要注意的是,在实际计算过程中,应将净增长率或净收收益率 x_i 还原为毛增长率或毛收益率 $1+x_i$。此外,用来计算的数据中不能有 0 或负数。

【例 3.9】 一位投资者持有一种股票,连续 4 年的收益率分别为 4.5%、2.1%、25.5%和 1.9%。试计算该投资者在这 4 年内的平均收益率。

解 根据式(3.4)可得:

$$G=\sqrt[n]{\prod_{i=1}^{n}x_i}-1=\sqrt[4]{(1+4.5\%)\times(1+2.1\%)\times(1+25.5\%)\times(1+1.9\%)}-1=8.0787\%$$

即该投资者的年平均收益率为 8.0787%。同样可以用 R 进行计算,结果完全一致。

```
x <- c(4.5, 2.1, 25.5, 1.9) / 100
lnG <- mean(log(1 + x)); G <- exp(lnG) - 1; G
## [1] 0.08078668
```

3.2 数据的离散趋势

数据的集中趋势反映了数据的中心位置和水平。与之相反,数据的离散趋势用来反映数据的分散程度,或者表述为反映数据的变异性。一般来说,数据的离散程度越大,集中趋势对数据的代表性就越差。相反,数据的离散程度越小,集中趋势对数据的代表性越好。因此,离散趋势是数据的重要特征。常见的描述数据离散趋势的统计量,往往与集中趋势特征统计量相对应,比如,与众数对应的是异众比率,与中位数对应的是四分位差,与均值对应的是方差及标准差等。

3.2.1 名义分类数据

名义分类数据常用的集中趋势统计量是众数,相应的离散趋势统计量是异众比率。异众比率就是指非众数组(或类)的频数之和占总频数的比率,用 V_r 表示,计算公式为:

$$V_r=\frac{\sum_{i=1}^{n}f_i-f_m}{\sum_{i=1}^{n}f_i}=1-\frac{f_m}{\sum_{i=1}^{n}f_i} \tag{3.6}$$

其中,$\sum_{i=1}^{n}f_i$ 表示观测结果的总频数,f_m 表示众数组的频数。

异众比率主要用于衡量众数对一组数据的代表程度。异众比率越大,说明非众数组(或类)占总频数的比重越大,众数的代表性就越差。反之,众数的代表性越好。

3.2.2 顺序分类数据

顺序分类数据常用的集中趋势测度统计量是中位数,相应的离散趋势统计量常用四分位差。四分位差(Inter Quartile Range)是指上四分位数与下四分位数之差,也称为四分间距,用

Q_d 表示。四分位差的计算公式为：

$$Q_d = Q_U - Q_L \tag{3.7}$$

其中，Q_U 表示上四分位数，Q_L 表示下四分位数。

四分位差反映了中间 50%数据的离散程度，其数值越大，说明数据的离散程度越大，中位数的代表性越差；四分位差越小，则说明离散程度越小，中位数的代表性越好。与中位数类似，四分位差既可以用于顺序分类数据，也可以用于数值型数据，且不受极端值的影响。从计算公式可知，对于顺序分类数据，四分位差是两个等级之差；对于数值型数据，四分位差是两个数值之差。

【例 3.10】 试求本章开篇案例中我国 31 个省、自治区、直辖市居民人均可支配收入的四分位差。

解 在例 3.6 中计算得到：上四分位数为 32812.00 元，下四分位数为 24856.05 元。所以，四分位差为 32812.00－24856.05＝7955.95(元)。这意味着，中间 50%的地区之间人均可支配收入差距为 7955.95 元。

同样可以用 R 中的 IQR()函数来计算，代码如下：

```
reginc2020 <- read_excel("D:/ASWR/chapter03/data03/reginc2020.xlsx")
IQR(reginc2020 $ income)
## [1] 7955.95
```

也就是说，在 31 个省、自治区、直辖市中，以湖北省为中心，仅左右两侧约 15 个地区的人均可支配收入差距就将近 8000 元，相对于中位数 27880.60 元而言，这一差距明显较大，说明中间 50%的地区人均可支配收入离散程度较大，中位数代表性较差，反映了我国区域收入有一定差距的客观事实。

3.2.3　数值型数据

数值型数据常用的离散趋势测度指标有极差、方差及标准差。

1. 极差

极差(Range)是一种可用来反映数值型数据离散程度的统计量。极差又叫全距，就是一组数据的最大值和最小值之差。它只利用了两端的极值信息，容易受极端值的影响，测度结果实用价值不大，通常只用于一些辅助计算。极差可以使用 R 命令 range()来计算，也可以根据其定义，用命令 max()和 min()的组合来完成。

2. 方差及标准差

方差(Variance)是各观测值与其均值离差平方和的平均，反映了所有数据相对其均值的偏离程度。标准差(Standard Deviation)是方差的算术平方根。通常用 σ^2 和 s^2 表示总体和样本的方差。

总体方差的计算公式为：

$$\sigma^2 = \frac{\sum_{i=1}^{N}(x_i - \mu)^2}{N} \tag{3.8}$$

样本方差的计算公式为：

$$s^2 = \frac{\sum_{i=1}^{n}(x_i - \bar{x})^2}{n-1} \tag{3.9}$$

其中,μ 表示总体均值,$\bar{x}$ 表示样本均值,N 是总体容量,n 是样本容量。

通常用 σ 来表示总体标准差,用 s 来表示样本标准差。标准差是测度数据离散程度的主要统计量,它是有量纲的,与均值的计量单位相同。

当使用分组数据时,样本方差的计算应使用每组的频数 f_i,对组中值 M_i 偏离均值 $\bar{x}$ 的平方进行加权,然后再求和,最后进行平均,计算公式为:

$$s^2 = \frac{\sum_{i=1}^{k}(M_i - \bar{x})^2 f_i}{n-1} \tag{3.10}$$

【例 3.11】 试求本章开篇案例中我国 31 个省、自治区、直辖市居民人均可支配收入的极差、方差和标准差。

解 R 代码及输出结果如下:

```
reginc2020 <- read_excel("D:/ASWR/chapter03/data03/reginc2020.xlsx")
diff(range(reginc2020 $ income)); var(reginc2020 $ income); sd(reginc2020 $ income)
## [1] 51897.3   ## [1] 160301381   ## [1] 12661.02
```

从计算结果可知,首先,全国各地的居民人均可支配收入的极差为 51897.3 元,也就是最高收入地区与最低收入地区之间的差距达 5 万多元,是各地区之间收入差距的最大值,并不能代表这组数据的平均离散程度。其次,方差为 160301381,标准差为 12661.02 元。方差很大,说明数据偏离均值的程度比较严重。通过标准差进一步可以发现,在 31 个地区中,每个地区的人均可支配收入偏离均值 32086.38 元的平均偏离程度达到 12661.02 元,再次说明各地区之间居民人均可支配收入的差距较大。

3.3 数据的分布形态

对数据进行描述统计分析,除计算集中趋势和离散趋势的数值统计量外,还可以从数据分布形态的测度入手,即数据分布的偏态(Skewness)和峰态(Kurtosis)。一般地,只有数值型数据才能计算这两种描述统计量。

3.3.1 偏态系数

偏态(即偏斜状态)或偏度(偏斜程度),是对数据分布对称性的测度。测度偏态的描述统计量常用偏态系数,一般用三阶中心矩表示,记作 SK。样本的偏态系数为:

$$SK = \frac{n\sum_{i=1}^{n}(x_i - \bar{x})^3}{(n-1)(n-2)s^3} \tag{3.11}$$

其中,s 为样本标准差,n 为样本容量。

若偏态系数等于 0,意味着数据为对称分布,例如正态分布、t 分布等;若偏态系数不为 0,意味着数据分布是非对称的。若偏态系数为负,称为负偏或左偏,此时分布左边的尾部更长,均值和中位数都在众数的左边,存在均值 < 中位数 < 众数,如图 3.1(a)所示。若偏态系数为正,称为正偏或右偏,此时分布右边的尾部更长,中位数和均值在众数的右边,存在众数 < 中位数 < 均值,如图 3.1(b)所示。

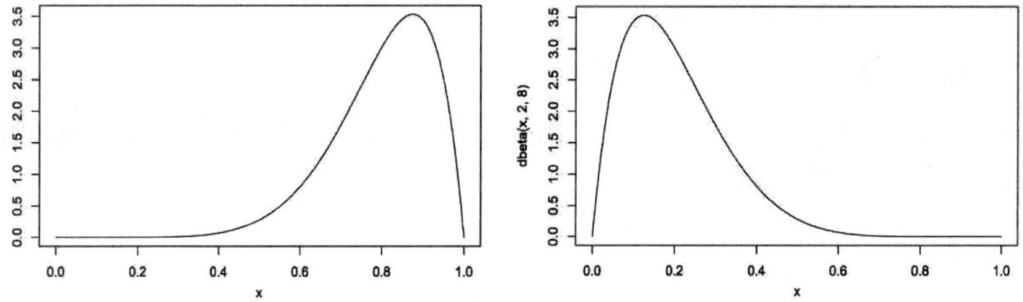

(a) 左偏　　(b) 右偏

图 3.1　左偏分布与右偏分布示意图

进一步地，如果偏态系数大于 1 或小于 −1，称为高度偏态分布；如果偏态系数在 −1～−0.5 或者 0.5～1，称为中度偏态分布；如果偏度系数在 −0.5～0 或者 0～0.5，称为轻度偏态分布。偏态系数越接近 0，数据的偏斜程度就越低。

【例 3.12】 试求本章开篇案例中我国 31 个省、自治区、直辖市居民人均可支配收入的偏态系数。

解　R 代码及输出结果如下：

```
library(e1071)
skewness(reginc2020 $ income)
## [1] 1.918504
hist(reginc2020 $ dpi, freq = F, main = paste(" "),
    xlab = "居民人均可支配收入(万元)", ylab = "密度", ylim = c(0, 0.7))
lines(density(reginc2020 $ dpi))
```

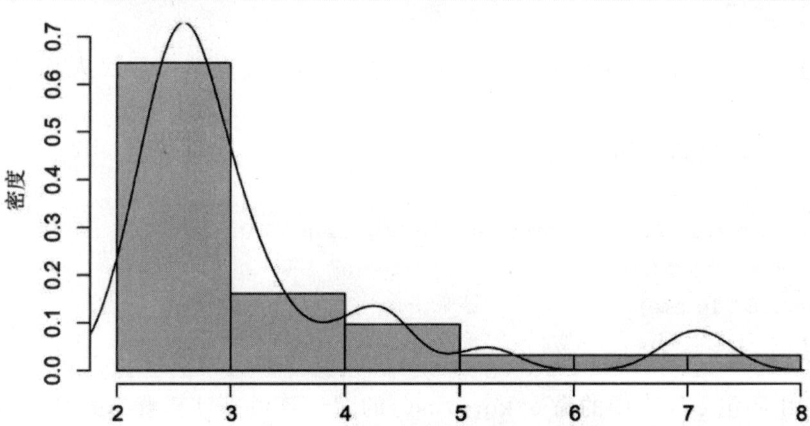

图 3.2　我国 31 个省、自治区、直辖市居民人均可支配收入分布

以上采用 R 包 e1071 中的命令 skewness()的默认算法来计算偏态系数。计算结果表明，偏态系数大于 0 且大于 1，说明分地区人均可支配收入呈正偏分布且高度偏斜，绘制的直方图及密度曲线显示了右边有长长的拖尾，如图 3.2 所示，因此肯定存在众数 < 中位数 < 均值的现象。这一结果为前面的集中趋势分析提供了证据，即均值受到极大值的影响，不适合作为人

均可支配收入的集中趋势测度值,而中位数相对更合适。

3.3.2 峰态系数

峰态是对数据分布陡峭程度的度量。测度峰态的描述统计量常用峰态系数,一般用四阶中心矩表示,记作 K。样本的峰态系数为:

$$K=\frac{\sum_{i=1}^{n}(x_i-\bar{x})^4}{ns^4}-3 \tag{3.12}$$

数据分布的峰态为平峰或尖峰,都是相对于正态分布而言的。如果数据为正态分布,峰态系数 $K=0$,亦即正态分布样本的四阶矩等于 3;如果峰态系数 $K\neq 0$,则表示数据分布相对于正态分布更平或更尖(亦即更陡峭)。具体来说,当 $K<0$ 时,峰态更扁平,如图 3.3(a)所示;当 $K>0$ 时,峰态更陡峭,如图 3.3(b)所示,其中虚线为标准正态分布。

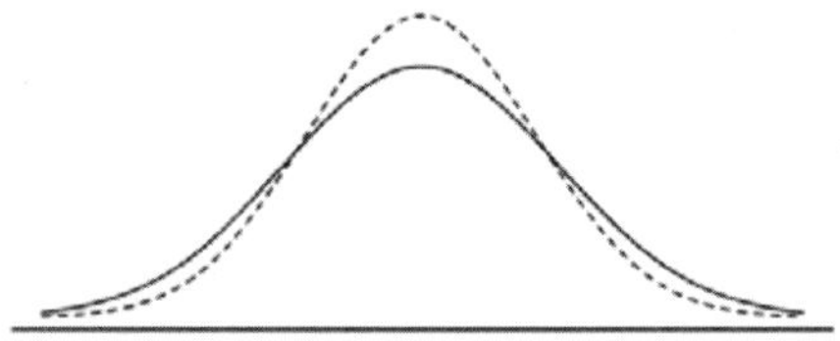

(a) 平峰分布

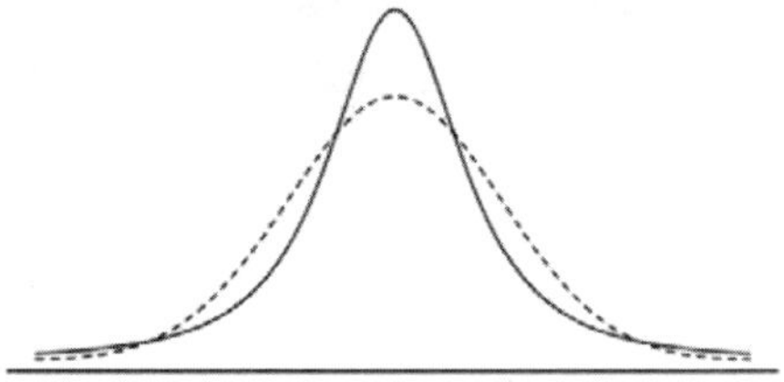

(b) 尖峰分布

图 3.3 平峰分布和尖峰分布示意图

峰态系数也是对数据分布尾部厚度的一种测度。当数据分布为尖峰时,意味着数据分布的尾部相对于正态分布更厚。对于金融时间序列数据,一般都表现为尖峰厚尾的特征,即意味着极端值出现的概率更大。

【例 3.13】 试求本章开篇案例中我国 31 个省、自治区、直辖市居民人均可支配收入的峰态系数。

解 R 代码及输出结果如下:

```
reginc2020 <- read_excel("D:/ASWR/chapter03/data03/reginc2020.xlsx")
library(e1071)
kurtosis(reginc2020$income)
## [1] 3.063873
```

以上是使用 R 包 e1071 中的命令 kurtosis()的默认算法来计算峰态系数。计算结果表明,分地区人均可支配收入的峰态系数远远大于 0,说明峰态为尖峰分布。

结合图 3.2 可知,我国分地区居民人均可支配收入数据的分布大体上呈右偏分布,陡峭的尖峰位于左侧低收入区域,人均可支配收入低于 30000 元的地区共 20 个,占约 65%左右,与我国低收入群体占到全部人口的 60%以上基本一致;而达到 30000 元以上的地区仅 11 个,且右尾有极大值,不符合正态分布"两头小、中间大"的橄榄型特征。也就是说,中间收入的地区占比较小,而低收入地区占比较高,区域收入差距较大,不符合共同富裕的要求。因此,在新形势下中央财经委员会再次重申实现共同富裕是社会主义的本质要求,并就如何促进共同富裕提出了明确要求和具体措施。

3.4　数据的相对位置与相对离散程度

数据的集中趋势和离散趋势是一组数据基本的统计特征。从前面对相关描述统计量的介绍可知,除方差外大部分都带有计量单位,属于绝对量。这样的统计量的好处在于,可以直接用于对数据的分析且具有确切的含义。在实际应用中,我们除了可以使用这些绝对描述统计量进行数据分析外,还可以使用一些相对的描述统计量来进行数据特征的比较,包括相对位置统计量和相对离散程度统计量。

3.4.1　标准分数

标准分数(Z-score)是用于测度在一组数据中某个观测值相对位置的统计量。某一特定观测值 x 的标准分数定义为:

$$\text{总体}:Z=\frac{x-\mu}{\sigma},\quad \text{样本}:Z=\frac{x-\bar{x}}{s}$$

其中,μ 和 σ 分别为总体的均值和标准差,$\bar{x}$ 和 s 分别为样本的均值和标准差。

这样的数据处理方法一般称为标准化,标准化的结果称为标准分数。从标准化的算法可以看出,标准分数的含义是:某一特定观测值 x 离均值的距离相当于多少个标准差。当 x 大于均值时,Z 为正数;当 x 小于均值时,Z 为负数;当 x 等于均值时,$Z=0$。可见,通过标准分数的大小,我们就可以直观判断该观测值在该组数据中的相对位置情况,并可以进行不同组数据之间的比较。

【例 3.14】　试求本章开篇案例中我国 31 个省、自治区、直辖市居民人均可支配收入的标准分数。

解　R 代码及输出结果如下:

```
reginc2020 <- read_excel("D:/ASWR/chapter03/data03/Example3.14_reginc2020.xlsx")
Zscore <- round(scale(reginc2020$income), 2); cbind(reginc2020$province, Zscore)
##          [,1]      [,2]
## [1,]  "北京"     "2.95"
## [2,]  "天津"     "0.93"
## [3,]  "河北"    "-0.39"
## [4,]  "山西"    "-0.54"
## [5,]  "内蒙古"  "-0.05"
## 后面略去其他 26 个地区的输出结果
```

从计算结果可知,湖北省的人均可支配收入的标准分数为 −0.33,意味着相对于均值 32086.38 元,该省的人均可支配收入低于均值 0.33 个标准差;类似地,广东省的标准分数为 0.71,意味着广东的人均可支配收入高于均值 0.71 个标准差。

【例 3.15】　假设有两个本科毕业生应聘同一家公司,他们学习的专业分别为会计学和市场营销。该公司给出的工资待遇为:会计学专业年工资为 45000 元,市场营销专业年工资为 43000 元。相对而言,哪一个专业的工资更具有吸引力?

解 显然,不同岗位的工资缺乏可比性,二者不能直接比较,需要收集与该公司相同行业的会计和市场营销岗位的工资数据。通过调查获得了两组数据,分别计算出会计学专业的均值为46000 元,标准差为 1500 元;市场营销专业的均值为 42500 元,标准差为 1000 元。因此,这两个专业工资的标准分数分别为:

会计学专业:$Z_{accounting}=\dfrac{45000-46000}{1500}=-0.67$

市场营销专业:$Z_{marketing}=\dfrac{43000-42500}{1000}=0.5$

通过各自的标准分数可知,该公司给会计专业毕业生的工资低于行业平均工资 0.67 个标准差,而给营销专业毕业生的工资高于行业平均工资 0.5 个标准差。因此相对而言,该公司给市场营销专业毕业生的工资更具有吸引力。

除了可以用于了解某个观测值的相对位置外,根据标准分数的大小,我们还可以大致了解数据的分布情况,称之为经验法则。经验法则(Empirical Rule)可以表述为:如果一组数据的分布呈钟形且近似对称,那么,大约 68%的观测值落在均值左右 1 个标准差的范围之内,大约95%的观测值落在均值左右 2 个标准差的范围之内,大约 99%的观测值落在均值左右 3 个标准差的范围之内。以上经验法则运用了正态分布的概率与分位数之间的对应关系。但需注意的是,经验法则仅适用于呈正态分布的数据,当一组数据的分布明显偏斜时,经验法则不再适用。

3.4.2 变异系数

变异系数(Coefficient of Variation)也称为离散系数,是用来测度一组数据相对离散程度的统计量。变异系数是一组数据的标准差与其均值之比,记为 CV,其计算公式为:

$$CV=\frac{s}{\bar{x}} \tag{3.13}$$

根据式(3.13),变异系数可以看作是用标准差与均值进行比较,其结果是均值的多少倍。或者理解为,用均值对标准差进行尺度调整,以消除均值水平高低和计量单位对标准差大小的影响。经过比较或调整后,变异系数就可以用来对两组或多组数据的离散程度进行比较。变异系数越小,说明该组数据的离散程度越小,也就是均值代表性越好。

【例 3.16】 试求本章开篇案例中我国 31 个省、自治区、直辖市居民人均可支配收入的变异系数。

解 R 代码及输出结果如下:

```
reginc2020 <- read_excel("D:/ASWR/chapter03/data03/reginc2020.xlsx")
CV <- sd(reginc2020 $ income) / mean(reginc2020 $ income); CV
## [1] 0.3945916
```

计算结果表明,分地区居民人均可支配收入的离散系数为 0.39,即标准差是均值的 39%。可见,对于本例人均可支配收入数据,均值为 32086.38 元,标准差为 12661.02 元,从绝对量来看,一般很难直观感受到离散程度到底是大还是小。但使用变异系数,就可以对离散程度有一个较为确切的认识,并可在不同组数据之间进行比较。

3.5　用 R 进行描述统计：一个综合示例

在 R 中，除了前述的统计函数可以实现数据的描述统计以外，还有很多扩展包可以给出更加丰富的统计结果。

【例 3.17】（数据集 ggplot2::diamonds）该数据集包含钻石价格（price）、钻石重量（carat）、钻石切工（cut）、钻石颜色（color）、钻石透明度（clarity）等变量。下面用多种方法对整个数据集或部分变量进行统计描述。

解　首先从数据集中随机抽取一个样本量为 300 的随机样本，然后对其进行描述。本例需要用到的扩展包如下：

```
library(ggplot2)  # 数据所在的包
library(dplyr)  # 数据整理包
library(tibble)  # glimpse()函数所在的包
library(skimr)  # skim()函数所在的包
library(psych)  # describe()函数所在的包
set.seed(10491)  # 设定种子数,保证结果可以重现
diamonds_300 <- diamonds %>% sample_n(300, replace = F)  # 随机抽取 300 个样本观测值
```

方法一：用 R 基础包中的 summary()函数既可以对数据框整体描述，也可以对其中的一个变量进行描述，数值型数据会给出最小值、最大值、中位数、均值、四分位数等统计量，分类数据会给出频数统计结果。代码如下：

```
summary(diamonds_300)
##     carat                    cut          color    clarity          depth
## Min.    :0.2400     Fair       :  6     D:38    VS2     :67     Min.    :55.40
## 1st Qu. :0.3900     Good       : 22     E:51    SI1     :63     1st Qu. :61.00
## Median  :0.7200     Very GooD  : 58     F:54    VS1     :52     Median  :61.80
## Mean    :0.8294     Premium    : 75     G:66    SI2     :49     Mean    :61.68
## 3rd Qu  :1.0925     Ideal      :139     H:44    VVS2    :32     3rd Qu. :62.50
## Max.    :2.5400                         I:28    VVS1    :26     Max.    :68.90
##                                         J:19    (Other):11
```

可以看出，钻石重量最小的是 0.24 克拉，最大的是 2.54 克拉，平均重量是 0.8294 克拉；钻石切工是一个顺序分类变量，切工一般（Fair）的有 6 个，较好（Good）的有 22 个，非常好（Very Good）的有 58 个，优秀（Premium）的有 75 个，极端好（Ideal）的有 139 个；另外两个变量钻石透明度（clarity）和钻石厚度（depth）读者可以自己解读。此外，为了节约篇幅，此处省略了其他变量的输出结果。

方法二：用扩展包 psych 中的 describe()函数可以给出某个变量更加丰富的统计结果，以钻石重量（carat）为例，输出结果如下：

```
psych::describe(diamonds_300$carat)
##     vars   n  mean  sd  median trimmed   mad   min   max  range  skew  kurtosis   se
## X1     1 300  0.83 0.5  0.72      0.77  0.51  0.24  2.54  2.3    0.87      0.15 0.03
```

其中,trimmed 表示略去极端值后的样本均值,mad 表示平均绝对离差,se 表示样本均值的标准误(等于 $\frac{sd}{\sqrt{n}}$,在后续章节会学到其含义)。

方法三:用扩展包 skimr 中的 skim()函数可以给出数据框的分类描述统计结果,分类数据会给出频数统计,数值型数据会给出均值、标准差及 5 个常规分位数,还会特别绘出其直方图。R 代码及输出结果如下:

```
df_subset <- diamonds_300 %>% select(price, carat, cut, color)  # 筛选几个变量
skim(df_subset)
## 数据框汇总
## ————————————————————————————————
  ## 数据框名称              df_subset
## ————————————————————————————————
  ## 行数                      300
  ## 列数                       4
## ————————————————————————————————
## 变量类型: 因子( factor)
## ————————————————————————————————————————————————————————————————
  ## 变量         是否有序     因子水平                 频数统计
## ————————————————————————————————————————————————————————————————
  ## cut          TRUE          5        Ide: 139, Pre: 75, Ver: 58, Goo: 22
  ## color        TRUE          7        G: 66, F: 54, E: 51, H: 44
## ————————————————————————————————————————————————————————————————
## 变量类型: 数值型( numeric)
## ————————————————————————————————————————————————————————————————————————————
  ## 变量          mean        sd       p0      p25        p50        p75       p100
## ————————————————————————————————————————————————————————————————————————————
  ## price      4362.95   4407.79   361.00   906.50    2878.00    6060.00   18604.00
  ## carat         0.83      0.50     0.24     0.39       0.72       1.09       2.54
## ————————————————————————————————————————————————————————————————————————————
```

数值型变量最后一列为直方图,限于篇幅此处略去。

重要术语

众数	分位数	中位数	四分位数
均数	加权平均数	几何平均数	异众比率
四分位差	方差	标准差	偏态系数
峰态系数	标准分数	经验法则	变异系数

思考题

3.1 一组数据的统计特征可以从哪些方面进行分析?

3.2 简述众数、中位数和均值的特点及适用条件。

3.3 测度数据分布形状的统计量有哪些?判断依据是什么?

3.4 什么是标准分数?它有哪些用途?

3.5 什么是离散系数?它有哪些用途?

3.6 简述经验法则的适用条件。

练习题

3.7　一份人口统计报告公布了居家办公人士的年龄数据，表 3.3 是其中一个样本。试完成下列计算：

(1)计算样本的众数、中位数、均值；

(2)计算四分位差；

(3)计算样本方差和标准差。

表 3.3　居家办公人士的年龄

单位：岁

22	58	24	50	29	52	57	31	30	41	44
40	46	29	31	37	32	44	49	29	23	

3.8　某电脑公司 7 月份每天的销售数据如表 3.4 所示。试计算：

(1)公司日销售量的均值和中位数；

(2)公司日销售量的四分位数；

(3)公司日销售量的标准差。

表 3.4　某电脑公司 7 月份日销售数据

单位：台

257	276	297	252	238	310	240	236	265	278
271	292	261	281	301	274	267	280	291	258
272	284	268	303	273	263	322	249	269	295

3.9　有两个班参加了应用统计学考试，一班的平均分数为 75 分，标准差为 11.5 分，二班的考试成绩资料如表 3.5 所示。试回答下列问题：

(1)计算二班的平均分数和标准差；

(2)比较哪个班的平均分数更有代表性。

表 3.5　二班应用统计学考试成绩数据

按成绩分组(分)	学生人数(人)
60 以下	2
60～70	5
70～80	8
80～90	6
90～100	4
合计	25

3.10　某职员每天可以乘坐公交车或地铁两种交通方式去上班，每种交通方式所需要的时间如表 3.6 所示。试回答下列问题：

(1)分别计算两种方式的平均值和标准差；

(2)职员选用哪一种交通方法更合适？请解释理由。

表 3.6 不同交通方式上班耗时数据

单位:分钟

交通方式	上班所需时间									
交车	29	32	37	33	25	29	32	41	34	28
地铁	29	31	33	32	34	30	31	32	35	33

3.11 根据某国商务部的报告,某年的人均收入是 21800 美元,标准差是 5000 美元。试计算年收入为 12800 美元的居民甲和年收入为 50000 美元的居民乙的标准分数,解释这两个标准分数,并说明这两个居民的年收入是否为异常值。

3.12 斯坦福比奈智商测试系统统计结果显示:IQ 分数的均值为 100,标准差为 16,爱因斯坦的 IQ 得分为 160。试回答:

(1)爱因斯坦的 IQ 得分和均值之间间隔多少个标准差?

(2)将爱因斯坦的 IQ 得分转换为标准分数;

(3)如果我们将均值左右 2 个标准差的范围内界定为正常智商,请问爱因斯坦的智商正常还是异常?

3.13 设甲、乙两单位职工的工资资料如表 3.7 所示。试回答下列问题:

(1)绘制两个单位职工工资的直方图;

(2)计算甲、乙两个单位职工工资的平均值和标准差;

(3)计算甲、乙两个单位职工工资的变异系数,并说明哪个单位的职工工资差异较小一些。

表 3.7 甲、乙两单位职工人数及月工资数据

职工工资(元)	甲单位(人)	乙单位(人)
6000 以下	2	1
6000~7000	4	2
7000~8000	10	4
8000~9000	7	12
9000~10000	6	6
10000~11000	4	5
合计	33	30

3.14 在同一学期考试中,管理学分数的均值和标准差分别为 90 和 10,经济学分数的均值和标准差为 55 和 5。试比较两门课程的考试分数:管理学 85 分和经济学 45 分。

3.15 学生进行相同的压力测试,问下面三种情况,哪个得分的相对分值最高。

(1)得分为 144,均值和标准差分别为 128 和 34;

(2)得分为 90,均值和标准差分别为 86 和 18;

(3)得分为 18,均值和标准差分别为 15 和 5。

3.16 已知数据分布为钟形且对称,根据样本均值和标准差,请用经验法则描述下列数据。

(1) $\bar{x}=128, s=30$;

(2) $\bar{x}=86, s=18$;

(3) $\bar{x}=15, s=5$。

第 4 章 数据的图形展示

【一图胜过千言万语】

在信息泛滥、碎片化加速的情况下，唯有结构化可以承载大局观；在阅读时间有限、同质化内容众多的情况下，图表化则可以化繁为简，洞察新趋势。数据可视化可以让我们更直观地从数据中获取信息。据沃顿商学院的研究，当一份报告用统计图形的方式进行说明时，高层管理人员的反应速度会一致提高 25%。数据可视化在学术界和工业界都有广泛的应用，除了许多论文里的实验数据图表外，企业的 KPI 报表、股市的 K 线图、制造业的传感器数据监测、航空公司的上客监控以及交通运输大数据，都广泛用到数据可视化。

数据可视化和美食烹饪有异曲同工之妙。一个优秀的数据可视化分析师应该拥有如米其林餐厅大厨般的手艺，在阅读无数食材(数据信息浏览)后能从中挑选出符合要求的原料(数据信息筛选)，经过层层工序(信息重组加工和美学设计)，最后烹饪出一道色香味俱全的大餐(一张漂亮又实用的信息图)。

本书第 2 章介绍了如何用 R 对统计数据进行导入、筛选以及加工整理，第 3 章介绍了利用数值方法对数据进行描述测度，本章我们则利用 R 语言绘制统计图形，对数据进行可视化展示。

R 语言的前身是 S 语言，S 语言的设计目的就是交互式数据分析与绘图。因此，绘图是 R 的重要功能。R 既有从 S 语言继承过来的基本绘图系统，也有各种功能更易用、更强大、更灵活的扩展绘图系统。前者使用简单灵活，但是为了做出满意的图形需要比较多的调整；后者的典型代表是 Hadley Wickam 的 ggplot2 扩展包，它吸收了基本绘图以及其他扩展包的优点，摒弃了相关的缺陷，自成一套独立绘图系统。

本章需要用到的 R 扩展包有：

```
library(ggplot2)  # ggplot2 绘图包
library(dplyr)  # dplyr 数据整理包
library(tidyr)  # tidyr 数据清洗包
library(tidyverse)  # 这是一个集大成的包,包含上述三个包及其他常用包
# 下面三个是图片布局优化的包
library(patchwork); library(cowplot); library(gridExtra)
```

4.1 R 语言基本绘图系统

R 的基础包 graphics 又称为基本绘图系统，在最初安装 R 软件时就已经内置其中，无需加

载即可直接使用其绘图函数。graphics 包中的绘图函数大致可分为两大类:一类是高级绘图函数,可以产生一幅独立的图形;另一类是低级绘图函数,通常不产生独立的图形,而是在高级函数产生的图形上添加一些新的图形元素,如坐标轴、标题、文本注释、线段等。

4.1.1 高级绘图函数

R 基础包中使用比较多的高级绘图函数以 plot()函数为主,还包括 barplot()、pie()、hist()、boxplot()、curve()、pairs()等,可以绘制各种条形图、饼图、直方图、箱形图、曲线图、散点图及散点图矩阵等图形。

下面以 plot()函数为例,介绍高级函数的参数设置。基本语法格式为:

```
plot(x, y, type, col, lwd, lty, pch, cex, main, sub, xlab, ylab, …)
```

其中,x 和/或 y 是坐标数据,type 为图的类型,col 为颜色,lwd 为线宽,lty 为线型,pch 为点的类型,cex 为放缩比例,main 为图的主标题,sub 为副标题,xlab 和 ylab 分别为横轴和纵轴的标题。详情可以用? plot 查看帮助文档。

1. 点符号类型

可以用? points 查看所有的点符号,常见的形状及对应的编号如图 4.1 所示。

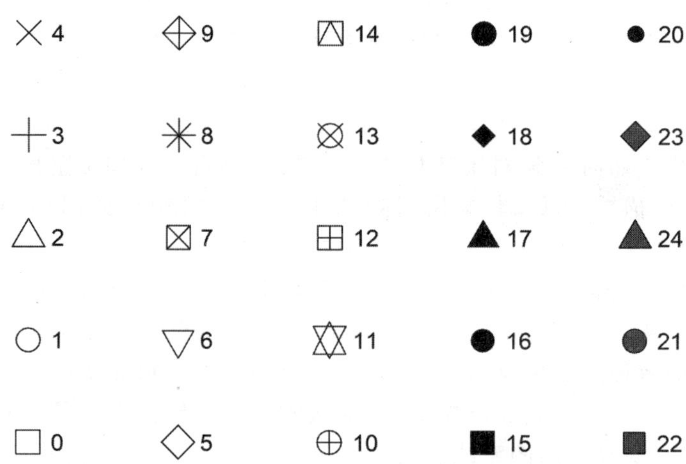

图 4.1 R 绘图系统点符号类型及其编号示意图

2. 线的类型及宽度

线的类型既可以指定为整数(如 1 为实线,2 为虚线,3 为点虚线,……),也可以指定为相应的字符串(如"solid","dashed","dotted",…)。线的宽度用数字表示,默认的线宽为 1,可以用? par 查看所有参数的说明。图 4.2 给出了线型及其编号的示意图。

3. 颜色参数

可以通过颜色下标、颜色名称、十六进制的颜色值或 RGB 值来指定颜色。例如:红色可表示为:col = 1、col ="red"、col = "#FF0000"、col = rgb(255, 0, 0)。在 R 中用 colors()函数可以查看所有可用颜色的名称。

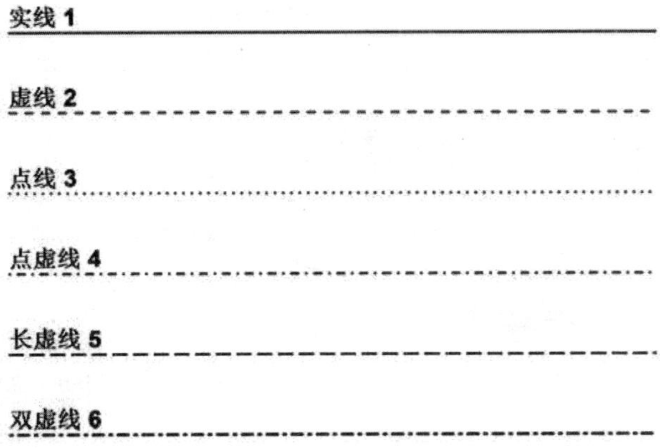

图 4.2　R 绘图系统线型及其编号示意图

4.1.2　低级绘图函数

R 基础绘图中低级绘图函数的主要功能是修饰美化高级函数绘制的图形，主要有 abline()、layout()、legend()、points()、text()、title()等，分别用于为图形添加直线、布局图形页面、添加图例、添加点、添加文本以及添加标题等。在第 4.1.3 小节将通过一个具体的案例介绍这些低级函数的用法，更多的详细内容可以查看相关帮助文档。

4.1.3　图形参数设置示例

【例 4.1】 创建一个示例数据，表示某病患者对两种临床药物(药物 A 和药物 B)5 个剂量水平上的反应情况，并用折线图进行对比。

解　图片可以用 png()函数保存成 png、pdf、jpg 及 tiff 等格式，R 代码如下，输出结果如图 4.3 所示。

```
png(filename = "./figure/par_drugAB.png", width = 18, height = 12,
    res = 600, units = "cm")  # res 设置分辨率,units 设置图片宽和高的单位
dose <- c(20, 30, 40, 45, 60)  # 剂量水平
drugA <- c(16, 20, 27, 40, 60)  # 药物 A 的反应
drugB <- c(15, 18, 25, 31, 40)  # 药物 B 的反应
list_opar <- par(no.readonly = TRUE)  # 保存当前图形参数设置列表
par(mai = c(0.9, 0.9, 0.5, 0.3))  # 图形边距参数设置
par(lwd = 1.5, cex = 1, font.lab = 2)  # 线宽、缩放以及标签字体设置
# 绘制点线图并设置参数
plot(dose, drugA, type = "b", pch = 15, lty = 1, col = "red", ylim = c(0, 60),
    main = "药物 A vs 药物 B", xlab = "药物剂量", ylab = "药物反应")
lines(dose, drugB, type = "b", pch = 17, lty = 2, col = "blue")  # 添加线条
abline(h = c(30), lwd = 1.5, lty = 2, col = "grey")  # 添加参考线
Hmisc::minor.tick(nx = 2, ny = 2, tick.ratio = 0.3)  # 添加刻度线
legend("bottomright", inset = 0.05, pch = c(15, 17), lty = c(1, 4),
       title = "药物种类",  c("药物 A", "药物 B"), col = c("red", "blue"))
```

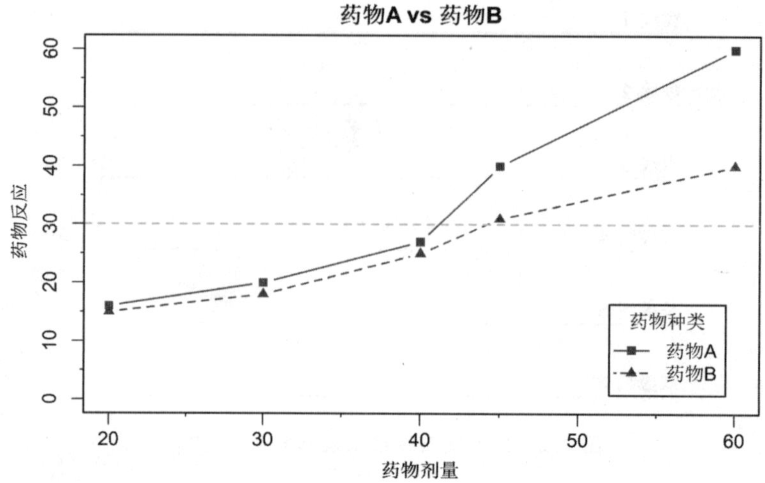

图 4.3　两种不同药物的临床反应对比图

4.1.4　R 基础绘图系统绘制常见统计图形

1. 条形图

条形图(Bar Plot)又称为柱状图,多用于展示分类数据,横轴表示类别,纵轴表示频数或频率。条形图又可以分为简单条形图和复式条形图,区别在于分类变量的多少。后者又根据长方形"柱子"的排列方式分为排列式条形图和堆栈式条形图。

【例 4.2】 (数据集 Employee.csv)用 R 基础绘图分别绘制工作岗位(jobcat)的简单条形图以及工作岗位(jobcat)和是否少数族裔(minority)的复式条形图。

解　首先将分类变量转换为因子类型,R 代码如下,输出结果如图 4.4 所示。

```
# 导入数据并将 gender,jobcat,minority 的数据类型转为因子
Employee <- read_csv("./data04/Employee.csv")
Employee $ gender <- as.factor(Employee $ gender)
Employee $ jobcat <- as.factor(Employee $ jobcat)
Employee $ minority <- as.factor(Employee $ minority)
# 保存为 R 数据格式.RData
save("Employee", file = "./data04/Employee.RData")
# 加载数据
load("./data/Employee.RData")
# 生成频数表
frequency <- table(Employee $ jobcat); frequency
##
## clerical     custodial     manager
##      363            27          84
# 绘制简单条形图
barplot (frequency, col = c("green", "yellow", "red"),
        xlab = "工作岗位类别", ylab = "频数")
```

```
# 生成二维交叉表
crosstable <- with(Employee, table(gender, jobcat)); crosstable
##           jobcat
## gender    clerical  custodial  manager
## female      206         0         10
## male        157        27         74
# 绘制复式条图
barplot (crosstable, beside = TRUE, legend = TRUE, col = c("red", "green"),
       width = 0.6, xlab = "工作岗位类别",
       ylim = c(0, 200), xlim = c(0, 5))
# 添加图例
legend ("top", inset = 1.5, title = "性别", c("female", "male"),
      lty = c(1, 2), pch = c(15, 17), col = c("red", "green"), cex = 0.4)
```

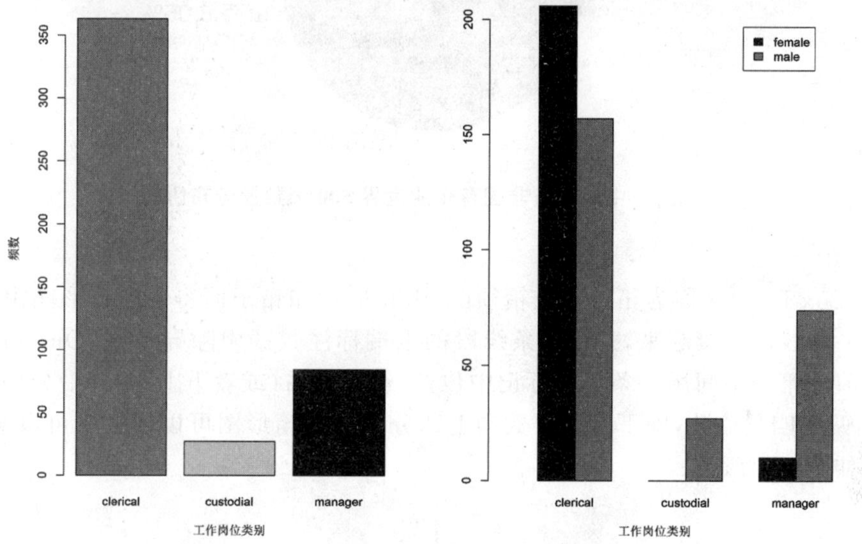

图 4.4　R 基础包绘制简单条图和复式条图

图 4.4 中,左图是根据频数分布表绘制的工作岗位类别的简单条形图,可以看出普通职员(clerical)最多,共有 363 人,各级经理(manager)次之,共有 84 人,仓库保管员(custodial)最少,只有 27 人。右图是根据交叉列联表绘制的复式条图,可以看出比较基层的工作岗位中,女性较多,而在库管及经理岗位中,男性则明显占据多数。

例 4.2 复式条图代码中,将 barplot()函数中的 beside 参数改为 FALSE,就是默认的堆栈式条形图,限于篇幅,此处未做展示。

2. 饼图

饼图(Pie Plot)通常用圆中的扇形面积大小表示各类别的频数或频率,可以直观比较分类变量各取值出现的次数。

【例 4.3】 胡润研究院发布了 2021 年我国中部六省非国有企业 500 强数量,请绘制饼图进行展示。

解　用 pie()函数绘制饼图,R 代码如下,输出结果如图 4.5 所示。

```
labels1 = c("河南", "湖北", "安徽", "江西", "湖南", "山西" )  # 省份标签
slices <- c(8, 2, 7, 4, 10, 2)  # 中部六省数值
# 计算每个省份所占的百分比
percentage <- round(slices/sum(slices) * 100, 2)
labels2 <- paste(labels1, " ", percentage, "%", sep = " ")
# 绘制饼图并上色
pie(slices, radius = 1, labels = labels2, col = rainbow(length(labels1)))
```

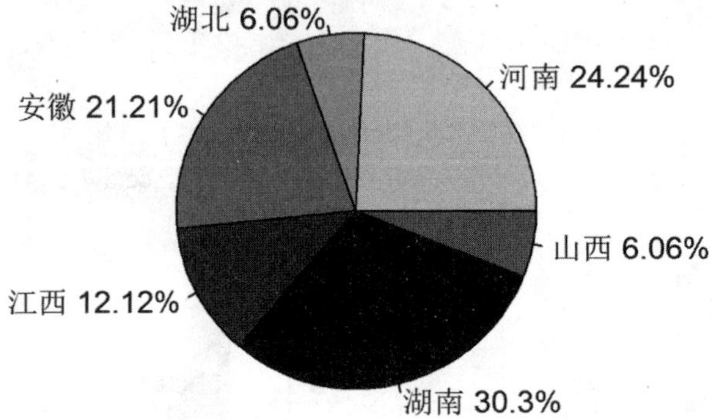

图 4.5　中部六省非国有企业世界 500 强数量分布饼图

3. 箱形图

箱形图(Box Plot)又称为箱线图或箱须图,因其形状如箱子而得名。箱形图由中间一个箱子和两端各一条线段连接起来,并在两条线段的末端标注数据中除异常值(Outliers)以外的最小值和最大值。箱子中间用一条线段标记中位数,箱子左右(或者下上)两边沿分别标记数据的 25%和 75%两个四分位数,即下四分位数和上四分位数。箱形图可以横置也可以竖放,横置箱形图的结构如图 4.6 所示。

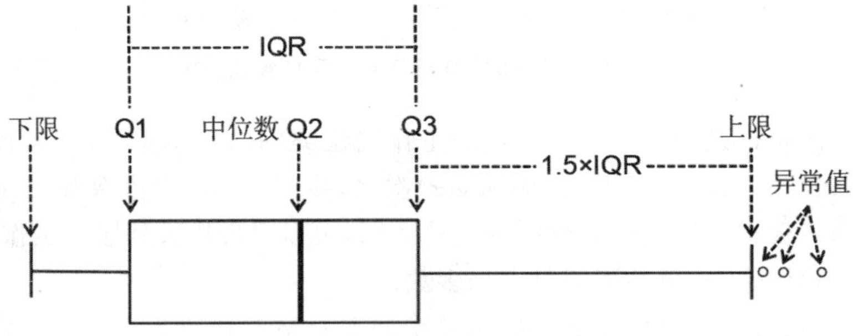

图 4.6　箱形图结构示意图

图中 Q1 为下四分位数,Q2 为中位数,Q3 为上四分位数,IQR 为四分位差,箱子两端的短线段形象地称为“胡须”,上限和下限分别位于距离上下四分位数 1.5 倍四分位差的地方,超出上限或低于下限的观测值均称为异常值。箱形图不仅可以看出一组数据的上述五个特征值,还可以从它们取值的相对位置关系中,看出该组数据的分布特征,比如分布是否对称、分布偏斜的方向等。此外如果数据中存在异常值,R 软件会用圆圈或者星号标注出来。

【例 4.4】 沿用例 4.2 中的数据集，用 R 基本绘图系统分别绘制员工工作时间的箱形图以及是否少数族裔的对比箱形图。

解 在 R 中用 boxplot() 函数绘制箱形图，相关代码及注释如下，输出结果如图 4.7 所示。

```
# 用 with()函数可以避免频繁使用 $ 符号
with(Employee, boxplot(jobtime, ylab = "员工工作时间(月)", xlab ="所有员工"))
with(Employee, boxplot(jobtime ~ minority, col = c("red", "orange"),
                       ylab = '', xlab = "是否少数族裔"))
```

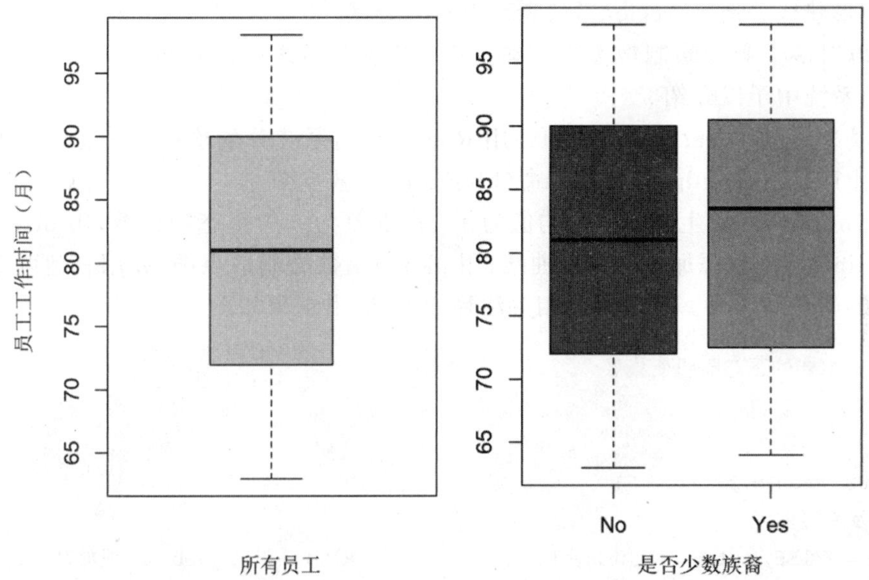

图 4.7　员工工作时间的单一箱形图与分类箱形图

从图 4.7 中的左图可以看出，所有员工的工作时间中位数在 81 左右，而且呈对称分布，无异常值。右图对少数族裔和非少数族裔的工作时间进行了对比，平均意义上讲，后者比前者略低。

4. 直方图

直方图(Histogram)是对数值型数据进行适当的分组后，统计每个组中数据的个数，根据得到的频数分布表绘制而成。具体来讲，组距分组首先要将所有的原始数据按照从小到大的顺序进行排序，然后根据数据的多少划分出若干个数值区间，所划分的区间就是组(Class)，区间个数称为组数。每个区间的最大观测值称为该组的上限(Upper Limit)，每个区间的最小观测值称为该组的下限(Lower Limit)，各组上限与下限的中间值则称为组中值(Midpoint)，各组上限与下限之间的距离或差称为组距(Class Interval)。

数据分组通常按照数据的多少 (n) 来确定组数，较常用的是斯特格斯公式，即：组数 $=1+3.3\times\log_{10}n$。R 软件会根据数据的实际情况进行自动分组，用户也可以指定组宽或组数。在组距式分组中，由于数据的连续性，通常前一个分组的上限等于后一个分组的下限。为了保证分组的互斥性，统计学一般将相邻两组共同的界限值归入作为下限值的那一组内，即“上限不在内”原则。例如，学生某门课程的成绩被分为五组：60 分以下、60～70 分、70～80 分、80～90 分以及 90 分以上，习惯的做法是把 60 分的学生归入 60～70 分组，把 70 分的学生归入 70～80 分组内，以此类推。

直方图与条形图外观非常相似,都是由一个一个的长方形连接而成,都是用频数或频率来表示某一类或某一组的分布情况。不同的地方主要有两点:第一,条形图主要用于描述分类数据,因此长方形是彼此分离的,而直方图多用于描述数值型数据的分布形态,各长方形是紧密排列在一起的;第二,条形图中长方形的宽是没有意义的,而直方图中长方形的宽度代表了分组组距的大小。

5. 散点图

散点图(Scatterplot)通常用于描述成对数据。R 可以用其他分类变量改变散点的属性,比如用颜色区分不同的组织(group),用散点大小区分城市化水平(pctUrban),后者又称为气泡图,还可以用形状区分地区(region),读者可以自行尝试。

R 还可以对多个变量绘制散点图矩阵,用于描述两两之间的相关关系,这部分内容将在 ggplot2 绘图系统中予以介绍。

【例 4.5】 (数据集 carData::UN11)用 R 基础绘图系统分别绘制某正态随机变量的直方图以及人均生产总值(ppgdp)和预期寿命(lifeExpF)的散点图。

解 用 rnorm()函数生成 100 个均值为 10、标准差为 5 的正态随机数,用 hist()函数绘制直方图并用 lines()函数添加概率密度曲线;用 plot()函数绘制散点图,并用其他两个分类变量体现散点图的颜色和大小。R 代码及相关注释如下,输出结果如图 4.8 所示。

```
# 随机生成 n = 100 的正态随机变量 X
set.seed(10491)
ubrary(dplyr)
X <- rnorm(100, mean = 10, sd = 5)
# 绘制直方图及密度曲线
hist(X, freq = FALSE, col = "lightskyblue", main = " ", xlab = ' ', ylab = "频数")
lines(density(X), lwd = 2, col = "red")
# 从 UN11 数据集抽取一个 n=30 的子样本
UN11_sub <- sample_n(UN11, 30)
pct <- pctUrban  # 城市化比例
with(UN11_sub, plot(x = ppgdp, y = lifeExpF, pch=16,
     col = ifelse(group == "oecd", "darkgreen", "skyblue"),  # 颜色区分是否 OECD
     xlab = "人均 GDP", ylab = "寿命预期",
     cex = 1 + (pct - min(pct)) / (max(pct) - min(pct))))  # 城市化比例越高气泡越大
```

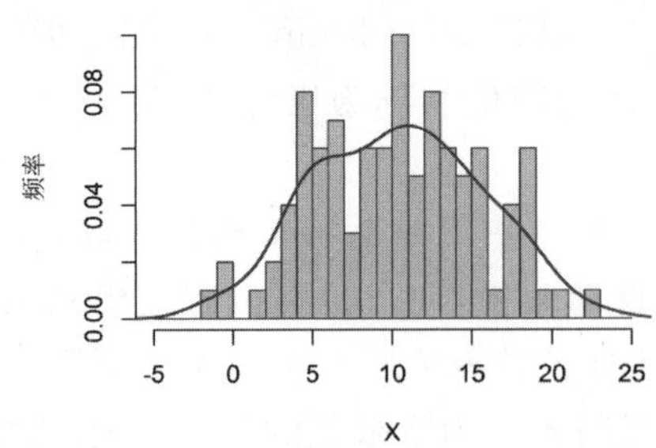

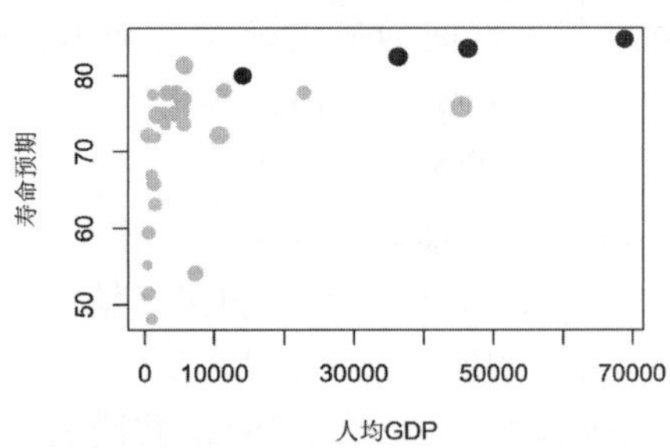

图 4.8 R 基础包绘制直方图和散点图

如图 4.8 的左图绘制了随机正态数的直方图。如图 4.8 右图所示,不同区域国家的人均国内生产总值(ppgdp)和预期寿命(lifeExpF)构成了一个数据对,投射到二维平面坐标系即为一个点,全部的点组合起来就构成了一幅散点图。

4.2 ggplot2 绘图系统简介

在第 2 章中,已经介绍了 tidyverse 集成包中用于数据整理(Data Wrangling)的 dplyr 包,本节将继续学习另一个用于统计绘图的核心包 ggplot2,前面两个字母 gg 是"Grammar of Graphics"的缩写。与 R 的基础绘图系统不同,ggplot2 基于图形语法结构提供了一种全新的图形创建方式。Hadley Wickham 编写的专著《ggplot2: elegant graphics for data analysis》提供了详细的原理及方法体系,本书仅从应用统计的角度做简要介绍。

4.2.1 ggplot2 的图层理念

ggplot2 绘图的核心理念是任何图形都可精确地描述为数据集合、美学映射、几何对象、统计对象、分面布局、坐标系统和主题设计的一个组合,每一部分都是一个独立的层(Layer),把所有的层叠加起来就构成了一幅完整的图像。

ggplot2 的分层语法结构如图 4.9 所示,其中数据集合(Data)、美学映射(Aesthetics)和几何对象(Geometry)是绘图时三个必不可少的核心层,统计对象(Statistics)、分面布局(Facets)、坐标系统(Coordinates)以及主题设计(Themes)主要用来美化、修饰或者优化布局等,每个图层后面用"+"相连接。

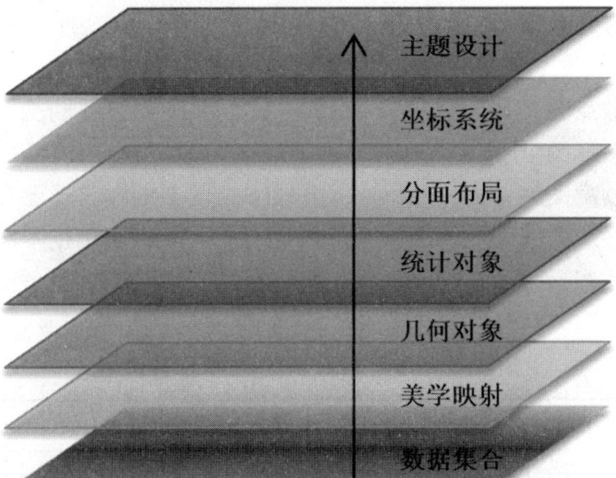

图 4.9 ggplot2 图层理念示意图

一个较为完整的 ggplot2 分层语法结构代码如下:

```
library(ggplot2)
ggplot(data = df, aes(x = , y = , …)) +  #加号必须在句尾
      geom_xxx() +
      stat_xxx() +
      coord_xxx() +
      facet_xxx() +
      theme_xxx() +
      scale_xxx() +
      …
```

4.2.2 ggplot2 重要图层的用法

本节重点介绍数据集合、美学映射和几何对象三个核心层，其余的美化修饰图层仅给出部分常用参数列表，更多细节读者可以通过案例演示、查阅帮助或者在相关文献中学习。

1. 数据集合层

ggplot2 的绘图函数是 ggplot()，用户必须明确指定数据框类型的数据名称。比如，对 ggplot2 包自带的数据集 mpg 进行绘图，R 可以用三种不同的方式表达，代码如下：

```
ggplot(data = mpg)
ggplot(mpg)
mpg %>% ggplot()  # %>% 是管道操作符
```

2. 美学映射层

该层主要是设置映射到图形上的变量，可以是一个变量、两个变量或者多个变量，对应代码如下：

```
ggplot(mapping = aes(x = var_x, y = var_y, …))     # var_x,var_y 是相应的变量名称
```

3. 几何对象层

如果只指定上面两层，ggplot2 只会绘制一个空白的坐标系，还需要指定几何对象才能绘制相应的几何图形。常见的几何对象函数及对应的代码如下：

```
geom_point()        # 绘制散点图          geom_jitter()       # 绘制抖动图
geom_bar()          # 绘制条形图          geom_histogram()    # 绘制直方图
geom_density()      # 绘制密度图          geom_boxplot()      # 绘制箱形图
geom_smooth()       # 绘制平滑曲线图      geom_violin()       # 绘制小提琴图
geom_line()         # 绘制线图            geom_errorbar()     # 绘制误差条图
```

表 4.1　几何函数常见选项及其设置

选项	描　述
color	和 colour 通用，对点、线和填充区域进行着色
fill	对填充区域进行着色，如条形和密度区域
alpha	颜色的透明度，从 0(完全透明)到 1(不透明)
linetype	图案的线条(1 = 实线，2 = 虚线，3 = 点，4 = 点破折号，5 = 长破折号，6 = 双破折号)
size	点的尺寸和线的宽度
shape	点的形状(与 base 绘图中的 pch 一样)
position	绘制诸如条形图和点等对象的位置。对条形图而言，"dodge"将分组条形图并列，"stacked"堆叠分组条形图，"fill"垂直地堆叠分组条形图并规范其高度相等。对于点而言，"jitter"减少点重叠
binwidth	直方图的宽度
notch	表示方块图是否应为缺口(TRUE/FALSE)
sides	地毯图的位置("b" = 底部，"l" = 左部，"t" = 顶部，"r" = 右部，"bl" = 左下部)
width	箱线图的宽度

R 为几何函数提供了很多视觉参数选择，包括颜色、尺寸、形状、线型、线宽、填充、透明度以及位置等，表 4.1 给出了常见的选项设置及其描述。

4. 修改图形的外观

(1)坐标轴与刻度线

控制坐标轴以及刻度线的常用函数以及相应的参数选项如表 4.2 所示。

表 4.2　控制坐标轴和刻度线外观的函数

函数	参数选项说明
scale_x_continuous() scale_y_continuous()	name = 刻度的名称，用作轴或图例标题 breaks = 指定刻度标记 labels = 指定刻度标记标签 limits = 控制要展示的值的范围
scale_x_discrete() scale_y_discrete ()	breaks = 对因子的水平进行放置和排序 labels = 指定这些水平的标签 limits = 表示应该展示哪些水平
coord_flip()	x 轴和 y 轴位置互换

(2)颜色属性

ggplot2 的颜色设置主要有两种，一种是将颜色属性写入 aes()函数中，用特定的变量来映射颜色，例如用如下代码绘制轿车排量(displ)与高速公路油耗(hwy)的散点图，同时将车辆类型(class)用不同的颜色加以区分。

```
ggplot(data = mpg, mapping = aes(x = displ, y = hwy, color = class)) +
    geom_point()
```

另一种是在几何函数中对颜色进行赋值，例如用如下代码绘制轿车排量(displ)与高速公路油耗(hwy)的散点图，同时为所有的点设置天蓝色。请读者仔细体会二者的区别。

```
ggplot(data = mpg, mapping = aes(x = displ, y = hwy) +
    geom_point(color = "skyblue")
```

在 ggplot2 中，scale_fill_continuous()函数和 scale_fill_discrete()函数分别是数值型和分类数据的默认配色方案，还可以使用 scale_colour_manual()手动设置颜色。

5. 主题图层

ggplot2 绘图系统提供了非常丰富的主题风格，主要包括 theme_bw()、theme_grey()、theme_linedraw()、theme_light()、theme_dark()、theme_minimal()、theme_classic()等。此外它的扩展包 ggthemes 也开发了各种风格迥异的主题类型，如 theme_tufte()、theme_solarized()、theme_excel() 等，感兴趣的读者可以自行尝试。如果需要修改图形元素，可以用 element_function()函数及相应的参数对图像、坐标轴、图例、画板和分面等进行设计修改。表 4.3 和表 4.4 给出了具体的函数及参数说明。

表 4.3 ggplot2 主题层元素及对应的函数表

	元素名称	元素函数	简要描述
图像元素	plot. background	element_rect()	图像背景
	plot. title	element_text()	图像标题
	plot. margin	margin()	图像边距
坐标轴元素	axis. line	element_line()	平行于坐标轴的线条
	axis. text	element_text()	坐标轴标签
	axis. text. x	element_text()	x 轴标签
	axis. text. y	element_text()	y 轴标签
	axis. title	element_text()	坐标轴标题
	axis. title. x	element_text()	x 轴标题
	axis. title. y	element_text()	y 轴标题
	axis. ticks	element_line()	轴须标签
	axis. ticks. length	unit()	轴须标签的长度
图例元素	legend. background	element_rect()	图例背景
	legend. key	element_rect()	图例符号背景
	legend. key. height	unit()	图例符号高度
	legend. key. width	unit()	图例符号宽度
	legend. key. size	unit()	图例符号大小
	legend. margin	unit()	图例边距
	legend. text	element_text()	图例标签
	legend. text. align	0—1	图例标签对齐(0 = 右,1 =左)
	legend. title	element_text()	图例名
	legend. title. align	0—1	图例标签对齐(0 = 右,1 = 左)
画板元素	panel. background	element_rect()	画板背景(数据下面)
	panel. border	element_rect()	画板边界(数据上面)
	panel. grid. major	element_line()	主网格线
	panel. grid. major. x	element_line()	竖直主网格线
	panel. grid. major. y	element_line()	水平主网格线
	panel. grid. minor	element_line()	次网格线
	panel. grid. minor. x	element_line()	竖直次网格线
	panel. grid. minor. y	element_line()	水平次网格线
	aspect. ratio	数值	图像宽高比
分面元素	strip. background	element_rect()	分面标签背景
	strip. text	element_text()	条状文本
	strip. text. x	element_text()	水平条状文本
	strip. text. y	element_text()	竖直条状文本
	panel. spacing	unit()	分面间边距
	panel. spacing. x	unit()	竖直分面间边距
	panel. spacing. y	unit()	水平分面间边距

表 4.4　元素函数的参数设置

函数	选项
element_text()	文本的参数有字体族(family)、字型(face)、颜色(color)、大小(size)、横向对齐(hjust)、纵向对齐(vjust)、角度(angle)、行高(lineheight)
margin()	边缘的参数有文字上边(top)、右边(right)、下边(bottom)、左边(left)的空白大小(以磅计)。默认为 0
element_line()	线条的参数有颜色(color)、粗细(size)、线型(linetype)等
element_rect()	绘制矩阵,参数包括填充色(fill)、边框颜色(color)、边框粗细(size)、边框线型(linetype)等
element_blank()	不绘制任何的东西
theme_update()	修改所有的未来生成的图像

6. 分面

前面通过调整图形的属性(包括颜色、形状和大小等)可以对不同组别的数据进行比较,ggplot2 提供了另一种用于对比对象的功能即分面(facet)。在分面图像中,每个组别都在单独的面板中,相隔较远,组间无重叠,能快速地分析出数据模式的异同。但当组与组之间重叠严重时,分面也可能会导致组间的细微差别难以被发现,此时采用图像属性区分组别会更优。

进行分面的函数主要有两种,分别是 facet_grid()和 facet_wrap()。其中 facet_grid()函数生成一个二维的面板网格,其行和列代表不同的分组变量。而 facet_wrap 则把一维面板条块"封装"在二维面板中,既节省空间又直观美观。

分面的用法参考第 4.3.2 小节示例代码中的 facet_grid()函数。

7. 外部包实现图形排布

R 用户开发了很多用于排布图形的扩展包,相对于基础包而言,既简单实用又可以体现各种个性和灵活性。目前主要有 patchwork 包、gridExtra 包和 cowplot 包比较受欢迎。patchwork 包的用法非常简单,只需要用简单的"+"和"/"等符号就可以方便地将图片进行布局;gridExtra 包中的 arrange()函数以及 cowplot 包中的 plot_grid()函数均可以对图形进行排布。本书将以 cowplot 包为例,其具体的用法将在后面的示例中呈现,读者也可以查看相关的帮助文档。

4.3　ggplot2 绘图:一个完整案例

4.3.1　数据准备

用 ggplot2 绘制统计图形之前,必须对数据进行处理使其满足干净数据(Tidy Data)的要求。在确保数据结构为数据框(Data Frame)的前提下,干净数据需符合三个条件:第一,每个变量(Variable)只占其中的一列(Column);第二,每个观测个案(Observation)只占其中的一行(Row);第三,每个行和列交叉形成的单元格(Cell)只能有一个观测值(可以为缺失值 NA)。

本节用到的数据集主要有两个,都是 ggplot2 自带的数据集,一个是关于家用轿车燃油效率的 mpg,另一个是关于钻石价格及其影响因素的 diamonds。读者可以通过 R 命令??mpg 和??diamonds 查看数据集的基本描述和变量的名称、类型等详细信息。

4.3.2 mpg 数据集完整图形展示

【例 4.6】 (数据集 ggplot2::mpg)用 ggplot2 绘制不同驱动类型(drv)和不同变速箱类型(trans)的家用汽车高速公路油耗(hwy)与发动机排量(displ)之间的关系散点图,并对图形进行全面系统的修饰美化。

解 通过函数 str(mpg)查看数据集的数据结构,共有 11 个变量的 234 个观测个案,其中 hwy 和 displ 是数值型数据,而 drv 和 trans 则是字符型,需要先转换成因子型。而且,查看驱动类型,发现 drv 的三类取值分别为"f" ,"4"和 "r",分别代表"front-wheel","4-wheel" 和"rear",意指前轮驱动、四轮驱动和后轮驱动;trans 的取值类别更多,有

```
## [1] "auto(l5)"  "manual(m5)"  "manual(m6)"  "auto(av)"  "auto(s6)"
## [6] "auto(l4)"  "auto(l3)"    "auto(l6)"    "auto(s5)"  "auto(s4)"
```

共 10 类,其实也就是不同类型的手动挡和自动挡。因此在正式画图之前需要做些简单的处理,把变速箱类型分为自动(automatic)和手动(manual)两类,以避免图形过于繁杂。

```
df040301 <- ggplot2::mpg
# 创建新变量 transmission 并将其合并为两类
df040301 <- df040301 %>%
  mutate(transmission = substr(x = trans, start = 1, stop = 1 )) %>%
  mutate(transmission = case_when(transmission == "a" ~ "automatic",
                                  transmission == "m" ~ "manual"))
# 创建新变量 type_of_drive 并给出完整的标签
df040301 <- df040301 %>%
  mutate(type_of_drive = case_when(drv == "f" ~ "front-wheel",
                                   drv == "r" ~ "rear-wheel",
                                   drv == "4" ~ "4-wheel drive"))
# 转换成因子类型变量
df040301 <- df040301 %>%
  mutate(type_of_drive = factor(type_of_drive,
                                levels = c("front-wheel", "rear-wheel", "4-wheel drive")),
         transmission = factor(transmission,
                               levels = c("automatic", "manual")))
```

接下来,用前面介绍的分层图形语法原理绘制图形,代码及相关注释如下,输出结果如图 4.10 所示。

```
figure040301 <- ggplot(df040301, aes(x = displ, y = hwy)) +
  geom_point(size = 5, alpha = 0.5) +
  facet_grid(transmission ~ type_of_drive, scales = "free") +
  geom_smooth(method = "lm", se = F) +
  coord_cartesian() +
  scale_x_continuous(breaks = seq(0, 10, 0.5)) +
```

```
  scale_y_continuous(breaks = seq(0, 50, 5)) +
  xlab("Engine Displacement(volume in litres)") +
  ylab("Highway miles per gallon(MPG)") +
  ggtitle("Car Fuel Consumption") +
  theme(axis.text = element_text(size = 10),
        axis.title = element_text(size = 20),
        axis.title.y = element_text(margin = margin(t = 0, r = 20, b = 0, l = 0)),
        axis.title.x = element_text(margin = margin(t = 20, r = 0, b = 0, l = 0)),
        plot.title = element_text(size = 30, face = "bold", hjust = 0.5,
                                  margin = margin(t = 0, r = 0, b = 20, l = 0)),
        strip.background = element_rect(colour = "black", fill = "white"),
        strip.text = element_text(face = "bold", size = 16))
# 用 ggsave 函数保存图片
ggsave(filename = "./figure04/scatterplot_mpg.png", plot = figure040301,
       units = "cm", width = 29.7, height = 21, dpi = 600)
figure040301
```

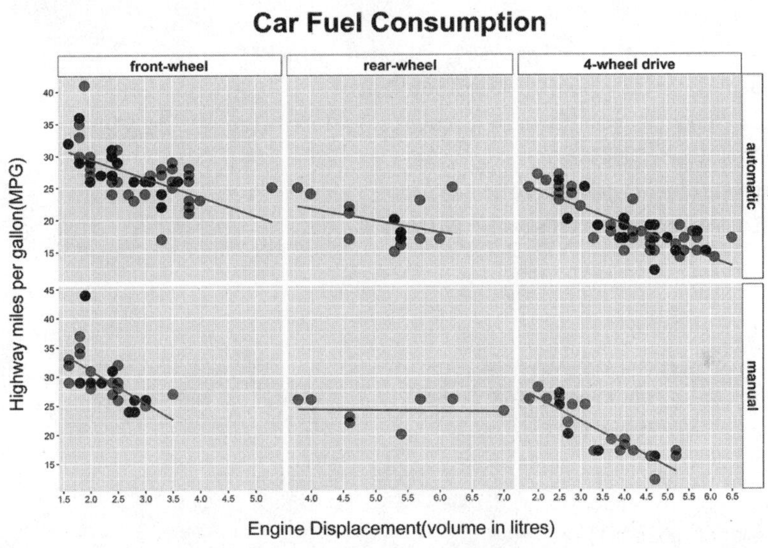

图 4.10　不同类型家用轿车高速公路油耗与排量关系图

4.4　ggplot2 绘图：分类绘制常见统计图形

本节我们将使用 diamonds 数据集展示 ggplot2 绘图的灵活与强大。限于篇幅，从本节开始，关于图形修饰和美化的部分不再给出代码，读者可以参考例 4.6 进行设置，也可以查阅相关帮助文档进行反复尝试。

4.4.1　数据准备

diamonds 是 ggplot2 自带的一个非常经典的数据集，它包含 50000 多个个案观测和 10 个变量，分别是钻石价格（price，$ USD）、重量（carat，克拉）、切工（cut）、颜色（color）、透明度（clarity）、长度（x，mm）、宽度（y，mm）、高度（z，mm）等，读者可以用??diamonds 查看详细说明。

为了提高 R 运行速度,从中随机抽取 5000 个观测个案进行绘图演示。

```
set.seed(10491)
diamonds_small <- diamonds %>% sample_n(size = 5000, replace = F)
```

4.4.2 单一变量的图形展示

1. 一个分类变量

只有一个分类变量时常用的统计图形是条形图和饼图。条形图可以用 geom_bar()函数实现,ggplot2 没有专门绘制饼图的函数,可以用 geom_bar()与 coord_polar()配合实现,其本质是条形图通过坐标系变换完成的。

【例 4.7】 用 ggplot2 绘制 diamonds 数据集中钻石切工(cut)的条形图及饼图。

解 (1)条形图

R 代码如下:

```
diamonds_small %>%
  ggplot(aes(x = cut)) +
  geom_bar(stat = "count", fill = "gray60", color = "black") +
  scale_y_continuous(breaks = seq(0, 5000, 500)) +
  geom_text(stat = "count", aes(label = ..count..), labelsize = 0.1, vjust = -0.25) +
  xlab("钻石切工") + ylab("频数") +
  theme(axis.text = element_text(size = 14),
        axis.title = element_text(size = 16))
```

(2)饼图

R 代码如下:

```
# 编写一个函数 cdf_table_function,生成频数、频率以及累积频数、累积频率的表
cdf_table_function <- function (x){
  x <- sort(x)
  n <- length(x)
  table_x <- unname(c(table(x)))
  pct_x = table_x / n
  df <- data.frame(x = sort(unique(x)), Frequency = table_x, Percentage = pct_x,
                   Cumfreq = cumsum(table_x), Cumpct = cumsum(pct_x))
  df
}
# 调用自定义函数,生成频数频率表
table0401 <- cdf_table_function(diamonds $ cut)
# 绘制饼图
pie_plot <- ggplot(table0401, aes(x = 1, y = Frequency, fill = x )) +
  geom_bar(stat = "identity") +  # 生成条形图
  coord_polar(theta = "y") +  # 极坐标转换
  labs(fill = "钻石切工") +
  theme(legend.title = element_text(size = 14))
```

用 cowplot::plot_grid()函数将两幅图拼在一起,如图 4.11 所示。

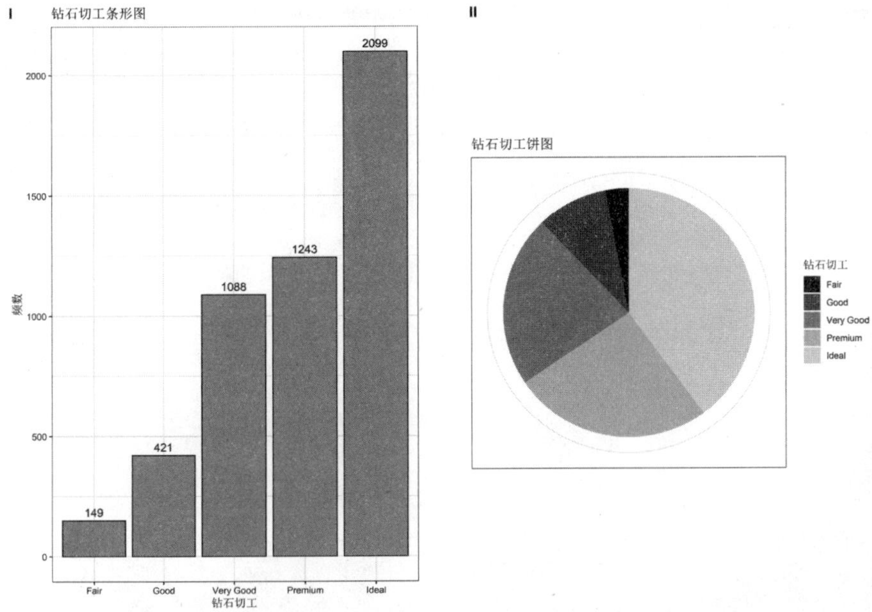

图 4.11　钻石切工条形图与饼图

2. 一个数值型变量

只有一个数值型变量时常用的统计图形是直方图、箱形图和概率密度图。在 R 基础绘图系统中，我们已经用 hist（）函数绘制过数值型变量的直方图。在 ggplot2 中，用 geom_histogram()函数绘制直方图，用 geom_boxplot()函数绘制箱形图。当样本量不断增加而组距不断减小时，直方图中每组的频率密度趋近于每组的组中值处的频率密度，此时频率密度直方图的矩形顶边就非常接近一条光滑曲线，称为概率密度曲线，用 geom_density()函数绘制。

【例 4.8】 用 ggplot2 绘制 diamonds 数据集中钻石价格(price)的直方图及概率密度图。

解　R 代码如下，输出结果如图 4.12 所示。

```
set.seed(10491)
diamonds_small <- sample_n(diamonds, 5000, replace = F)
# 绘制直方图
histogram_plot <- diamonds_small %>%
  ggplot(aes(x = price)) +
  geom_histogram(binwidth = 100, color = "black", fill = "deepskyblue3") +
  xlab("钻石价格(美元)") +
  ylab("概率密度") +
  ggtitle("钻石价格直方图")
# 绘制概率密度图
density_plot <- diamonds_small %>%
  ggplot(aes(x = price)) +
  geom_density (adjust = 1 / 5, linetype = "solid", size = 0.7,
              color = "blue", fill = "grey") +
  xlab("钻石价格(美元)") +
  ylab(" ") +  # 两图共用同一个纵轴名称
  ggtitle("钻石价格概率密度图")
```

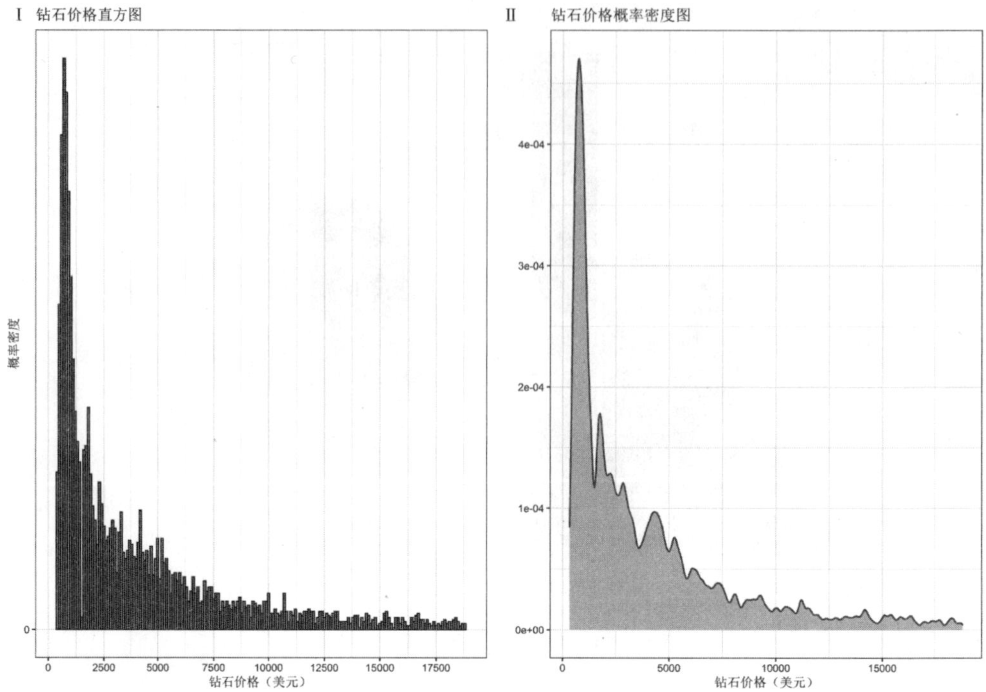

图 4.12　钻石价格直方图与概率密度图

4.4.3　两个变量的图形展示

1. 两个分类变量

两个分类变量通常绘制复式条图或堆栈条图,这类图形我们在第 4.2 节已经用 R 基础绘图系统绘制过,这里给出 ggplot2 的绘制方法。

【例 4.9】 用 diamonds 数据集中的切工(cut)和颜色(color)两个变量绘制复式条图。

解　R 代码及相关注释如下,输出结果如图 4.13 所示。

```
set.seed(10491)
diamonds_small <- sample_n(diamonds, 5000, replace = F)
diamonds_small %>%
  rename(`Diamond color` = color) %>%
  ggplot(aes(x = cut, fill = `Diamond color`)) +
  geom_bar(position = "dodge", color = "black") +  # 把 dodge 改成 stack 为堆栈条图
  scale_y_continuous(breaks = seq(0, 500, 100)) +
  scale_fill_viridis_d(option = "magma") +
  xlab("钻石切工") +
  ylab("计数")
```

2. 一个数值型变量和一个分类变量

这里主要介绍两类图形:一是分类箱形图,二是分类小提琴图。

(1)分类箱形图

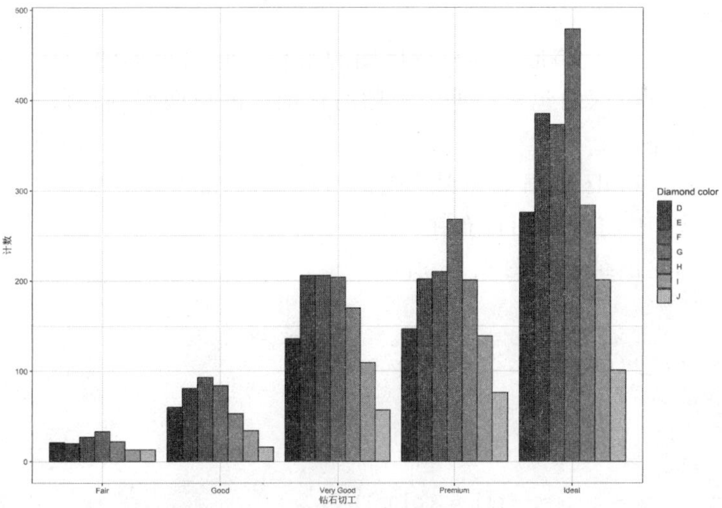

图 4.13　钻石切工与钻石颜色复式条图

【例 4.10】　用 diamonds 数据集,绘制钻石价格(price)与钻石切工(cut)的分类箱形图。

解　R 代码如下,输出结果如图 4.14 所示。

```
set.seed(10491)
diamonds_small <- sample_n(diamonds, 5000, replace = F)
diamonds_small %>%
  ggplot(aes(x = cut, y = price, color = cut)) +
  geom_boxplot(size = 0.7,
             outlier.alpha = 1/10,  # 设置异常点的透明度
             outlier.size = 2) +  # 设置异常点尺寸
  scale_color_viridis_d(option = "plasma") +
  xlab("钻石切工") + ylab("钻石价格(美元)")
```

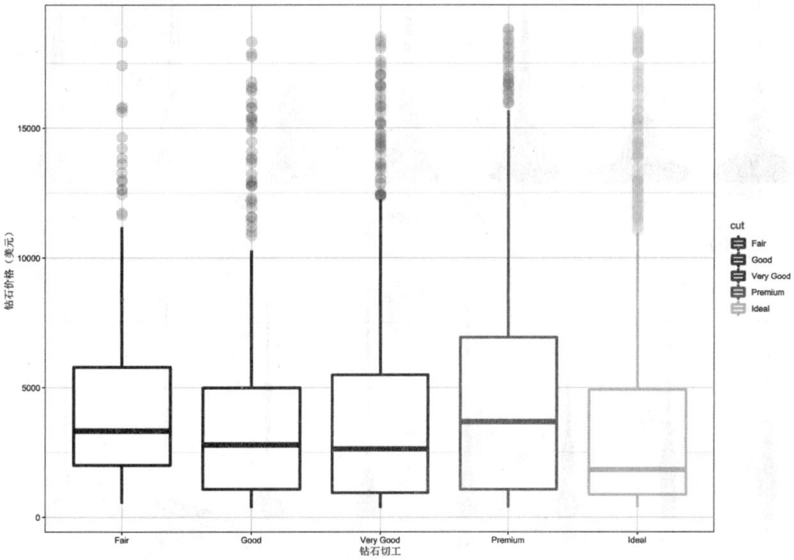

图 4.14　不同钻石切工类型对应的价格箱形图

(2)分类小提琴图

小提琴图(Violin Plot)是箱形图和核密度图的结合。它与箱形图一样,图形中间为一个由上下四分位数围起来的框,框内包含数据中位数的标记。图形两侧则是反映数据分布的核密度曲线,呈现小提琴的形态。

【例 4.11】 用 diamonds 数据集分别绘制钻石价格(price)与钻石颜色(color)和钻石透明度(clarity)的小提琴图,并将两幅图排布在一起。

解 R 代码如下,输出结果如图 4.15 所示。

```
set.seed(10491)
diamonds_small <- sample_n(diamonds, 5000, replace = F)
# 绘制钻石价格与颜色的小提琴图
violin_color <-
  diamonds_small %>%
  ggplot(aes(x = color, y = price, fill = color)) +
  geom_violin() +
  xlab("钻石颜色") + ylab("钻石价格(美元)") + ggtitle("钻石价格与颜色小提琴图")
# 绘制钻石价格与透明度的小提琴图
violin_clarity <-
  diamonds_small %>%
  ggplot(aes(x = clarity, y = price, fill = clarity)) +
  geom_violin() +
  xlab("钻石透明度") + ylab("钻石价格(美元)") + ggtitle("钻石价格与透明度小提琴图")
# 拼接两幅图
cowplot::plot_grid(violin_color, violin_clarity, nrow = 2)
```

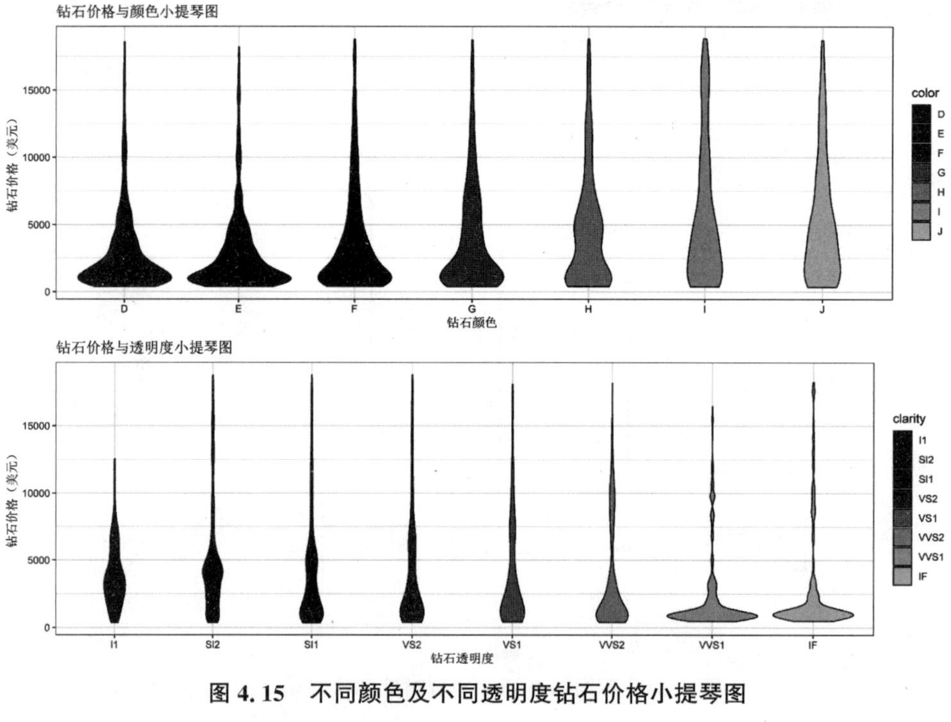

图 4.15 不同颜色及不同透明度钻石价格小提琴图

3. 两个数值型变量

两个数值型变量通常用散点图描述二者之间的相关关系，为下一步的统计建模提供直观认识。

【例 4.12】 用 diamonds 数据集绘制钻石价格(price)与钻石重量(carat)的散点图，并绘制估计的均值曲线。

解　R 代码如下，输出结果如图 4.16 所示。

```
set.seed(10491)
diamonds_small <- sample_n(diamonds, 5000, replace = F)
diamonds_small %>%
  ggplot(aes(x = carat, y = price)) +
  geom_point(position = "jitter",  # 防止过度重叠,也可以用 geom_jitter()
             color = "black",
             alpha = 1/10,
             size = 1.3) +
  geom_smooth(method = "loess", se = T, color = "blue") +  # method 提供拟合方法
  scale_x_continuous(breaks = seq(0, 5, 0.5)) +
  scale_y_continuous(breaks = seq(0, 20000, 2500)) +
  xlab("钻石重量") + ylab("钻石价格(美元)") +
  theme(axis.text = element_text(size = 16),
        axis.title = element_text(size = 20),
        plot.title = element_text(size = 25, face = "bold"),
        panel.border = element_rect(color = "black", fill = NA, size = 1.5))+
  theme_bw()
```

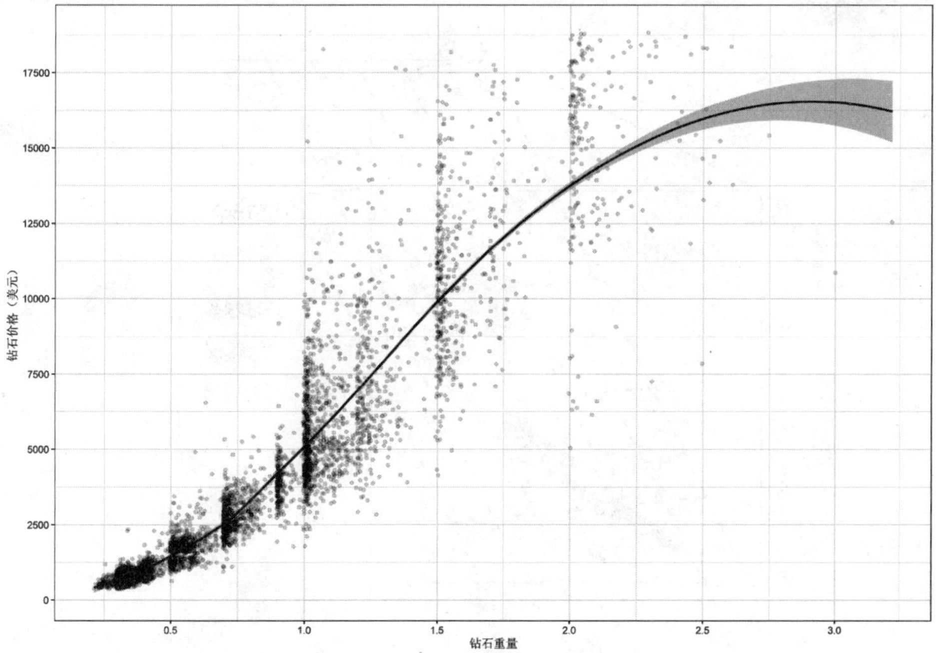

图 4.16　钻石价格与钻石重量散点图

4.4.4 多个变量的图形展示

1. 三维立体图

对三个变量可以绘制三维立体散点图,需要用到扩展包 scatterplot3d,同时可以在其中绘制回归平面。

【例 4.13】 用 diamonds 数据集绘制钻石价格(price)与钻石重量(carat)以及钻石长度(length)的三维散点图,并绘制以价格为因变量的回归平面。

解 R 代码如下,输出结果如图 4.17 所示。

```
# install.packages("scatterplot3d")
library(scatterplot3d); library(dplyr); library(ggplot2)
set.seed(10491)
diamonds_500 <- sample_n(diamonds, 500, replace = F)
diamonds_500 %>% select(price, carat, x)  # 选择三个变量
png (filename = "./figure04/threeDimension.png",
   width = 18, height = 18, res = 300, units = "cm")
attach(diamonds_500)
three_dimension_plot <- scatterplot3d(x = carat, y = x, z = price, pch = 1,
    angle = 20, color = "darkblue", type = "p",
    xlab = "钻石重量", ylab = "钻石长度", zlab = "钻石价格")
# 添加回归平面
model0401 <- lm(price ~ carat + x, data = diamonds_500)  # 构建回归模型
three_dimension_plot $ plane3d(model0401, col = "red", lwd = 2.5)
detach(diamonds_500)
```

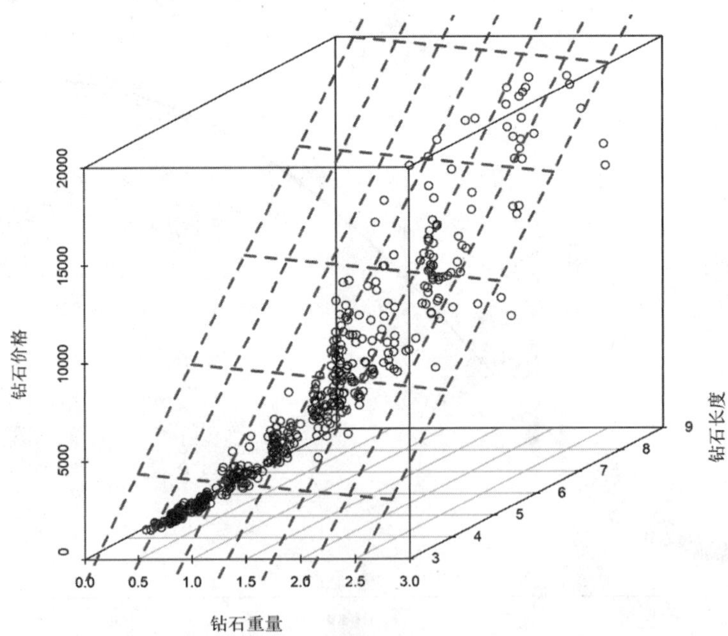

图 4.17 钻石价格与钻石重量以及钻石长度的三维散点图

2. 矩阵式图形展示

(1)散点图矩阵

当数值型变量超过三个时,为展示变量两两之间的关系,可将多幅散点图绘制成矩阵的形式,称为散点图矩阵。扩展包 car 中的 scatterplotMatrix()函数可以绘制此类矩阵。

【例 4.14】 用 diamonds 数据集绘制钻石价格(price)、钻石重量(carat)以及钻石的长(x)、宽(y)、高(z)的散点图矩阵。

解 R 代码如下,输出结果如图 4.18 所示。

```
# install.packages("alr4")
library(alr4); library(dplyr); library(ggplot2)
set.seed(10491)
diamonds_50 <- sample_n(diamonds, 50, replace = F)  # 选择大小为 50 的样本
diamonds_50 %>%
  select(price, carat, x, y, z)  # 选择变量
attach(diamonds_50)
# 绘制散点图矩阵
scatterplotMatrix ( ~ price + carat + x + y + z, pch = 1, col = "black",
                  regLine = list(method = lm, lty = 4, lwd = 2, col = "red"))
detach(diamonds_50)
dev.off()
```

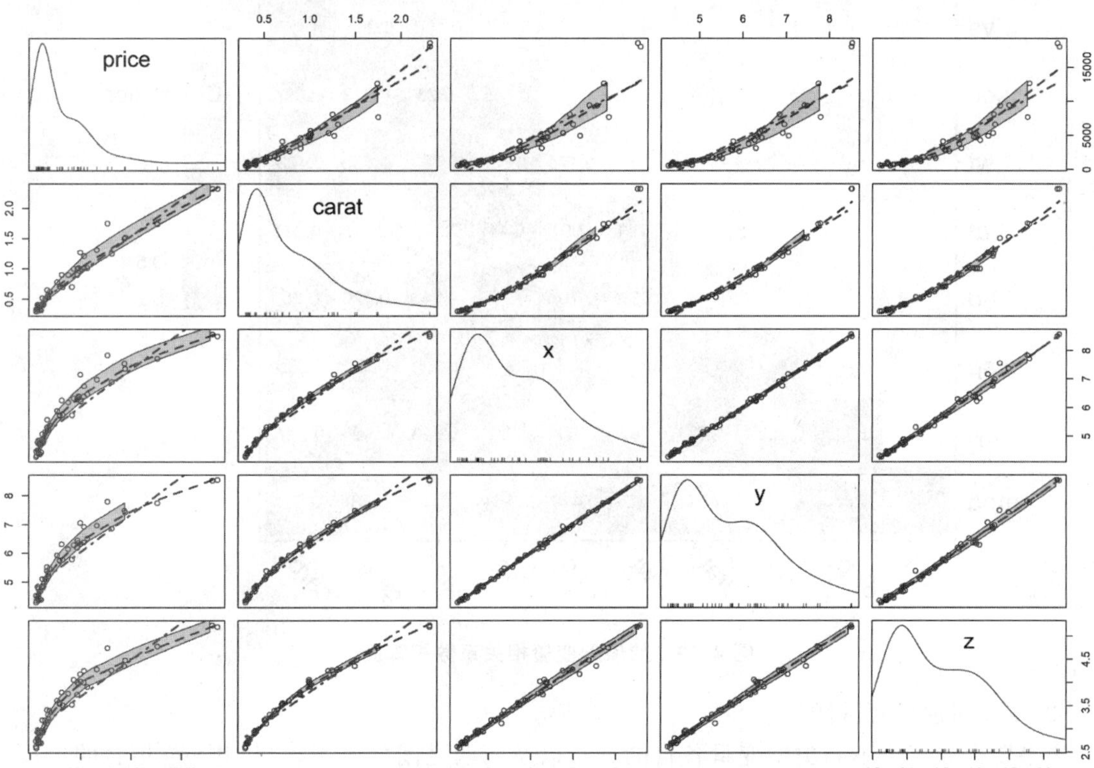

图 4.18　钻石价格与钻石质量及长宽高散点图矩阵

(2)多个数值型变量的相关系数矩阵图

当数据集中有多个数值型变量,散点图矩阵仅能给出变量之间相关性的直观展示,我们还可以绘制相关系数矩阵图,通过数字大小以及颜色深浅体现相关的性质及大小。

【例 4.15】 (数据集 ggplot2::mtcars)绘制该数据集中所有变量的相关系数矩阵图。

解 用 ggplot2 扩展包 ggcorrplot 中的 ggcorrplot()函数,R 代码如下,输出结果如图 4.19 所示。

```
library(ggplot2)
# install.packages("ggcorrplot")
library(ggcorrplot)
corr <- round(cor(mtcars), 4)  # 生成相关系数并保留 4 位有效数字
# corr  # 显示相关系数(输出结果略)
p1 <- ggcorrplot(corr = corr, type = "lower", method = "square", lab = TRUE,
        colors = c("grey40", "grey90", "grey60"), show.legend = T,
        legend.title = "Correlation", insig = "blank", lab_size = 3,
        outline.color = "black", digits = 3, ggtheme = theme_bw())
```

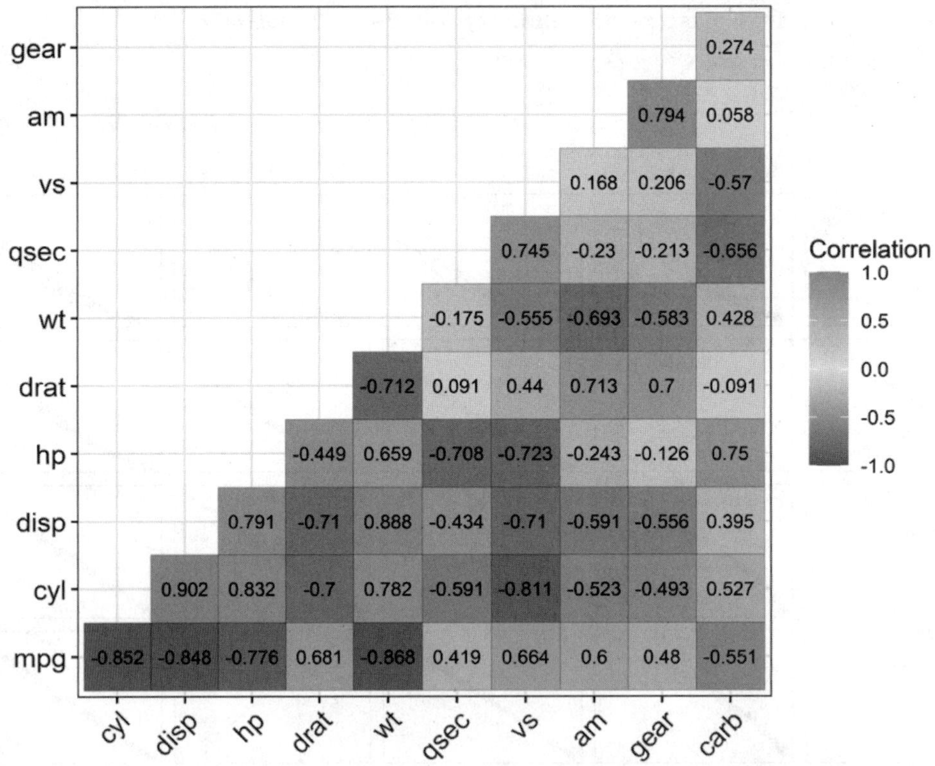

图 4.19 数值型变量相关系数矩阵图

(3)多变量混合矩阵图

如果要探究多个不同类型变量各自的分布以及两两之间的关系,可以用 ggplot2 的扩展包 GGally 中的 ggpairs()函数绘制多变量混合矩阵,主对角线上绘制数值型变量的概率密度曲

线，分类变量绘制条形图，其他位置也会根据变量属性绘制相应的图形或给出相关的统计指标，如相关系数的值等。

【例 4.16】 用 diamonds 数据集绘制钻石价格（price）、钻石切工（cut）以及钻石体积（volume）的混合矩阵图。

解　R 代码如下，输出结果如图 4.20 所示。

```
library(dplyr); library(ggplot2); library(GGally)
set.seed(10491)
diamonds_500 <- sample_n(diamonds, 500, replace = F)
diamonds_500 %>%
  mutate(volume = x* y * z) %>%       # 生成 volume 量,大小为长宽高的乘积
  select(price, cut, volume) %>%    # 选择变量
  GGally::ggpairs()
```

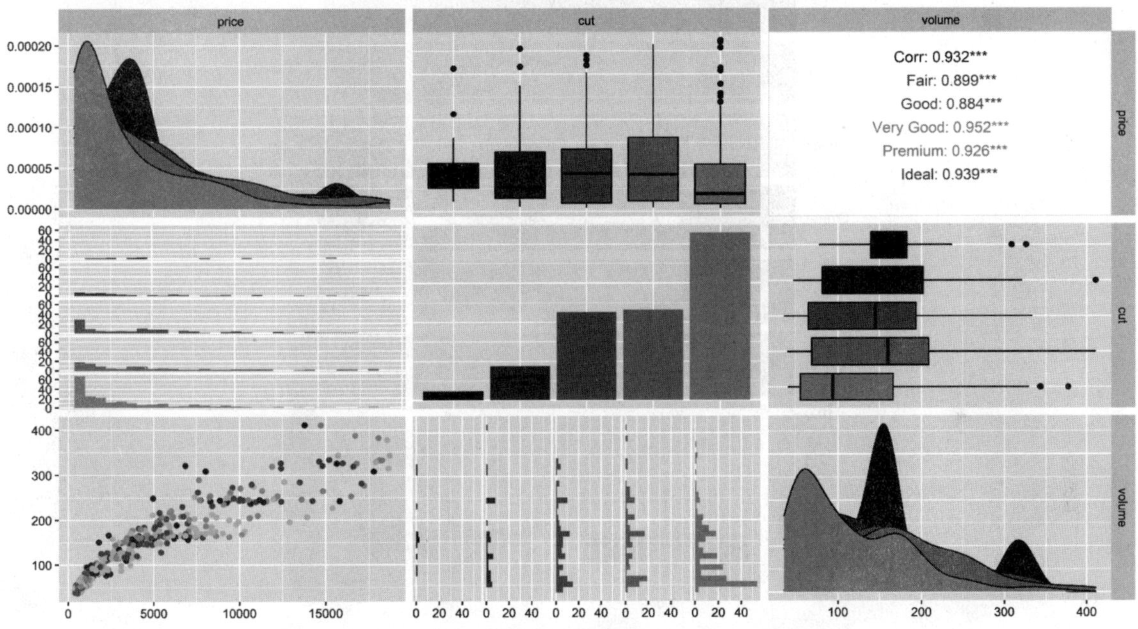

图 4.20　钻石价格与钻石切工及钻石体积混合矩阵图

3. 一个核心变量与多个解释变量关系图

GGally 中的 ggbivariate()函数可以以图形的方式体现多个解释变量与某一个核心变量的关系，读者通过下面的案例可以体会其用途。

【例 4.17】 （数据集 reshape2::tips）该数据集记录了一位服务员在一家餐馆工作几个月后收到的每条小费信息，包含是否吸烟（smoker）、性别（sex）、就餐时段（time）、就餐日期（day）以及小费数（tip）等变量。试以 smoker 为核心变量，探究其与另外几个变量的关系。

解　R 代码如下，输出结果如图 4.21 所示。

```
library(dplyr); library(ggplot2); library(GGally)
library(reshape2)  # 数据集 tips 所在的包
```

```
library(dplyr); library(ggplot2); library(GGally)
library(reshape2)  # 数据集 tips 所在的包
ggbivariate(data= tips, outcome = "smoker",
            explanatory = c("day", "time", "sex", "tip"),
            rowbar_args = list(colour = "white", size = 4, fontface = "bold",
                               label_format = scales::label_percent(accurary = 1)))
```

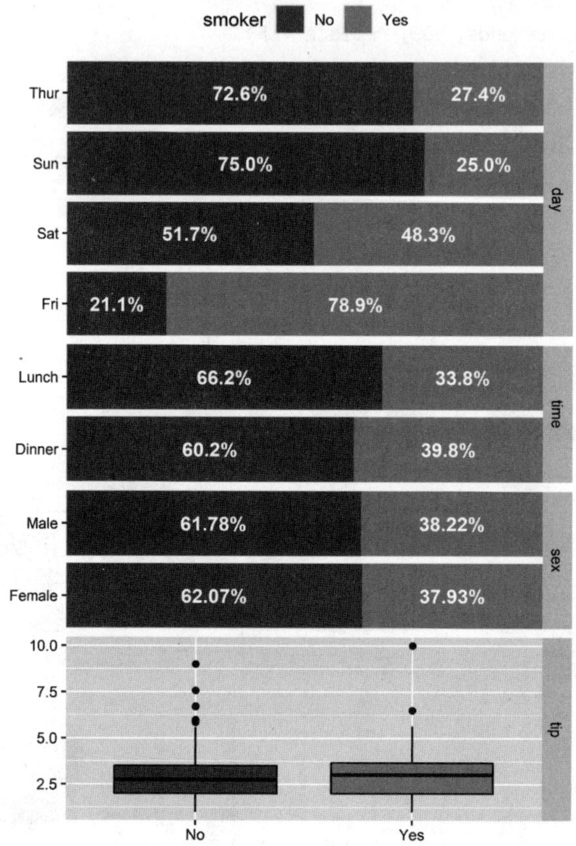

图 4.21　核心变量与多个解释变量关系图

从图 4.21 可以看出,从性别来看,抽烟的比例差别不大,均为 60%左右;从就餐时段来看,午餐时段顾客抽烟的比例近三分之二,略高于晚餐时段的 60.2%;从日期来看,星期五吸烟的比例最低,只有约五分之一,周日最高达到了四分之三;从顾客提供的小费金额来看,吸烟与否几乎没有显著区别,平均在 2.5 美元左右。

4. 多个分类变量的马赛克图

马赛克图(Mosaic Plot)因其形状类似马赛克而得名,用于同时对多个分类变量进行图形展示，R 基础包里的 mosaicplot()函数和 R 扩展包 vcd 里的 mosaic()函数均可以绘制各种马赛克图,读者可以通过 demo(vcd::mosaic)查看该函数的详细使用方法。本书采用 ggplot2 的扩展包 ggmosaic 绘制。

【例 4.18】 (数据集 Employee. RData)将当前工资(salary)转换成分类变量,然后绘制其与性别(gender)及是否少数族裔(minority)的马赛克图。

解　首先将数值型变量 salary 转换为分类变量，低于 24000 美元的定义为低工资(low)，高于 34000 美元的定义为高工资(high)，其余的为中等(medium)。接着调用函数 geom_mosaic()进行绘制。R 代码如下，输出结果如图 4.22 所示。

```
library(ggplot2); library(dplyr); library(ggmosaic)
load("./data/Employee.RData")  # 加载数据
df_mosaic <- Employee %>%
  select(salary, gender, jobcat, minority) %>%
  mutate(fsalary = case_when(salary <= 24000 ~ "low",
                             salary > 24000 & salary < 34000 ~ "medium",
                             salary >= 34000 ~ "high"))  # 转换变量类别
df_mosaic <- df_mosaic %>%
  mutate(salary_cat = factor(fsalary, levels = c("low", "medium", "high")))
# 生成频数表
df_table <- df_mosaic %>% count(gender, minority, salary_cat)
df_table %>% ggplot() +
  geom_mosaic (aes(x = product( minority,gender),
           fill = salary_cat, weight = n)) +
  theme(axis.text.x = element_text(hjust = 1, vjust = 0.5))
```

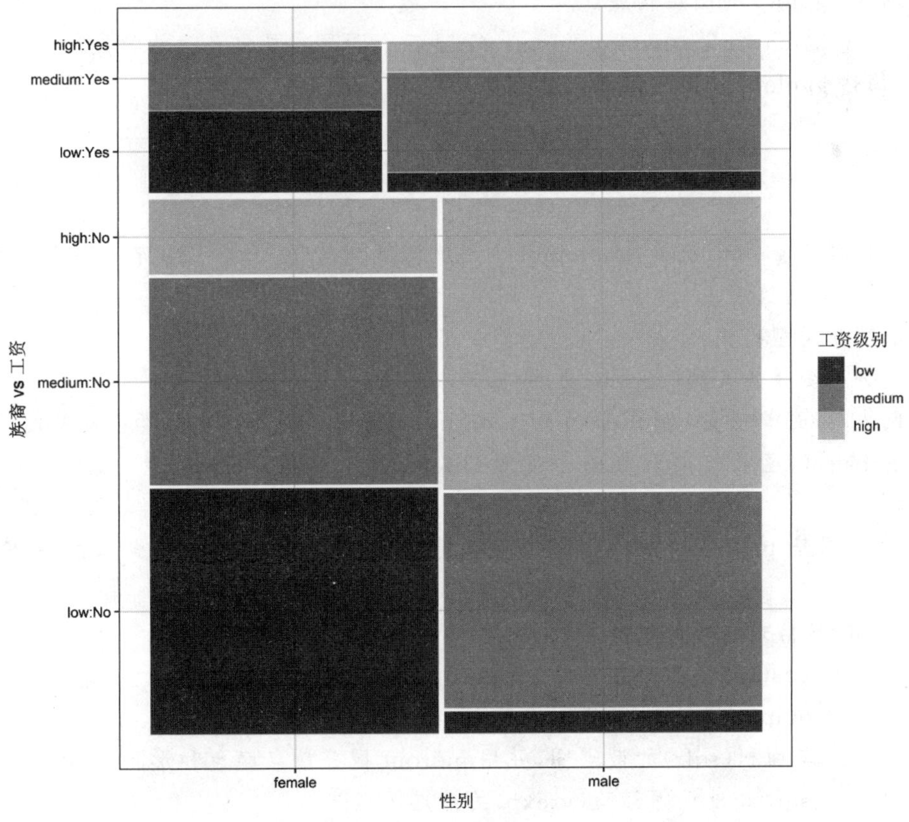

图 4.22　员工工资级别与性别和族裔关系的马赛克图

重要术语

R 基本绘图	ggplot2	频数	频率
简单条图	复式条图	饼图	直方图
组距分组	箱形图	小提琴图	散点图
图形矩阵	马赛克图	图形分层	美学映射

思考题

4.1 简述 R 基础绘图系统。

4.2 简述条形图及其类型。

4.3 简述用于一个变量可视化的图形类别。

4.4 简述用于两个变量可视化的图形类别。

4.5 简述数值型数据分组的方法及原则。

4.6 简述直方图与概率密度图的异同。

4.7 简述直方图与条形图的异同。

4.8 简述箱形图的基本组成及优点。

4.9 简述 ggplot2 的图层构成。

4.10 简述 patchwork、cowplot 及 extraGrid 三个图形布局包各自的特点。

4.11 简述 ggplot2 分面的概念及其适用条件。

练习题

4.12 (数据集 gapminder::gapminder)该数据集摘录了 1952—2007 年按国家和地区划分的人口预期寿命的信息。

(1)查看变量类型;

(2)绘制分类变量各大洲(continent)的简单条形图;

(3)绘制人均 GDP 变量(gdpPercap)与 continent 的堆栈条形图和分类小提琴图;

(4)用 ggpairs()函数绘制预期寿命变量(lifeExp)与 gdpPercap 以及 continent 的混合矩阵图。

4.13 (数据集 mallcost.sav)这是一个关于不同类型商业体建筑成本的 SPSS 格式的数据。

(1)将该 SPSS 格式的外部数据导入 R;

(2)绘制成本(cost)和分类变量户内外(inorout)的分类箱形图;

(3)绘制 cost 和 inorout 的分类概率密度图;

(4)绘制 cost 与面积(sqft)的散点图,并用 inorout 区分散点颜色和形状;

(5)绘制 cost、sqft 和设计师经验(yrexp)的散点图矩阵。

4.14 (数据集 ggplot2::diamonds)这是第 4.4 节用到的案例数据。

(1)随机抽取样本容量为80,只包含price、carat、color三个变量的子样本;

(2)对子样本绘制color的饼图及条形图;

(3)对子样本绘制三变量混合矩阵图;

(4)对子样本绘制以color分类的price的概率密度图;

(5)修改样本大小为800,看看以上图形有哪些变化。

4.15　(数据集AER::HealthInsurance)这是一个关于医疗支出的调查数据,包含8802个观测个案和11个变量。

(1)查看变量及其属性;

(2)绘制种族变量(ethnicity)的饼图并标注百分比;

(3)绘制学历(education)与健康状况(health)的复式条形图;

(4)绘制婚姻状况(married)、性别(gender)及购买保险与否(insurance)的马赛克图。

第 5 章 样本统计量的抽样分布

【中国企业家冒险精神低于世界平均水平吗?】

习近平总书记在亚太经合组织工商领导人峰会开幕式上的演讲中指出,“市场活力来自于人,特别是来自于企业家,来自于企业家精神。”党的十九大报告也明确提出“要激发和保护企业家精神”。经济学家熊彼特把企业家精神概括为“创造性破坏”,管理学家德鲁克则将创新和企业家精神视为企业成长的基因。冒险精神是企业家区别于其他人群的显著特征之一,创新就必然意味着冒险。因此,有人说“创新是找死,不创新是等死。”而华为公司创始人任正非却认为:“不创新才是华为最大的风险!”这句话体现了中国企业家敢于冒险的创新精神。

著名学者布罗克豪斯曾经用一份选择困境问卷(Choice Dilemma Questionnaire)对成功企业家的冒险倾向进行调查。研究发现,企业家的 CDQ 得分服从均值为 71,标准差为 12 的正态分布,它的均值并不是很高,但用以衡量企业家冒险精神的标准差却并不低。为了研究中国企业家的冒险精神,某研究团队派出七个小组分别在北京、上海、广州、深圳、杭州、武汉、南京七个城市用相似的问卷对我国企业家精神展开抽样调查,每个小组调查的结果显示这七个城市企业家 CDQ 得分的平均值分别为 65.4,68.6,70.2,73.6,66.5,60.7 和 58.3。从统计学意义上讲,调查人员能得出中国企业家冒险精神低于世界平均水平吗?

答案是不一定!如果把布罗克豪斯的结论视作总体特征的话,来自中国的样本与总体是否有差异以及存在多大的差异,就需要用到样本统计量的抽样分布理论。

通过前面章节的学习,我们已经知道,参数是用来描述总体特征的,且通常是未知的,我们需要从总体中抽取随机样本来获取必要的数据,根据数据计算样本统计量,然后利用统计量对总体参数进行统计推断。在这个过程中,样本统计量所服从的抽样分布则起到了至关重要的作用。统计推断必须基于样本统计量的抽样分布进行。例如,为了估计总体均值,我们需要计算样本均值,然后度量其与总体均值的接近程度。由于偶然性的存在,样本均值和总体均值完全相等的机会非常小,但我们预期它们是比较接近的。正如开篇案例中,总体的均值为 71,来自我国的样本均值为 66.2,表面上看二者有较大的差异,那么这种差异在统计学意义上是否显著取决于样本均值的抽样分布。所以样本统计量的抽样分布能帮我们度量二者的接近程度,这恰恰是进行统计推断的关键所在。

5.1 随机变量的概率分布

概率是对事件发生的可能性大小的度量,是介于 0 和 1 之间的一个值,事件 A 的概率记为 $P(A)$。随机变量事先不知道会出现什么结果,将随机变量的所有可能取值以及取这些值的概率列出则形成随机变量的概率分布,根据随机变量类型的不同可以将其划分为离散型随机变量概率分布和连续型随机变量概率分布。

5.1.1　离散型随机变量的概率分布

如果随机变量 X 只可能取有限个数值或数值可以一一列举出来,则称 X 为离散型随机变量。离散随机变量 X 的概率分布是指在一次随机试验中 X 的每个可能取值以及取该值对应的概率所组成的列表。表 5.1 列出了随机变量 X 的概率分布。

表 5.1　离散型随机变量 X 的概率分布

X	x_1	x_2	…	x_k	…
$P(X=x_k)$	p_1	p_2	…	p_k	…

离散型随机变量的概率分布也可以表示为:

$P(X=x_k)=p_k,\quad k=1,2,3,\cdots$

它有两条基本性质:

(1)每一个概率值都在 0 和 1 之间,即 $0\leqslant p_k\leqslant 1$;

(2)所有概率值的和为 1,即 $\sum\limits_{k=1}^{+\infty} p_k=1$。

离散型随机变量的均值和方差分别为:

$$E(X)=\sum_{k=1}^{+\infty} x_k\cdot p_k$$

$$D(X)=\sum_{k=1}^{+\infty}[x_k-E(X)]^2\cdot p_k$$

常见的离散型概率分布包括二项分布、几何分布和泊松分布等。

1. 二项分布

二项分布(Binomial Distribution)是 n 个独立的"成功/失败"试验中"成功"次数的概率分布,其中每次试验"成功"的概率为 p。这样的单次"成功/失败"试验又称为伯努利试验。当 $n=1$ 时,二项分布又称为伯努利分布。

一般地,如果随机变量 X 服从参数为 n 和 p 的二项分布,通常记为 $X\sim B(n,p)$。n 次试验中正好得到 k 次成功的概率由概率质量函数(Probability Mass Function,PMF)给出:

$$P(X=k)=C_n^k p^k(1-p)^{n-k}$$

其中,

$$C_n^k=\frac{n!}{k!\,(n-k)!}$$

是二项式系数。

二项分布的期望是 np,方差是 $np(1-p)$。

当 n 足够大时,二项分布可以用正态分布近似,即

$$X\overset{asy.}{\sim}N(np,np(1-p))$$

以 $n=20,p=0.85$ 为例,用 dbinom()函数创建该二项分布的概率质量函数,用基础包中的 plot()函数或 ggplot2 包中的 ggplot()函数绘图。R 代码如下,输出结果如图 5.1 所示。

```
success <- 0:20
plot(success, dbinom(success, size = 20, prob = .85), type = "h", lwd = 2,
    ylab = "概率", xlab = "二项分布中“成功”的次数")
```

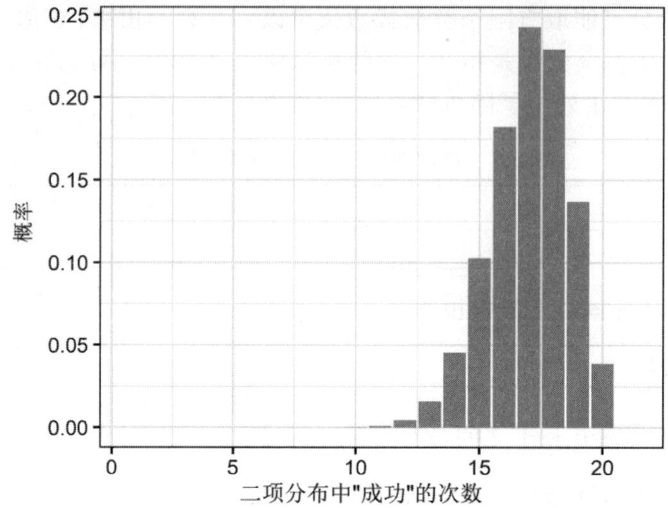

图 5.1　二项分布 $X \sim B(20, 0.85)$ 概率图

2. 几何分布

几何分布(Geometric Distribution)是一种离散型概率分布,描述了在 n 次伯努利试验中,试验 k 次才得到第一次成功的概率,亦即前 $k-1$ 次皆失败而第 k 次成功的概率。

在伯努利试验中,记每次试验中事件 A 发生的概率为 p,试验进行到事件 A 出现时停止。此时所进行的试验次数为 X,服从几何分布。几何分布可以表示为:

$$P(X=k)=(1-p)^{k-1}p$$

几何分布的期望为 $E(X)=\frac{1}{p}$,方差为 $Var(X)=\frac{1-p}{p^2}$。

例如,某资格考试含金量很高,难度也很大,不出意外一次性考试通过的概率为 0.2,某考生锲而不舍地考 10 次才能成功的概率服从几何分布。用 dgeom()函数创建几何分布概率质量函数,用 plot()函数或 ggplot()函数绘图。R 代码如下,输出结果如图 5.2 所示。

```
X <- 0:10
plot(X, dgeom(X, 0.20),
    type = "h", lwd = 2, ylab = "概率", xlab = "X")
```

3. 泊松分布

泊松分布(Poisson Distribution)适合于描述单位时间内随机事件发生次数的概率分布。如某一服务设施在一定时间内收到的服务请求的次数、电话交换机接到呼叫的次数、汽车站台的候客人数、机器出现的故障数、自然灾害发生的次数等。

泊松分布的概率质量函数为:

$$P(X=k)=\frac{e^{-\lambda}\lambda^k}{k!}$$

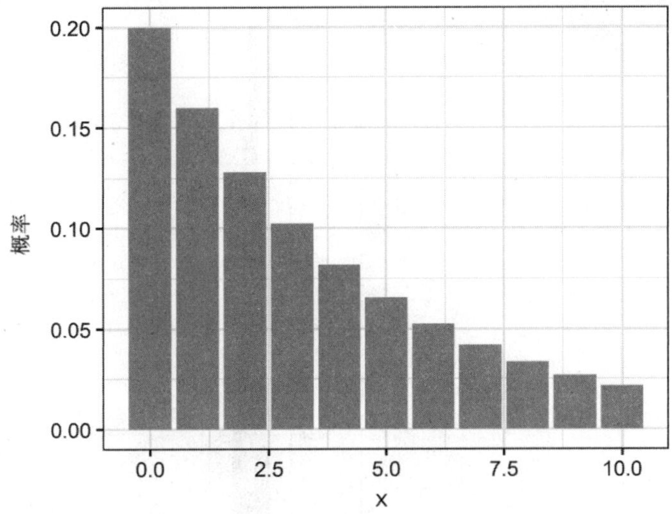

图 5.2　几何分布 $X \sim GE(0.20)$ 概率图

随机事件发生次数的期望和方差相同，由唯一的参数 λ 表示。

当样本量足够大时，二项分布也可以由泊松分布近似。图 5.3 用 ggplot2 分别绘制一幅 $\lambda=5$ 的泊松分布图（左图）和 $n=80$、$p=0.05$ 的二项分布图（右图），可以看出二者几乎一模一样。R 代码及相关注释如下：

```
# 泊松分布与二项分布对比
library(ggplot2)
# 泊松分布(lambda = 5)
po_X <- 0:80  # 生成 X 序列
po_Y <- dpois(po_X, 5)  # 生成 Y 序列
# 将两个向量转换成数据框
df_pois <- data.frame(X = po_X, Y = po_Y)
# 用 ggplot2 绘图
p_pois <- ggplot(df_pois, aes(X, Y)) +
  geom_bar(stat = "identity", color = "grey20", lwd = 0.8, fill = "skyblue")
# 二项分布(n = 80, p = 0.05)
binom_X <- seq(0:80)
binom_Y <- dbinom(binom_X, size = 80, prob = 0.05)
df_binom <- data.frame(binom_X = binom_X, binom_Y = binom_Y)
p_binom <- ggplot(data = df_binom, aes(x = binom_X, y = binom_Y)) +
  geom_bar(stat = "identity", lwd = 1, fill = "grey60")
# 将两幅图形拼在一起
p_b_Pois_merge <- cowplot::plot_grid(p_pois, p_binom, nrow = 1)
# 保存图片
ggsave("D:/ASWR/chapter05/figure05/figure5_3.png")
```

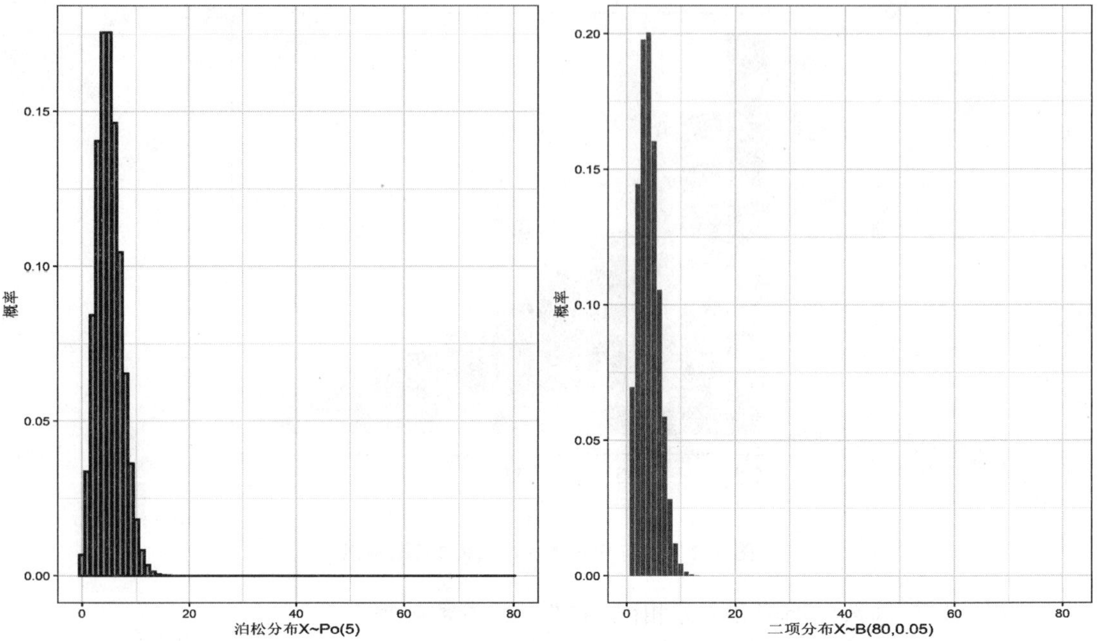

图 5.3　泊松分布 $X \sim Po(5)$ 与二项分布 $X \sim B(80,0.05)$ 的概率密度对比图

5.1.2　连续型随机变量的概率分布

连续型随机变量的概率分布可以用概率密度函数(Probability Density Function,PDF)和(或)累积分布函数(Cumulative Distribution Function,CDF)进行描述。概率密度函数是描述一个随机变量在某个确定点附近取值的可能性的函数,累积分布函数(简称分布函数)通常是指对于连续函数,所有小于等于某个值的概率之和。满足一定条件时,分布函数是概率密度函数的积分。

常见的连续型分布包括均匀分布、指数分布、正态分布以及衍生出来的 χ^2 分布、学生 t 分布和 F 分布等。

1. 均匀分布

均匀分布(Uniform Distribution)也叫矩形分布,是一种对称概率分布,在相同长度间隔的分布概率是等可能的。随机变量 X 服从均匀分布,则 X 取值在 x_1 和 x_2 之间的概率可以通过以下公式得到:

$$P(x_1 \leqslant X \leqslant x_2) = \frac{x_2 - x_1}{b - a}$$

均匀分布概率密度图如图 5.4 所示,相应的 R 代码如下:

```
# 定义 X 坐标轴
x <- seq(-4, 4, length = 10000)
# 计算均匀分布的概率密度
y <- dunif(x, min = -2, max = 2)
# 绘图
plot(x, y, type = "l", lwd = 1, ylim = c(0, .30), col = "blue",
    xlab = "均匀分布随机变量 X", ylab = "概率")
```

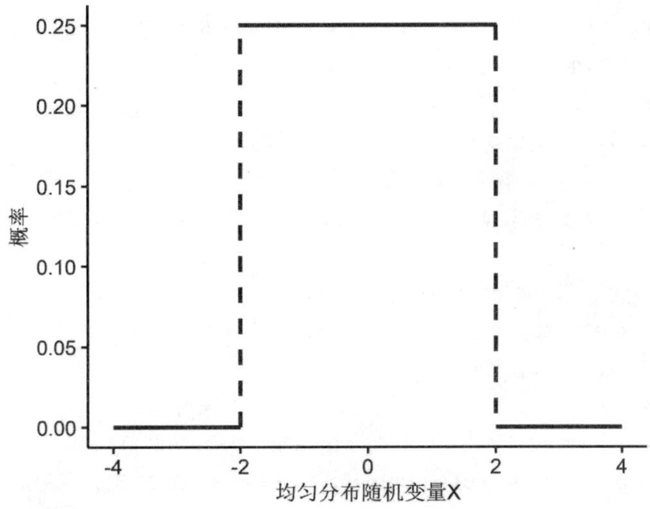

图 5.4　均匀分布概率密度图

2. 正态分布与标准正态分布

正态分布(Normal Distribution)最早于 1733 年由法国数学家棣莫弗在求二项分布的渐近公式中得到,后来德国数学家高斯率先将其应用于天文学研究实践中,因此又称高斯分布。

(1)正态分布的概率密度函数

正态随机变量 X 的概率密度函数为:

$$f(x)=\frac{1}{\sigma\sqrt{2\pi}}\exp\left\{-\frac{(x-\mu)^2}{2\sigma^2}\right\} \tag{5.1}$$

其中,exp 表示自然底数 e,其值为 2.72828,$\pi=3.14159$。

正态分布可以用均值 μ 和方差 σ^2 两个参数来描述,记作 $X\sim N(\mu,\sigma^2)$,即随机变量 X 服从均值为 μ、方差为 σ^2 的正态分布。将正态分布的概率密度函数用图形的方式展示出来,就是所谓的正态曲线。正态曲线具有集中性、对称性以及均匀变动性,其高峰位于均值所在的正中央位置,以均值为中心左右对称且曲线两端永远不与横轴相交。曲线从均值处开始分别向两侧逐渐均匀下降,因其形状呈“钟形”人们经常称之为钟形曲线。正态曲线与横轴围成的区域面积为 1,即将正态分布的概率密度函数从负无穷到正无穷进行积分,其结果等于 1。

图 5.5 描述了参数变化对正态曲线形态的影响。可以看出,在方差相等(比如同为 0.64)的情况下,均值增加使曲线向右平移,均值减小使曲线向左平移。在均值相等(比如同为 0)的情况下,标准差为 1 时对应的曲线是标准正态曲线,标准差越大曲线越平坦,相反标准差越小曲线越陡峭。因此均值 μ 决定了图形的中心位置,而标准差 σ 则决定了曲线的陡峭程度。R 代码及相关注释如下:

```
x <- seq(-4, 4, length = 100)
# 生成四种不同组合的正态随机变量
x_mu0_sigma_1 <- dnorm(x, mean = 0, sd = 1)
x_mu0_sigma_0.8 <- dnorm(x, mean = 0, sd = 0.8)
x_mu0_sigma_2 <- dnorm(x, mean = 0, sd = 2)
x_mu2_sigma_0.8 <- dnorm(x, mean = -2, sd = 0.8)
```

```
png("D:/ASWR/chapter05/figure05/normal_density_compare0505.png")
plot(x, x_mu0_sigma_0.8, type = "l", lwd = 3, lty = 1, col = "red",
    xlab = "正态随机变量 X", ylab = "概率密度")
lines(x, x_mu0_sigma_1, lty = 2,lwd = 2, col = "black")
lines(x, x_mu0_sigma_2, lty = 3, lwd = 2, col = "blue")
lines(x, x_mu2_sigma_0.8, lty = 2, lwd = 3, col = "green")
# 生成图例
colors <- c("red", "black", "blue", "green")
labels <- c(expression(paste(mu, " = 0", " ", sigma^2, " = 0.64")),
            expression(paste(mu, " = 0", " ", sigma^2, " = 1")),
            expression(paste(mu, " = 0", " ", sigma^2, " = 4")),
            expression(paste(mu, " =-2", " ", sigma^2, " = 0.64")))
legend (1.5, 0.45, legend = labels, col = colors, lwd = c(3, 2, 2, 3),
      lty = c(1, 2, 3, 2), cex = 0.9, box.lty = 0)
```

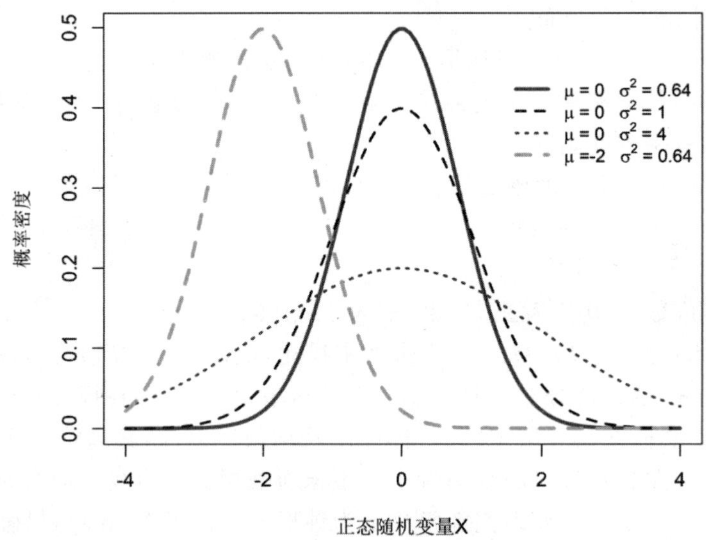

图 5.5　不同均值和方差的正态分布概率密度曲线图

(2)标准正态分布及概率计算

为了计算正态随机变量取值在某个区间的概率,需要计算该区间对应的曲线下面部分的面积。为了简化计算,一般将随机变量标准化。对于一个正态随机变量 $X \sim N(\mu,\sigma^2)$,用它减去均值再除以标准差即可以实施标准化,即

$$Z=\frac{X-\mu}{\sigma} \tag{5.2}$$

标准化转换后的随机变量称为标准正态随机变量,可以证明:$Z \sim N(0,1)$,即标准正态分布是一个均值为 0、方差为 1 的正态分布。其概率密度曲线称为标准正态曲线,有时也称为 Z 曲线,如图 5.6 所示。

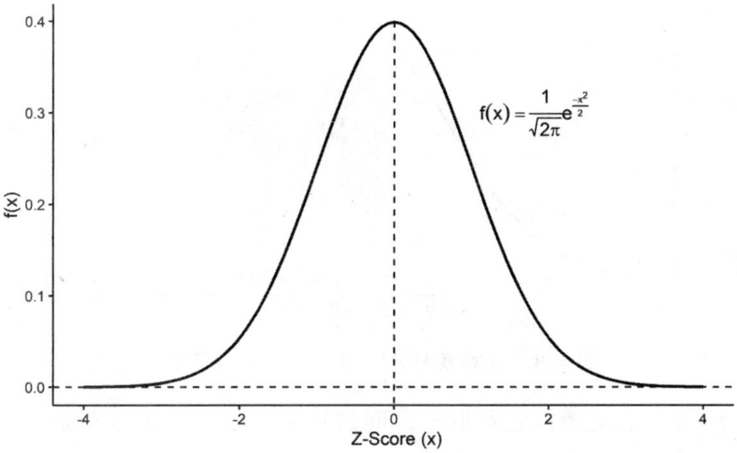

图 5.6　标准正态分布概率密度曲线

虽然现实中很少有随机变量恰好服从标准正态分布,但标准正态分布仍很重要。如果我们想知道其他正态曲线某个区间对应的面积(概率),可以将其转换为标准正态分布,然后再通过标准正态分布表或直接应用 R 函数来求解。

【例 5.1】 假设组装一台电脑需要的时间 X 服从正态分布 $N(50,10^2)$。试计算组装一台电脑所花的时间在 45 分钟到 60 分钟之间的概率。

解　我们需要计算概率 $P(45 \leqslant X \leqslant 60)$,图 5.7 描述的就是均值为 50、标准差为 10 的正态曲线,阴影部分的面积就是我们要计算的概率。

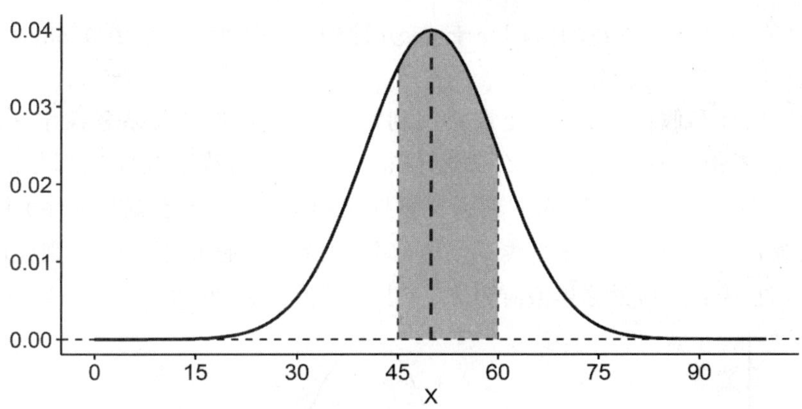

图 5.7　计算概率 $P(45 \leqslant X \leqslant 60)$ 示意图

第一步,首先将 X 标准化。将 X 的概率表达式转换成关于 Z 的表达式,将 $\mu=50$ 和 $\sigma=10$ 带入标准化公式可得

$$P(45 \leqslant X \leqslant 60)=P\left(\frac{45-50}{10} \leqslant Z=\frac{X-50}{10} \leqslant \frac{60-50}{10}\right)=P(-0.5 \leqslant Z \leqslant 1)$$

如图 5.8,Z 的值表示相对应 X 的位置。与 $X=45$ 相对应的是 $Z=-0.5$,表示在均值左边 0.5 倍标准差处;与 $X=60$ 相对应的是 $Z=1$,表示在均值右边 1 倍标准差处。同时应注意,与 X 的均值 50 相对应的是 Z 的均值 0 处。

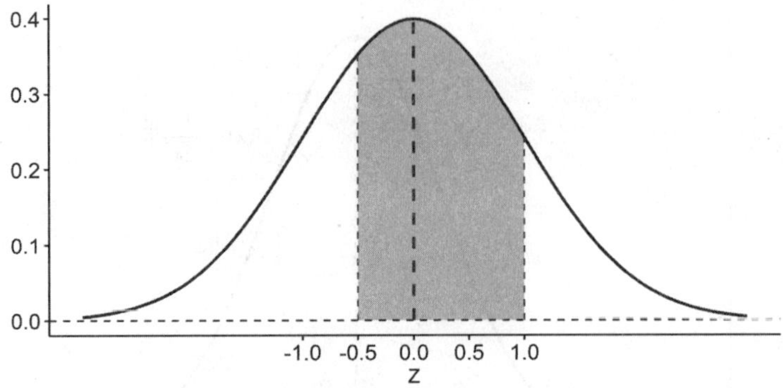

图 5.8　计算概率 $P(-0.5 \leqslant Z \leqslant 1)$ 示意图

第二步,使用R 函数求出随机变量取值区间的概率。标准正态分布是以均值 0 为中心左右对称的,因此我们可以得到

$$P(Z \leqslant 0)=P(Z \geqslant 0)=0.5$$

在本例中,我们待求的概率可表示为两个概率的差:

$$P(-0.5 \leqslant Z \leqslant 1)=P(Z \leqslant 1)-P(Z \leqslant -0.5)$$

在 R 中用 pnorm()函数可以方便算出结果,代码如下:

```
p1 <- pnorm(1)  # 与 pnorm(q = 60, mean = 50, sd = 10)完全等价
p2 <- pnorm(-0.5)  # 与 pnorm(q = 45, mean = 50, sd = 10)完全等价
p_area <- p1 - p2  # 阴影区域的面积
## [1] 0.8413447  ## [2] 0.3085375  ## [3] 0.5328072
```

因此,随机装一台电脑所花的时间介于 45 分钟到 60 分钟的概率为 0.5328。

(3)求正态分布的 Z 分位数

在统计参数估计和假设检验中,经常会用到特定置信水平或者显著性水平对应的 Z 分位数,有时也称为临界值。我们用符号 Z_α 表示使得标准正态曲线下其左边部分的面积为 α 的分位数,它满足 $P(Z \leqslant Z_\alpha)=\alpha$,图 5.9 刻画了根据阴影部分面积(也就是概率)求相应分位数的情形。给定任意 α,使得标准正态曲线下左边部分面积为 α 的分位数 Z_α,则根据正态分布的对称性,右边部分面积为 α 对应的临界值应为 $Z_{1-\alpha}$,其绝对值与 Z_α 相等。

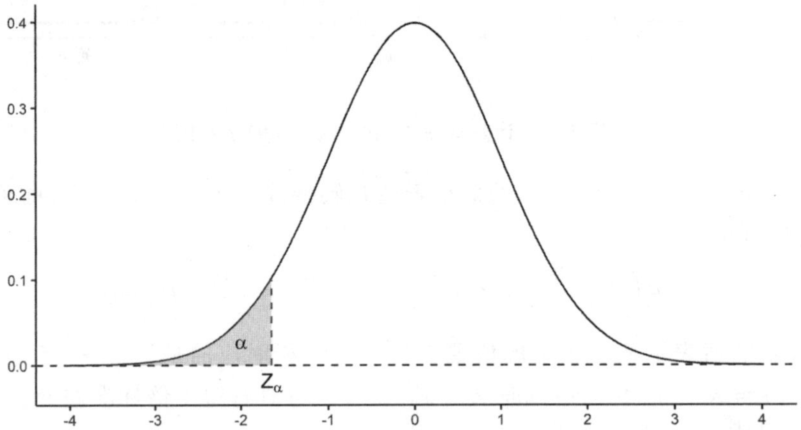

图 5.9　左侧概率为 α 的标准正态分位数示意图

使用 R 中的函数 qnorm() 求 Z 分位数,其基本用法如下:

```
qnorm(p = prob, mean = mu, sd = sd, lower.tail = TRUE)
```

如果是标准正态分布,后面的三个参数均可以省略。R 中默认计算左侧概率,如果需要计算右侧概率,将参数中的 TURE 改为 FALSE 即可。

【例 5.2】 求服从标准正态分布随机变量的某个分位数,使得随机变量小于它的概率是 5%。

解　依题意,可以用 R 函数很方便地计算该分位数 $Z_{0.05}$ 为 -1.6449。

```
qnorm(p = 0.05, mean = 0, sd = 1, lower.tail = T)
## [1] -1.644854
```

【例 5.3】 求服从标准正态分布随机变量的某个分位数,使得随机变量大于它的概率是 5%。

解　此例本质上是求右侧概率对应的分位数,同样是用 qnorm()函数,有两种办法实现:一是将右侧概率 0.05 换算成左侧概率 0.95,其他设置不变;另一种办法是把函数默认的左侧概率改为 FALSE,直接用 0.05 求出右侧分位数,结果均为 1.6449。R 代码如下:

```
qnorm(0.95); qnorm(0.05, lower.tail = F)
## [1] 1.644854
```

3. 卡方分布

卡方分布(Chi-squared Distribution)是由赫尔默特和皮尔逊分别于 1875 年和 1900 年推导出来的,是 m 个独立标准正态随机变量平方和的分布,记为 $\chi^2(m)$。

(1)概率密度函数

χ^2 分布的概率密度函数为:

$$f(x)=\frac{1}{2^{m/2}\Gamma(m/2)}x^{m/2-1}e^{-x/2} \tag{5.3}$$

χ^2 的取值范围为 $(0,+\infty)$,参数 m 是自由度,分布的形状取决于自由度 m 的大小,通常为不对称右偏分布,但随着自由度的增大逐渐趋于对称。

χ^2 分布的数学期望和方差分别为 m 和 $2m$,χ^2 分布具有可加性,即如果 $X\sim\chi^2(m_1)$,$Y\sim\chi^2(m_2)$,且 X 和 Y 独立,则

$X+Y\sim\chi^2(m_1+m_2)$

图 5.10 描绘了自由度分别为 2,5 和 10 的 χ^2 分布形状(R 代码略)。

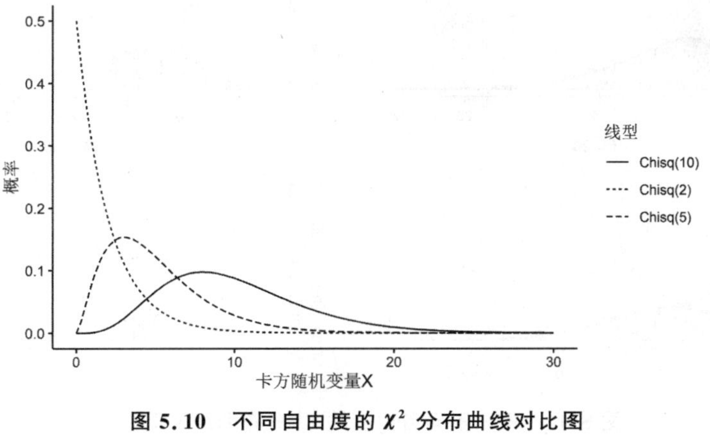

图 5.10　不同自由度的 χ^2 分布曲线对比图

图 5.11 通过蒙特卡洛模拟,绘制不同自由度卡方分布随机变量直方图的形状,体现从右偏到逐渐对称的过程。模拟过程的 R 代码如下:

```
# 自定义函数对卡方分布进行模拟
chisq_MC <- function (dof, ite){
  sc <- numeric(ite)
  for (i in 1 : ite){
      x <- runif(500)
      y <- cut(x, breaks = seq(0, 1, length.out = dof + 2), labels = 1 : (dof + 1))
      z1 <- table(y)
      z2 <- length(x) / (dof + 1)
      z3 <- (z1 - z2)^2 / z2
      sc[i] <- sum(z3)    }
  hist(sc, ylim = c(0, 0.34), breaks = "Scott", freq = F, col = "skyblue",
       main = paste0("df = ", dof))
  curve(dchisq(x, dof), lwd = 1.5, col = "darkgreen", add = T)    }
# 用上述自定义函数绘制不同自由度的模拟图
par(mfrow = c(2, 3))
par(mar = c(2.5, 2.5, 2.5, 2.5))
for(i in c(2, 5, 10, 15, 20, 30)){
  chisq_MC(i, 1000)
}
graphics.off()
```

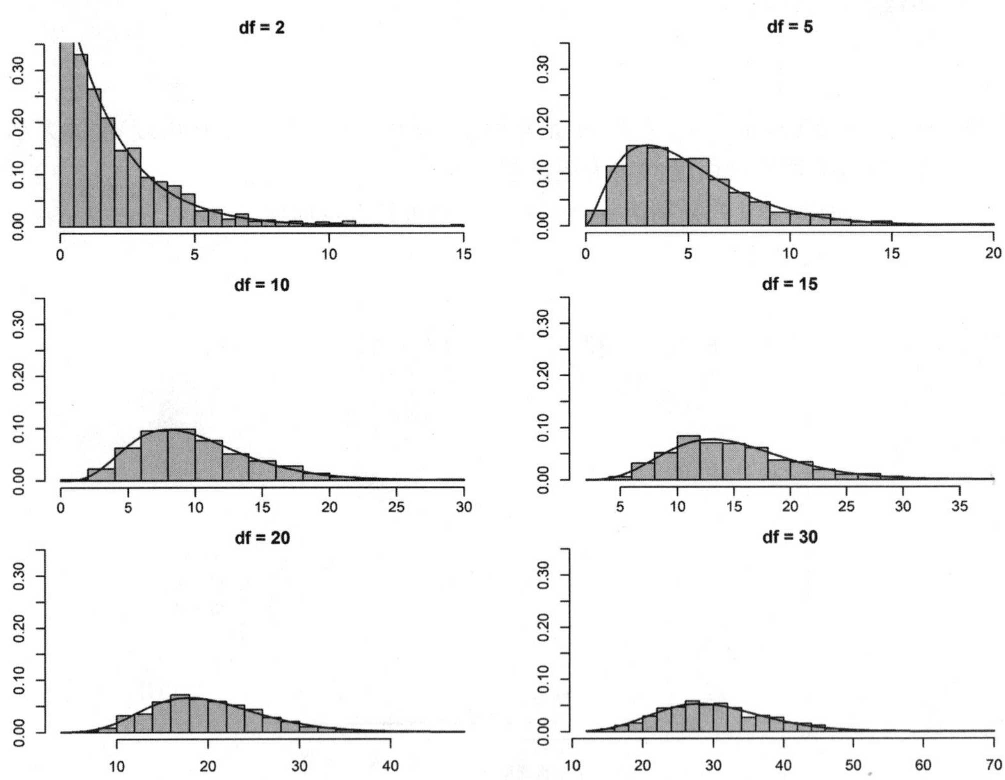

图 5.11　模拟不同自由度的 χ^2 分布曲线及直方图

(2) χ^2 分布与标准正态分布的关系

设随机变量 $X_1, X_2, \cdots, X_m$ 相互独立，且 $X_i\ (i=1,2,\cdots,m)$ 服从标准正态分布 $N(0,1)$，则它们的平方和 $\sum_{i=1}^{m} X_i^2$ 服从自由度为 m 的 χ^2 分布。

(3)计算 χ^2 分位数

如图 5.12 所示，χ_α^2 为特定自由度(本图为 12)对应的 χ^2 曲线下面左边部分阴影面积为 α 的 χ^2 分位数，如果右边阴影面积也是 α，则对应的分位数左侧的面积其实是 $1-\alpha$，因此该分位数就用 $\chi_{1-\alpha}^2$ 表示。

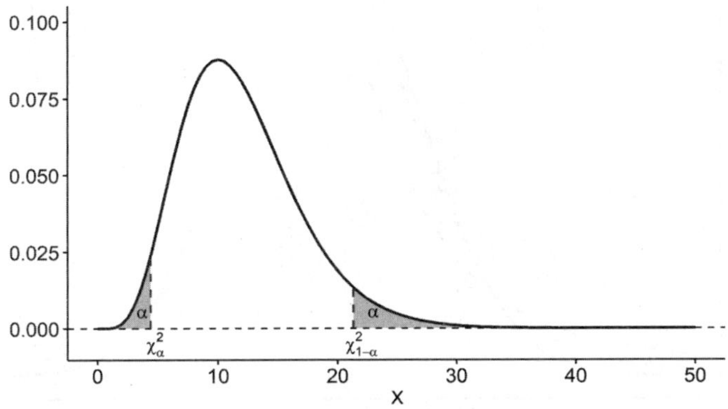

图 5.12　χ^2 分布的分位数示意图(自由度为 12)

求 χ^2 分布分位数的值，可以直接使用如下 R 命令来实现：

```
qchisq(0.05, df = 12)
## [1] 5.226
qchisq(0.05, df = 12, lower.tail = F)  # 等价于 qchisq(0.95, df = 12)
## [1] 21.026
```

4. t 分布

t 分布 (t Distribution)是由威廉 · 戈塞特在 1908 年首次提出，他以笔名“student”发表了这个挑战权威的新发现，用于根据小样本来估计服从正态分布且方差未知的总体的均值，所以 t 分布也被称为“学生”t 分布。t 分布在小样本统计推断中有着非常广泛的应用。

(1)概率密度函数

t 分布的概率密度函数为：

$$f(x)=\frac{\Gamma\left(\frac{n+1}{2}\right)}{\sqrt{n\pi}\,\Gamma\left(\frac{n}{2}\right)}\left(1+\frac{x^2}{n}\right)^{-\frac{n+1}{2}} \tag{5.4}$$

其中，$\pi=3.14159$，n 是 t 分布的自由度。

t 分布的均值和方差分别为：

$E(X)=0$

$D(X)=\frac{n}{n-2},\quad n>2$

t 分布是类似正态分布的一种对称分布,通常要比正态分布平坦和分散,相较于正态分布曲线的"钟形",我们将 t 分布描述为"土丘形"。如图 5.13 所示,顶部最高的实线表示标准正态分布,三条虚线从下而上依次表示自由度为 1,2 和 5 的 t 分布,其形状依赖自由度这个参数,随着自由度的增大,分布也逐渐趋于标准正态分布。可见,t 分布比标准正态分布要宽,两侧的尾部更厚(因为标准正态分布的方差是 1,而 t 分布的方差是$\frac{n}{n-2} > 1$)。

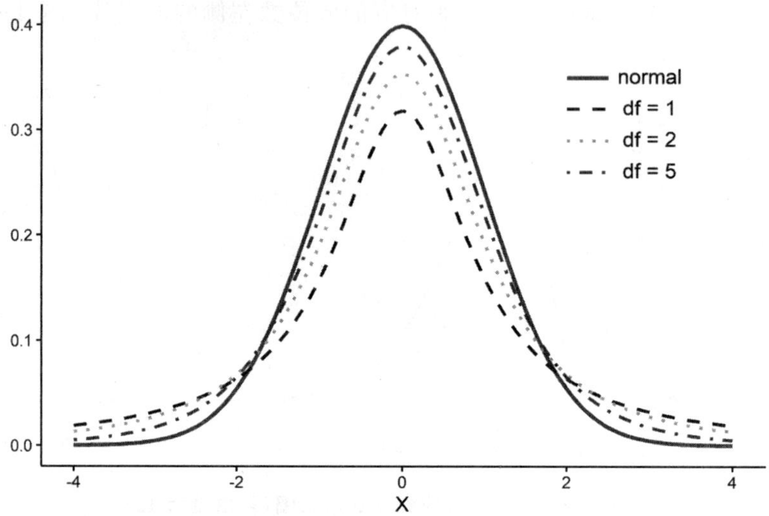

图 5.13　自由度为 1,2,5 的 t 分布曲线与标准正态曲线对比图

(2) t 分布与标准正态分布及 χ^2 分布的关系

假设随机变量 $X \sim N(0,1)$,$Y \sim \chi^2(n)$,且 X 与 Y 相互独立,则

$$T = \frac{X}{\sqrt{Y/n}} \tag{5.5}$$

服从自由度为 n 的 t 分布,记为 $T \sim t(n)$ 。

(3)计算 t 分位数

如图 5.14 所示,t_α 为特定自由度(本图为 8)对应的 t 分布曲线下面左边部分阴影面积为 α 的 t 分位数,如果右边阴影面积也是 α,则对应的分位数左侧的面积就是 $1-\alpha$,因此该分位数就用 $t_{1-\alpha}$ 表示。

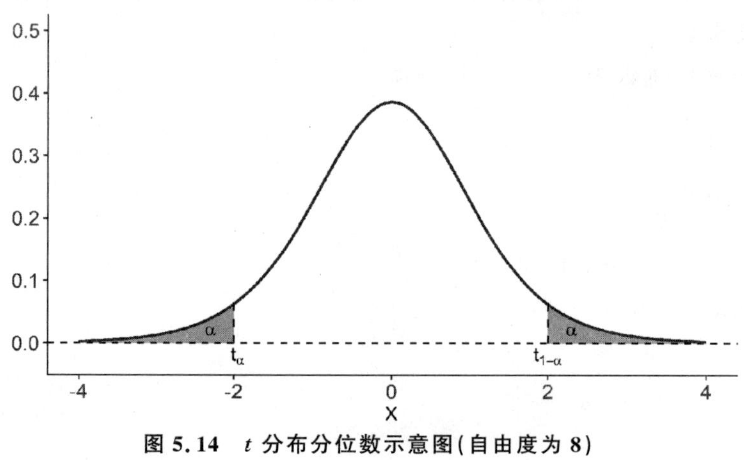

图 5.14　t 分布分位数示意图(自由度为 8)

可以用 R 中的 qt()函数计算 t 分位数，代码如下：

```
qt(p = 0.05, df = 8)
qt(p = 0.95, df = 8)  # 等价于 qt(p = 0.05, df = 8, lower.tail = F)
## [1] -1.859548  ## [1] 1.859548
```

5. F 分布

F 分布（F Distribution）是统计学家罗纳德·费舍尔于 1924 年最先提出并以其姓氏的首字母命名，F 分布在似然比检验、方差分析以及回归模型的显著性检验中都有着重要的地位，因此在实践中得到了广泛的应用。

(1)概率密度函数

F 分布的概率密度函数为：

$$f(x)=\frac{\frac{n_1+n_2-2}{2}}{\left(\frac{n_1-2}{2}\right)\left(\frac{n_2-2}{2}\right)}\left(\frac{n_1}{n_2}\right)^{\frac{n_1}{2}}\frac{x^{\frac{n_1-2}{2}}}{\left(1+\frac{n_1 x}{n_2}\right)^{\frac{n_1+n_2}{2}}} \tag{5.6}$$

其中，$x>0$，n_1 和 n_2 是分布的参数，我们称为自由度，n_1 为分子自由度，n_2 为分母自由度。F 分布的数学期望和方差分别为：

$$E(X)=\frac{n_2}{n_2-2},\quad n_2>2$$

$$D(X)=\frac{2n_2^2(n_1+n_2-2)}{n_1(n_2-2)(n_2-4)},\quad n_2>4$$

F 分布曲线是非对称的，其实际形状取决于分子自由度和分母自由度的大小，而且两个自由度是有顺序的。图 5.15 绘制了三条不同自由度组合的 F 分布曲线。

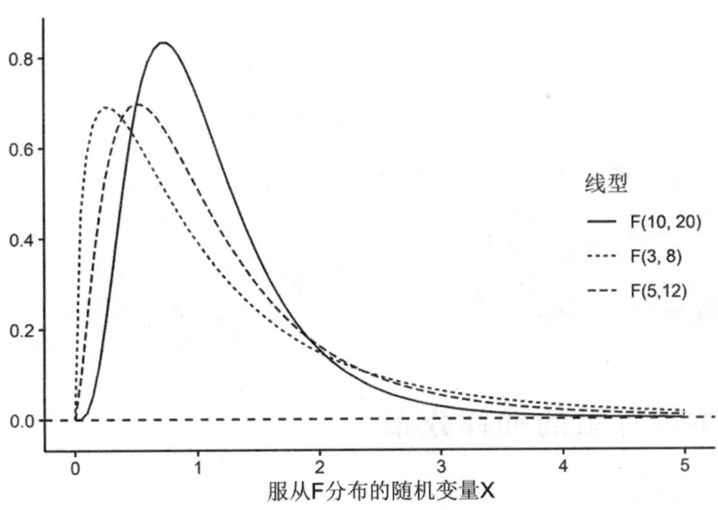

图 5.15　不同自由度组合的 F 分布曲线

(2) F 分布与 χ^2 分布以及 t 分布的关系

假设随机变量 X 与 Y 相互独立，且 X 与 Y 分别服从自由度为 df_1 和 df_2 的 χ^2 分布，则这两个卡方随机变量除以各自自由度的比服从分布 F 分布，即

$$F=\frac{X/df_1}{Y/df_2}\sim F(df_1,df_2) \tag{5.7}$$

可以证明,如果随机变量 X 服从自由度为 n 的 t 分布,则 $X^2 \sim F(1,n)$,即 X^2 服从分子自由度为 1、分母自由度为 n 的 F 分布。因此,当 F 分布的分子自由度为 1 时,和 t 分布是完全等价的。

另外,F 分布的倒数依然是 F 分布,而且当分子自由度与分母自由度位置互换后存在如下关系:

$$F_{\alpha}(df_1,df_2)=\frac{1}{F_{1-\alpha}(df_2,df_1)} \tag{5.8}$$

(3) F 分位数

如图 5.16 所示,F_{α} 为给定分子自由度和分母自由度(本图为 5 和 12)对应的 F 曲线下面左边部分阴影面积为 α 的 F 分位数,用概率可以表述成:

$P(F \leqslant F_{\alpha})=\alpha$

如果右边阴影面积也是 α,则对应的分位数左侧的面积其实是 $1-\alpha$,因此该分位数就用 $F_{1-\alpha}$ 表示,也可以用概率表示为:

$P(F \geqslant F_{1-\alpha})=\alpha$

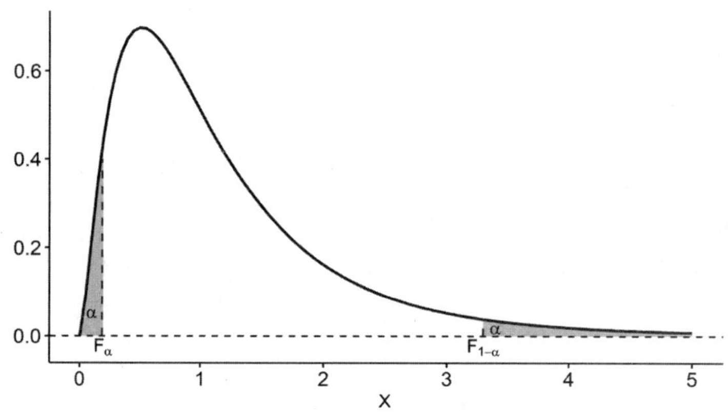

图 5.16　*F* 分布分位数示意图

可以用 R 中的 qf()函数计算 F 分位数,代码如下:

```
qf(0.05, 5, 17)
qf(0.95, 17, 5)^(-1)
## [1] 0.2178438  ## [1] 0.2178438
```

5.2　单个样本统计量的抽样分布

5.2.1　中心极限定理与样本均值的抽样分布

1. 抽样分布的概念

既然统计量是一个随机变量,它就有一定的概率分布。由样本统计量的所有可能取值形成的相对频数分布,就是样本统计量的概率分布,也称为抽样分布,它是一种理论分布,构成了推断总体参数的理论基础。为了充分理解抽样分布的概念，这里以投掷一枚均匀的骰子为例。总体是投掷无数次骰子产生的结果，用随机变量 X 表示在一次投掷中所出现的点数，由于骰子投掷无数次，因此总体是无穷大，但我们可以算出随机变量 X 的概率分布，如表 5.2 所示。

表 5.2　投掷点数 X 的概率分布

x	1	2	3	4	5	6
$p(x)$	1/6	1/6	1/6	1/6	1/6	1/6

根据离散型随机变量概率分布的性质，可以计算出总体的期望、方差和标准差。

$$\mu=\sum_{i=1}^{6}x_i\,p(x_i)=1\times\frac{1}{6}+2\times\frac{1}{6}+3\times\frac{1}{6}+4\times\frac{1}{6}+5\times\frac{1}{6}+6\times\frac{1}{6}=3.5$$

$$\sigma^2=\sum_{i=1}^{6}(x_i-\mu)^2p(x_i)$$

$$=(1-3.5)^2\times\frac{1}{6}+(2-3.5)^2\times\frac{1}{6}+(3-3.5)^2\times\frac{1}{6}+\cdots+(6-3.5)^2\times\frac{1}{6}=2.92$$

$$\sigma=\sqrt{\sigma^2}=\sqrt{2.92}=1.71$$

现在假定总体均值 μ 是未知的，我们要利用样本计算出的样本均值 $\bar{X}$ 来估计 μ 的值。设定样本容量为 2($n=2$)，即投掷两次骰子。在实际操作中，样本可能只有一个，因而只能得到一个 $\bar{x}$，但为了得到样本统计量 $\bar{X}$ 的概率分布，我们在 $n=2$ 的情形下列举出所有可能的样本组合并计算样本均值 $\bar{x}$，从而得到 $\bar{X}$ 的分布，即抽样分布。通过抽样分布，我们可以考察 $\bar{X}$ 和 μ 的接近程度。

首先列举出从总体中可重复抽取 $n=2$ 的所有不同的可能样本，一共有 36 种组合，然后计算每一个样本的均值，结果如表 5.3 所示。$\bar{X}=\{\bar{x}_1,\bar{x}_2,\cdots\}$ 可被看作是由抽样产生的新的随机变量，我们考察它的概率分布即可得到随机变量 $\bar{X}$ 的抽样分布，如表 5.4 所示。

表 5.3　所有容量为 2 的样本及其均值

样本	$\bar{x}$	样本	$\bar{x}$	样本	$\bar{x}$
{1,1}	1.0	{3,1}	2.0	{5,1}	3.0
{1,2}	1.5	{3,2}	2.5	{5,2}	3.5
{1,3}	2.0	{3,3}	3.0	{5,3}	4.0
{1,4}	2.5	{3,4}	3.5	{5,4}	4.5
{1,5}	3.0	{3,5}	4.0	{5,5}	5.0
{1,6}	3.5	{3,6}	4.5	{5,6}	5.5
{2,1}	1.5	{4,1}	2.5	{6,1}	3.5
{2,2}	2.0	{4,2}	3.0	{6,2}	4.0
{2,3}	2.5	{4,3}	3.5	{6,3}	4.5
{2,4}	3.0	{4,4}	4.0	{6,4}	5.0
{2,5}	3.5	{4,5}	4.5	{6,5}	5.5
{2,6}	4.0	{4,6}	5.0	{6,6}	6.0

表 5.4　$\bar{X}$ 的抽样分布

$\bar{x}$	$p(\bar{x})$	$\bar{x}$	$p(\bar{x})$
1.0	1/36	4.0	5/36
1.5	2/36	4.5	4/36
2.0	3/36	5.0	3/36
2.5	4/36	5.5	2/36
3.0	5/36	6.0	1/36
3.5	6/36		

根据表 5.1 和表 5.3 分别绘制 X 与 $\bar{X}$ 的分布图，如图 5.17 所示，可以对比 $\bar{X}$ 的抽样分布与 X 的分布之间的差异。

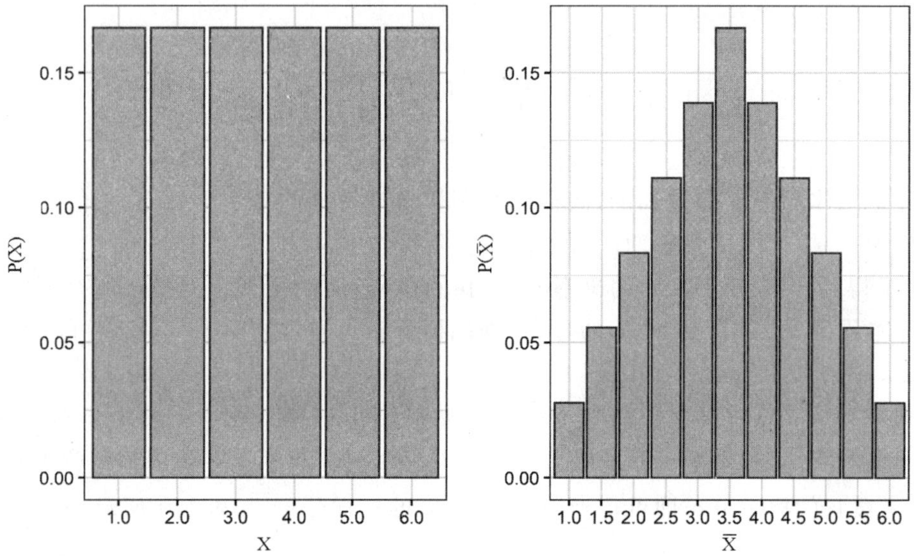

图 5.17　X 与 $\bar{X}$ 的分布图

同样，根据表 5.3 中的数据，可以计算出样本均值 $\bar{X}$ 抽样分布的均值、方差和标准差。

$$\mu_{\bar{x}} = \sum_{i=1}^{11} \bar{x}_i \, p(\bar{x}_i) = 1 \times \frac{1}{36} + 1.5 \times \frac{2}{36} + \cdots + 6 \times \frac{1}{36} = 3.5$$

$$\sigma_{\bar{x}}^2 = \sum_{i=1}^{11} (\bar{x}_i - \mu)^2 p(\bar{x}_i) = (1-3.5)^2 \times \frac{1}{36} + (1.5-3.5)^2 \times \frac{2}{36} + \cdots + (6-3.5)^2 \times \frac{1}{36} = 1.46$$

$$\sigma_{\bar{x}} = \sqrt{\sigma_{\bar{x}}^2} = \sqrt{1.46} = 1.21$$

根据以上计算结果可知，样本均值 $\bar{X}$ 抽样分布的期望值与总体均值 μ 相同，它的方差等于总体方差 σ^2 的 $\frac{1}{2}$（这绝非偶然，注意我们的样本容量恰恰就是 2）。

如果令样本容量 n 为其他值，再对同一总体重复上述的抽样过程，可以得到新的 $\bar{X}$ 的抽样分布。图 5.18 显示了 $n=1,5,10,30$ 时 $\bar{X}$ 的抽样分布。

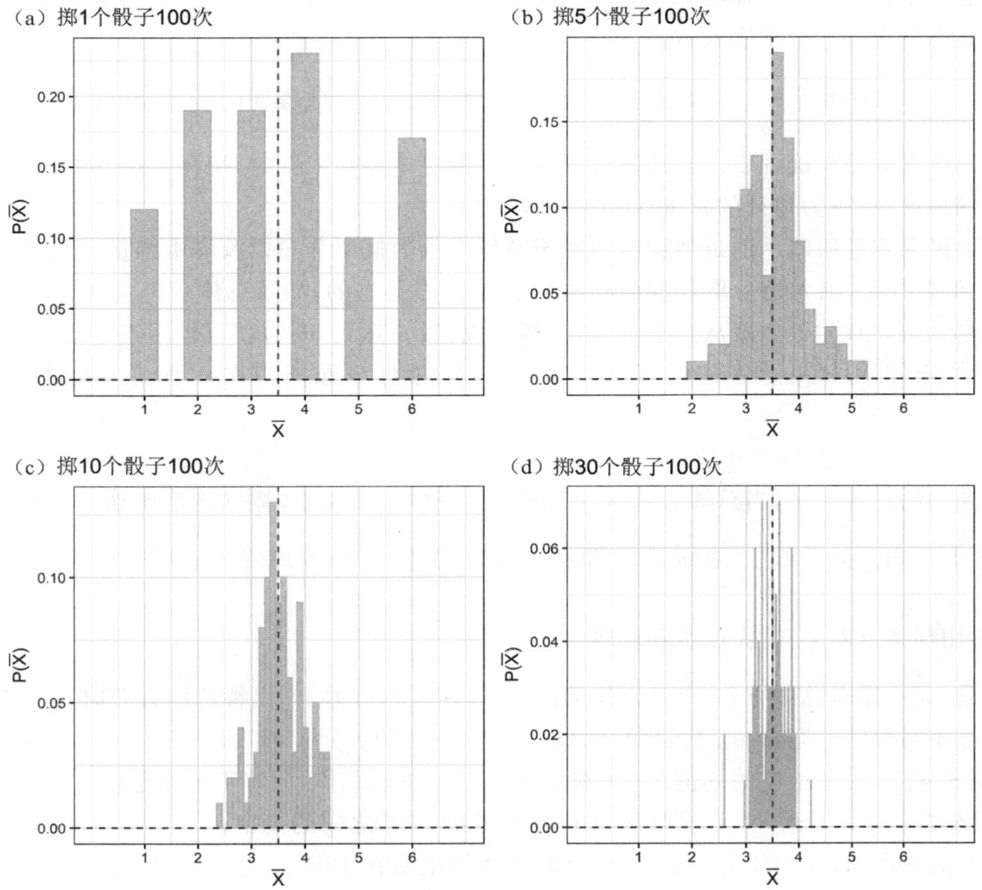

图 5.18　不同样本容量时 $\bar{X}$ 的抽样分布

可以看出，无论 n 取任何值，$\bar{X}$ 的抽样分布的均值都等于总体的均值，即 $\mu_{\bar{x}}=\mu=3.5$，而 $\bar{X}$ 的抽样分布的方差恒等于总体方差的 $\frac{1}{n}$，即 $\sigma_{\bar{x}}^2=\frac{\sigma^2}{n}$。这意味着对于所有的 n，$\bar{X}$ 的抽样分布的方差都小于从中抽样的总体的方差，因此对于 $\bar{X}$ 随机取一个值，例如投掷 5 次骰子所得到的点数的均值，比对 X 随机选择一个值，更有可能接近总体均值 3.5。原因在于投掷 5 次可能会出现 5 和 6 或者 1 和 2，但在平均的过程中这些值相互抵消，最终会得到一个更接近 3.5 的样本均值，当投掷骰子的次数增加时，样本均值接近 3.5 的概率也会增加。因此当 n 增加时，$\bar{X}$ 的抽样分布会越来越窄，越来越集中于均值，方差也会越来越小。

2. 中心极限定理

统计证明，当总体服从正态分布 $N(\mu,\sigma^2)$ 时，来自该总体的所有容量为 n 的样本的均值 $\bar{X}$ 也服从正态分布，其数学期望为 μ，方差为 $\frac{\sigma^2}{n}$，即

$$\bar{X}\sim N\left(\mu,\frac{\sigma^2}{n}\right)$$

这种随着样本容量的增加,样本均值的抽样分布越来越接近正态分布的现象在统计学中称为中心极限定理(Central Limit Theorem)。中心极限定理可以表述为:在样本容量足够大时,从任意总体中抽取的随机样本的均值的抽样分布都是近似正态的。样本容量越大,$\bar{X}$ 的抽样分布与正态分布的近似程度就越高。

这里,$\bar{X}$ 的标准差 $\frac{\sigma}{\sqrt{n}}$ 称为均值标准误,是对统计量的离散程度的衡量,测度了用样本统计量估计总体参数的精确程度。当计算标准误涉及的总体参数未知时,用样本统计量代替参数真值计算的标准误,称为估计的标准误。

中心极限定理所暗示的近似程度取决于总体本身的概率分布以及样本容量。此外,如果总体 X 是正态分布,则无论 n 取任何值样本均值 $\bar{X}$ 都是正态的;如果总体 X 不是正态的,则只有当 n 足够大时,$\bar{X}$ 才近似服从正态分布,一般来说,当 n 达到 30 时就可以用正态分布来近似代替 $\bar{X}$ 的抽样分布;如果总体是极端非正态的,$\bar{X}$ 的抽样分布即使在 n 值相当大时也是非正态的。

3. 样本均值的抽样分布

由前面的论述可知,当总体方差 σ^2 已知时,无论样本量大小,样本均值的抽样分布为 $\bar{X} \sim N\left(\mu, \frac{\sigma^2}{n}\right)$。当总体方差 σ^2 未知时,如果样本容量超过 30,样本均值的抽样分布依然为正态分布,此时用样本方差 s^2 代替总体方差即 $\bar{X} \sim N\left(\mu, \frac{s^2}{n}\right)$。

但是,在小样本总体方差 σ^2 又未知的情况下,用样本方差 s^2 代替总体方差时,样本均值的抽样分布不再服从正态分布,而是服从自由度为 $n-1$ 的 t 分布,即 $\bar{X} \sim t(n-1)$。

【例 5.4】 对于给定的均值为 50、标准差为 5 的正态总体,回答下列问题:

(1)随机选择 1 个样本,计算样本观测值落在 49~52 之间的概率;

(2)选择样本容量为 4 的随机样本,计算样本均值落在 49~52 之间的概率。

解 (1)由题意可知,$X \sim N(50, 5^2)$,计算 X 落在某一区间的概率相当于求 $P(49 < X < 52)$ 的值,根据标准正态分布的性质,可得:

$$
\begin{aligned}
P(49 < X < 52) &= P\left(\frac{49-50}{5} < \frac{X-50}{5} < \frac{52-50}{5}\right) \\
&= P(-0.2 < Z < 0.4) \\
&= P(Z < 0.4) - P(Z < -0.2)
\end{aligned}
$$

用 R 中的 pnorm()函数计算,代码如下:

```
pnorm(0.4) - pnorm(-0.2)  # 用标准化后的分位数
pnorm(52, 50, 5) - pnorm(49, 50, 5)  # 用原始数据,结果完全一致
## [1] 0.2346815  ## [1] 0.2346815
```

(2) 计算 $n=4$ 时 $\bar{X}$ 落在某一区间的概率,即 $P(49 < \bar{X} < 52)$,根据中心极限定理可知 $\bar{X}$ 服从正态分布,$\mu_{\bar{x}} = \mu = 50$,$\sigma_{\bar{x}} = \sigma / \sqrt{4} = 2.5$。因此

$$
\begin{aligned}
P(49 < \bar{X} < 52) &= P\left(\frac{49-50}{2.5} < \frac{\bar{X}-50}{2.5} < \frac{52-50}{2.5}\right) \\
&= P(-0.4 < Z < 0.8)
\end{aligned}
$$

$$=P(Z<0.8)-P(<-0.4)$$
$$=0.7881-0.4207$$
$$=0.3674$$

```
pnorm(0.8) - pnorm(-0.4)
pnorm(52, 50, 5 / sqrt(4)) - pnorm(49, 50, 5 / sqrt(4))
## [1] 0.3674043   ## [1] 0.3674043
```

5.2.2　单个样本比例的抽样分布

除了总体均值，总体比例也是我们经常需要估计的参数。当我们面对的数据是分类数据时，总体比例的推断显得尤其重要，这是因为在分类数据中唯一有意义的计算是统计出所有结果出现的次数以及所占的比例。在二项分布中，结果只有两个，即“成功”(我们将任何我们希望看见的结果称为“成功”)和“失败”，总体比例 π 是在任一试验中成功的概率。在现实情况下，π 值往往是未知的，这就需要我们利用样本来对它的值进行估计。试验成功的总体比例 π 的估计量是样本比例。在容量为 n 的样本中，记录样本中成功的次数为 X，则样本比例为：

$$p=\frac{X}{n}$$

抽取一个容量为 n 的样本，实际上就是在进行一次二项试验，因而 X 服从二项分布，p 取任何值的概率都可以利用 X 的值来计算。

例如，假设进行 $n=10,\pi=0.4$ 的二项试验，要确定样本比例 p 小于或等于 0.5 的概率，可以先确定 X 小于或等于 5 的概率。根据二项分布表或使用 R 中函数 pbinom()可知，对于 $n=10,\pi=0.4$，有

$$P(p\leqslant 0.5)=P(X\leqslant 5)=0.8338$$

```
pbinom(5, 10, 0.4)
## [1] 0.8337614
```

样本比例 p 被用来估计总体比例 π，可看作从总体中重复抽取的容量为 n 的样本，对于每一个样本计算比例，p 可被看作是由抽样产生的新的随机变量，是由样本比例的所有可能取值形成的相对频数分布，是一种理论概率分布，是推断总体比例 π 的理论基础。

下面以一个模拟试验来观察样本比例 p 的抽样分布。我们进行两个试验，设置一个容量为 10000 的总体，取值为 1 和 0，1 代表“成功”，0 代表“失败”，成功的总体比例 π 为 0.6。设定程序进行多次独立的随机抽样，第一个方案设置样本容量为 100，随机抽取 1000 次，计算每次的样本比例 p，绘制 p 的直方图如图 5.19(a)所示；第二个方案设置样本容量为 2500，仍随机抽取 1000 次，计算每次的样本比例 p，绘制 p 的直方图如图 5.19(b)所示。

图 5.19 展示了两种不同样本容量的统计量 p 的抽样分布，可以看到它们都具有同样的形状，类似于正态分布；p 的平均值都为 0.6；样本容量越大，p 的值就越集中于总体比例的真值。

依据棣莫弗-拉普拉斯定理，当 n 充分大时，样本比例 p 的抽样分布可用正态分布去逼近。此时，p 服从均值为 π、方差为 $\frac{\pi(1-\pi)}{n}$ 的正态分布，即

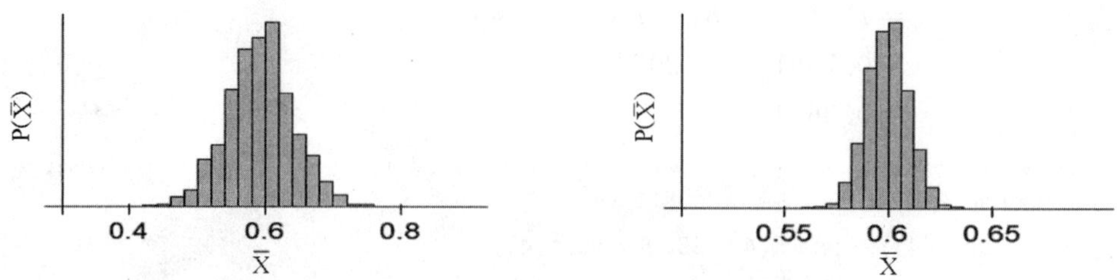

(a) $n=100$　　　(b) $n=2500$

图 5.19　样本比例正态分布近似示意图

$$p \sim N\left(\pi, \frac{\pi(1-\pi)}{n}\right) \tag{5.9}$$

将其标准化可得:

$$Z=\frac{p-\pi}{\sqrt{\pi(1-\pi)/n}} \tag{5.10}$$

对于二项分布的正态近似,理论上对样本容量的要求是 $n\pi$ 和 $n(1-\pi)$ 都要大于或等于 10。由于 π 未知,采用样本比例表达,要求 np 和 $n(1-p)$ 都要大于或等于 10。

【例 5.5】 一项大范围的随机调查,询问 2500 个成人是否同意"我喜欢买衣服,但购物经常让人觉得疲惫且费时",假定所有成人中有 60%的人赞同这一观点,问这个样本中至少有 58%的人赞同这一观点的概率是多少?

解　(1)采用二项分布进行计算。二分变量 X 服从二项分布 $B(2500,0.6)$,样本比例 $p=X/2500$ 为非计数变量,因此它并不服从二项分布。因此需要将样本比例 p 的问题转换为计数变量 X 的表述方式。由于在容量为 2500 的样本中,58%的样本比例对应于 1450,那么

$$P(p \geqslant 0.58)=P(X \geqslant 1450)$$
$$=P(X=1450)+P(X=1451)+\cdots+P(X=2500)$$

可见,我们需要计算 1000 多项二项式概率,是一个非常复杂的计算。用软件计算,它的值为 0.9802。R 代码如下:

```
1 - pbinom(1449, 2500, 0.6)
## [1] 0.9801803
```

(2)采用近似正态分布进行计算。样本容量为 2500,充分地大,因此我们可以判断样本比例 p 近似服从正态分布。

均值为:$\mu_p=\pi=0.6$

标准差为:$\sigma_p=\sqrt{\frac{p(1-p)}{n}}=0.0098$

样本比例至少为 58%的概率为:

$$P(p \geqslant 0.58)=P\left(\frac{p-0.6}{0.0098} \geqslant \frac{0.58-0.6}{0.0098}\right)$$
$$=P(Z \geqslant -2.04)=0.9794$$

即所有样本中几乎 98%的样本比例至少达到 58%。由于样本容量充分地大,这里的计算结果与二项分布下的结果非常近似。R 代码如下:

```
pnorm(0.58, 0.6, 0.0098, lower.tail = F)
## [1] 0.9793655
```

用连续型分布（如正态分布）近似离散型分布（如二项分布），需要进行连续性校正（Continuity Correction），对于 $n=10, \pi=0.4$，在二项分布中

$P(p \leqslant 0.5)=P(X \leqslant 5)=0.834$

在正态分布 $X \sim N(4,2.4)$ 中，近似等价于

$$P(X \leqslant (5+0.5))=P\left(Z \leqslant \frac{5.5-4}{1.549}\right)=0.834$$

其中，0.5 就是校正因子。如果忽略校正因子，

$$P(X \leqslant 5)=P\left(Z \leqslant \frac{5-4}{1.549}\right)=0.741$$

这时存在 0.093 的误差。

但是在两种情形下，我们可以忽略校正因子。这两种情形分别是样本容量充分大和求尾部（极端值）的概率，如例 5.5 显示了当样本容量充分大的情形下，用正态分布近似二项分布导致的误差较小，此时可以忽略校正因子。一般认为，当样本容量使得 np 和 $n(1-p)$ 都大于 10 时，我们就认为样本容量充分大。

5.2.3　单个样本方差的抽样分布

已经证明，样本方差 s^2 是总体方差 σ^2 的优良估计量，样本方差的抽样分布可以用 χ^2 分布来描述。用 $x_1, x_2, \cdots, x_n$ 表示从一个均值为 μ、方差为 σ^2 的总体中抽取的容量为 n 的随机样本，那么所有观测值的离差平方和 $\sum_{i=1}^{n}(x_i-\bar{x})^2$ 除以总体的方差 σ^2 服从自由度为 $n-1$ 的 χ^2 分布，即

$$\frac{\sum_{i=1}^{n}(x_i-\bar{x})^2}{\sigma^2}=\frac{(n-1)s^2}{\sigma^2} \sim \chi^2(n-1) \tag{5.11}$$

【例 5.6】　假定要求某种型号零件的标准差不能超过 0.01mm，随机抽取容量为 15 的样本，计算出样本标准差 $s=0.0125$mm。我们想知道如果总体标准差为 0.01mm，我们得到样本方差至少为 0.0125mm 的概率是多少？

解　首先，该 χ^2 统计量的自由度为 14，计算该统计量的值，公式如下：

$$\frac{(n-1)s^2}{\sigma^2}=\frac{14 \times 0.0125^2}{0.01^2}=21.875$$

然后需要知道 $P(\chi^2 \geqslant 21.875)$，我们可以方便地利用 R 中的函数，求出这一概率为 0.0812。代码如下：

```
pchisq(21.875, df = 14, lower.tail = F)
## [1] 0.08121953
```

5.3 两个样本统计量的抽样分布

5.3.1 两个样本均值之差的抽样分布

从两个正态总体中分别抽取一个样本,如果一个样本中观测值的选择独立于另一个样本,我们称之为独立样本。在此情形下,我们讨论这两个样本均值之差的抽样分布。

根据中心极限定理,从均值为 μ、标准差为 σ 的正态总体中进行重复抽样,则样本均值的抽样分布是正态的,且均值为 μ、标准差为 $\frac{\sigma}{\sqrt{n}}$。根据正态分布的性质,两个独立正态随机变量的线性组合服从正态分布。所以,两个独立样本均值之差也服从正态分布。从均值分别为 μ_1 和 μ_2、标准差为 σ_1 和 σ_2 的两个总体中分别抽取容量为 n_1 和 n_2 的样本,$\bar{X}_1$ 和 $\bar{X}_2$ 分别为两个样本的均值,则 $\bar{X}_1-\bar{X}_2$ 服从正态分布。即便总体不是正态分布,当样本容量 n_1 和 n_2 足够大时,两个均值之差 $\bar{X}_1-\bar{X}_2$ 仍然近似服从正态分布。对大多数总体而言,样本容量超过 30 以上就足够了。

因此,可以计算出随机变量 $\bar{X}_1-\bar{X}_2$ 的期望和方差分别为:

$$\mu_{\bar{X}_1-\bar{X}_2}=\mu_1-\mu_2$$

$$\sigma^2_{\bar{X}_1-\bar{X}_2}=\frac{\sigma_1^2}{n_1}+\frac{\sigma_2^2}{n_2}$$

如果总体方差未知,则用样本方差 s_1^2 和 s_2^2 分别代替两个总体的方差。

【例 5.7】 假设某大学 A 专业毕业生的年收入服从均值为 42000 元、标准差为 14500 元的正态分布,B 专业毕业生的年收入也服从均值为 40000 元、标准差为 18300 元的正态分布。如果随机选取 50 名该校的 A 专业毕业生作为样本和 60 名该校的 B 专业毕业生作为样本,则 A 专业毕业生年收入的均值超过 B 专业毕业生的概率是多少?

解 用 $\bar{X}_A$ 和 $\bar{X}_B$ 分别表示 A 专业毕业生和 B 专业毕业生的样本均值,依题意需要计算 $P(\bar{X}_A-\bar{X}_B>0)$,又可以知道 $\bar{X}_A-\bar{X}_B$ 服从正态分布,且有

均值为:$\mu_A-\mu_B=42000-40000=2000$

标准差为:$\sqrt{\frac{{\sigma_A}^2}{n_1}+\frac{{\sigma_B}^2}{n_2}}=\sqrt{\frac{14500^2}{50}+\frac{18300^2}{60}}=3128$

将变量标准化,有:

$$P(\bar{X}_A-\bar{X}_B>0)=P\left(\frac{(\bar{X}_A-\bar{X}_B)-(\mu_A-\mu_B)}{\sqrt{\sigma_A^2/n_1+\sigma_B^2/n_2}}>\frac{0-2000}{3128}\right)$$

$$=P(Z>-0.64)=P(Z<0.64)=0.7389$$

因此对于该校 A 专业毕业生和 B 专业毕业生的样本而言,A 专业毕业生初始年收入的样本均值超过 B 专业毕业生的概率是 73.89%。即使 A 专业毕业生的总体均值比 B 专业毕业生多 2000 元,仍有 26.11%的概率使得 B 专业毕业生的初始年收入大于 A 专业毕业生。

R 代码及输出结果如下:

```
set.seed(10491)  #设定种子数,保证结果可以复现
A <- rnorm(n = 1000, mean = 42000, sd = 14500)
a <- colMeans(replicate(100000, sample(A, 50, replace = F)))
B <- rnorm(n = 1000, mean = 40000, sd = 18300)
b <- colMeans(replicate(100000, sample(B, 60, replace = F)))
diff_ab <- a - b
mu_diff_ab <- mean(diff_ab)
sd_diff_ab <- sd(diff_ab)
prob <- pnorm(0, mu_diff_ab, sd_diff_ab)
mu_diff_ab
sd_diff_ab; prob
## [1] 2123.958   ## [1] 3038.516   ## [1] 0.2422724
```

5.3.2　两个样本比例之差的抽样分布

当比较两个总体比例的差异时,需要从两个总体中进行独立抽样,通过两个样本比例的比较对两个总体比例进行推断。例如,营销经理要比较每轮广告前后本公司产品的市场占有率,制药公司比较新药和旧药的疗效,运营经理要比较两台机器的废品率,等等。因此需要了解两个样本比例之差的抽样分布。

为了比较 π_1 与 π_2,我们从总体 1 中抽取容量为 n_1 的样本,从总体 2 中抽取容量为 n_2 的样本,对于每个样本,我们将"成功"的次数统计出来,并将从两个总体中抽取的"成功"次数分别标记为 x_1 和 x_2,则样本比例为:

$$p_1 = \frac{x_1}{n_1}, \quad p_2 = \frac{x_2}{n_2}$$

已经证明,统计量 $p_1 - p_2$ 是对参数 $\pi_1 - \pi_2$ 的无偏、一致估计量。根据样本比例 p_1 和 p_2 的抽样分布,我们就可以对 $\pi_1 - \pi_2$ 进行估计或者检验。

如果样本容量足够大,能够使 $n_1\pi_1, n_1(1-\pi_1), n_2\pi_2, n_2(1-\pi_2)$ 都大于等于 10,那么统计量 $p_1 - p_2$ 就近似服从正态分布。这里由于 π_1 和 π_2 均未知,因此对样本容量要求的表述改变为 $n_1p_1, n_1(1-p_1), n_2p_2, n_2(1-p_2)$ 都大于等于 10。

$p_1 - p_2$ 的均值为:$\mu_{p_1-p_2} = \pi_1 - \pi_2$

$p_1 - p_2$ 的标准差为:$\sigma_{p_1-p_2} = \sqrt{\dfrac{\pi_1(1-\pi_1)}{n_1} + \dfrac{\pi_2(1-\pi_2)}{n_2}}$

相应的统计量为:

$$Z = \frac{(p_1 - p_2) - (\pi_1 - \pi_2)}{\sqrt{\dfrac{\pi_1(1-\pi_1)}{n_1} + \dfrac{\pi_2(1-\pi_2)}{n_2}}} \tag{5.12}$$

【例 5.8】 市场上有两种品牌的牙膏,一项研究想调查消费者对这两种牙膏品牌的忠诚度。根据以往的经验,一直使用 A 品牌和 B 品牌的消费者比例分别为 20% 和 18%。在由 500 名使用 A 品牌牙膏的消费者组成的随机样本和 400 名使用 B 品牌牙膏的消费者组成的随机样本中,计算只用 A 品牌牙膏的比例小于只用 B 品牌牙膏的比例的概率。

解　问题可以转化为求解 $P(p_A - p_B < 0)$。首先确定两个样本比例之差 $p_A - p_B$ 的抽样

分布,由于样本容量充分地大,可以认为 $p_A - p_B$ 近似服从正态分布。

均值为:$\mu_{p_A-p_B} = 0.20 - 0.18 = 0.02$

标准差为:$\sigma_{p_A-p_B} = \sqrt{\dfrac{0.20 \times 0.80}{500} + \dfrac{0.18 \times 0.82}{400}} = 0.0262$

因此,

$$P(p_A - p_B < 0) = P\left(Z < \frac{0 - 0.02}{0.0262}\right) = 0.2230$$

即所有使用 A、B 两种品牌牙膏的消费者中,只用 A 品牌牙膏的比例小于只用 B 品牌牙膏的比例的概率大约是 22.3%。

R 代码及输出结果如下:

```
x <- c(0, 1)
px <- c(0.8, 0.2)
draws1 <- sample(x, size = 500 * 10000, replace = TRUE, prob = px)
draws1 <- matrix(draws1, 500)
drawmeans1 <- apply(draws1, 2, mean)
y <- c(0, 1)
py <- c(0.82, 0.18)
draws2 <- sample(y, size = 400 * 10000, replace = TRUE, prob = py)
draws2 <- matrix(draws2, 400)
drawmeans2 <- apply(draws2, 2, mean)
c <- drawmeans1 - drawmeans2
pnorm(0, mean(c), sd(c), lower.tail = T)
## [1] 0.2209348  # 该结果与手工结果的误差来自随机抽样
```

5.3.3 两个样本方差之比的抽样分布

对于两个样本方差之比的情况,如果总体是非正态的,其分布比较复杂,多采用非参数统计方法,因此,本书只考虑正态总体的情况。分别从两个正态分布总体中进行独立抽样,用 μ_1 和 μ_2 表示两个总体的均值,σ_1^2 和 σ_2^2 表示两个总体的方差,s_1^2 和 s_2^2 对应于两个样本的方差,n_1 和 n_2 分别为两个样本的容量。那么,可以用 F 分布来描述两个总体方差估计量之比 $\dfrac{s_1^2}{s_2^2}$ 的抽样分布。

可以证明,统计量

$$F = \frac{s_1^2/\sigma_1^2}{s_2^2/\sigma_2^2} \tag{5.13}$$

服从分子自由度为 $n_1 - 1$、分母自由度为 $n_2 - 1$ 的 F 分布。

根据 F 分布的定义以及皮尔逊定理可知,

$$\frac{(n_1 - 1)s_1^2}{\sigma_1^2} \sim \chi_1^2(n_1 - 1), \quad \frac{(n_2 - 1)s_2^2}{\sigma_2^2} \sim \chi_2^2(n_2 - 1)$$

因此,

$$F=\frac{s_1^2/\sigma_1^2}{s_2^2/\sigma_2^2}=\frac{\chi_1^2(n_1-1)/(n_1-1)}{\chi_2^2(n_2-1)/(n_2-1)}\sim F(n_1-1,n_2-1)$$

如果两个总体具有相同的方差，$\sigma_1^2=\sigma_2^2$，那么该统计量可以直接写为 $F=s_1^2/s_2^2$。

【例 5.9】　A 和 B 两台生产零件的机器，要求它们生产出来的零件必须具有一致的尺寸，即两种机器生产的零件标准差必须相同，从 A 机器生产的零件中随机抽取 10 个样本，测量的样本标准差为 0.014，从 B 机器生产的零件中随机抽取 15 个样本，测量的样本标准差为 0.008，问如果这两台机器生产的零件具有一致的尺寸，那么我们从两台机器分别获得两个样本，它们标准差的差异至少达到这一程度的可能性有多大？

解　两台机器生产的零件具有一致的尺寸，那么 $\sigma_A^2=\sigma_B^2$。存在

$$F_1=\frac{s_A^2}{s_B^2}\sim F(9,14)\quad 或\quad F_2=\frac{s_B^2}{s_A^2}\sim F(14,9)$$

相应地，我们可以将待解决问题表述为

$$P\left(\frac{s_A^2}{s_B^2}>(0.014)^2/(0.008)^2\right)=P\left(\frac{s_A^2}{s_B^2}>3.06\right)$$

或

$$P\left(\frac{s_B^2}{s_A^2}<(0.008)^2/(0.014)^2\right)=P\left(\frac{s_B^2}{s_A^2}<0.327\right)$$

当表述为前者时，我们需要求解概率 $P(F(9,14)>3.06)$，通过 R 软件，我们可以得出概率值为 0.03；当表述为后者时，我们需要求解概率 $P(F(14,9)<0.327)$，同样地，我们可以得出概率值为 0.03。

重要术语

随机变量	统计量	抽样分布	统计推断
正态分布	t 分布	χ^2 分布	F 分布
二项分布	样本均值	样本比例	样本方差
样本容量	中心极限定理	概率密度函数	校正因子

思考题

5.1　请用正态分布推导 χ^2 分布、t 分布和 F 分布。

5.2　如何理解抽样分布。

5.3　简述样本均值、样本比例以及样本方差的抽样分布。

练习题

5.4　随机变量 Z 服从标准正态分布，确定下列表达式的值：

(1) $P(Z<2.36)$；(2) $P(Z>2)$；

(3) $P(1.14<Z<3.22)$；(4) $P(-0.77<Z<-0.35)$。

5.5 随机变量 X 服从均值为 5、标准差为 0.2 的正态分布，求该随机变量取值为以下范围的概率：

(1) $P(4.6 < X < 5.2)$；(2) $P(X \leqslant 5.4)$；(3) $P(X < 5)$；(4) $P(X > 4.5)$。

5.6 用 R 软件求以下 χ^2 分布的临界值：

(1) $\chi^2_{0.95}(20)$；(2) $\chi^2_{0.975}(18)$；(3) $\chi^2_{0.05}(20)$；(4) $\chi^2_{0.025}(14)$。

5.7 用 R 软件求以下 t 分布的临界值：

(1) $t_{0.05}(20)$；(2) $t_{0.95}(20)$；(3) $t_{0.025}(100)$；(4) $t_{0.025}(12)$。

5.8 用 R 软件求以下 F 分布的临界值：

(1) $F_{0.05}(20,30)$；(2) $F_{0.05}(30,20)$；(3) $F_{0.95}(20,30)$；(4) $F_{0.025}(1,12)$。

5.9 假定一个专业的打字员使用一种新型的键盘每分钟的打字速度近似服从均值为 60 wpm、标准差为 15 wpm 的正态分布。

(1)该打字员打字的速度大于 60 wpm 的概率是多少？小于 60 wpm 的概率是多少？

(2)该打字员打字的速度在 45～90 wpm 的概率是多少？

(3)假定独立地随机选择两名这样的打字员，他们打字的速度同时超过 70 wpm 的概率是多少？

5.10 令 $\bar{X}$ 代表投掷三枚均匀骰子所得点数的均值，试确定下列概率：

(1) $P(\bar{X}=3)$；(2) $P(\bar{X}=5)$。

5.11 一个呈正态分布的总体，均值为 40，标准差为 12，如果从中抽取容量为 100 的样本，由中心极限定理可以得出关于样本均值抽样分布的哪些结论？

5.12 在上一题中，假定总体不是呈正态分布的，则答案有什么变化？解释原因。

5.13 从 $\mu=1000$，$\sigma=200$ 的正态总体中抽取容量为 $n=36$ 的样本，试确定下列概率：

(1) $P(\bar{X} \geqslant 1000)$；(2) $P(\bar{X} < 800)$；(3) $P(\bar{X} > 900)$。

5.14 对于给定的均值为 60、标准差为 12 的正态总体。试计算：

(1)容量为 4 的随机样本的均值落在 59～62 之间的概率；

(2)容量为 16 的随机样本的均值落在 59～62 之间的概率；

(3)容量为 25 的随机样本的均值落在 59～62 之间的概率。

5.15 大学教授每周工作的时间是呈正态分布的，并且其均值为 50 小时，标准差为 6 小时。试计算：

(1)某教授工作时间多于 55 小时的概率；

(2)随机选择 3 位教授，确定他们每周工作的平均时间多于 55 小时的概率；

(3)如果 3 位教授是随机选择的，确定他们每周工作时间全部多于 55 小时的概率。

5.16 统计学期中考试的分数是服从正态分布的，且均值为 80，标准差为 6。试回答：

(1)班里学生期中考试分数低于 78 分的比例有多大？

(2)有 50 个学生的班级期中考试平均分数低于 78 的概率是多少？

5.17 一位统计学教授给学生的考试成绩呈正态分布，已知 A 班和 B 班期末考试成绩的平均分分别为 73 分和 77 分，标准差分别为 12 分和 10 分。现随机从 A 班选择 9 名学生，从 B 班选择 16 名学生，问 A 班学生平均得分高于 B 班学生平均得分的概率是多少？

5.18 计算不同样本容量、不同总体比例条件下样本比例的概率：

(1)在 $n=500$，$\pi=0.52$ 的二项试验中，确定 p 大于 60% 的概率；

(2)在 $n=200$，$\pi=0.55$ 的二项试验中，确定 p 大于 60% 的概率；

(3)在 $n=500,\pi=0.70$ 的二项试验中，确定 p 大于60%的概率。

5.19　一家家庭用具制造厂商声称，他们的所有产品在销售后的第一年里需要维修服务的比例不超过5%。某消费者保护协会想要核实这一说法，调查了400个最近购买该公司产品的家庭，假如厂商说法是真实的，问在第一年里需要维修服务的比例超过10%的概率是多少？如果400个家庭中有10%的家庭说至少有一次维修服务，那么你对该厂商的诚信状况有什么看法？

5.20　从一个总体方差为300的正态总体中随机抽出100个观测值作为一个样本，问样本方差小于250的概率是多少？

5.21　两个总体方差相同，独立地从这两个总体中分别抽取20和15个观测值作为样本，它们的样本标准差分别为100和120，问我们获得两个样本标准差的差异至少达到这一程度的可能性有多大？

5.22　两个总体方差分别为200和300，独立地从这两个总体中分别抽取50和60个观测值作为样本，它们的样本标准差分别为180和320，问我们获得两个样本标准差的差异至少达到这一程度的可能性有多大？

第 6 章 参数估计

【城市高质量发展的区域差异】

改革开放以来,中国的经济发展成就举世瞩目,1978—2020 年 GDP 年均实际增速超过 9.0%。2020 年以来新冠疫情全球大流行对世界经济造成显著冲击,中国率先走出疫情冲击,经济稳步复苏。截至 2021 年上半年,中国 GDP 两年平均增速 5.5%。与此同时,我们也应该看到外延式、粗放式的经济发展模式带来的结构不均衡、效率偏低、环境污染、收入差距等问题仍在一定程度上制约着中国经济的可持续发展。

党的十九大报告明确提出,“我国经济已由高速增长阶段转向高质量发展阶段,正处在转变发展方式、优化经济结构、转换增长动力的攻关期”。经济高质量发展是体现“创新、协调、绿色、开放、共享”新发展理念的发展,其本质内涵是以满足人民日益增长的美好生活需要为目标的高效率、公平、可持续的发展。那么,在过去的 5 年里我国不同区域的城市经济高质量发展存在差异吗? 差异有多大?

正如绪论和第 5 章中提到的,应用统计学的一个重要目标是根据样本统计量推断未知的总体参数,这就是我们将要讨论的应用十分广泛的统计推断。它包括本章的参数估计和第 7 章的假设检验。参数估计是基于来自目标总体的随机抽样样本并利用样本统计量(如样本均值、样本比例或样本方差)及其抽样分布来估计总体参数(如总体均值、总体比例或总体方差)的过程。在实际参数估计过程中,评价估计的可靠性以及确定相应的样本容量也十分重要。

6.1 参数估计概述

6.1.1 估计量与估计值

估计量(通常指样本估计量)是用于估计总体参数 θ 的随机变量,源于从总体中多次重复随机抽样,而估计值则是指某次特定抽样的样本统计量的取值。因此,估计量本质上是样本空间映射到样本估计值的一个函数。如果用 X 标记观测数据对应的随机变量,估计量表示为该随机变量的函数 $\hat{\theta}(X)$,而估计值则表示为 $\hat{\theta}(x)$。二者通常均简记为 $\hat{\theta}$。在实际工作中,通常用大写字母表示样本估计量(如 $\bar{X}, P, S^2$ 等),用小写字母表示估计值(如 $\bar{x}, p, s^2$ 等)。

6.1.2 点估计与区间估计

参数估计有点估计和区间估计两种类型。从总体中随机抽取一个样本并计算该样本的统计量的取值作为对总体参数的估计,这种估计称为点估计,比如样本均值 $\bar{x}$ 就是总体均值 μ 的点估计。点估计虽然简单直接，但是在随机抽样条件下点估计值与总体参数真值之间的误差是客观存在的，因此它的缺点是无法判断估计的可靠性。

第 3 章已经详细介绍了样本数据的描述统计，计算样本均值、样本标准差以及样本偏度和峰度等本质上都属于点估计。点估计在 R 中非常容易实现，下面分别以均值、比例和方差为例，给出代码示例如下：

```
library(MASS)  # 数据所在的包
# 均值的点估计
height <- survey $ Height  # 调查数据集 survey 中的学生身高
mean(height, na.rm = T)  # 移去数据中的缺失值，否则返回 NA
## [1] 172.3809  # 参与调查的学生平均身高为 172.38cm
# 比例的点估计
smoke <- na.omit(survey $ Smoke)
n = length(smoke)    # 有效样本量
k = sum(smoke == "Never")  # 统计从来不吸烟的数量
pbar = k / n  # 计算样本比例
pbar
## [1] 0.8008  # 从来不抽烟的学生比例为 80%
# 方差及标准差的点估计
var_height <- var(height, na.rm = T)
sd_height <- sd(height, na.rm = T)
sqrt(var_height)
## [96.9738]
## [9.8475]
## [9.8475]
```

根据点估计值和抽样标准差（反映一个总体所有可能样本的估计值与总体真值的平均偏离程度）构造的置信区间可以解决可靠性问题，即所谓的区间估计。它是在点估计的基础上给出总体参数的一个区间范围，多由样本统计量加减估计误差得到。与点估计不同，区间估计可以根据样本统计量的抽样分布对样本统计量与总体参数真值的接近程度给出一个概率度量。此概率就是区间估计中的置信水平（亦称置信度），对应的区间我们称为置信区间，它由置信下限（区间最小值）和置信上限（区间最大值）构成。

应用统计中的置信水平可以是 0 到 1 之间的任意一个数值，比较常用的是 90%、95% 和 99%。置信水平本质上是一个概率值，此概率指的是构建置信区间过程的可靠性而不是针对某一特定的区间。比如，从某总体中抽取了一个特定样本，根据样本均值的抽样分布构造了置信度为 95% 的总体均值的置信区间为[75.34,82.87]，假设总体均值为 82.00，那么我们不能说该区间包含总体参数的概率是 95%。因为总体参数是一个固定的值（尽管大多数情况下我们并不知道），一个确定的区间要么包含该参数（概率为 100%），要么不包含该参数（概率为 0），这是一个确定事件而非随机事件，所以不存在概率问题。

在实际应用中该怎么正确理解置信水平是一个概率的概念呢？这就要用到第 5 章提到的抽样分布的思想。严格意义上讲，95% 的置信区间可以这么解释：假设我们从某个总体进行了 100 次重复抽样进而构造了 100 个置信区间，则大约有 95 个区间包含参数真值。多数置信区

间是用点估计加减边际误差计算得到的,因此也可以用概率来表达置信水平(以总体均值为例):

P((样本均值－边际误差)≤ 总体均值 ≤(样本均值＋边际误差))= 置信水平

下面我们用蒙特卡洛模拟的方法模拟置信区间以体会其含义。调用 R 包 CGPfunctions 中的 OurConf()函数,对总体均值的置信区间进行若干次的模拟,其用法如下:

```
OurConf(samples = ,   # 重复抽样次数
      n = ,  # 样本大小
      mu = ,  # 总体均值
      sigma = ,  # 总体标准差
      conf.level = )  # 置信水平
```

【例 6.1】 总体均值置信区间的蒙特卡洛模拟。

解 从均值为 30、标准差为 5 的总体中随机抽取大小为 30 的样本并重复 100 次,构造 100 个置信度为 95%的置信区间,从图 6.1 可以看出只有 4 个(图中的 4 条虚线)未包含参数真值。这里的数字 4 只是一个随机值,也可能是 2 个、3 个或 5 个、6 个等,图中中间的水平线表示均值水平为 30。读者可以尝试修改 OurConf()函数的相关参数,仔细体会置信区间的含义。

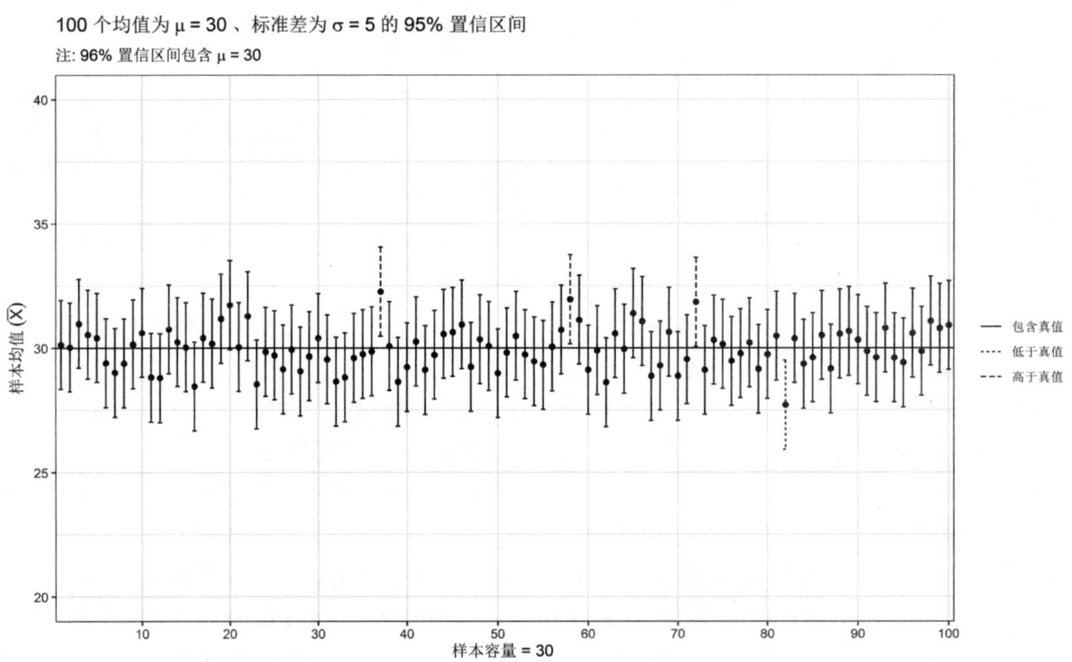

图 6.1 置信水平为 95%的均值置信区间随机模拟图

6.1.3 估计量的评价

18 世纪末德国数学家高斯首先提出参数估计的方法,他用最小二乘法计算天体运行的轨道。20 世纪 60 年代,随着电子计算机的普及,参数估计有了飞速的发展。参数估计方法有很多,包括矩估计(Moehtod of Moments)、极大似然估计(Maximum Likelihood)、贝叶斯估计(Bayes Estimation)、最小二乘估计(Least Squares)、最小方差无偏估计(Minimum Variance

Unbiased Estimation)、最大后验估计(MAP)等,其中最基本的方法是最小二乘估计和极大似然估计。用不同的估计方法得到的总体分布中未知参数的估计量可能是不同的,即使用同一种估计方法得到的估计量也可能不同,这就涉及估计量的评价标准。通常评价估计量是否优良的基本标准有三个,分别是无偏性、有效性和一致性。

1. 无偏性

无偏性是指估计量抽样分布的数学期望等于总体参数的真值。估计量是一随机变量,对于样本的每一次实现,由估计量计算出的估计值可能偏高,也可能偏低,但它们的平均值等于总体参数的真值,即若 $E(\hat{\theta})=\theta$,则称 $\hat{\theta}$ 为 θ 的无偏估计量。相反,如果 $E(\hat{\theta})\neq\theta$,那么期望值与参数真值的差 $E(\hat{\theta})-\theta$ 称为估计量 $\hat{\theta}$ 的偏差。在平均意义下,无偏性表示没有系统误差。如果 $\lim\limits_{n\to\infty}E(\hat{\theta})=\theta$,则称 $\hat{\theta}$ 为 θ 的渐近无偏估计量。

图 6.2 给出了参数估计无偏性的示意图,假设圆心是待估参数的真值,符号"×"代表每次抽样计算出的估计量的值。可以发现,左图中估计量的期望等于待估参数的真值,是无偏的;而右图中估计量的期望不等于待估参数的真值,偏离了圆心一段距离,该距离就代表估计偏差,这就属于有偏估计。

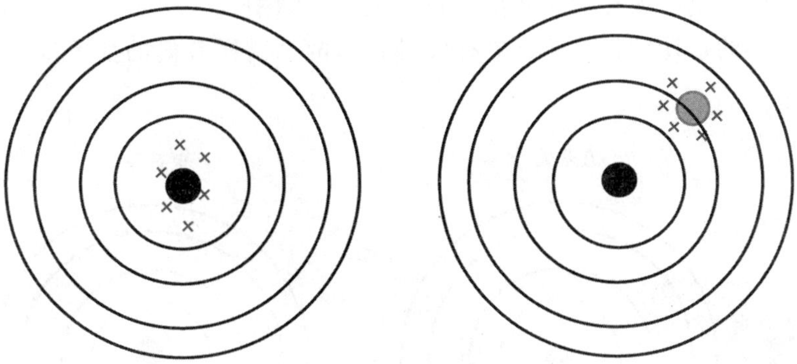

图 6.2　参数估计无偏性示意图

【例 6.2】　设 $X_1,X_2,\cdots,X_n$ 为来自总体 X 的样本,且 $E(X)=\mu$ 存在,$D(X)=\sigma^2$。试证明:

(1)样本均值 $\bar{X}$ 是总体均值 μ 的无偏估计量;

(2)样本二阶中心矩 S_n^2 是总体方差 σ^2 的有偏估计,而样本方差 S^2 则是无偏的。

证明　(1)因为

$$E(\bar{X})=E\left(\frac{1}{n}\sum_{i=1}^{n}X_i\right)=\frac{1}{n}\sum_{i=1}^{n}E(X_i)=\mu$$

所以 $\bar{X}$ 为 μ 的无偏估计。

(2)从二阶矩的定义出发,求其期望得

$$\begin{aligned}E(S_n^2)&=E\left[\frac{1}{n}\sum_{i=1}^{n}(X_i-\bar{X})^2\right]=\frac{1}{n}E\left(\sum_{i=1}^{n}X_i^2-n\bar{X}^2\right)\\&=\frac{1}{n}\left[\sum_{i=1}^{n}E(X_i^2)-nE(\bar{X}^2)\right]=\frac{1}{n}\sum_{i=1}^{n}E(X_i^2)-E(\bar{X}^2)\\&=\frac{1}{n}nE(X^2)-E(\bar{X}^2)=E(X^2)-E(\bar{X}^2)\end{aligned}$$

$$=D(X)+(EX)^2-D(\bar{X})-(E\bar{X})^2$$

$$=D(X)+(EX)^2-\frac{D(X)}{n}-(EX)^2$$

$$=D(X)-\frac{D(X)}{n}=\frac{n-1}{n}D(X)=\frac{n-1}{n}\sigma^2\neq\sigma^2$$

所以二阶矩 S_n^2 不是 σ^2 的无偏估计。因为 $S_n^2=\frac{n-1}{n}S^2$,则

$$E(S^2)=E\left(\frac{n}{n-1}S_n^2\right)=\frac{n}{n-1}E(S_n^2)=\frac{n}{n-1}\cdot\frac{n-1}{n}\sigma^2=\sigma^2$$

因此,样本方差 S^2 是总体方差 σ^2 的无偏估计。

2. 有效性

有效性是指估计量与总体参数真值的离散程度。无偏性仅反映了估计量 $\hat{\theta}$ 在参数 θ 的真值周围波动,却无法反映波动的大小,而估计量方差能很好地反映其波动程度。假设 $\hat{\theta}_1$ 和 $\hat{\theta}_2$ 都是参数 θ 的无偏估计量,如果对一切的 $\theta\in\Theta$,都有 $D(\hat{\theta}_1)\leqslant D(\hat{\theta}_2)$,则称估计量 $\hat{\theta}_1$ 比 $\hat{\theta}_2$ 更有效。

需要说明的是,无偏性和有效性并没有必然关联。如图 6.3 所示,如果两个估计量都是无偏的,那么方差较小的估计量相对而言更有效;同理,两个同样有偏的估计量,依然是方差小者更有效。

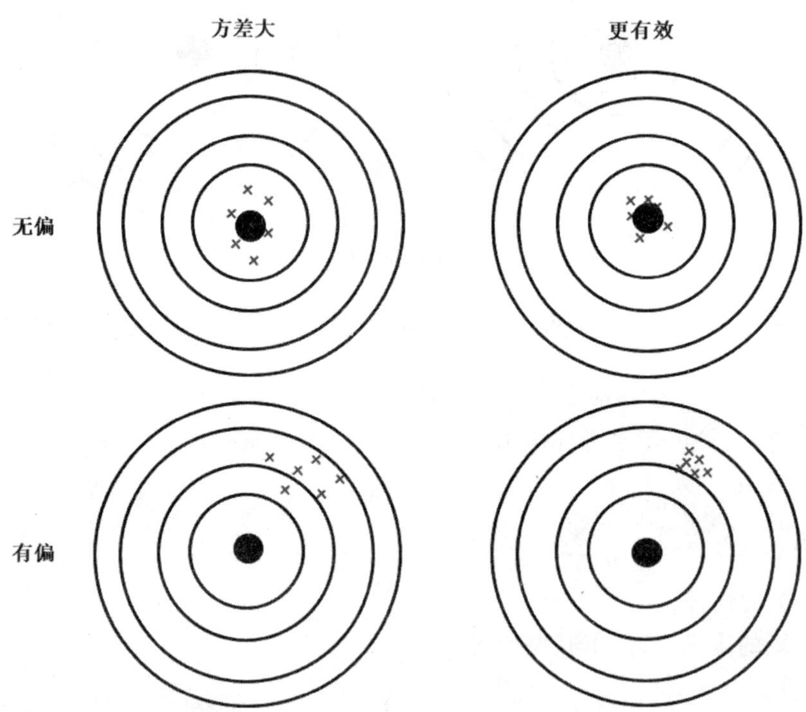

图 6.3　参数估计无偏性与有效性关联示意图

【例 6.3】　设 $X_1,X_2,\cdots,X_n$ 为来自总体 X 的样本,且 $E(X)=\mu$,$D(X)=\sigma^2$,试比较总体

期望 μ 的两个无偏估计量 $\bar{X}=\frac{1}{n}\sum_{i=1}^{n}X_i$ 与 $X'=\frac{\sum_{i=1}^{n}a_iX_i}{\sum_{i=1}^{n}a_i}$ 的有效性。

解　显然 $E(\bar{X})=E(X')=\mu$，下面计算它们的方差。

$$D(\bar{X})=D\left(\frac{1}{n}\sum_{i=1}^{n}X_i\right)=\frac{1}{n^2}\sum_{i=1}^{n}D(X_i)=\frac{1}{n^2}\cdot n\sigma^2=\frac{\sigma^2}{n}$$

$$D(X')=D\left(\frac{\sum_{i=1}^{n}a_iX_i}{\sum_{i=1}^{n}a_i}\right)=\frac{\sum_{i=1}^{n}a_i^2D(X_i)}{\left(\sum_{i=1}^{n}a_i\right)^2}=\frac{\sigma^2\sum_{i=1}^{n}a_i^2}{\left(\sum_{i=1}^{n}a_i\right)^2}$$

利用不等式 $a_i^2+a_j^2\geqslant 2a_ia_j$，可得

$$\begin{aligned}\left(\sum_{i=1}^{n}a_i\right)^2&=\sum_{i=1}^{n}a_i^2+\sum_{i<j}2a_ia_j\leqslant\sum_{i=1}^{n}a_i^2+\sum_{i<j}(a_i^2+a_j^2)\\&=\sum_{i=1}^{n}a_i^2+(n-1)\sum_{i=1}^{n}a_i=n\sum_{i=1}^{n}a_i^2\end{aligned}$$

从而有

$$D(X')\geqslant\frac{\sigma^2}{n}=D(\bar{X})$$

故 $\bar{X}$ 比 X' 有效。

因此，作为对总体参数 μ 的估计，样本统计量 $\bar{X}$ 同时满足无偏性和有效性。

3. 一致性

无偏性和有效性都是在样本容量 n 固定的前提下提出的。随着样本容量的增大，我们还希望估计量的值越来越接近(即收敛)于待估参数的真值。

统计学对一致性有一个规范的定义：设 $\hat{\theta}$ 为参数 θ 的估计量，若对任意的 $\varepsilon>0$，有

$$\lim_{n\to\infty}P(|\hat{\theta}-\theta|<\varepsilon)=1$$

则称 $\hat{\theta}$ 依概率收敛于 θ，此时 $\hat{\theta}$ 为 θ 的一致性估计。

【例 6.4】　设 $X_1,X_2,\cdots,X_n$ 是总体 X 的样本，μ 和 σ^2 分别是总体的期望和方差，试证明：样本均值 $\bar{X}$ 是 μ 的一致估计量。

证明　因为 $E(X_i)=\mu$，$D(X_i)=\sigma^2$，$i=1,2,\cdots,n$，故由大数定律可得

$$\lim_{n\to\infty}P\left(\left|\frac{1}{n}\sum_{i=1}^{n}X_i-\frac{1}{n}\sum_{i=1}^{n}E(X_i)\right|<\varepsilon\right)=1$$

所以

$$\lim_{n\to\infty}P\left(\left|\frac{1}{n}\sum_{i=1}^{n}X_i-\mu\right|<\varepsilon\right)=\lim_{n\to\infty}P(\bar{X}-\mu<\varepsilon)=1$$

满足一致估计的条件。

可见，统计量 $\bar{X}$ 同时满足无偏性、有效性和一致性。还可以证明样本方差 S^2 与样本二阶矩 S_n^2 都是总体方差 σ^2 的一致估计量(从略)。

6.2 一个总体参数的区间估计

在参数统计中,比较常见的总体参数是总体均值、总体比例和总体方差,接下来分别讨论一个总体时的参数区间估计。

6.2.1 一个总体均值的置信区间

在对一个总体均值进行区间估计时,置信区间可以一般性地表达为"点估计值 ± 边际误差"的形式,其中

边际误差 = 分位数 × 样本均值的抽样标准误

根据样本容量的大小以及总体方差是否已知等情形,分位数可以是 Z 分位数或 t 分位数。

1. 用 Z 分位数的情形

正如第 5 章中提到的,当总体方差 σ^2 已知时,无论大小样本均采用 Z 分位数;当总体方差未知时,如果是大样本依然采用 Z 分位数并用样本方差 s^2 估计总体方差 σ^2。

根据中心极限定理,样本容量超过 30 时,样本均值近似服从正态分布,期望等于总体均值,方差变为总体方差的 n 分之一,即

$$\bar{X} \sim N\left(\mu, \frac{\sigma^2}{n}\right) \tag{6.1}$$

对其进行标准化,可得

$$Z_{\bar{X}} = \frac{\bar{X} - \mu}{\sigma / \sqrt{n}} \sim N(0,1) \tag{6.2}$$

在 $1-\alpha$ 置信水平下,$Z_{\bar{X}}$ 的取值范围是 $-|Z_{\alpha/2}| \leqslant Z_{\bar{X}} \leqslant |Z_{\alpha/2}|$,即

$$-|Z_{\alpha/2}| \leqslant \frac{\bar{X} - \mu}{\sigma/\sqrt{n}} \leqslant |Z_{\alpha/2}|$$

对其进行数学变换,可以得到 μ 的置信区间为:

$$\left[\bar{x} - |Z_{\alpha/2}| \frac{\sigma}{\sqrt{n}}, \bar{x} + |Z_{\alpha/2}| \frac{\sigma}{\sqrt{n}}\right]$$

其中,$\bar{x}$ 是样本均值。当总体方差未知时,则用样本标准差 s 代替 σ,相应的置信区间为:

$$\left[\bar{x} - |Z_{\alpha/2}| \frac{s}{\sqrt{n}}, \bar{x} + |Z_{\alpha/2}| \frac{s}{\sqrt{n}}\right]$$

在置信水平为 90%、95% 和 99% 时,对应的分位数 $Z_{\alpha/2}$ 分别为 −1.645、−1.96 和 −2.576。考虑到下面即将提到的"用 t 分位数的情形"大小样本都适用,所以这里不再给出相应的 R 代码(感兴趣的读者可以查看 BSDA 包中的 z.test() 函数,也可以自己编写代码实现)。

2. 用 t 分位数的情形

正态总体方差未知时,如果样本容量小于 30,则可以证明样本均值经过标准化后不再服从标准正态分布而是服从自由度为 $n-1$ 的 t 分布,即

$$T = \frac{\bar{X} - \mu}{s / \sqrt{n}} \sim t(n-1) \tag{6.3}$$

此时,可以用 t 分位数构造置信水平为 $1-\alpha$ 的总体均值的置信区间:

$$\left[\bar{x}-|t_{\alpha/2}|\frac{s}{\sqrt{n}},\bar{x}+|t_{\alpha/2}|\frac{s}{\sqrt{n}}\right]$$

【例 6.5】　(数据集 table_6.1_City_HQDI.xlsx)为了研究中国不同区域城市高质量发展之间的差异，研究人员通过构建涵盖创新发展、绿色发展、人口潜力、经济增长、民生改善五大维度的指标体系，计算了 50 个城市的高质量发展指数(High-quality Development Index)如表 6.1 所示，表中 ID 为序号，City 为城市名称，Group 为高质量发展梯队，Index 为高质量发展指数。

表 6.1　中国 50 个城市高质量发展指数表

ID	City	Group	Index	ID	City	Group	Index
1	Shenzhen	1	100.00	26	Zhongshan	3	61.17
2	Shanghai	1	99.67	27	Shaoxing	3	60.89
3	Guangzhou	1	98.71	28	Guiyang	3	60.85
4	Beijing	1	92.37	29	Changzhou	3	60.83
5	Hangzhou	2	85.08	30	Jiaxing	3	60.70
6	Nanjing	2	81.56	31	Wuhu	4	59.32
7	Suzhou	2	79.13	32	Nanchang	4	59.13
8	Chengdu	2	75.18	33	Dalian	4	58.72
9	Wuhan	2	75.03	34	Quanzhou	4	58.42
10	Changsha	2	72.74	35	Wenzhou	4	58.39
11	Dongguan	2	71.50	36	Huizhou	4	58.06
12	Foshan	2	71.34	37	Jinhua	4	57.67
13	Zhuhai	2	70.91	38	Taiyuan	4	57.24
14	Hefei	2	70.11	39	Nanjing	4	56.96
15	Ningbo	3	69.74	40	Nantong	4	56.90
16	Xiamen	3	69.44	41	Huzhou	4	56.78
17	Xi'an	3	68.67	42	Mianyang	4	56.45
18	Wuxi	3	67.61	43	Lanzhou	4	56.29
19	Zhengzhou	3	67.00	44	Shenyang	4	56.17
20	Qingdao	3	66.01	45	Zhoushan	4	55.71
21	Jinan	3	65.39	46	Haikou	4	55.68
22	Chongqing	3	64.76	47	Taizhou	4	55.02
23	Kunming	3	64.23	48	Zhenjiang	4	54.95
24	Tianjin	3	63.49	49	Zhuzhou	4	54.37
25	Fuzhou	3	62.82	50	Yantai	4	54.06

数据来源：黄璜，《中国城市高质量发展指数研究报告》，北京大学公共政策研究中心，2022

试用数据中给出的 16 个位于第三梯队城市的高质量发展指数估计其平均值的置信区间(置信水平 95%)。

解　依题意可知，此题属于小样本且方差未知的情况，因此需要用 t 分位数构建置信区间。经计算，样本均值 $\bar{x}=64.60$，样本标准差 $s=3.24$，$t_{0.025}(15)=-2.131$。故总体均值的置信区间为：

$$\left[64.60-2.131\times\frac{3.24}{\sqrt{16}},64.60+2.131\times\frac{3.24}{\sqrt{16}}\right]$$

化简后为[62.87, 66.33]，即第三梯队城市高质量发展指数的平均水平在 62.87 与 66.33 之间，做出这样的判断犯错误的概率最多只有 5%。R 代码及输出结果如下：

```
library(dplyr)
library(readxl)
# 读取原始数据
City_HQDI <- read_excel("D:\\ASWR\\data06\\table_6.1_City_HQDI.xlsx")
# 筛选第三梯队样本数据
df060201 <- filter(City_HQDI, Group == 3)
# 计算样本均值
x_bar <- mean(df060201$Index)
# 计算样本标准差
sd <- sd(df060201$Index)
# 生成 t 分位数
dof <- length(df060201$Index) - 1  # 计算自由度 dof
t_0.025 <- qt(0.025, dof)
# 构建置信区间
CI_lower <- x_bar + t_0.025 * sd / sqrt(16)
CI_upper <- x_bar - t_0.025 * sd / sqrt(16)
print(paste0("第三梯队高质量发展指数均值的置信区间是:",
             round(CI_lower, 3), paste0(", "), round(CI_upper, 3)))
## [1] "第三梯队高质量发展指数均值的置信区间是:62.874, 66.326"
```

在实际应用中,可以用 R 基础包中的 t.test()函数计算置信区间,代码及输出结果如下:

```
one_sample_t <- t.test(df060201$Index, conf.level = 0.95)
one_sample_t$conf.int
## [1] 62.87377  66.32623
## attr(,"conf.level")
## [1] 0.95
```

可以看出,手工计算的结果、自己编写代码计算的结果和函数输出的结果会有一些细微不同,源自进位误差。

6.2.2 一个总体比例的置信区间

比例通常用于分类数据,本来应该用二项分布刻画某随机事件“成功”或“失败”的概率。根据棣莫弗-拉普拉斯二项分布中心极限定理,当样本量充分大时,服从 $B(n,p)$ 的随机变量经标准化后近似服从标准正态分布。因此,在实际应用中可以用正态分布近似二项分布,即

$$X_n \sim N(n\pi, n\pi(1-\pi)) \tag{6.4}$$

其中,n 为样本容量,π 为总体比例,对应的样本比例的抽样分布为:

$$P \sim N\left(\pi, \frac{\pi(1-\pi)}{n}\right) \tag{6.5}$$

因此,和总体均值置信区间估计的原理一样,可以用 Z 分位数构建总体比例的置信区间,其一般表达式为“点估计值 ± 边际误差”。在 $1-\alpha$ 置信水平下总体比例的置信区间为:

$$\left[p - |Z_{\alpha/2}|\sqrt{\frac{\pi(1-\pi)}{n}}, p + |Z_{\alpha/2}|\sqrt{\frac{\pi(1-\pi)}{n}}\right]$$

其中，p 是样本比例。当总体比例 π 未知时，用它的估计值 p 代替，即

$$\left[p-|Z_{\alpha/2}|\sqrt{\frac{p(1-p)}{n}},p+|Z_{\alpha/2}|\sqrt{\frac{p(1-p)}{n}}\right]$$

需要说明的是，该公式只适用于大样本，而且样本中随机事件"成功"和"失败"的样本数均不少于 5，否则需要进行概率"精确校正"（第 9 章列联分析中有详细讲解，感兴趣的读者也可以查阅相关文献）。

【例 6.6】 某医院在一项心脏病研究中，采用一种抗高血压药物对病人进行治疗，随机抽取了 3532 个病人，其中 1219 名病人接受了该治疗实验，2313 名未接受。请分别用 90%、95% 和 99% 的置信水平估计全部病人愿意接受该治疗方案的人数比例的置信区间。

解 本例中，样本数足够大，符合用正态分布近似比例估计的条件。由题意可知样本比例

$$p=\frac{1219}{3532}=0.345$$

90%、95% 和 99% 的置信水平对应的 Z 分位数分别是 -1.645、-1.96 和 -2.576，我们以 95% 为例给出相应的计算过程。

$$\begin{aligned}&\left[p-|Z_{\alpha/2}|\sqrt{\frac{p(1-p)}{n}},p+|Z_{\alpha/2}|\sqrt{\frac{p(1-p)}{n}}\right]\\&=\left[0.345-1.96\times\sqrt{\frac{0.345\times(1-0.345)}{3532}},0.345+1.96\times\sqrt{\frac{0.345\times(1-0.345)}{3532}}\right]\\&=[0.345-0.016,0.345+0.016]\\&=[0.329,0.361]\end{aligned}$$

即所求的 95% 的置信区间是 [0.329, 0.361]。该区间表明在 95% 置信水平下愿意接受该药物治疗的病人比例大约在 33% 到 36% 之间。R 代码及输出结果如下：

```
# 方法一:手动编写代码
n <- 3532; success <- 1219; p <- success / n
Z_0.025 <- qnorm(0.025)
sample_sd <- sqrt(p * (1 - p) / n)
CI_lower <- p + Z_0.025 * sample_sd
CI_upper <- p - Z_0.025 * sample_sd
print(paste0("愿意接受抗高血压治疗的病人比例的置信区间是:",
      round(CI_lower, 3), paste0(", "), round(CI_upper, 3)))
## [1] "愿意接受抗高血压治疗的比例的置信区间是:0.329, 0.361"
# 方法二:用 R 包中的 pro.test()函数
pi_CI <- prop.test(1219, 3532, alternative = "two.sided")
pi_CI $ conf.int
## [1] 0.3294876  0.3611124
## attr(,"conf.level")
## [1] 0.95
# 方法三:用 Hmisc 包中的 binconf()函数,对比三种置信区间
library(Hmisc)
binconf(x = 1219, n = 3532, alpha = 0.05, method = "all")
##             PointEst     Lower       Upper
```

```
## Exact        0.3451302    0.3294436    0.3610736
## Wilson       0.3451302    0.3296275    0.3609695
## Asymptotic   0.3451302    0.3294517    0.3608088
```

6.2.3 一个总体方差的置信区间

总体方差的估计对总体的分布要求略微复杂,本书只讨论总体服从正态分布的情形。从第5章我们知道,样本方差的抽样分布不再是左右对称的正态分布或 t 分布,而是自由度为 $n-1$ 的 χ^2 分布,所以不能用"点估计值 ± 边际误差"的方式构建置信区间。

根据第5章中的抽样分布理论可知,

$$\chi^2=\frac{(n-1)S^2}{\sigma^2}=\frac{\sum_{i=1}^{n}(X_i-\bar{X})^2}{\sigma^2}\sim\chi^2(n-1) \tag{6.6}$$

当置信水平为 $1-\alpha$ 时,两个对应的卡方分位数分别是 $\chi^2_{\alpha/2}(n-1)$ 和 $\chi^2_{1-\alpha/2}(n-1)$,因此

$$\chi^2_{\alpha/2}(n-1)\leqslant\frac{(n-1)S^2}{\sigma^2}\leqslant\chi^2_{1-\alpha/2}(n-1)$$

可以得到此时 σ^2 的置信水平是 $1-\alpha$ 的置信区间为:

$$\left[\frac{(n-1)s^2}{\chi^2_{1-\alpha/2}(n-1)},\frac{(n-1)s^2}{\chi^2_{\alpha/2}(n-1)}\right]$$

其中,$s^2=\frac{1}{n-1}\sum_{i=1}^{n}(X_i-\bar{X})^2$ 是样本方差。

【例 6.7】 继续使用例6.5城市高质量发展指数案例,以95%的置信水平构建城市高质量发展指数方差的置信区间。

解 根据样本数据可知,$n=50$,$s^2=144.1575$,调用 qchisq()函数求得两个 χ^2 分位数分别为:$\chi^2_{0.025}(49)=31.5549$,$\chi^2_{0.975}(49)=70.2224$。

经过计算,最终的总体方差的置信区间是[100.59, 223.86]。R代码及输出结果如下:

```
# 读取原始数据
df060202 <- read_excel("D:\\ASWR\\data06\\table_6.1_City_HQDI.xlsx")
# 方法一:手工编写代码实现
# 计算样本方差
var_index <- var(df060202$Index)
n <- length(df060202$Index)  # 提取样本容量
# 生成卡方分位数
chisq_0.025 <- qchisq(0.025, n - 1)
chisq_0.975 <- qchisq(0.975, n - 1)
# 构建置信区间
CI_lower <- (n - 1) * var_index / chisq_0.975
CI_upper <- (n - 1) * var_index / chisq_0.025
print(paste0("城市高质量发展指数方差的置信区间是:",
      round(CI_lower, 4), paste0(", "), round(CI_upper, 4)))
```

```
## [1] "城市高质量发展指数方差的置信区间是:100.5907, 223.8548"
# 方法二:用 TeachingDemos 包中的 sigma.test( ) 函数实现
# install.packages("TeachingDemos")
library(TeachingDemos)
var_CI <- sigma.test(df060202 $ Index, 0.95)
var_CI $ conf.int
## [1] 100.5907  223.8548
## attr(,"conf.level")
## [1] 0.95
```

6.3　两个总体参数的区间估计

6.3.1　两个总体均值之差的置信区间

1. 独立小样本的情形

当我们感兴趣的是两个总体均值的差异(即 $\mu_1-\mu_2$) 时,我们需要从两个总体中分别抽取样本量为 n_1 和 n_2 的两个随机样本 (n_1 和 n_2 可以相等,也可以不相等)。当两个样本都是大样本或者虽然是小样本但总体方差 σ^2 已知时,我们可以用 Z 分位数构造置信区间。但是,如果两个样本均是小样本且总体方差又未知时,则只能用 t 分位数。因此,本小节中无论大小样本我们均采用 t 分位数。

本节只讨论更具代表性的来自两个互相独立总体的小样本且方差未知的情形。假设 X_1, X_2,…, X_{n_1} 和 Y_1, Y_2,…, Y_{n_2} 为分别来自正态总体 $X\sim N(\mu_1,\ \sigma_1^2)$ 和 $Y\sim(\mu_2,\ \sigma_2^2)$ 的样本,且 X 与 Y 相互独立,则样本均值的差 $\bar{X}-\bar{Y}$ 可作为两总体均值之差 $\mu_1-\mu_2$ 的点估计。根据中心极限定理可知 $\bar{X}\sim N\left(\mu_1,\frac{\sigma_1^2}{n_1}\right)$, $\bar{Y}\sim N\left(\mu_2,\frac{\sigma_2^2}{n_2}\right)$, 由正态分布的性质可知,其线性组合 $\bar{X}-\bar{Y}$ 也服从正态分布,即

$$\bar{X}-\bar{Y}\sim N\left(\mu_1-\mu_2,\frac{\sigma_1^2}{n_1}+\frac{\sigma_2^2}{n_2}\right)$$

进一步标准化得出

$$Z=\frac{(\bar{X}-\bar{Y})-(\mu_1-\mu_2)}{\sqrt{\frac{\sigma_1^2}{n_1}+\frac{\sigma_2^2}{n_2}}}\sim N(0,1) \tag{6.7}$$

给定置信水平 $1-\alpha$ 可以求得 Z 分位数 $Z_{\alpha/2}$,进而构造两个总体均值差异的置信区间:

$$\left[(\bar{X}-\bar{Y})-|Z_{\alpha/2}|\sqrt{\frac{\sigma_1^2}{n_1}+\frac{\sigma_2^2}{n_2}},\ (\bar{X}-\bar{Y})+|Z_{\alpha/2}|\sqrt{\frac{\sigma_1^2}{n_1}+\frac{\sigma_2^2}{n_2}}\right]$$

(1)总体方差未知且不相等的情形

两个总体方差虽然未知,但明确知道它们是不相等的,此时直接用 s_1^2 和 s_2^2 代替 σ_1^2 和 σ_2^2,并用 t 分位数构造 $\mu_1-\mu_2$ 的置信区间即可。置信水平为 $1-\alpha$ 时该区间的表达式为:

$$\left[(\bar{x}-\bar{y})-|t_{\alpha/2}(v)|\sqrt{\frac{s_1^2}{n_1}+\frac{s_2^2}{n_2}},(\bar{x}-\bar{y})+|t_{\alpha/2}(v)|\sqrt{\frac{s_1^2}{n_1}+\frac{s_2^2}{n_2}}\right]$$

其中，v 是样本均值之差经过标准化后的近似 t 分布的自由度(计算公式从略)。

(2)总体方差未知但相等的情形

因为明确知道两个总体的方差是相等的，因此该情形下需要根据样本数据构造合并方差 S^2_{pooled} 作为总体方差 σ^2 的点估计，合并方差本质上是两个样本方差的加权平均，公式为：

$$S^2_{pooled}=\frac{(n_1-1)S_1^2+(n_2-1)S_2^2}{(n_1-1)+(n_2-1)}=\frac{(n_1-1)S_1^2+(n_2-1)S_2^2}{n_1+n_2-2}$$

对应的 T 统计量为：

$$T=\frac{(\bar{X}-\bar{Y})-(\mu_1-\mu_2)}{S_{pooled}\sqrt{\frac{1}{n_1}+\frac{1}{n_2}}}\sim t(n_1+n_2-2) \tag{6.8}$$

给定置信度 $1-\alpha$，结合 t 分位数即可构造两个总体差异 $\mu_1-\mu_2$ 的置信区间：

$$\left[(\bar{x}-\bar{y})-|t_{\alpha/2}(n_1+n_2-2)|S_{pooled}\sqrt{\frac{1}{n_1}+\frac{1}{n_2}},(\bar{x}-\bar{y})+|t_{\alpha/2}(n_1+n_2-2)|S_{pooled}\sqrt{\frac{1}{n_1}+\frac{1}{n_2}}\right]$$

【例 6.8】 继续使用例 6.5 城市高质量发展指数案例，构造第三梯队城市与第四梯队城市高质量发展指数差异的置信水平为 99%的置信区间(分方差相等和方差不等两种情况)。

解 读者可以仿照单样本中的代码示例，尝试自己动手编写代码，这里仅给出 R 基础包中的 t.test()函数的用法。代码及输出结果如下：

```
# 读取原始数据
df060301 <- read_excel("D:\\ASWR\\data06\\table_6.1_City_HQDI.xlsx")
# 生成两个独立样本
sample_1 <- filter(df060301, Group == 3)
sample_2 <- filter(df060301, Group == 4)
# 1:方差不相等的情况
mu1_mu2_CI <- t.test(x = sample_1$Index, y = sample_2$Index,
                     conf.level = 0.99, var.equal = FALSE)
mu1_mu2_CI$conf.int
## [1] 5.282569  10.288431
## attr(,"conf.level")
## [1] 0.99
# 2:方差相等的情况
mu1_mu2_CI_Sp <- t.test(x = sample_1$Index, y = sample_2$Index,
                        conf.level = 0.99, var.equal = TRUE)
mu1_mu2_CI_Sp$conf.int
## [1] 5.544811  10.026189
## attr(,"conf.level")
## [1] 0.99
```

结果表明，第三梯队和第四梯队城市高质量发展指数的差异大约在 5.5 到 10 之间。

2. 配对样本的情形

顾名思义，配对样本是指两组样本观测数据分别对应相同的实验对象，一方面是避免独立样本组内差异过大，另一方面可以判断实验的统计效果。典型的例子有：用同一组球员分别使用两种不同品牌的高尔夫球以判断其飞行效果的差异，同一组女士服用某种减肥药前后体重的变化，两块相邻试验田施以不同类型的化肥总产量的变化等。

在配对样本中，关键的概念是配对差(Paired Difference)，是指实验前后同一个观测个体对应的两个观测值之差，用 d_i 表示。因此，配对样本区间估计本质上可以转化为单样本的情形。用 t 分位数构造配对样本对应的总体均值之差 $\mu_d=\mu_{after}-\mu_{before}$ 的置信区间：

$$\left[\bar{d}-|t_{\alpha/2}(n-1)|\frac{s_d}{\sqrt{n}},\bar{d}+|t_{\alpha/2}(n-1)|\frac{s_d}{\sqrt{n}}\right]$$

【例 6.9】 随机选择 10 只医学实验用小白鼠，记录下它们的体重数据，然后同时在它们体内注射相同剂量的某种激素类药物，过一段时间后再依次记录各自的体重数据如表 6.2 所示。假定实验前后小白鼠体重差异服从正态分布，请构建用药前后小白鼠体重之差的 97%的置信区间。

表 6.2　小白鼠注射激素类药物实验前后体重数据表

单位：克

小白鼠编号	实验前体重	实验后体重
1	200.1	392.9
2	190.9	393.2
3	192.7	345.1
4	213.0	393.0
5	241.4	434.0
6	196.9	427.9
7	172.2	422.0
8	205.2	392.3
9	193.7	352.2
10	185.5	383.9

解　读者可以用实验后体重减去实验前体重得到体重配对差 d_i，然后用单样本均值区间估计的方法自己编写代码实现，也可以借助 R 包中的 t.test()函数。R 代码及输出结果如下：

```
# 配对样本区间估计
W_before <- c(200.1, 190.9, 192.7, 213.0, 241.4, 196.9, 172.2, 185.5, 205.2, 193.7)
W_after <- c(392.9, 393.2, 345.1, 393.0, 434.0, 427.9, 422.0, 383.9, 392.3, 352.2)
# 向量转化成数据框
df060302 <- data.frame(group = rep(c("before", "after"), each = 10),
                       weight = c(W_before, W_after))
df060302 %>% group_by(group) %>%   # 按照 group 分类
  summarise(count = n(),
            mean = mean(weight, na.rm = TRUE),
            sd = sd(weight, na.rm = TRUE))
## # A tibble: 2 × 4
##    group   count   mean    sd
##    <chr>   <int>   <dbl>   <dbl>
## 1  after   10      394.    29.4
```

```
## 2  before   10        199.      18.5
# 用 t.test()函数构造区间
paired_CI <- t.test(weight ~ group, paired = TRUE, conf.level = 0.97, data = df060302)
paired_CI $ conf.int
## [1] 170.5195  218.4605
## attr(,"conf.level")
## [1] 0.97
```

结果表明,小白鼠服用激素类药物后体重发生了明显的变化,增加的重量大约在 170.5 克到 218.5 克之间。

6.3.2 两个总体比例之差的置信区间

根据大样本近似理论,可以用正态分布近似二项分布。如果两个二项分布的总体比例不相等,则直接用两个样本比例 p_1 和 p_2 作为两个总体比例的点估计,用 Z 分位数构造总体比例之差 $\pi_1-\pi_2$ 的置信区间。

假设两个伯努利试验的实验次数分别为 n_1 和 n_2,"成功"的次数分别为 x_1 和 x_2,则相应样本比例分别为 $p_1=\dfrac{x_1}{n_1}$ 和 $p_2=\dfrac{x_2}{n_2}$,则在大样本情形下,两总体比例之差 $\pi_1-\pi_2$ 的置信水平为 $1-\alpha$ 的置信区间为:

$$\left[(p_1-p_2)-|Z_{\alpha/2}|\sqrt{\frac{\pi_1(1-\pi_1)}{n_1}+\frac{\pi_2(1-\pi_2)}{n_2}},\right.$$
$$\left.(p_1-p_2)+|Z_{\alpha/2}|\sqrt{\frac{\pi_1(1-\pi_1)}{n_1}+\frac{\pi_2(1-\pi_2)}{n_2}}\right]$$

当两个总体比例相等即 $\pi_1=\pi_2=\pi$ 时,则需要构造一个合并比例 $p_{pooled}=\dfrac{x_1+x_2}{n_1+n_2}$ 作为总体比例 π 的估计,对应的置信区间为:

$$\left[(p_1-p_2)-|Z_{\alpha/2}|\sqrt{p_{pooled}(1-p_{pooled})\left(\frac{1}{n_1}+\frac{1}{n_2}\right)},\right.$$
$$\left.(p_1-p_2)+|Z_{\alpha/2}|\sqrt{p_{pooled}(1-p_{pooled})\left(\frac{1}{n_1}+\frac{1}{n_2}\right)}\right]$$

【例 6.10】 (数据集 MASS::quine)该数据对新南威尔士乡村学校的旷课现象进行了分析。数据记录了 146 个学生,分别按种族(Eth)、性别(Sex)、年龄(Age)、学习状况(Lrn)和旷课天数(Days)进行分类。其中,变量 Eth 表示学生是否为原住民(A 为是,N 为否),变量 Sex 表示学生性别(M 为男生,F 为女生)。数据显示,69 名原住民学生中男生有 31 名,77 名非原住民学生中男生有 35 名。试估计原住民和非原住民旷课学生中男生比例之差的置信水平为 95% 的置信区间。

解 依题意可知,$n_1=69$,$n_2=77$,原住民旷课学生中男生比例为 $p_1=\dfrac{31}{69}=0.4493$,非原住民旷课学生男生比例和 $p_2=\dfrac{35}{77}=0.4545$,因此两个群体男生旷课比例之差的置信区间为:

$$\left[(0.4493-0.4545)-1.96\times\sqrt{\frac{0.4493\times(1-0.4493)}{69}+\frac{0.4545\times(1-0.4545)}{77}},\right.$$

$$\left.(0.4493-0.4545)+1.96\times\sqrt{\frac{0.4493\times(1-0.4493)}{69}+\frac{0.4545\times(1-0.4545)}{77}}\right]$$

计算并化简为：[−0.167，0.156]。可以发现，该区间包含 0，表明两个群体男性旷课比例的差异并不明显，因此构造合并比例可能是更好的选择。

$$p_{pooled}=\frac{35+31}{77+69}=0.452$$

相应的原住民群体与非原住民群体男生旷课比例之差的置信区间为：

$$\left[(0.4493-0.4545)-1.96\times\sqrt{0.452\times(1-0.452)\times\left(\frac{1}{69}+\frac{1}{77}\right)},\right.$$

$$\left.(0.4493-0.4545)+1.96\times\sqrt{0.452\times(1-0.452)\times\left(\frac{1}{69}+\frac{1}{77}\right)}\right]$$

计算并化简为：[−0.169，0.157]，结果略有不同，但是结论依然不变。

在 R 中，读者可以自行编写代码实现，也可以用 R 包中的 prop.test()函数，代码及输出结果如下：

```
library(MASS)
# 生成两个分类变量的交叉表
cross_table <- table(quine $ Eth, quine $ Sex)
##      F   M
## A   38  31
## N   42  35
n_total <- rowSums(cross_table)  # 原住民和非原住民的学生数量
n_male <- cross_table[ , 2]  # 原住民和非原住民学生中的男性数量
pp <- prop.test(x = n_male, n = n_total, conf.level = 0.95)
round(pp $ estimate, 3)
## prop 1  prop 2
## 0.449   0.455
round(pp $ conf.int, 4)
## [1] -0.172  0.162
## attr(,"conf.level")
## [1] 0.95
```

6.3.3　两个总体方差之比的置信区间

这里仅考虑正态总体的情况，非正态总体请参见第 12 章非参数统计。根据第 5 章抽样分布的定理可知，如果两个正态总体 $X\sim N(\mu_1,\sigma_1^2)$ 和 $Y\sim N(\mu_2,\sigma_2^2)$，且它们相互独立，则

$$F=\frac{S_1^2/\sigma_1^2}{S_2^2/\sigma_2^2}\sim F(n_1-1,n_2-1) \tag{6.9}$$

对给定的置信水平 $1-\alpha$，调用 R 中的 qf()函数求出分子自由度为 n_1-1、分母自由度为 n_2-1 的左右两个 F 分位数，分别为 $F_{\alpha/2}(n_1-1,n_2-1)$ 及 $F_{1-\alpha/2}(n_1-1,n_2-1)$，使得

$$F_{\alpha/2}(n_1-1,n_2-1) \leqslant F=\frac{S_1^2/\sigma_1^2}{S_2^2/\sigma_2^2} \leqslant F_{1-\alpha/2}(n_1-1,n_2-1)$$

进而可以求出两个总体方差之比 $\frac{\sigma_1^2}{\sigma_2^2}$ 的置信区间：

$$\frac{1}{F_{1-\alpha/2}(n_1-1,\ n_2-1)}\frac{S_1^2}{S_2^2} \leqslant \frac{\sigma_1^2}{\sigma_2^2} \leqslant \frac{1}{F_{\alpha/2}(n_1-1,\ n_2-1)}\frac{S_1^2}{S_2^2}$$

根据 F 分布的特点，

$$F_{1-\alpha/2}(n_1-1,n_2-1)=\frac{1}{F_{\alpha/2}(n_2-1,n_1-1)}$$

因此，$\frac{\sigma_1^2}{\sigma_2^2}$ 的置信水平为 $1-\alpha$ 的置信区间也可以表达为：

$$\left[F_{\alpha/2}(n_2-1,\ n_1-1)\frac{S_1^2}{S_2^2},\frac{1}{F_{\alpha/2}(n_1-1,\ n_2-1)}\frac{S_1^2}{S_2^2}\right]$$

【例 6.11】 已知两正态总体 $X \sim N(\mu_1,\ \sigma_1^2)$，$Y \sim N(\mu_2,\ \sigma_2^2)$ 相互独立，其中参数均未知，现在分别随机抽取容量为 $n_1=25$，$n_2=16$ 的样本并且 $s_1=8$，$s_2=7$，求 $\frac{\sigma_1^2}{\sigma_2^2}$ 的置信水平为 98%的置信区间。

解 由题意 $1-\alpha=0.98$ 得 $\alpha=0.02$，用 R 函数 qf()计算 F 分位数，得到

$F_{\alpha/2}(n_1-1,n_2-1)=F_{0.01}(24,15)=0.3462$

$F_{1-\alpha/2}(n_1-1,n_2-1)=F_{0.99}(24,15)=3.2940$

所以，$\frac{\sigma_1^2}{\sigma_2^2}$ 的 98%的置信区间为：

$$\left[\frac{8^2/7^2}{3.2940},\frac{8^2/7^2}{0.3462}\right]=[0.397,3.773]$$

相应的 R 代码及注释如下：

```
# 输入相关数据
n1 <- 25; n2 <- 16; s1 <- 8; s2 <- 7; alpha <- 1 - 0.98
var_ratio <- s1^2 / s2^2  #  计算样本方差之比
# 计算两个 F 分位数
qf_0.01 <- qf(p = 0.01, df1 = 24, df2 = 15)
qf_0.99 <- qf(p = 0.99, df1 = 24, df2 = 15)
# 计算置信区间
CI_lower <- var_ratio / qf_0.99
CI_upper <- var_ratio / qf_0.01
print(paste0("两个总体方差之比 98% 的置信区间是:[", CI_lower, ", ", CI_upper,"]"))
## [1] "两个总体方差之比 98% 的置信区间是:[0.3965, 3.7730]"
```

【例 6.12】 (数据集 datasets::sleep)病人服用某种感冒药物会对睡眠时间有一定的影响，该数据集收集了人们服用两种不同感冒药后睡眠时间的增加量。试构造其方差之比的 97%的置信区间。

解 直接调用 R 中的 var.test()函数，代码及输出结果如下：

```
# 方法一:手动编写代码(略)
# 方法二:用 R 中的函数 var.test()生成置信区间
vector_1 <- c(0.7, -1.6, -0.2, -1.2, -0.1, 3.4, 3.7, 0.8, 0.0, 2.0)
vector_2 <- c(1.9, 0.8, 1.1, 0.1, -0.1, 4.4, 5.5, 1.6, 4.6, 3.4)
var.test(vector_1, vector_2, conf.level = 0.97, alternative = "two.sided")
##  F test to compare two variances
## data:  vector_1 and vector_2
## F = 0.79834, num df = 9, denom df = 9, p-value = 0.7427
## alternative hypothesis: true ratio of variances is not equal to 1
## 97 percent confidence interval:
## 0.1686786  3.7784930
## sample estimates:
## ratio of variances
##         0.7983426
# 方法三:数据框类型数据更简易的方法
# summary(sleep)  # 查看数据
with(sleep, var.test(extra ~ group, conf.level = 0.97))
# 输出结果完全一样(略)
```

结果表明,两种药物导致睡眠时间增加量的方差之比的置信区间为[0.169, 3.778],该区间包含 1,所以可以认为二者的方差在统计学意义上是相等的。

6.4　样本容量计算

在统计调查或统计实验中,样本量大小的选择涉及人力、物力和财力等因素。过小的样本量会使得样本对总体的代表性不强(源于不确定性的抽样误差),而过大的样本量又会耗费大量的人力、时间和费用,因此确定合理的样本容量是十分必要的。

6.4.1　估计总体均值时样本量的计算

1. 一个总体均值估计的情形

在估计总体均值时,我们在第 6.2 节遇到过“边际误差”的概念,其本质是度量了估计精度的大小,因此根据边际误差(用 E 表示,亦称估计绝对误差)的计算公式可以估算样本容量的最小需求。

$$E = Z_{\alpha/2}\frac{\sigma}{\sqrt{n}}$$

总体标准差 σ 未知时通常用样本标准差 s 代替,即

$$E = Z_{\alpha/2}\frac{s}{\sqrt{n}}$$

从而,可以计算出样本容量

$$n = \frac{Z_{\alpha/2}^2\sigma^2}{E^2} \tag{6.10}$$

对结果进行向上取整,即可估算出样本量的大小。可见样本容量与总体方差成正比,与置信水平成正比,与估计绝对误差成反比。

【例 6.13】 拥有硕士学位的研究生年薪标准差为 3000 元,在允许误差为 800 元时想要估计年薪为 95%的置信区间,应抽取多大的样本容量?

解 依题意 $\sigma = 3000, E = 800, |Z_{\alpha/2}| = 1.96$,可以求得

$$n = \frac{1.96^2 \times 3000^2}{800^2} = 54.0225$$

向上取整为 55,即需要的最小样本量为 55。

2. 两个总体均值之差估计的情形

在接下来的第 7 章,会学到统计推断的另一个核心内容即假设检验,在假设检验中会遇到两类错误,分别为第Ⅰ类错误(弃真错误)和第Ⅱ类错误(纳伪错误)。统计学中把犯第Ⅰ类错误的概率称为显著性水平,通常用 α(即 1-置信水平)表示,把犯第Ⅱ类错误的概率称为 β,通常用 $1-\beta$ 表示检验的功效。

在估计两个总体均值差异的置信区间时,样本量大小的计算公式为:

$$n = \frac{4(Z_{\alpha/2} + Z_\beta)^2 \times \sigma^2}{\Delta^2} \tag{6.11}$$

其中,$Z_{\alpha/2}$ 和 Z_β 是给定置信水平和检验功效时对应的标准正态分位数;Δ 是期望的均值差异,该值越小,需要的样本量就越大;σ^2 是预期方差,也是实验中最难确定的量,研究者通常需要进行试点研究或借助于先验信息。

【例 6.14】 医疗专家研发了一种特效药物,在前期药效试验阶段,打算抽取一批志愿者分别作为处理组(服药)和对照组(服用安慰剂)进行相关实验。假定两个总体的(某项医学指标)期望差异是 20 单位,检验功效 90%,显著性水平 0.05,预研究估计标准差为 60 单位。试估算需要多少志愿者。

解 依题意可知,$\alpha = 0.05, \beta = 1 - 0.90 = 0.10, \sigma = 60, \Delta = 20, Z_{\alpha/2} = -1.96, Z_\beta = -1.282$,带入式(6.11)可以计算出样本数:

$$n = \frac{4 \times (-1.96 - 1.282)^2 \times 60^2}{20^2} = 377.9142$$

向上取整为 378,即需要服药的志愿者和服用安慰剂的志愿者各 190 人左右。

读者可以自己编写代码计算,也可以用 R 扩展包 pwr 中的 pwr.t.test()函数实现,该函数中有一个参数 d(被称为 Cohen's d 统计量,定义为 $d = \frac{\Delta}{\sigma}$),代码及输出结果如下:

```
library(pwr)
delta <- 20; sigma <- 60; d <- delta / sigma
equal_n_size <- pwr.t.test(n = , d = d, sig.level = .05, power = .90,
                           type = "two.sample")
equal_n_size   # 处理组与对照组人数相同
##      Two-sample t test power calculation
##             n = 190.0991
##             d = 0.3333333
##       sig.level = 0.05
```

```
##              power = 0.9
##        alternative = two.sided
## NOTE: n is number in * each * group
```

有时,研究人员不一定希望处理组与对照组的样本数相等,而是以一定的比例(比如 2∶1 或 4∶1 等)选择样本大小。可以用 pwr 包中的 pwr.t2n.test()函数,需要事先指定其中的一个样本量。代码及输出结果如下:

```
# 不相等样本量计算
pwr.t2n.test(n1 = 40, n2 = NULL, sig.level = 0.05, power = 0.8, d = 0.5,
             alternative = "two.sided")
##      t test power calculation
##             n1 = 40
##             n2 = 153.0969
##              d = 0.5
##      sig.level = 0.05
##          power = 0.8
##    alternative = two.sided
```

结果表明,服药组需要至少 154 个志愿者,大约是服用安慰剂组的 4 倍。

6.4.2　估计总体比例时样本量的计算

1. 一个总体比例的情形

在用正态分布近似样本比例抽样分布时,尤其需要关注样本量的大小。与第 6.4.1 小节中估计总体均值时样本量计算原理相同,根据边际误差的公式

$$E = Z_{\alpha/2}\sqrt{\frac{\pi(1-\pi)}{n}}$$

确定样本容量的计算公式

$$n = \frac{Z_{\alpha/2}^2 \pi(1-\pi)}{E^2} \tag{6.12}$$

这里,π 通常取 0.5 以使得 $\pi(1-\pi)$ 达到最大值,求出的样本容量向上取整即可。

【例 6.15】 某社区想通过抽样调查了解居民参与全民健身的比例,如果把误差范围设定在 5%,同时用 95%的置信水平进行参数估计,试计算至少需要多大的样本。

解　依题意可知,$\alpha=0.05$,$E=0.05$,$Z_{\alpha/2}=-1.96$,取 $\pi=0.5$,可以计算得出:

$$n = \frac{(-1.96)^2 \times 0.5 \times 0.5}{0.05^2} = 384.16 \approx 385$$

读者可以自己编写代码计算,也可以借助于 R 扩展包 pwr 中的 pwr.p.test()函数实现此功能。该函数的使用方法如下:

```
pwr.p.test(h = NULL, n = NULL, sig.level = 0.05, power = NULL,
    alternative = c("two.sided", "less", "greater"))
```

其中需要特别说明的是,参数 h 指的是统计效应(Effect Size),它可以由用户直接指定(0.2、0.5

和 0.8 分别表示效应的小、中等和大),也可以通过 pwr 包内置函数 ES.h()计算。关于它的详细用法读者可以查阅相关文献。

2. 两个总体比例差异的情形

这里略去原理部分,只给出用 R 包 pwr 中的 pwr.2p.test()函数,实现一定条件下构造两个总体比例差异的置信区间时样本量的计算。

【例 6.16】 临床医学中采用某种干预措施,预期可使高风险病人一年死亡率从 15%降至 5%,在两组临床试验中,一组假装使用交感神经刺激器(开关处于关闭状态),另一组真正使用相同的刺激器(开关处于激活状态)。欲构造两组死亡率差异的 95%的置信区间,假设检验功效为 80%,试确定所需样本的大小。

解 R 代码及相关注释如下:

```
pwr.2p.test(h = ES.h(p1 = 0.7, p2 = 0.6), n =   , sig.level = 0.05, power = 0.80,
            alternative = "two.sided")
##  Difference of proportion power calculation for binomial distribution
##  (arcsine transformation)
##                h = 0.2101589
##                n = 355.4193
##        sig.level = 0.05
##            power = 0.8
##      alternative = two.sided
## NOTE: same sample sizes
```

结果表明,一共需要约 356 名实验者,对照组和实验组各 180 名左右。如果不要求两组实验人数相同,则可以用 pwr 包中的 pwr.2p2n.test()函数实现,请读者自己尝试该函数的用法。

重要术语

参数估计	区间估计	有效性	合并方差
估计量	置信水平	一致性	配对差
估计值	置信区间	边际误差	Cohen's d
点估计	无偏性	合并比例	统计效应

思考题

6.1 简述点估计和区间估计的区别与联系。

6.2 简述如何在无偏性和有效性之间做出权衡。

6.3 简述置信水平及置信区间的含义。

6.4 简要分析置信区间与置信水平及样本量之间的关系。

6.5 简述两个总体均值和比例参数估计中构造合并方差或合并比例的原因。

6.6 简述两个正态总体方差之比区间估计的内涵。

6.7 简述一个总体均值区间估计时样本量大小的决定因素。

6.8 简述一个总体比例区间估计时样本量大小的决定因素。

练习题

6.9 假设人体的身高服从正态分布，现抽取甲、乙两地女青年的身高数据如下：甲地区 12 名，样本均值为 1.66 米，标准差为 0.4 米；乙地区 15 名，样本均值为 1.62 米，标准差为 0.2 米。试求：

(1)甲、乙两地女青年身高方差之比的置信水平为 95%的置信区间；

(2)甲、乙两地女青年身高均值之差的置信水平为 95%的置信区间。

6.10 (数据集 table_6.1_City_HQDI.xlsx)分别计算第二梯队和第四梯队城市高质量发展指数平均值的 92%的置信区间。

6.11 (数据集 Employee.sav)变量 jobcat 表示工作岗位，变量 prevexp 表示工作经验，首先将数据导入 R，然后筛选出所有的经理(manager)级别的员工，再构造经理类员工平均工作经验的 95%的置信区间。

6.12 (数据集 Employee.sav)变量 minority 表示是否少数民族，gender 表示性别，再构造少数民族群体和非少数民族群体中女性比例差异的 95%的置信区间。

6.13 (数据集 Employee.sav)变量 salary 表示当前工资，请首先筛选出经理(manager)级别和职员级别(clerical)的员工，再构造二者平均工资差异的 95%的置信区间。

6.14 (数据集 mallcost.sav)，变量 cost 表示商场的建筑成本，inorout 是一个分类变量(取值为 0 表示室内，1 表示室外)。试构建两种类型商场建筑成本的方差之比的 95%的置信区间。

6.15 对于大一新生来说，进入大学后平均睡眠时间是否发生变化是一个有意思的问题。研究人员调查了 10 位同学，其睡眠时间变化数据如下：−0.55，0.36，2.6，−1.4，−0.23，0.46，−4.3，2.2，−1.7，−1.9，假设检验功效为 0.8，为了构造平均睡眠时间变化 95%的置信区间，至少需要多少样本？

6.16 为了探究男性和女性平均每日热量摄入的差异，研究人员收集了实验数据，男性的平均摄入量为 2350.2 千卡(标准差 258 千卡)，女性的平均摄入量为 1872.4 千卡(标准差为 420 千卡)。构造男性与女性平均每日摄入热量差异的置信水平为 95%的置信区间，假设检验功效 0.90，试计算满足需要的最小样本量。

6.17 有两组学习基础等其他条件基本相同的学生，第一组学生的应用统计学是心理学老师讲授，另一组则由生物学老师讲授，我们感兴趣的是这两组同学考试通过的比例之间的差异。实验收集的数据表明：心理老师组 10 人中未通过考试的有 3 人，生物老师组 10 人中未通过的则有 4 人。试计算：检验功效为 85%及置信水平为 95%的条件下，构造心理学老师授课与生物学老师授课未通过考试学生比例差异的置信区间至少需要的样本量。

第 7 章 假设检验

【不同城市的环境空气质量 AQI 有显著差异吗?】

随着全球气候的变暖,空气质量每天发生变化,而人们的生活质量和空气质量息息相关。2012 年 2 月 29 日,为贯彻《中华人民共和国环境保护法》和《中华人民共和国大气污染防治法》,保护环境,保障人民身体健康,向公众提供健康指引,中华人民共和国生态环境部颁布了《环境空气质量指数(AQI)技术规定》。参与空气质量评价的主要污染物有 6 项:二氧化硫、二氧化氮、PM10、PM2.5、一氧化碳和臭氧。

党的十八大以来,在以习近平同志为核心的党中央的坚强领导下,各地区各有关部门不懈努力,推动我国气象事业发展取得显著成就。2022 年 7 月 22 日,生态环境部通报了 1—6 月全国环境空气质量状况:全国 339 个地级及以上城市平均空气质量优良天数比例为 84.6%,同比上升 0.3 个百分点。那么,沿海地区的城市空气质量是否优于内陆城市的空气质量?经济发达城市的空气质量是否会优于全国平均水平?

研究人员收集了 30 多个一、二线城市 2018—2021 年全年及雾霾季节的空气 AQI 指数平均值(数据集 table_7.1_City_AQI.xslx),部分数据如表 7.1 所示。

表 7.1 2018—2021 年全国部分一、二线城市 AQI 指数平均数据

ID	城市	四年平均 AQI	雾霾季平均 AQI	是否沿海	ID	城市	四年平均 AQI	雾霾季平均 AQI	是否沿海
1	北京	116.34	130.82	0	18	厦门	53.32	61.00	1
2	常州	94.02	116.36	1	19	深圳	54.52	66.45	1
3	成都	101.53	136.73	0	20	沈阳	100.04	131.00	1
4	佛山	72.34	78.25	1	21	石家庄	140.19	208.09	0
5	福州	58.93	62.36	1	22	苏州	91.00	121.07	1
6	广州	73.21	78.71	1	23	台州	69.64	76.78	1
7	贵阳	61.13	76.74	0	24	太原	102.49	134.09	0
8	哈尔滨	93.38	156.27	0	25	天津	110.06	142.55	1
9	海口	42.45	54.73	1	26	温州	71.72	79.64	1
10	合肥	96.87	131.55	0	27	乌鲁木齐	109.21	162.00	0
11	惠州	57.04	65.09	1	28	无锡	95.30	116.64	1
12	济南	123.73	159.27	0	29	武汉	100.89	139.00	0
13	昆明	55.40	59.55	0	30	西安	111.30	154.00	0
14	兰州	94.77	116.09	0	31	长春	91.64	121.64	0
15	南京	95.58	116.55	1	32	长沙	89.13	121.36	0
16	南宁	64.45	65.58	1	33	郑州	129.74	175.54	0
17	泉州	56.13	56.82	1	34	中山	62.32	76.26	1

数据来源:网站数据整理(https://www.aqistudy.cn/historydata/)

在第 6 章的参数估计中，我们利用样本数据构建总体参数的置信区间，此时总体参数是未知的，因此我们要对它们进行估计。本章将继续讨论统计推断，但我们将专注于检验特定假设即假设检验(Hypothesis Testing)。假设检验是用来判断样本与样本、样本与总体的差异是由抽样误差引起的，还是由本质差别造成的统计推断方法。假设检验首先对研究总体的参数或分布形式提出假设，然后根据抽样分布原理，利用样本实际信息计算相关统计量的取值，并以此来检验事先所作的假设是否成立。如果所关注的是总体的某个参数，并对参数的某个假设值做检验，称为参数检验(Parameter Testing)；如果是对总体的其他特征(如分布的形式)做检验，或者样本数据不满足参数检验的条件，就需要用到第 12 章介绍的非参数检验(Nonparameter Testing)。

7.1　假设检验概述

7.1.1　小概率事件原理

假设检验的基本原理是小概率事件原理，其统计推断方法是带有某种概率性质的反证法。小概率事件原理(Small Probability Event Principle)是指事件在一次试验中几乎是不会发生的，但在多次重复试验中是必然发生的。反证法是从原假设出发，推导出一个矛盾的结论，然后证明原假设不成立。它区别于纯数学中的反证法，因为这里所谓的“不成立”，并不是形式逻辑中的绝对矛盾，而是基于小概率原理。

假定某经销商许诺他的 10000 只灯泡中，不合格品不超过 10 个，即不合格率在 1‰以下。为检验经销商的说法是否可靠，从这批产品中随机抽出一件，如果抽出的这件样品经检查是不合格品，那就有理由认为经销商的许诺是值得怀疑的。原因是，1‰的概率是个很小的数，可以断言随机抽出一件产品恰是不合格品是不可能的事情，但事实却相反，我们就找到一个有说服力的证据，表明经销商承诺这批货物的不合格品率低于 1‰是不真实的，因此拒绝他的承诺。

那么，什么样的概率才算小呢？英国著名统计学家费舍尔把小概率的标准定为 0.05，虽然费舍尔并没有对为什么选择 0.05 给出充分的解释，但人们还是沿用了这个标准，把 0.05 或比 0.05 更小的概率看成小概率。

7.1.2　假设陈述

1. 原假设与备择假设

假设检验的第一步是对总体参数的真值进行假设陈述，每一个假设检验都包含两个互斥的假设，即原假设(Null Hypothesis，简记为 H_0)和备择假设(Alternative Hypothesis，简记为 H_1)。假设检验旨在决定是否应该拒绝原假设以支持备则假设。

例如，某苏打饮料标签上标有“净含量：350ml”，实际的饮料重量是否达标可以用如下的假设陈述：

$H_0: \mu = 350$(苏打水重量达标)

$H_1: \mu \neq 350$(苏打水重量不达标)

2. 假设检验的基本逻辑

从总体中随机抽取样本，如果样本数据与原假设一致，则不拒绝原假设；如果样本数据与原假设不一致并且支持备择假设，则拒绝原假设以支持备择假设。该逻辑与法律系统中的“无罪

推定”原则类似,在法庭陪审团审判中,陪审员被告知要假设被告“在被证明犯罪之前是无罪的”。对应的假设为:

H_0:被告是无罪的

H_1:被告是有罪的

按照假设检验的逻辑,决定被告是否无罪不是陪审团的工作,那是默认的假设,他们的任务是决定被告是否有罪,或者是否没有足够的证据去推翻默认假设。值得注意的是,在假设检验中要么拒绝原假设,要么不拒绝原假设,一般不说“接受”原假设。

3. 双侧假设与单侧假设

如果原假设的表达形式为:

$H_0:\mu=\mu_0$

$H_1:\mu \neq \mu_0$

意味着在原假设被拒绝时,总体均值 μ 不等于假设的真值 μ_0,有可能大于 μ_0,也有可能小于 μ_0,这样的检验又称为双侧检验或双尾检验。

与双尾检验对应的是单尾检验,根据备则假设中不等号的方向进一步划分为左尾检验和右尾检验。左尾检验的原假设和备则假设为:

$H_0:\mu \geqslant \mu_0$

$H_1:\mu < \mu_0$

右尾检验的原假设和备则假设为:

$H_0:\mu \leqslant \mu_0$

$H_1:\mu > \mu_0$

一般情况下,备择假设的表达式中不含有等号,即等号一定出现在原假设中。

7.1.3 两类错误与显著性水平

1. 两类错误

假设检验是根据样本统计量对总体参数进行统计推断,由于抽样偶然性误差的存在,在检验决策时必然会犯错误。假设检验中的错误有两类,一类是拒绝了为真的原假设,另一类是未拒绝为假的原假设(或者说接受了为伪的备择假设)。统计学上假设检验的最终目的是去伪存真,因此对应的两类错误也被称为弃真纳伪。通常把弃真错误称为第Ⅰ类错误,把纳伪错误称为第Ⅱ类错误,如表 7.2 所示。

表 7.2 假设检验中的两类错误

	原假设 H_0 为真	原假设 H_0 为假
未拒绝 H_0	决策正确	第Ⅱ类错误
拒绝 H_0	第Ⅰ类错误	决策正确

以第 7.1.2 小节的法庭陪审团例子说明,如果被告是无罪的(即原假设为真)而法庭却做出了其有罪的判定,这就是犯了第Ⅰ类错误;相反,如果被告是有罪的(即原假设为假)而法庭却做出了无罪判定,这就是犯了第Ⅱ类错误。

在给定样本容量的情况下,如果减少犯第Ⅰ类错误的概率,就会增加犯第Ⅱ类错误的概率;而减少犯第 Ⅱ 类错误的概率,就会增加犯第Ⅰ类错误的概率。如果希望同时减少犯第Ⅰ类和第 Ⅱ 类错误的概率,就需要增加样本容量,但样本容量的增加有时是不可行的。因此,在假设检验中，就有一个对两类错误进行控制的问题。

在假设检验实践中，通常设定犯第Ⅰ类错误的概率，主要原因在于，原假设是明确的，而备择假设具有模糊性。至于第Ⅱ类错误，主要通过扩大样本容量去控制。

2. 显著性水平与检验的功效

统计学中用 α 表示犯第Ⅰ类错误的概率，这里的 α 跟第 6 章中置信水平 $1-\alpha$ 中的 α 是同一个概念，在假设检验中称之为显著性水平。

如果原假设被拒绝，我们说检验结果在统计上是显著的，可以理解为“在显著性水平 α 下，样本数据提供了足够的证据支持备择假设。”如果原假设未被拒绝，我们说检验结果在统计上不显著，可以理解为“在显著性水平 α 下，样本数据无法提供足够的证据支持备择假设。”

在统计假设检验中，用 β 表示犯第Ⅱ类错误的概率。通常评价一个检验好坏的标准之一是检验功效(Power)，是指正确地否定了错误的原假设的概率，此概念在第 6 章的样本容量计算中曾经提到过，其大小等于 $1-\beta$。

7.1.4　假设检验的决策方法及其步骤

1. 置信区间决策法

可以使用第 6 章介绍的置信区间来判断样本数据与原假设的关系，置信区间为我们提供了一系列合理的参数真值估计。如果构造的置信区间包含原假设中的参数真值，我们就不拒绝原假设；如果构造的置信区间不包含原假设中的参数真值，就拒绝原假设。

置信区间决策法的基本步骤如下：

(1)陈述原假设与备则假设；

(2)根据给定的显著性水平 α 以及原假设中的方向确定置信水平对应的临界值；

(3)构造置信区间；

(4)如果原假设的值不在置信区间，则拒绝原假设，否则，不拒绝原假设；

(5)结合实际问题解释检验结果。

2. 临界值决策法

第 6 章曾经提到过临界值的概念，我们将直接比较来自样本的检验统计量和临界值的大小判断原假设是否成立。其核心思想是：如果原假设为真，我们获得与当前样本相似的样本的可能性有多大。如果样本观测数据与原假设非常不一致，就要拒绝原假设。临界值把样本统计量的概率分布区域分成拒绝域和接受域(严格意义上应该叫非拒绝域)两个部分，把不超过临界值的区域称为接受域，把超过临界值的区域称为拒绝域。对于不同形式的假设，拒绝域的形式不同，如图 7.1 和图 7.2 所示。图 7.1 展示了双尾检验的拒绝域，分别位于左右两个临界值的左侧和右侧；图 7.2 展示了单尾检验的拒绝域，左尾检验位于左临界值的左侧，右尾检验位于右临界值的右侧。

临界值决策法的基本步骤如下：

(1)陈述原假设和备则假设；

(2)根据样本数据计算检验统计量的值；

(3)根据显著性水平和原假设中的方向确定临界值及相应的拒绝域；

(4)如果检验统计量落入拒绝域，则拒绝原假设，否则，不拒绝原假设；

(5)结合实际问题解释检验结果。

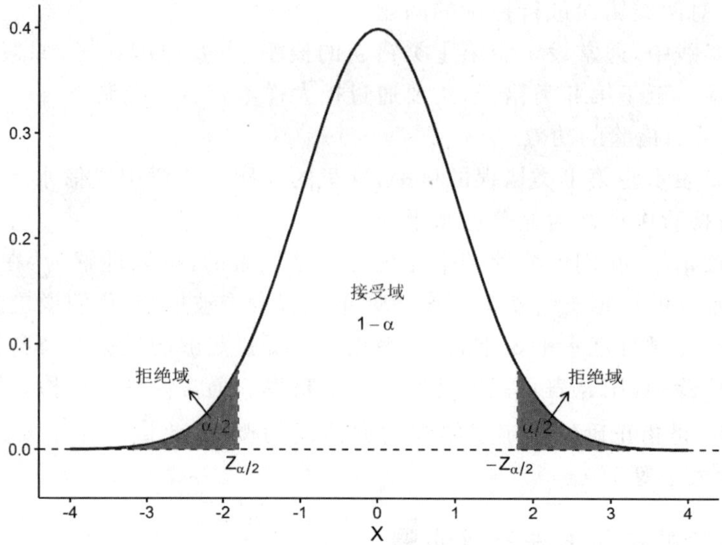

图 7.1　双尾检验拒绝域示意图

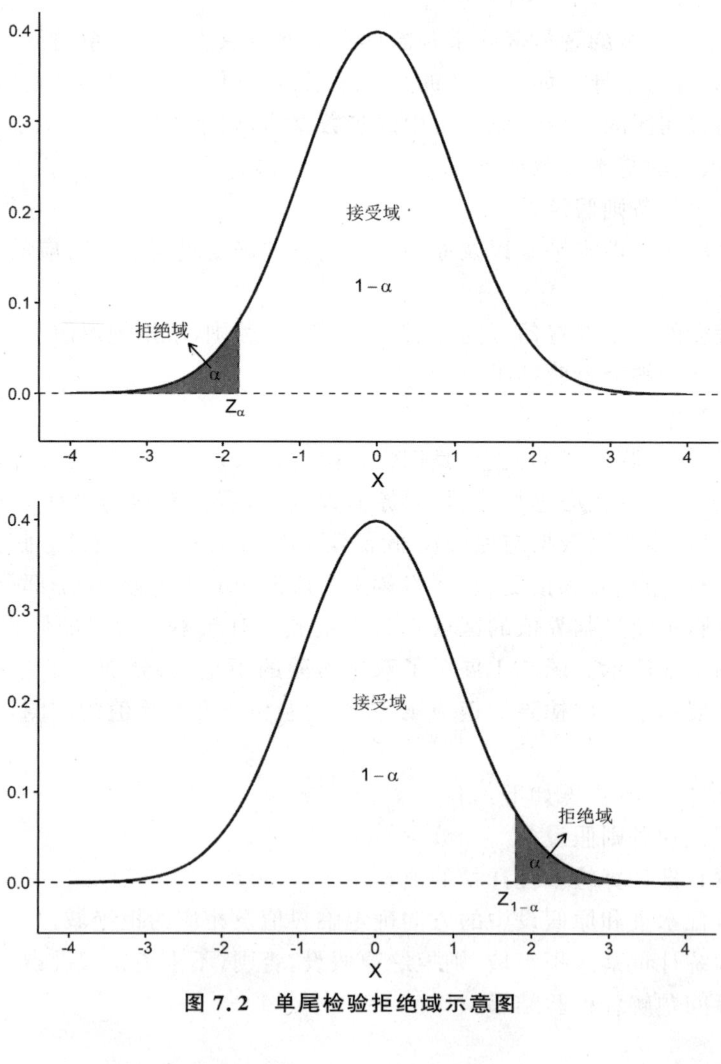

图 7.2　单尾检验拒绝域示意图

3. p 值决策法

p 值是在假定原假设为真时，得到与样本相同或者更极端的结果的概率。本质上是根据现有样本数据去推断总体参数实际犯第Ⅰ类错误的概率。最终决策的依据是比较 p 值和显著性水平 α 的大小以判断原假设是否应该被拒绝。

p 值决策法的基本步骤如下：

(1)陈述原假设和备则假设；

(2)根据样本数据计算检验统计量的值；

(3)计算 p 值；

(4)如果 $p<\alpha$，拒绝原假设，否则，不拒绝原假设；

(5)结合实际问题解释检验结果。

在现代统计实践中，p 值的应用越来越广泛，主要是因为它不仅能得出是否拒绝原假设的结论，还可以直接给出统计决策犯错误的实际概率。图 7.3 给出了临界值决策和 p 值决策的拒绝域示意图。

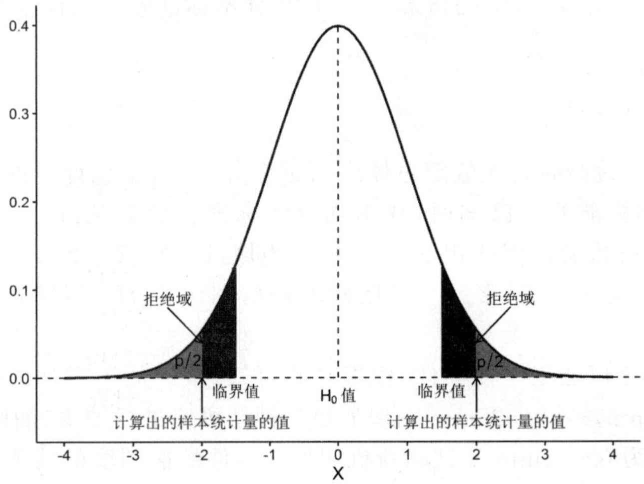

图 7.3　双尾检验的 p 值示意图

7.1.5　假设检验的分类

在第 7.1.2 小节中，根据假设陈述中的方向性可以将假设检验分为单尾检验和双尾检验。在接下来的几节里，我们将根据总体的数量以及总体参数的类型进一步分类讨论如表 7.3 所示的各种不同的假设检验。

表 7.3　假设检验的分类

		总体参数	样本统计量
一个总体	均值	μ	$\bar{X}$
	比例	π	p
	方差	σ^2	s^2
两个总体	均值之差	$\mu_1-\mu_2$	$\bar{X}_1-\bar{X}_2$
	比例之差	$\pi_1-\pi_2$	p_1-p_2
	方差之比	σ_1^2/σ_2^2	s_1^2/s_2^2

7.2 一个总体参数的假设检验

7.2.1 一个总体均值的假设检验

1. Z 检验法

设正态总体 $X \sim N(\mu, \sigma^2)$，$x_1, x_2, \cdots, x_n$ 是来自总体 X 的一个样本，检验目的是总体均值 μ 是否等于(或大于等于，或小于等于) μ_0。根据中心极限定理，在大样本情形下，样本均值的抽样分布近似服从正态分布，均值不变，标准差为 $\sigma/\sqrt{n}$，将样本均值 $\bar{X}$ 标准化后即可得到检验统计量，由于 $\bar{X}$ 经标准化后服从标准正态分布，因此采用正态分布的检验统计量，当 σ 已知时，总体均值检验的统计量为：

$$Z = \frac{\bar{X} - \mu_0}{\sigma/\sqrt{n}} \sim N(0,1) \tag{7.1}$$

在大样本且总体方差 σ^2 未知的情形下，可以用样本标准差 s 来代替总体标准差 σ，此时的检验统计量为：

$$Z = \frac{\bar{X} - \mu_0}{s/\sqrt{n}} \sim N(0,1) \tag{7.2}$$

在小样本情形下，检验时首先假定总体服从正态分布，检验统计量的选择与总体标准差是否已知有关。当总体标准差 σ 已知时，样本均值经标准化后服从标准正态分布，此时可按式(7.1)对总体均值进行检验。因此用 Z 来确定拒绝域，即当 $|Z| \geqslant |Z_{\alpha/2}|$ (双尾检验)、$Z \geqslant |Z_\alpha|$ (右尾检验)以及 $Z \leqslant -|Z_\alpha|$ (左尾检验)时，则认为 H_0 不成立，这种方法称为 Z 检验法。

【例 7.1】 某机床厂加工一种零件，根据经验可知，该厂加工零件的椭圆度近似服从正态分布，其 $\mu_0 = 0.081\text{mm}$，$\sigma = 0.025\text{mm}$。现另换一种新机床进行加工，抽取 $n = 200$ 个零件进行检验，得到的椭圆度为 0.076mm。试问新机床加工零件的椭圆度的均值与以前相比有无显著差异？($\alpha = 0.05$)

解 依题意，我们所关心的是新机床加工零件的椭圆度总体均值与老机床加工零件的椭圆度均值 0.081mm 是否有显著差异，可以假设：

$H_0: \mu = 0.081$，　$H_1: \mu \neq 0.081$

这是一个双尾检验问题，因为是大样本且总体方差已知，故选用 Z 统计量：

$$Z = \frac{\bar{x} - \mu_0}{\sigma/\sqrt{n}} = \frac{0.076 - 0.081}{0.025/\sqrt{100}} = -2.83$$

根据给定的显著性水平 $\alpha = 0.05$，用 R 中的 qnorm()函数计算出临界值为 $|Z_{\alpha/2}| = 1.96$。因为 $|Z| = 2.83 > |Z_{\alpha/2}| = 1.96$，根据临界值决策准则，拒绝 H_0，可以认为新老机床加工零件椭圆度的均值有显著差别。

该检验的 R 代码及运行结果如下：

```
x_bar <- 0.076; mu <- 0.081; sigma <- 0.025; n <- 200
(x_bar - mu) / (sigma / sqrt(n))
## [1] -2.828427
```

2. t 检验法

在小样本情形下,假定总体服从正态分布,当 σ 未知时,需要用 s 代替,此时按式(7.2)得到的检验统计量不再服从标准正态分布,而是服从自由度为 $n-1$ 的 t 分布,因此需要采用 t 分布进行检验。检验的统计量为:

$$t=\frac{\bar{X}-\mu_0}{s/\sqrt{n}}\sim t(n-1) \tag{7.3}$$

因此应根据 t 分布来确定拒绝域,即当 $|t|\geqslant|t_{\alpha/2}(n-1)|$(双尾检验)、$t\geqslant|t_{\alpha}(n-1)|$(右尾检验)以及 $t\leqslant-|t_{\alpha}(n-1)|$(左尾检验)时,认为 H_0 不成立,这种方法称为 t 检验法。

【例 7.2】 某机器制造出的肥皂厚度为 5cm,现欲了解机器性能是否良好,随机抽取 10 块肥皂作为样本,测得平均厚度为 5.3cm,标准差为 0.3cm,试以 0.05 的显著性水平检验机器性能良好的假设。

解　如果机器性能良好,生产出的肥皂厚度为 5cm,过薄或过厚都不符合产品质量标准,所以,这是一个双尾检验问题。

由于总体 σ 未知,且样本量 n 较小,所以应采用 t 统计量,过程如下:

$H_0:\mu=5$,　$H_1:\mu\neq5$

$$t=\frac{\bar{x}-\mu_0}{s/\sqrt{n}}=\frac{5.3-5}{0.3/\sqrt{10}}=3.16$$

当 $\alpha=0.05$,自由度 $n-1=9$ 时,可以用 qt() 函数计算此时的临界值为 $t_{\alpha/2}(9)=-2.2622$。因为 $t=3.16>|t_{\alpha/2}(9)|=2.2622$,故拒绝原假设 H_0,说明该机器的性能不正常。

手动编写 R 程序,代码如下:

```
x_bar <- 5.3; mu <- 5; sd <- 0.3; n <- 10
t <- (x_bar - mu) / (sd / sqrt(n))  # 计算 t 统计量的值
t_crit <- qt(0.025, 9)  # 用分位数函数计算临界值
t; t_crit; abs(t) > abs(t_crit)  # 输出结果并比较大小
## [1] 3.162278
## [1] -2.262157
## [1] TRUE
```

【例 7.3】 某种电子元件的寿命 X 服从正态分布 $N(\mu,\sigma^2)$,其中 μ,σ 均未知,现测得 16 只元件的寿命如表 7.4 所示。

表 7.4　电子元件寿命抽样数据

单位:小时

159	280	101	212	224	379	179	264
222	362	168	250	149	260	485	170

试问:是否有理由认为元件的平均寿命大于 225 小时?($\alpha=0.05$)

解　依题意可知这是右尾检验问题,原假设和备则假设分别为:

$H_0:\mu\leqslant225$,　$H_1:\mu>225$

本例通过手动编写代码和直接调用 R 中的函数 t.test() 两种方法进行检验,代码及输出结

果如下：

```
x <- c(159, 280, 101, 212, 224, 379, 179, 264, 222, 362, 168, 250, 149, 260, 485, 170)
# 方法一:手动编写代码实现
x_bar <- mean(x); mu <- 225; sd <- sd(x); n <- length(x)
t_value <- (x_bar - mu) / (sd / sqrt(n))
t_crit <- qt(0.95, n - 1)
t_value; t_crit; t_value > t_crit
## [1] 0.6685177
## [1] 1.75305
## [1] FALSE
p_value <- pt(t_value, df = n - 1, lower.tail = F)  # 计算 p 值
p_value < 0.05  # 比较 p 和 α 的大小
## [1] 0.2569801
## [1] FALSE
# 方法二:用 t.test()函数实现
t.test(x, alternative = "greater", mu = 225, conf.level = 0.95 )
##
##  One Sample t-test
## data:  x
## t = 0.66852, df = 15, p-value = 0.257
## alternative hypothesis: true mean is greater than 225
## 95 percent confidence interval:
## 198.2321       Inf
## sample estimates:
## mean of x
##    241.5
```

由输出结果可知，$p=0.257>\alpha=0.05$，因此不能拒绝原假设，即没有证据表明元件的平均寿命大于 225 小时。

7.2.2 一个总体比例的假设检验

比例问题主要用于分类变量，根据第 5 章的棣莫弗-拉普拉斯定理可知，当样本容量足够大时，样本比例的抽样分布可以用正态分布去逼近，有时将其称为样本比例法则。根据样本比例法则，判定 n 是否足够大的依据是 $np\geqslant 10, n(1-p)\geqslant 10$，其中 p 是样本比例或原假设中总体比例的设定值 π_0。

1. 样本比例正态分布近似法

如果满足大样本要求，则样本比例的抽样分布可以用正态分布近似，即

$$p \sim N\left(\pi, \frac{\pi(1-\pi)}{n}\right) \tag{7.4}$$

将 p 进行标准化，就可以构造 Z 统计量：

$$Z=\frac{p-\pi}{\sqrt{\frac{\pi(1-\pi)}{n}}}\sim N(0,1) \tag{7.5}$$

这种方法又称为样本比例正态近似法，该方法在手工计算时非常方便，统计实践中应用也较为广泛。

2. 精确的二项分布法

如果大样本的条件没法得到满足，样本比例的抽样分布无法用样本比例法则中的正态近似，就只能采用二项分布进行置信区间的构造或者检验统计量的计算。这种方法又称为精确的二项分布法，本书不打算详细介绍其原理，只给出其实现方法的 R 代码。感兴趣的读者可以查阅相关参考文献。

【例 7.4】 有一批蔬菜种子的平均发芽率为 0.85，现随机抽取 500 粒，用种衣剂（主要目的是防虫害、促发芽，其有效成分能逐步释放而对作物发芽生长无毒害作用）进行浸种处理，结果有 445 粒发芽，检验种衣剂对种子发芽率有无效果。（$\alpha=0.05$）

解　根据题意，该检验的假设：

$H_0:\pi=\pi_0=0.85,\quad H_1:\pi\neq\pi_0=0.85$

计算样本比例：$p=445/500=0.89$，显然，样本量符合正态近似要求，故构造检验统计量

$$Z=\frac{p-\pi_0}{\sqrt{\frac{\pi_0(1-\pi_0)}{n}}}=\frac{0.89-0.85}{\sqrt{\frac{0.85\times(1-0.85)}{500}}}=2.5$$

这是一个双尾检验，当 $\alpha=0.05$ 时，有 $|Z_{\alpha/2}|=1.96$，由于 $|Z|>|Z_{\alpha/2}|$，所以拒绝 H_0，不能认为种衣剂对种子发芽率无显著效果。

可以手工编写代码，也可以直接调用 R 中的函数求解。代码及输出结果如下：

```
# 方法一：手动编写代码实现
p_bar <- 445 / 500; pie <- 0.85; n <- 500
Z_value <- (p_bar - pie) / sqrt(pie * (1 - pie) / n)
p_half <- pnorm(Z_value, lower.tail = F)  # 计算 p/2
p_value <- 2 * p_half
Z_value; p_half; p_value
## [1] 2.504897
## [1] 0.00612435
## [1] 0.0122487
# 方法二：用 R 中的 pro.test()函数
prop.test(445, 500, p = 0.85, correct = F, alternative = "two.sided")
##  1-sample proportions test without continuity correction
## data:  445 out of 500, null probability 0.85
## X-squared = 6.2745, df = 1, p-value = 0.01225
## alternative hypothesis: true p is not equal to 0.85
## 95 percent confidence interval:
## 0.8595444  0.9145086
## sample estimates: p
## 0.89
```

```
# 方法三:用二项分布检验
binom.test(445, 500 , p = 0.85)
##   Exact binomial test
## data:   445 and 500
## number of successes = 445, number of trials = 500, p-value = 0.01207
## alternative hypothesis: true probability of success is not equal to 0.85
## 95 percent confidence interval:
## 0.8592342  0.9160509
## sample estimates:
## probability of success 0.89
```

可以看出,无论是用精确的二项分布还是用近似的正态分布,计算出来的 p 值均小于 0.05,因此拒绝原假设,认为种衣剂对种子发芽率有显著效果,与临界值决策的结果完全一样。从 95%的置信区间[0.86,0.92]来看,种衣剂的确可以提高种子的发芽率。

7.2.3 一个总体方差的假设检验

在假设检验中,有时不仅需要检验正态总体的均值和比例,而且需要检验正态总体的方差。对方差进行检验的程序,与均值检验及比例检验是一样的,它们之间的主要区别是所使用的检验统计量不同。根据第 5 章的皮尔逊定理可知,来自正态总体的样本方差与总体方差之比服从 χ^2 分布,即

$$\frac{(n-1)S^2}{\sigma^2} \sim \chi^2(n-1) \tag{7.6}$$

故可以构造的检验统计量为:

$$\chi^2 = \frac{(n-1)s^2}{\sigma_0^2} \sim \chi^2(n-1) \tag{7.7}$$

其中,s^2 为样本方差,σ_0^2 的值来自原假设中对总体方差的设定。

【例 7.5】 某企业职工原来工资的方差为 6000,工资调整后,各职工的工资都有了变化。现随机抽取 30 名职工进行工资调查,结果方差为 10000。试问在 0.05 的显著性水平下,该企业职工工资的差异性(即方差)是否有变化?

解 依题意,这是一个双尾检验的问题,建立的原假设和备择假设分别为:

$$H_0:\sigma^2=\sigma_0^2=6000,\quad H_1:\sigma^2\neq\sigma_0^2=6000$$

计算检验统计量 χ^2 值为:

$$\chi^2=\frac{(n-1)s^2}{\sigma_0^2}=29\times\frac{10000}{6000}=48.33$$

当 $\alpha=0.05$,自由度为 29 时,$\chi^2_{0.025}(29)=16.047$,$\chi^2_{0.975}(29)=45.72$。由于 $\chi^2>\chi^2_{1-\alpha/2}$,落入拒绝域,因此拒绝 H_0,即不能认为职工工资的差异性没有变化。

手动编写 R 程序,代码及输出结果如下:

```
df <- 29; var_sample <- 10000; sigma_sq <- 6000
chisq <- df * var_sample / sigma_sq
chisq_crit <- qchisq(0.025, 29, lower.tail = F)
```

```
p_value <- pchisq(chisq, df = df, lower.tail = F)
chisq; chisq_crit; p_value
## [1] 48.33333
## [1] 45.72229
## [1] 0.01356966
```

可以看出,用 p 值决策可以得出与临界值决策同样的结果。

7.3　两个总体参数的假设检验

7.3.1　两个总体均值之差的假设检验

两个总体均值之差的检验,与一个总体参数的检验讨论的问题类似,涉及检验统计量的选择问题。选择什么检验统计量取决于被检验参数的抽样分布,而抽样分布与样本量大小以及 σ^2 是否已知都有关系。

1. 独立大样本

假设 $x_{11},x_{12},\cdots,x_{1n_1}$ 和 $x_{21},x_{22},\cdots,x_{2n_2}$ 分别来自总体 $X_1 \sim N(\mu_1,\sigma_1^2)$ 和 $X_2 \sim N(\mu_2,\sigma_2^2)$ 的样本,且两样本独立。在大样本情形下,两个总体的方差 σ_1^2 和 σ_2^2 已知时,两个样本均值之差 $\bar{X}_1-\bar{X}_2$ 的抽样分布近似服从正态分布,而 $\bar{X}_1-\bar{X}_2$ 经过标准化后服从标准正态分布。此时,检验统计量为:

$$Z=\frac{(\bar{X}_1-\bar{X}_2)-(\mu_1-\mu_2)}{\sqrt{\dfrac{\sigma_1^2}{n_1}+\dfrac{\sigma_2^2}{n_2}}} \sim N(0,1) \tag{7.8}$$

如果方差 σ_1^2 和 σ_2^2 未知,当样本量大时,可分别用样本方差 s_1^2 和 s_2^2 替代,此时检验统计量为:

$$Z=\frac{(\bar{X}_1-\bar{X}_2)-(\mu_1-\mu_2)}{\sqrt{\dfrac{s_1^2}{n_1}+\dfrac{s_2^2}{n_2}}} \sim N(0,1) \tag{7.9}$$

【例 7.6】 某公司对男、女职员的平均小时工资进行了调查,独立抽取了具有同类工作经验的男、女职员的两个随机样本,其中,男性职员有 44 人,平均小时工资为 75 元,方差为 64,而女性职员有 32 人,平均小时工资为 70 元,方差为 42.25。在 0.05 的显著性水平下,能否认为男性职员与女性职员的平均小时工资存在显著差异?

解　设 μ_1 为男性职员的平均小时工资,μ_2 为女性职员的平均小时工资。这是一个双尾检验的问题,建立的原假设和备择分别为:

$H_0:\mu_1-\mu_2=0,\quad H_1:\mu_1-\mu_2\neq 0$

根据式(7.9)构造的检验统计量为:

$$Z=\frac{(\bar{x}_1-\bar{x}_2)-(\mu_1-\mu_2)}{\sqrt{\dfrac{s_1^2}{n_1}+\dfrac{s_2^2}{n_2}}}=\frac{(75-70)-0}{\sqrt{\dfrac{64}{44}+\dfrac{42.25}{32}}}=3.004$$

当 $\alpha=0.05$ 时,$Z_{\alpha/2}=-1.96$,因为 $|Z|>|Z_{\alpha/2}|$,所以拒绝 H_0,即不能认为男性职员与女性职员的平均小时工资没有显著差异。

手动编写 R 程序,代码及输出结果如下:

```
Z_value <- (75 - 70) / sqrt(64 / 44 + 42.25 / 32)
p <- 2 * (1 - pnorm(Z_value))
Z_value; p
## [1] 3.001578
## [1] 0.002685843
```

由运行结果可知,$p=0.0027<\alpha=0.05$,所以拒绝 H_0,结论与临界值决策法相同。

2. 独立小样本

在 σ_1^2 和 σ_2^2 未知且两个样本均为独立小样本时,进行两个总体均值之差的检验需要使用 t 统计量。

(1)两个正态总体的方差未知但相等,即 $\sigma_1^2=\sigma_2^2$

当两个正态总体的方差未知但相等时,则需要将两个样本的数据合并在一起计算合并后数据的方差或者用两个样本的方差 s_1^2 和 s_2^2 以自由度为权重进行加权平均,计算出总体方差的合并估计量,用 s_{pooled}^2 表示,计算公式为:

$$s_{pooled}^2=\frac{(n_1-1)s_1^2+(n_2-1)s_2^2}{n_1+n_2-2} \tag{7.10}$$

这时,两个样本均值之差经标准化后服从自由度为 n_1+n_2-2 的 t 分布,对应的检验统计量为:

$$t=\frac{(\bar{X}_1-\bar{X}_2)-(\mu_1-\mu_2)}{s_{pooled}\sqrt{\dfrac{1}{n_1}+\dfrac{1}{n_2}}}\sim t(n_1+n_2-2) \tag{7.11}$$

(2)两个总体方差 σ_1^2 和 σ_2^2 未知且样本量较小

当两个总体的方差 σ_1^2 和 σ_2^2 未知且样本量小时,没有理由判定 σ_1^2 与 σ_2^2 相等,故认为 $\sigma_1^2\neq\sigma_2^2$。此时,两个样本均值之差经标准化后不再服从自由度为 n_1+n_2-2 的 t 分布,而是近似服从自由度为 v 的 t 分布。对应的检验统计量为:

$$t=\frac{(\bar{X}_1-\bar{X}_2)-(\mu_1-\mu_2)}{\sqrt{\dfrac{s_1^2}{n_1}+\dfrac{s_2^2}{n_2}}}\sim t(v) \tag{7.12}$$

自由度 v 的计算公式为:

$$v=\left(\frac{s_1^2}{n_1}+\frac{s_2^2}{n_2}\right)^2\Big/\left[\frac{(s_1^2)^2}{n_1^2(n_1-1)}+\frac{(s_2^2)^2}{n_2^2(n_2-1)}\right] \tag{7.13}$$

【例 7.7】 在平炉上进行一项试验以确定改变操作方法是否会增加钢的获得率,试验是在同一个平炉上进行的,每炼一炉钢时除操作方法外,其他条件都尽可能做到相同,先用标准方法炼一炉,然后用新方法炼一炉,以此方法交替进行,各炼 10 炉,其获得率如表 7.5 所示。

表 7.5 平炉炼钢标准方法和新方法的钢获得率数据

单位:%

方法	钢获得率									
标准方法	77.1	72.4	76.2	74.3	77.4	77.4	76.0	75.5	76.7	77.3
新方法	79.1	81.0	77.3	79.1	80.0	79.1	79.1	77.3	80.2	82.1

设这两个样本相互独立,且分别来自正态总体 $N(\mu_1,\sigma_1^2)$ 和 $N(\mu_2,\sigma_2^2)$,其中 μ_1 和 μ_2 以及 σ_1^2 和 σ_2^2 均未知。试问:新的操作方法能否提高钢获得率?($\alpha=0.05$)

解 根据题意,这是一个左尾检验,原假设和备则假设分别为:

$H_0:\mu_1-\mu_2\geqslant 0$, $H_1:\mu_1-\mu_2<0$

(1)假定 $\sigma_1^2=\sigma_2^2=\sigma_0^2$,即方差相同的情况,因此选择式(7.11)的 t 检验法。

方法一:手动编写 R 程序,代码及输出结果如下:

```
x <- c(77.1, 72.4, 76.2, 74.3, 77.4, 77.4, 76.0, 75.5, 76.7, 77.3)
y <- c(79.1, 81.0, 77.3, 79.1, 80.0, 79.1, 79.1, 77.3, 80.2, 82.1)
x_bar <- mean(x); y_bar <- mean(y)
var_x <- var(x); var_y <- var(y)
n1 <- 10; n2 <-10
s_pooled <- sqrt(((n1 - 1) * var_x + (n2 - 1) * var_y) / (n1 + n2 - 2))
df <- (n1 + n2 - 2)
t_value <- (x_bar - y_bar) / (s_pooled * sqrt(1 / n1 + 1 / n2))
p_value <- pt(t_value, df = 18)
t_value; p_value
## [1] -4.892663
## [1] 5.859215e-05
```

方法二:直接调用 R 中的 t.test()函数,代码及输出结果如下:

```
t.test(x, y, var.equal = TRUE, alternative = "less")
##   Two Sample t-test
## data:   x and y
## t = -4.8927, df = 18, p-value = 5.859e-05
## alternative hypothesis: true difference in means is less than 0
## 95 percent confidence interval:
##        -Inf  -2.194968
## sample estimates:
## mean of x     mean of y
##     76.03         79.43
```

由输出结果可知,无论是用置信区间决策、临界值决策还是 p 值决策,所得结论均为拒绝原假设 H_0,即新的操作方法能够提高平炉炼钢的效率。

(2)假定 $\sigma_1^2\neq\sigma_2^2$,即总体方差不同的情况。

直接调用 R 中的 t.test()函数,代码及输出结果如下:

```
x <- c(77.1, 72.4, 76.2, 74.3, 77.4, 77.4, 76.0, 75.5, 76.7, 77.3)
y <- c(79.1, 81.0, 77.3, 79.1, 80.0, 79.1, 79.1, 77.3, 80.2, 82.1)
t.test(x, y, var.equal = FALSE, alternative = "less")
##   Welch Two Sample t-test
## data:   x and y
## t = -4.8927, df = 17.889, p-value = 5.96e-05
```

```
## alternative hypothesis: true difference in means is less than 0
## 95 percent confidence interval:
##       -Inf  -2.194564
## sample estimates:
## mean of x    mean of y
##    76.03        79.43
```

由于 $p=5.96e-05<\alpha=0.05$，拒绝 H_0，即新的操作方法的确能够提高效率。

【例 7.8】 在本章的开篇案例中，给出了全国 30 多个一、二线城市 2018—2021 年的环境空气质量指数 AQI 的全年均值和雾霾季均值。在 0.05 的显著性水平下，试回答下列问题：

(1)沿海地区城市的环境空气质量与非沿海地区有无显著差异？

(2)雾霾季环境空气质量指数是否比全年环境空气质量指数高？

解 依题意，(1)是一个双尾检验，用 μ_{1A} 和 μ_{2A} 分别表示沿海地区和非沿海城市环境空气质量指数 AQI 的全年均值，对应的原假设和备则假设分别为：

$H_0:\mu_{1A}-\mu_{2A}=0$， $H_1:\mu_{1A}-\mu_{2A}\neq 0$

用 R 计算沿海地区和非沿海地区城市空气质量指数的样本均值和样本方差，并绘制箱形图，结果如图 7.4 所示。

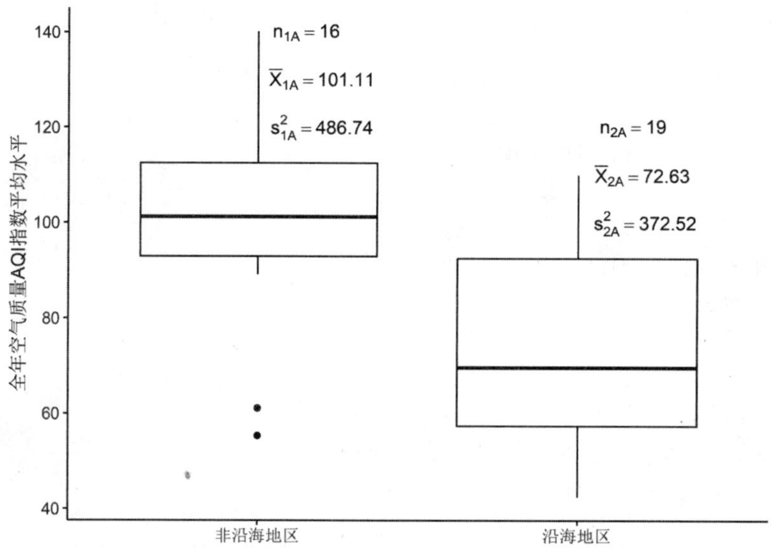

图 7.4 沿海地区和非沿海地区城市空气质量指数对比图

读者可以根据式(7.12)和(7.13)自己编写代码实现该检验，这里仅给出 R 基础包中的 t.test()函数运行的结果。

```
df_AQI <- read_xlsx("D:/ASWR/chapter07/data07/table_7.1_City_AQI.xlsx")
attach(df_AQI)
t.test(annual_ave ~ seaside, var.equal = F)
##   Welch Two Sample t-test
## data:   annual_ave by seaside
## t = 4.027, df = 30.135, p-value = 0.0003523
```

```
## alternative hypothesis: true difference in means
## between group 0 and group 1 is not equal to 0
## 95 percent confidence interval:
## 14.04068  42.92524
## sample estimates:
## mean in group 0         mean in group 1
        101.10875               72.62579
```

由输出结果可知，沿海地区和非沿海地区城市空气质量指数差异的置信区间是[14.04，42.93]，检验的 p 值为 0.00035，远远小于 0.05，因此拒绝原假设，得出不同地区的城市空气质量有显著差异的结论。

(2)是一个单尾检验，用 μ_{1B} 和 μ_{2B} 分别表示雾霾季和全年城市环境空气质量指数 AQI 的均值，对应的原假设和备则假设分别为：

$H_0: \mu_{1B} - \mu_{2B} \leqslant 0$，　$H_1: \mu_{1B} - \mu_{2B} > 0$

读者可以仿照图 7.4 绘制全年均值和雾霾季均值的对比箱形图，该检验的 R 代码及输出结果如下：

```
t.test(x = pollution_season, y = annual_ave, var.equal = F,
       alternative = "greater")
detach(df_AQI)
##   Welch Two Sample t-test
## data:  pollution_season and annual_ave
## t = 2.9617, df = 56.821, p-value = 0.0022
## alternative hypothesis: true difference in means is greater than 0
## 95 percent confidence interval:
## 10.28318       Inf
## sample estimates:
## mean of x    mean of y
## 109.26343    85.64657
```

由输出结果可知，一、二线城市全年空气质量指数 AQI 均值和雾霾季均值之间差异的 t 检验的 p 值为 0.0022，远远小于 0.05，因此拒绝原假设，得出雾霾季城市空气质量更差的结论，这也符合预期。

3. 配对样本检验

配对样本检验可以检验两个相关的样本是否来自具有相同均值的总体或者检验两个有联系的正态总体的均值是否有显著差异。配对样本的检验需要假定两个总体配对差值构成的总体服从正态分布，而且配对差是由差值总体中随机抽取的。对于大样本情形，该统计量服从正态分布，此时可按正态分布进行检验。对于小样本情形，配对差值经标准化后服从自由度为 $n-1$ 的 t 分布。检验统计量为：

$$t = \frac{\bar{d} - (\mu_1 - \mu_2)}{s_d / \sqrt{n}} \tag{7.14}$$

其中，$\bar{d}$ 为配对差值的均值，s_d 为配对差值的标准差。

【例 7.9】 为验证某种药物的疗效,对 7 位患者进行了观察。首先记录了治疗前的测试数据,然后记录了治疗后的测试数据。部分观测数据如表 7.6 所示。在 0.05 的显著性水平下,分析该药品是否具有显著的疗效。

表 7.6 例 7.9 治疗前后的测试数据

单位:mmHg

测试编号	服药前	服药后
1	75.0	71.5
2	95.0	90.0
3	82.0	80.3
4	91.0	87.0
5	100.0	93.6
6	87.0	75.4
7	91.0	67.0

解 假设 μ_1 为治疗前测试数据的均值,μ_2 为治疗后测试数据的均值。检验的原假设和备择假设分别为:

$H_0:\mu_1 \leqslant \mu_2$, $H_1:\mu_1 > \mu_2$

直接调用 R 中的 t.test()函数,代码及输出结果如下:

```
x <- c(75, 95, 82, 91, 100, 87, 91)
y <- c(71.5, 90, 80.3, 87, 93.6, 75.4, 67)
t.test(x, y, paired = TRUE, alternative = "greater")
##  Paired t-test
## data:  x and y
## t = 2.7559, df = 6, p-value = 0.01652
## alternative hypothesis: true difference in means is greater than 0
## 95 percent confidence interval:
## 2.367608       Inf
## sample estimates:
## mean of the differences  8.028571
```

由于 $p=0.01652<\alpha=0.05$,拒绝原假设,即认为该药品有显著疗效。

7.3.2 两个总体比例之差的检验

设两个总体服从二项分布,这两个总体比例之差 $\pi_1-\pi_2$ 的检验思路与一个总体比例的检验类似,要求两个样本都是大样本。样本容量 n_1 和 n_2 必须足够大,为了保证两个样本比例之差 p_1-p_2 的抽样分布近似正态,判断样本容量足够大的经验法则为 $n_1p_1 \geqslant 10$,$n_2p_2 \geqslant 10$,$n_1(1-p_1) \geqslant 10$ 和 $n_2(1-p_2) \geqslant 10$。

1. 检验两个总体比例相等的假设

建立原假设和备择假设分别为:

$H_0:\pi_1-\pi_2=0$, $H_1:\pi_1-\pi_2 \neq 0$

当样本容量 n_1 和 n_2 都足够大时，两个样本比例之差近似服从正态分布，经标准化后近似服从标准正态分布，即

$$Z=\frac{(p_1-p_2)-(\pi_1-\pi_2)}{\sqrt{\frac{\pi_1(1-\pi_1)}{n_1}+\frac{\pi_2(1-\pi_2)}{n_2}}}\sim N(0,1) \tag{7.15}$$

由于 π_1 和 π_2 未知，要用 p_1 和 p_2 来估计，因此在原假设 H_0 为真时，用两个样本的合并比例 p_{pooled} 作为两个总体比例的合并估计值，即

$$p_{pooled}=\frac{n_1p_1+n_2p_2}{n_1+n_2} \tag{7.16}$$

这样，当原假设成立时，检验统计量变为

$$Z=\frac{(p_1-p_2)-(\pi_1-\pi_2)}{\sqrt{p_{pooled}(1-p_{pooled})\left(\frac{1}{n_1}+\frac{1}{n_2}\right)}} \tag{7.17}$$

【例 7.10】 近来正兴起一场运动，鼓励人们拼车上班以节约能源。一些城市则采取措施，指定某些高速公路只能拼车使用(即载有两人以上的汽车才可使用这些公路)。为了评价该计划的效果，某一城市的收费站工作人员分别在拼车专用公路上计划实施前后随机选取了 2000 辆和 1500 辆汽车，调查结果见表 7.7，其中 x_1 和 x_2 分别代表计划实施前后样本中载有两人以上的汽车数量，这些数据能否证明计划实施后合乘汽车的比例有所不同？($\alpha=0.05$)

表 7.7　拼车上班数据

	计划实施之前	计划实施之后
样本容量	$n_1=2000$	$n_2=1500$
拼车数	$x_1=652$	$x_2=576$

解　设 π_1 是计划实施之前的合乘汽车比例，π_2 是计划实施之后的合乘汽车比例。依题意，检验的原假设和备择假设分别为：

$H_0:\pi_1-\pi_2=0$，　$H_1:\pi_1-\pi_2\neq 0$

首先，构造合并比例统计量：

$$p_{pooled}=\frac{n_1p_1+n_2p_2}{n_1+n_2}=\frac{x_1+x_2}{n_1+n_2}=\frac{652+576}{2000+1500}=0.351$$

然后，根据式(7.17)计算检验统计量：

$$\begin{aligned}Z&=\frac{p_1-p_2}{\sqrt{p_{pooled}(1-p_{pooled})\left(\frac{1}{n_1}+\frac{1}{n_2}\right)}}\\&=\frac{0.326-0.384}{\sqrt{0.351\times0.649\times\left(\frac{1}{2000}+\frac{1}{1500}\right)}}\\&=\frac{-0.058}{0.0163}=-3.56\end{aligned}$$

由于 $|Z|=3.56>|Z_{\alpha/2}|=1.96$，落入拒绝域，所以拒绝原假设，即计划实施后合乘汽车的比例有显著变化。

手动编写 R 程序，代码及输出结果如下：

```
n1 <- 2000; n2 <- 1500; p1 <- 652 / 2000; p2 <- 576 / 1500
p_pooled <- (p1 * n1 + p2 * n2) / (n1 + n2)
Z_value <- (p1 - p2) / sqrt(p_pooled * (1 - p_pooled) * (1 / n1 + 1 / n2))
Z_value
## [1] -3.558109
p_value <- 2 * pnorm(Z_value)
p_value
## [1] 0.0003735
```

由于检验的 $p=0.0003735<\alpha=0.05$，所以拒绝 H_0，得到与临界值决策相同的结论。

2. 检验两个总体比例之差不为零的假设

提出假设为 $\pi_1-\pi_2=d_0(d_0\neq 0)$，在这种情况下，两个样本比例之差 p_1-p_2 近似服从正态分布，均值为 $\pi_1-\pi_2$，方差为 $\frac{p_1(1-p_1)}{n_1}+\frac{p_2(1-p_2)}{n_2}$。因而检验统计量为：

$$Z=\frac{(p_1-p_2)-(\pi_1-\pi_2)}{\sqrt{\frac{p_1(1-p_1)}{n_1}+\frac{p_2(1-p_2)}{n_2}}}=\frac{(p_1-p_2)-d_0}{\sqrt{\frac{p_1(1-p_1)}{n_1}+\frac{p_2(1-p_2)}{n_2}}} \tag{7.18}$$

【例 7.11】 有一项研究报告提出，在上网聊天的青少年中，男生网聊的比例比女生网聊的比例至少高出 10 个百分点。现在对 150 个男生和 150 个女生的上网聊天行为进行调查，其中经常网聊的男生有 66 人，经常网聊的女生有 54 人。请检验调查结果是否支持研究报告的结论。($\alpha=0.05$)

解 依题意可知，$p_1=\frac{66}{150}=0.44$，$p_2=\frac{54}{150}=0.36$，首先建立原假设与备择假设：

$H_0:\pi_1-\pi_2\geqslant\pi_0=10\%$，　$H_1:\pi_1-\pi_2<\pi_0=10\%$

由式(7.18)可得

$$Z=\frac{(p_1-p_2)-\pi_0}{\sqrt{\frac{p_1(1-p_1)}{n_1}+\frac{p_2(1-p_2)}{n_2}}}=\frac{0.44-0.36-0.10}{\sqrt{\frac{0.44\times(1-0.44)}{150}+\frac{0.36\times(1-0.36)}{150}}}=-0.354$$

$|Z|=0.354<|Z_{0.05}|=1.645$，检验统计量落入接受域。因此，不能拒绝原假设，即调查结果支持研究报告的结论。

手动编写 R 程序，R 代码和结果如下：

```
n1 <- 150; n2 <- 150; p1 <- 66 / 150; p2 <- 54 / 150; d0 <- 0.1
Z_value <- ((p1 - p2) - d0) / sqrt(p1 * (1 - p1) / n1 + p2 * (1 - p2) / n2)
p <- pnorm(Z_value)
```

```
data.frame(Z_value, p)
##     Z_value          p
## -0.3547378    0.361393
```

由于检验的 $p=0.3614>\alpha=0.05$，所以不拒绝原假设 H_0，可以认为调查结果支持研究报告的结论，即经常网络聊天的男生比例比女生比例高 10%。

7.3.3　两个总体方差之比的检验

在统计实践中经常关注两个总体方差是否相等的问题，如比较两个生产过程的稳定性，比较两种投资方案的风险等。如果要检验两个总体方差是否相等，可以通过检验两个总体方差之比是否等于 1 来进行。

为了比较两个未知的总体方差 σ_1^2 和 σ_2^2，我们用两个样本方差之比来判断，如果 s_1^2/s_2^2 接近于 1，说明两个总体方差 σ_1^2 和 σ_2^2 很接近，如果比值结果远离 1，说明 σ_1^2 与 σ_2^2 之间有较大差异。

当两个总体为正态总体，在原假设 $\sigma_1^2=\sigma_2^2$ 成立的前提下，检验统计量 $F=\frac{s_1^2}{s_2^2}$，服从分子自由度为 n_1-1、分母自由度为 n_2-1 的 F 分布，即

$$F=\frac{s_1^2/\sigma_1^2}{s_2^2/\sigma_2^2}=\frac{s_1^2}{s_2^2}\sim F(n_1-1,n_2-1) \tag{7.19}$$

对于给定的显著性水平 α，在双尾检验时，两个临界点的位置分别为 $F_{\alpha/2}(n_1-1,n_2-1)$ 和 $F_{1-\alpha/2}(n_1-1,n_2-1)$。

【例 7.12】　试检验例 7.7 中两种炼钢方法出钢率的方差是否相等。($\alpha=0.05$)

解　依题意，这是一个双尾检验，对应的原假设和备择假设分别为：

$$H_0:\frac{\sigma_1^2}{\sigma_2^2}=1,\quad H_1:\frac{\sigma_1^2}{\sigma_2^2}\neq 1$$

根据样本数据，计算两个样本的方差分别为 $s_1^2=3.325, s_2^2=2.225$，检验统计量为：

$$F=\frac{s_1^2}{s_2^2}=\frac{3.325}{2.225}=1.49$$

用 R 中的 qf()函数求出两个临界值：

$$F_{\alpha/2}(n_1-1,n_2-1)=F_{0.025}(9,9)=0.25, F_{1-\alpha/2}(n_1-1,n_2-1)=F_{0.975}(9,9)=4.03$$

检验统计量 F 值为 1.49，落入接受域，故不能拒绝 H_0，可以认为这两个总体的方差没有显著差异。

方差检验用 R 中的 var.test()函数实现，代码及输出结果如下：

```
x <- c(78.1, 72.4, 76.2, 74.3, 77.4, 77.4, 76.0, 75.5, 76.7, 77.3)
y <- c(79.1, 81.0, 77.3, 79.1, 80.0, 79.1, 79.1, 77.3, 80.2, 82.1)
var.test(x, y, alternative = "two.sided")
##   F test to compare two variances
## data:   x and y
## F = 1.4945, num df = 9, denom df = 9, p-value = 0.559
## alternative hypothesis: true ratio of variances is not equal to 1
```

```
## 95 percent confidence interval:
## 0.3712079  6.0167710
## sample estimates:
## ratio of variances 1.494481
```

由于检验的 $p=0.559>\alpha=0.05$，因此，没有理由拒绝原假设，认为两个总体的方差相同。这也说明在例 7.7 中，假设两总体方差相同是合理的。

重要术语

假设检验	原假设	备择假设	第Ⅰ类错误
第Ⅱ类错误	检验功效	显著性水平	临界值
拒绝域	接受域	检验统计量	双尾检验
单尾检验	p 值	独立样本	配对样本

思考题

7.1　假设检验和参数估计有什么相同点和不同点？

7.2　假设检验中的显著性水平是什么？

7.3　假设检验中的两类错误是什么？两类错误之间存在什么样的数量关系？

7.4　解释假设检验中的 p 值及其与显著性水平的区别。

7.5　简述假设检验的基本思想及基本步骤。

7.6　在单尾检验中原假设和备择假设的方向应该如何确定？

练习题

7.7　糖厂用自动打包机打包，每包标准重量是 100 千克。每天开工后需要检验一次打包机工作是否正常。某日开工后测得 9 包重量如表 7.8 所示。已知包重服从正态分布，试检验该日打包机工作是否正常？($\alpha=0.05$)

表 7.8　自动打包机生产产品重量

单位：千克

100.2	99.7	98.3	100.5	98.8	99.3	96.9	99.2	98.8
99.3	97.7	100.5	101.2	97.3	99.7	99.5	102.1	100.5

7.8　(数据集 datasets::state.x77)1973 年美国全国人均收入约为 6726 美元，现取 1974 年美国 50 个州的样本进行检验，问美国 1974 年的人均收入较上年是否有显著差别？($\alpha=0.05$)

7.9　某地区小麦的一般生产水平为亩产 250 公斤，其标准差为 30 公斤，现用一种化肥进行试验，35 块试验田的抽样结果表明施肥后的平均产量为 270 公斤。问这种化肥是否让小麦

明显增产？($\alpha=0.05$)

7.10　为了控制贷款规模，某商业银行要求，平均每项贷款数额不能超过60万元。随着经济的发展，贷款规模有增大的趋势。银行经理想了解在同样的项目条件下，贷款的平均规模是否明显地超过60万元。一个样本量为144的随机样本被抽出，测得平均值为67.1万元，标准差为45万元。在$\alpha=0.01$的显著性水平下，对贷款平均规模进行检验。

7.11　某学校根据过去的记录，学生的统计学考试的平均分数为65分，标准差为16分。现在学校改革了教学方法经抽取64名学生作调查，得平均分数为69分，问平均分数有无显著提高？($\alpha=0.05$)

7.12　研究发现，一名正常女性每日平均摄入7725千焦热量，为了进行验证，随机抽取样本，样本容量为20，测得平均每日摄入热量为6888.6千焦，样本标准差为1200千焦，问能否认为正常女性每日实际摄入热量显著低于研究结果？($\alpha=0.05$)

7.13　装配一个部件时可以采用不同的方法，所关心的问题是哪一个方法的效率更高。劳动效率可以用平均装配时间反映。现从不同的装配方法中各抽取12件产品，记录各自的装配时间如表7.9所示。假设两总体为正态总体，且方差相同。问两种方法的装配时间有无显著不同？($\alpha=0.05$)

表7.9　两种方法装配时间表

单位：分钟

方法	装配时间											
甲方法	31	34	29	32	35	38	34	30	29	32	31	26
乙方法	26	24	28	29	30	29	32	26	31	29	32	28

7.14　某公司研发新产品，调查市场占有率，对500名潜在客户调查：有15%的顾客绝对要购买新产品，公司研究认为，新产品达到12%市场占有的机会则可以执行新产品计划。假设15%的客户都会成为真实的顾客，是否执行？($\alpha=0.05$)

7.15　某种大量生产的袋装食品，按规定不得少于250克。今从一批该食品中任意抽取50袋，发现有6袋低于250克。若规定不符合标准的比例超过5%就不得出厂。问该批食品能否出厂？($\alpha=0.05$)

7.16　某工厂制造螺栓，规定螺栓口径为7.0cm，方差为0.03，今从一批螺栓中抽取80个测量其口径，经计算其方差为0.0375。假定螺栓口径为正态分布，问这批螺栓是否达到规定的要求？($\alpha=0.05$)

7.17　某厂生产的一种电池，其寿命(单位：小时)服从方差$\sigma^2=5000$的正态分布，现有一批这种电池，从生产的情况来看，寿命的波动性有所改变，现随机地抽取26只电池，测得寿命的样本方差$s^2=9200$，问根据这一数据能否推断这批电池寿命的波动性较以往有显著性的变化。($\alpha=0.02$)

7.18　(数据集datasets::mtcars)汽车分为自动挡和手动挡两种，根据以往资料显示，汽车驾车模式的不同可能对该车运行过程中的马力大小产生影响，取32辆汽车(不同车型)的相关数据进行检验，假设该数据近似满足正态分布，问采用这两种模式的汽车在马力上是否有显著性差别？($\alpha=0.05$)

7.19　(数据集plm::Wages)根据以往资料显示，性别不同可能对工人的薪资水平产生影响，取595名工人的相关数据进行检验，假设该数据近似服从正态分布，问不同性别的工人的薪

资是否有显著差别？($\alpha=0.05$)

7.20 一个农业试验站想要比较两个新的玉米品种的产量。研究人员认为不同农场之间的产量的差异可能会很大，故在7个农场的每一个农场都选择了两块一英亩的土地随机播种这两种玉米。成熟时收获玉米，试验结果如表7.10所示。根据这些数据检验两种玉米平均产量是否存在差异。($\alpha=0.05$)

表 7.10 不同品种玉米产量数据

单位：蒲式耳

农场	1	2	3	4	5	6	7
品种 A	47.2	44.6	49.7	40.5	54.6	47.1	51.4
品种 B	41.5	40.1	44.0	41.2	49.8	41.7	46.8
差值	6.7	4.5	5.7	−0.7	4.8	5.4	4.6

7.21 某调查调查了339名50岁以上的人，其中205名吸烟者中有43人患慢性气管炎，在134名不吸烟者中有13人患慢性气管炎。调查数据能否支持“吸烟者容易患慢性气管炎”这种观点？($\alpha=0.05$)

7.22 有一个奶酪进口商是靠直接邮寄广告来销售产品的。在开发圣诞节的广告小册时，进口商设计了两个不同的方案，为了了解方案A是否比方案B更好，该进口商从它的客户名单中随机地抽取了样本进行实验，结果如表7.11所示。请问方案A与方案B有没有显著性差别？($\alpha=0.05$)

表 7.11 两种方案订单数据表

	方案 A	方案 B
样本数	$n_1=400$	$n_2=200$
订单数	$r_1=100$	$r_2=44$

7.23 某砖厂制成两批机制红砖，抽样检查测量砖的抗折强度(单位：千克)，结果如下：

第一批：$n_1=10,\bar{x}=27.3,s_1=6.4$

第二批：$n_2=8,\bar{y}=30.5,s_2=3.8$

已知砖的抗折强度服从正态分布，试检验两批红砖的抗折强度的方差是否有显著性差异？($\alpha=0.05$)

7.24 甲、乙两台机床同时独立地加工某种轴，轴的直径分别服从正态分布 $N(\mu_1,\sigma_1^2)$ 与 $N(\mu_2,\sigma_2^2)$，且 μ_1,μ_2 未知。今从甲机床加工的轴中随机地抽取6根，测量它们的直径为 $x_1,\cdots,x_6$，从乙机床加工的轴中随机地抽取9根，测量它们的直径为 $y_1,\cdots,y_9$，经计算得 $\bar{x}=34.1$，$\bar{y}=41.2,s_1^2=0.408,s_2^2=0.405$。试问在0.05的显著性水平下，两台机床加工的轴的直径方差是否有显著性差异？

7.25 利用本章开篇案例的数据，对沿海地区和非沿海地区城市空气质量AQI指数的方差是否相等进行检验，并根据结果重新对例7.8的结果进行修正。

第 8 章
方差分析

【受教育水平对退休人员养老金是否有显著影响?】

党的十八大以来,是我国社会保障制度改革力度最大、发展速度最快的时期。以增强公平性、适应流动性、保证可持续性为重点,统筹推进覆盖全民、统筹城乡、公平统一、可持续的社会保障体系建设,成就举世瞩目。

第七次全国人口普查数据显示,我国 60 岁及以上人口的比重达到 18.70%,其中 65 岁及以上人口比重达到 13.50%,趋近深度老龄化社会的占比标准 14%。

面对中国老年人口规模庞大、老龄化进程明显加快的现实,老百姓对“退休”二字的关注也延伸到社会养老体系等方面,养老金的高低直接影响经济社会的和谐与稳定。退休后领取养老金金额的影响因素有很多,不可否认,退休前最高学历是其中的重要因素之一。为了比较小学、初中、高中、大专及本科学历退休人员每月领取的养老金是否存在显著差异,我们从本书配套的养老金数据集(CFPS2020_pension_educ. xlsx)中随机选择 500 个样本,绘制不同受教育水平退休人员养老金金额的箱形图,如图 8.1 所示。肉眼可见的均值差异究竟在统计学意义上是否显著呢? 又该如何评价这种差异?

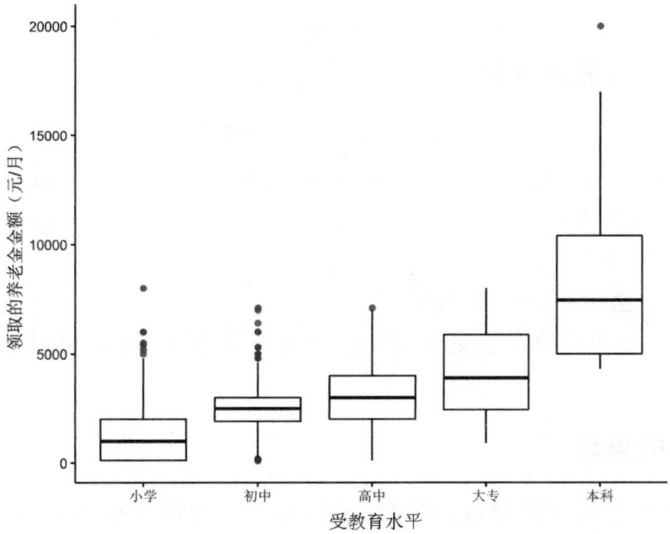

图 8.1　不同受教育水平退休人员养老金金额箱形图

在第 7 章曾经学习过两个总体均值的假设检验,当总体的数量超过两个时,自然会想到用多次两两比较的方式来检验它们均值的差异性。然而,每检验一次就会产生一次检验误差,多次检验误差就会累积变大,进而失去可靠性。本章将要介绍的方差分析方法可以实现多个总体均值全部相等的联合假设检验。

8.1 方差分析概述

方差分析(Analysis of Variance,ANOVA)是研究分类自变量对数值型因变量影响的一种统计方法,是通过对因变量进行方差分解来分析均值差异性的假设检验。它是 20 世纪 20 年代由英国统计学家费舍尔在进行试验设计时为解析试验数据而首先引入的,因此又称为 F 检验。方差分析采用数理统计的方法对所有结果进行分析,以鉴别各种因素对研究对象的某些特征值影响大小的一种有效方法,目前被广泛用于社会学、心理学、生物制药、公共卫生以及工程建设等实践领域。

8.1.1 方差分析中的几个关键术语

表面上看,方差分析是检验多个总体均值是否全部相等的一种统计方法,但本质上它研究的是数值型因变量与一个或者多个分类自变量之间是否存在线性相关关系。在方差分析中,通过分类自变量可以把观测结果分成不同的几个组来进行均值差异比较。由于方差分析与实验研究有着密切的联系,因此,方差分析中也使用了一些与实验有关的概念。在方差分析中,自变量称为因素或因子(Factor),因子的不同表现也就是每个自变量的不同取值称为因素的水平(Level)或处理(Treatment),每个因子水平下得到的样本数据称为观测值,自变量对因变量的影响叫做效应(Effect)。只有一个分类自变量的方差分析称为单因素方差分析,研究两个或两个以上的因素对因变量的影响则称为多因素方差分析,开篇案例中的数值型因变量是养老金金额,分类变量是受教育水平,共有小学、初中、高中、大专和本科五类取值,因此它是一个单因素五水平的方差分析。

8.1.2 方差分析中的假设陈述

正如前面所讲,方差分析是检验多个总体均值是否全部相等的一种假设检验,因此对于单因素 k 水平的方差分析而言,如果每个水平对应的总体均值分别为 $\mu_1,\mu_2,\cdots,\mu_k$,则方差分析的原假设和备择假设分别为:

$H_0:\mu_1=\mu_2=\cdots=\mu_k$

$H_1:\mu_1,\mu_2,\cdots,\mu_k$ 至少有两个不相等

如果原假设成立,意味着分类变量对因变量没有显著影响,否则可以进一步探究二者之间的关系及其强度。

8.1.3 误差分解的思想

方差分析的基本思想是误差分解,即因变量的总变异可以分解为两种来源,一种是源于抽样的随机误差,另一种是来自不同处理的系统误差。同一因素同一水平下抽取的样本观测值之间的差异可以看成是随机因素的影响造成的,或者说是由抽样的随机性所造成的随机误差,这种来自水平内部的数据误差也称为组内误差,组内误差只包含随机误差。不同水平之间的误差称为组间误差,这种差异可能是抽样本身形成的随机误差,也可能是由处理本身的系统性因素造成的系统误差。

下面用本章开篇案例的部分数据为例介绍方差分析中的数据结构，如表 8.1 所示，因变量养老金金额用 y 表示，分类变量受教育水平用 x 表示，这是一个单因素五水平的方差分析，每一组的样本数并不一定相等。这是一个宽表格的形式，适合做手工计算，在用软件做方差分析时，需要将其转换成为长表格，即表格中除观测序号外其余的数值均为因变量 y 的观测值和分类变量 x 对应的五种受教育程度的取值(分别是小学、初中、高中、大专和本科)。R 中二者的转换方式参见例 8.1。

表 8.1　单因素方差分析中的数据结构

单位:元/月

因变量 y	分类变量 x 对应的水平				
观测	小学	初中	高中	大专	本科
1	1000	1600	880	800	4760
2	1200	900	1320	1400	5832
3	800	2000	1750	1680	6800
4	980	3500	2480	4200	7500
5	1500	3200	2580	3750	8200
6	1350	2200	3800	5100	10000
7			4000	3300	15700
8				5600	18000

由表中数据可以计算出因变量的总均值 $\bar{\bar{y}}=3990.34$，5 个组对应的组均值分别为 $\bar{y}_1=1138.33$，$\bar{y}_2=2233.33$，$\bar{y}_3=2401.43$，$\bar{y}_4=3228.75$，$\bar{y}_5=9599.00$。

在方差分析中，数据的误差是用离差平方和来表示的。反映全部数据误差大小的平方和称为总平方和，记为 SST；反映组内误差大小的平方和称为组内平方和，也称为误差平方和或残差平方和，记为 SSE；反映组间误差大小的平方和称为组间平方和，也称为因素平方和，记为 SSA。三者之间的关系为：$SST=SSA+SSE$。下面分别计算这三个统计量：

(1)总平方和 (SST)

对每一个观测值相对于总均值的离差进行平方求和，可得

$$SST=\sum_{i=1}^{k}\sum_{j=1}^{n_i}(y_{ij}-\bar{\bar{y}})^2=536614459.88$$

(2)组内平方和 (SSE)

$$SSE=\sum_{i=1}^{k}\sum_{j=1}^{n_i}(y_{ij}-\bar{y}_j)^2=195319205.88$$

(3)组间平方和 (SSA)

$$SSA=\sum_{i=1}^{k}n_i(\bar{y}_i-\bar{\bar{y}})^2=341295254.00$$

计算的结果也验证了总误差可以分解为组间误差和组内误差的关系。

如果因素对数值型因变量没有影响，那么在组间误差中应该只包含随机误差，而没有系统误差。这时，组间误差与组内误差经过自由度平均后的数值(称为均方或方差，分别用 MSA 和 MSE 表示)就应该很接近，它们的比值会接近于 1；反之，因素对数值型因变量有影响，则组间误差中除了包含随机误差，还会包含系统误差，同时，组间误差平均后的数值就会大于组内误差平均后的数值，它们之间的比值就会大于 1。当这个比值大到某种程度时，就可认为因素的不

同水平之间均值存在着显著差异,也就是自变量对因变量有显著影响。可以证明,在原假设成立的前提下,比值 MSA/MSE 服从分子自由度为 $k-1$、分母自由度为 $n-k$ 的 F 分布。那么,根据第 7 章的知识就可以对其显著性进行检验。

8.1.4 方差分析的基本假定及检验方法

1. 基本假定

任何一种统计方法都有其自身的适用条件,方差分析是通过对多个总体均值的比较来判断分类自变量对数值型因变量是否存在影响的一种方法,该方法的应用一般需要满足以下三个假定条件:(1)每个水平对应的总体都服从正态分布;(2)每个正态总体的方差均相等;(3)样本观测值是独立的。

2. 检验方法

在正式进行方差分析之前,首先要对其基本假定进行检验,如果得不到满足则要么扩大样本,要么改用其他统计方法。

(1)正态性检验

正态分布的假定可以通过观测各组数据的直方图、QQ 图等进行直观判断,也可以借助于一些统计检验方法,例如夏皮罗-威尔克的 S-W 检验、雅克-贝拉的 J-B 检验、科尔莫戈诺夫-斯米尔诺夫的 K-S 检验以及安德森-达龄的 A-D 检验等。需要特别注意的是,正态性检验不是对数据整体分布的检验,而是对因素按照不同水平分组以后各组数据的检验。

(2)方差齐性检验

对各总体方差是否相等的检验称为方差齐性检验。根据箱形图可以直观判断各组数据的波动情况,也可以采用经验方法,即计算各组数据的标准差,如果最大值与最小值的比例小于 2∶1,则可认为是同方差的。此外,还有很多正式的检验方法,如方差比 F 检验、Hartley 检验、Levene 检验、BF 检验和 Bartlett 检验等。

3. 其他说明

方差分析对前两个假设条件是稳健的,允许一定程度的偏离,也就是说在不完全满足前两个条件的情况下,方差分析的结果也是可靠的。独立性的假设条件一般可以通过对数据搜集过程的控制来满足。如果确实严重偏离了前两个假设条件,则需要先对数据进行适当的数学变换或使用非参数的方法来比较各组的均值。

8.2 方差分析表

误差分解以及构造检验统计量的过程可以用方差分析表(ANOVA Table)进行呈现,下面结合单因素方差分析和双因素方差分析分别构造对应的方差分析表。

8.2.1 单因素方差分析

1. 模型视角的单因素方差分析

方差分析本质上是广义线性模型的特例,假设因素 A 有 k 个水平,单因素方差分析可以用下面的线性模型表示:

$$y_{ij}=\mu_i+\varepsilon_{ij} \tag{8.1}$$

其中,y_{ij} 表示第 i $(i=1,2,\cdots,k)$ 个水平中的第 j 个观测值,μ_i 表示第 i 个水平的平均值,ε_{ij}

表示第 i 个水平中的第 j 个观测值的随机误差。通常假定 ε_{ij} 是期望值为零且方差相等的正态随机变量,即 $\varepsilon_{ij} \sim N(0,\sigma^2)$。同时,为了能够对观测值进行预测,假定 $E(y_i)=\mu_i$,即第 i 个处理的各观测值的期望都等于该处理的均值。

设全部观测数据的总均值为 μ,第 i 个处理的均值 μ_i 与总均值之差用 $\mu_i-\mu$ 表示,记为 α_i,即 $\alpha_i=\mu_i-\mu$,这样第 i 个处理的均值可被分解为 $\mu_i=\mu+\alpha_i$,由此,模型(8.1)可以表达成下面的形式:

$$y_{ij}=\mu+\alpha_i+\varepsilon_{ij} \tag{8.2}$$

模型中 μ 表示不考虑因素的影响时观测值的总均值,它是模型的常数项;α_i 表示处理为 i 时对观测值的附加效应。

由前述分析可知,检验因素 A 的 k 个处理间是否具有显著性差异的问题可以归结为检验这 k 个总体的均值是否相同,对应的原假设和备择假设分别为:

H_0:$\alpha_i=0$ ($i=1,2,\cdots,k$)　　(处理效应不显著)

H_1:至少有一个 α_i 不等于 0　　(处理效应显著)

如果 H_0 被拒绝,则说明因素 A 各水平的效应之间有显著的差异,否则差异不显著。

2. 方差分析表

为了检验上述假设,需要构造检验统计量。首先,需要计算处理平方和(SSA)以及误差平方和(SSE);然后,将各平方和除以相应的自由度(df)以消除观测数据多少对平方和大小的影响,其结果称为均方差;最后,将处理均方(MSA)除以误差均方(MSE),得到用于检验处理效应的统计量 F。表 8.2 显示了单因素方差分析表的一般形式。

表 8.2　单因素方差分析表

误差来源	平方和(SS)	自由度(df)	均方(MS)	检验统计量(F)
组间误差	$SSA=\sum_{i=1}^{k} n_i(\bar{y}_i-\bar{\bar{y}})^2$	$k-1$	$MSA=\dfrac{SSA}{k-1}$	$F=\dfrac{MSA}{MSE}$
组内误差	$SSE=\sum_{i=1}^{k}\sum_{j=1}^{n_i}(y_{ij}-\bar{y}_i)^2$	$n-k$	$MSE=\dfrac{SSE}{n-k}$	
总误差	$SST=\sum_{i=1}^{k}\sum_{j=1}^{n_i}(y_{ij}-\bar{\bar{y}})^2$	$n-1$		

表 8.2 中,n 为因变量观测值的个数,n_i 是第 i 个处理的样本量,$\bar{y}_i=\dfrac{1}{n_i}\sum_{j=1}^{n_i} y_{ij}$ 是对应于第 i 个处理的样本均值,$\bar{\bar{y}}=\dfrac{1}{n}\sum_{i=1}^{k}\sum_{j=1}^{n_i} y_{ij}$ 是所有样本数据的总均值。有了检验统计量的值,给定显著性水平 α 就可以根据 F 分布的临界值或者 p 值做出统计决策:若 $p<\alpha$,拒绝 H_0,即 α_i ($i=1,2,\cdots,k$) 不全为 0,表示处理效应显著。

8.2.2　双因素方差分析

当方差分析中涉及两个分类自变量时,称为双因素方差分析。双因素方差分析有两种类型:一种是无交互作用的双因素方差分析,它假定因素 A 和因素 B 对因变量的影响是相互独立的,不存在相互关系;另外一种是有交互作用的方差分析,它假定因素 A 和因素 B 对因变量的影响不是独立的,而是相互起作用的,两个因素同时起作用的结果不是两个因素分别作用的简单相加,两者的结合会产生一个新的效应,我们称这种效应为交互效应。和单因素方差分析相同,双因素方差分析也要求观测数据满足正态分布、方差相等和独立性等假定条件。

1. 模型视角的双因素方差分析

在双因素方差分析中,假定 A 因素有 I 个不同的处理 $A_1, A_2, \cdots, A_I$, B 因素有 J 个不同的处理 $B_1, B_2, \cdots, B_J$, 并假设每组试验重复了 K 次,则总数据量为 $N = IJK$。如果只考虑主效应而不考虑交互效应,两个因素的每种组合只可以测得一个观测值,即 $K=1$, 但要考虑交互效应时,每种组合就必须重复测量多个观测值,一般要求每组试验的重复次数 K 不小于 2。在双因素方差分析模型中,因变量的取值受以下五个因素的影响:总体平均值、因素 A 导致的差异、因素 B 导致的差异、因素 A 和 B 交互作用产生的差异和误差项。任意一个观测值 y_{ijk} 都可以写成如下模型的形式:

$$y_{ijk} = \mu + \alpha_i + \beta_j + \gamma_{ij} + \varepsilon_{ijk} \tag{8.3}$$

其中, y_{ijk} 表示因素 A 的第 i 个处理和因素 B 的第 j 个处理组合的第 k 个观测值; μ 表示不考虑因素 A 和因素 B 及其交互影响时观测值的总均值,它是模型的常数项; α_i 表示因素 A 的处理为 i 时对观测数据的附加效应,它对应的就是因素 A 的处理误差; β_j 表示因素 B 的处理为 j 时观测数据的附加效应,它对应的就是因素 B 的处理误差; γ_{ij} 表示因素 A 的第 i 个处理和因素 B 的第 j 个处理搭配时产生的交互效应; ε_{ijk} 表示因素 A 的第 i 个处理和因素 B 的第 j 个处理组合时的第 k 个观测值的随机误差。

若 $\gamma_{ij}=0$, 则模型(8.3)可写为:

$$y_{ijk} = \mu + \alpha_i + \beta_j + \varepsilon_{ijk} \tag{8.4}$$

模型(8.4)就是无交互效应的双因素方差分析模型。检验因素 A 的 I 个处理和因素 B 的 J 个处理对因变量的效应,需要检验以下三组假设:

(1)检验因素 A 的假设

$H_0: \alpha_i = 0\ (i=1,2,\cdots,I)$　　(因素 A 的处理效应不显著)

$H_1: \alpha_i$ 至少有一个不等于 0　　(因素 A 的处理效应显著)

(2)检验因素 B 的假设

$H_0: \beta_j = 0\ (i=1,2,\cdots,J)$　　(因素 B 的处理效应不显著)

$H_1: \beta_j$ 至少有一个不等于 0　　(因素 B 的处理效应显著)

(3)检验因素 A 与因素 B 交互效应的假设

$H_0: \gamma_{ij} = 0$　　(交互效应不显著)

$H_1: \gamma_{ij}$ 至少有一个不等于 0　　(交互效应显著)

如果根据先验信息确定因素 A 和因素 B 之间不存在交互效应或者研究目的中不需要考虑二者之间的交互效应,则最后一组假设可不检验,而只采用无交互效应的前两组假设进行检验即可。

2. 方差分析表

双因素方差分析与单因素方差分析的统计原理基本相同,因变量的总误差同样可以分解为因素 A 的处理误差、因素 B 的处理误差、二者之间的交互误差以及随机误差四个部分,误差平方和分解公式如下:

$$SST = SSA + SSB + SSAB + SSE$$

以上各误差平方和的计算公式如下:

$$SST = \sum_{i=1}^{I}\sum_{j=1}^{J}\sum_{k=1}^{K}(y_{ijk} - \bar{\bar{y}})^2 \tag{8.5}$$

$$SSA = JK\sum_{i=1}^{I}(\bar{y}_i - \bar{\bar{y}})^2 \tag{8.6}$$

$$SSB = IK\sum_{j=1}^{J}(\bar{y}_j - \bar{\bar{y}})^2 \tag{8.7}$$

$$SSAB = K\sum_{i=1}^{I}\sum_{j=1}^{J}(\bar{y}_{ij} - \bar{y}_i - \bar{y}_j + \bar{\bar{y}})^2 \tag{8.8}$$

$$SSE = SST - SSA - SSB - SSAB$$

将各平方和(SS)除以相应的自由度(df),得到相应的均方差(MS),再将各处理均方差(MSA 和 MSB)分别除以误差均方差(MSE),得到用于检验因素 A 和因素 B 对因变量主要效应的统计量 F_A 和 F_B。与单因素情况类似,双因素方差分析表如表 8.3 所示。

表 8.3　双因素方差分析表

误差来源	平方和(SS)	自由度(df)	均方(MS)	检验统计量(F)
因素 A 的处理效应	SSA	$I-1$	$MSA=\dfrac{SSA}{I-1}$	$F_A=\dfrac{MSA}{MSE}$
因素 B 的处理效应	SSB	$J-1$	$MSB=\dfrac{SSB}{J-1}$	$F_B=\dfrac{MSB}{MSE}$
因素 A 与因素 B 的交互效应	$SSAB$	$(I-1)(K-1)$	$MSAB=\dfrac{SSAB}{(I-1)(K-1)}$	$F_{AB}=\dfrac{MSAB}{MSE}$
随机误差	SSE	$IJ(K-1)$	$MSE=\dfrac{SSE}{IJ(K-1)}$	
总效应	SST	$TJK-1$		

给定显著性水平 α,根据检验统计量 F_A、F_B 和 F_{AB} 对应的 p 值,即可判定因素 A、因素 B 的主效应及其交互效应是否在统计上显著。

8.2.3　方差分析在 R 中的实现

本小节将通过案例演示方差分析在 R 中的实现方法。一般来讲,在做方差分析之前,首先需要对数据进行可视化,直观判断各组均值之间的差异情况,然后调用 aov()函数进行方差分析。需要特别注意的是,R 软件做方差分析时需要使用长格式的数据,如果是宽格式数据需要先用 reshape2 包中的 melt()函数将其转化为长格式。

1. 用 R 做单因素方差分析

【例 8.1】　数据如表 8.4 所示。首先将其转换成长表格,然后绘制散点图,在单因素五水平方差分析的基础上说明受教育水平对养老金是否有显著影响。($\alpha=0.05$)

解　(1)用 reshape2::melt()函数将宽表格转换成长表格如表 8.5 所示,代码如下:

```
library(data.table); library(tidyverse)
df0801 <- read.csv(file = "D:/ASWR/chapter08/data08/table8_1.csv", header = T)
df0801_long <- reshape2::melt(data = df0801,
  measure.vars = c("primary", "middle", "highschool", "juniorcollege", "undergraduate"),
  variable.name = "EducationLevel", variable.factor = "EducationLevel",
  value.name = "Pension", na.rm = T)
```

表 8.4　不同受教育水平退休人员养老金数据(宽格式)

ID	primary	middle	highschool	juniorcollege	undergraduate
1	1000	1600	880	800	4760
2	1200	900	1320	1400	5832
3	800	2000	1750	1680	6800
4	980	3500	2480	4200	7500
5	1500	3200	2580	3750	8200
6	1350	2200	3800	5100	10000
7			4000	3300	15700
8				5600	18000

表 8.5　表 8.4 的长表格形式

ID	EducationLevel	Pension
1	primary	1000
2	primary	1200
3	primary	800
⋮	⋮	⋮
7	middle	1600
8	middle	900
⋮	⋮	⋮
35	undergraduate	18000

(2)绘制散点图如图 8.2 所示,从图上可以看出,本科学历退休人员的养老金明显高于其他几个群体,但是否是随机误差所致还有待于进一步检验。

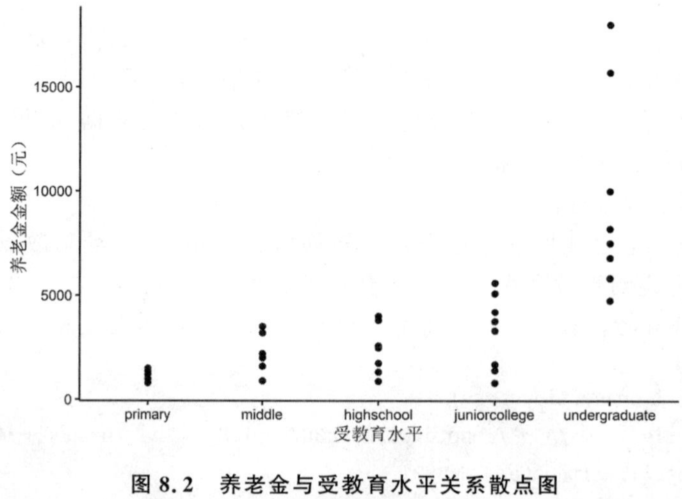

图 8.2　养老金与受教育水平关系散点图

(3)用 R 做单因素方差分析。在 R 软件中,可用 aov()函数做单因素方差分析,用 summary()函数生成方差分析表,代码及输出结果如下:

```
attach(df0801_long)
anova_pension_educ <- aov(pension ~ educationlevel)
summary(anova_pension_educ)
detach(df0801_long)
##                  Df     Sum Sq    Mean Sq    F value    Pr(>F)
## educationlevel    4    341295254   85323814      13.11    2.75e-06 * * *
## Residuals        30    195319206    6510640
## ---
## Signif. codes:  0 ' * * * '  0.001 ' * * '  0.01 ' * '  0.05 '.'  0.1 ' '  1
```

在上述结果中,Df 表示自由度,Sum Sq 表示主效应和随机效应平方和,Mean Sq 表示组间均方和组内均方,F value 表示检验统计量 F 的值,Pr(>F)表示检验的 p 值。由运行结果可知,$p << \alpha$,所以可拒绝原假设,即在0.05的显著性水平下,不同的受教育水平对退休人员的养老金有显著影响。

依据以上结果可以给出完整的方差分析表,如表8.6所示。

表8.6 不同受教育水平对养老金影响的方差分析表

误差来源	自由度	平方和	均方	F 值	p 值
组间误差	4	341295254	85323814	13.11	2.75e−06
组内误差	30	195319206	6510640		
总误差	34	536614460			

【例8.2】 (数据集 ggplot2::diamonds)从该数据集中随机抽取容量为200的样本,绘制箱形图并说明不同类型的切工对钻石价格是否存在影响。($\alpha=0.05$)

解 (1)用第4章介绍的绘图方法绘制箱形图如图8.3所示,R代码略。

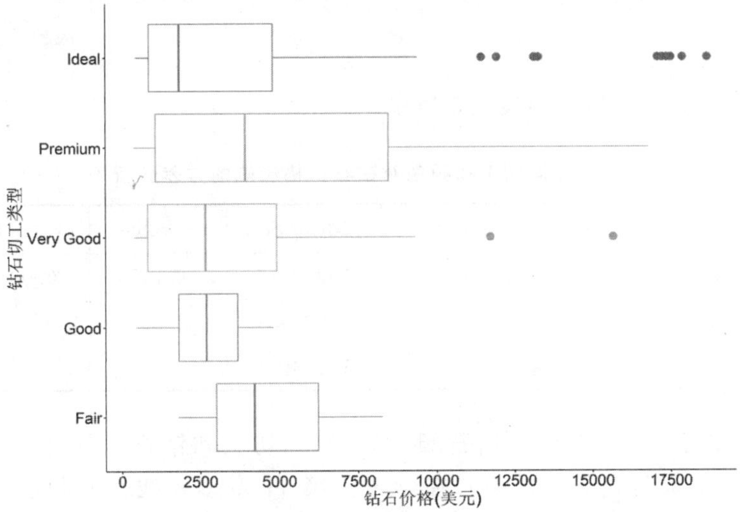

图8.3 以切工分类的钻石价格箱形图

(2)方差分析。和例8.1一样,调用aov()函数,代码略,输出方差分析结果并进行适当整理如表8.7所示。

表 8.7　不同切工类型对钻石价格影响的方差分析表

误差来源	Df	Sum Sq	Mean Sq	F value	Pr(>F)
组间误差	4	1.455e+08	36372993	1.956	0.103
组内误差	195	3.625e+09	18591537		
总误差	199	3.771e+09			

可以看出，F 检验的 p 值为 0.103，大于 $\alpha=0.05$，所以不能拒绝原假设，因此认为不同切工类型的钻石其价格差异完全来自随机因素，换句话说，钻石切工对钻石价格没有显著影响。

2. 用 R 做双因素方差分析

双因素方差分析包括无交互作用的方差分析和有交互作用的方差分析，只需要对单因素方差分析中的函数表达式略作调整即可。无交互效应的函数用法为：aov(y～A+B)，有交互效应的函数用法为 aov(y～A+B+A:B)，其中 A 和 B 代表两个因素，A:B 代表二者之间的交互效应。下面通过案例演示 R 中的实现方法。

【例 8.3】 继续沿用例 8.2 中的 diamonds 数据集，在考虑钻石切工(cut)对钻石价格(price)的影响的同时，增加一个分类变量钻石颜色(color)，在不考虑交互效应的情况下分析这两个分类变量对钻石价格是否有显著影响。($\alpha=0.05$)

解　(1)分别绘制价格—切工以及价格—颜色分类箱形图(略)；

(2)用 aov()函数做双因素方差分析，代码及输出结果如下：

```
set.seed(10491)
df0803 <- diamonds %>% sample_n(200)
attach(df0803)
anova0803 <- aov(price ~ cut + color)
summary(anova0803)
detach(df0803)
```

整理后的双因素方差分析表如表 8.8 所示。

表 8.8　不同切工和颜色对钻石价格影响的方差分析表

误差来源	Df	Sum Sq	Mean Sq	F value	Pr(>F)
cut	4	2.000e+08	50010177	2.717	0.0311
color	6	3.157e+08	52622339	2.859	0.0109
Residuals	189	3.478e+09	18403641		

由输出结果可以看出，在考虑了钻石颜色后，钻石切工和钻石颜色对钻石价格的影响在 0.05 的显著性水平上都是显著的。读者在学习完第 11 章多元线性回归后将会明白其中的原因。

【例 8.4】 在例 8.3 的基础上，考虑钻石切工(cut)和钻石颜色(color)的交互效应，对该例做有交互效应的双因素方差分析。($\alpha=0.05$)

解　R 代码如下，方差分析表如表 8.9 所示。

```
set.seed(10491)
df0803 <- diamonds %>% sample_n(200)
attach(df0803)
anova_interaction <- aov(price ~ cut + color + cut:color)
summary(anova_interaction)
detach(df0803)
```

表 8.9　不同切工和颜色对钻石价格影响的方差分析表

误差来源	Df	Sum Sq	Mean Sq	F value	Pr(＞F)
cut	4	2.000e+08	50010177	2.591	0.0385
color	6	3.157e+08	52622339	2.726	0.0149
cut:color	18	1.776e+08	9868240	0.511	0.9504
Residuals	171	3.301e+09	19302104		

由交互项 cut:color 的 $p=0.9504$ 可知钻石切工与钻石颜色之间并没有交互效应，二者对钻石价格的影响是独立的。

8.3　方差分析中的多重比较

如果方差分析的 F 检验显著，只能告诉我们多个总体的均值是不完全相等的，但是无法知道究竟是全不相等还是只有部分不相等。为解决这一问题，我们还需要采用多重比较的方法开展进一步分析，这在方差分析中称为事后检验。

多重比较方法(Multiple Comparison Procedures)是通过对总体均值之间的配对比较来进一步检验到底哪些总体均值之间存在差异。多重比较的方法有很多种，比如费舍尔提出的 LSD 法、Tukey 提出的 HSD 法以及 Sidak 法、Bonferroni 法、Dunnett 法、SNK 法和 Duncan 法等。本书只介绍费舍尔提出的最小显著差异 LSD 方法。

1. 费舍尔 LSD 法多重比较的原理

费舍尔 LSD 方法与第 7 章中方差相等的两个总体均值是否相等的 t 检验较为相似，所不同的是，在满足方差齐性的前提下，LSD 法采用所有样本的合并方差来估计均值之差的标准误，而不是要比较的两个样本的合并方差。以单因素三水平为例，三个总体之间均值差异两两比较时，合并方差的计算公式为：

$$s_p^2=\frac{(n_1-1)s_1^2+(n_2-1)s_2^2+(n_3-1)s_3^2}{n_1+n_2+n_3-3} \tag{8.9}$$

LSD 法两两比较的步骤如下：

(1)提出假设：

$H_0:\mu_i=\mu_j$，　$H_1:\mu_i\neq\mu_j$

(2)计算样本统计量：参与比较的两组样本均值之差的绝对值为 $|\bar{y}_i-\bar{y}_j|$；

(3)计算 LSD：

$$LSD=t_{\alpha/2}\sqrt{s_p^2\left(\frac{1}{n_1}+\frac{1}{n_2}\right)} \tag{8.10}$$

其中，$t_{\alpha/2}$ 是自由度为 $n-k$ 的 t 分布的临界值，k 是因素中水平的个数。

(4)决策。当两组样本均值之差大于 LSD 时,说明差异达到显著的水平,就可以拒绝原假设,认为两组总体均值不相等。需要注意的是,LSD 法单次比较的检验水准仍然为 α,该检验灵敏度很高,但是会因为对比的次数增加使得犯第Ⅰ类错误的概率增加。为解决该问题,便出现了 Sidak 法和 Bonferroni 法。关于其他多重比较法的原理请读者参考相关的文献。

2. 用 R 实现多重比较

【例 8.5】 沿用本章开篇的养老金的案例,随机从中抽取 500 个样本观测数据,首先绘制箱形图,然后做方差分析,并对不同受教育水平的退休人员平均养老金差异进行多重比较。($\alpha=0.05$)

解 (1)数据准备。首先读入原始数据,并进行随机抽样,代码如下:

```
df08_pension <- read.csv("D:/ASWR/chapter08/data08/CFPS2020_pension_educ.csv", header = T)
df08_pension_500 <- df08_pension %>%
dplyr::select(EducationLevel, Pension) %>%
sample_n(size = 500, replace = F)
```

(2)将受教育水平中的数字转换成相应的字符串,并将 EducationLevel 变量转换成因子型。R 代码及相关注释如下:

```
df0804 <- df08_pension_500 %>%
  mutate(EducationLevel = case_when(EducationLevel == "3" ~ "小学",
                                    EducationLevel == "4" ~ "初中",
                                    EducationLevel == "5" ~ "高中",
                                    EducationLevel == "6" ~ "大专",
                                    EducationLevel == "7" ~ "本科"))
df0804 <- df0804 %>%
  mutate(EducationLevel = factor(EducationLevel,
                                 levels = c("小学","初中","高中","大专","本科")))
```

(3)箱形图绘制。首先进行描述统计,表 8.10 摘要性地给出了每组的样本量、最小值、平均值、最大值以及标准差。用 ggplot2::ggplot()函数绘制箱形图,如图 8.4 所示。

表 8.10 不同受教育水平退休人员养老金描述统计结果

受教育水平	样本量	最小值(元)	平均养老金(元)	最大值(元)	标准差(元)
小学	149	100	1776.585	6000	1520.394
初中	178	100	2465.577	8500	1541.496
高中	132	100	3012.787	7100	1437.277
大专	27	300	4121.348	16900	2653.197
本科	14	3000	9100.000	20000	5775.786

(4)方差分析代码略。

方差分析表见表 8.11。

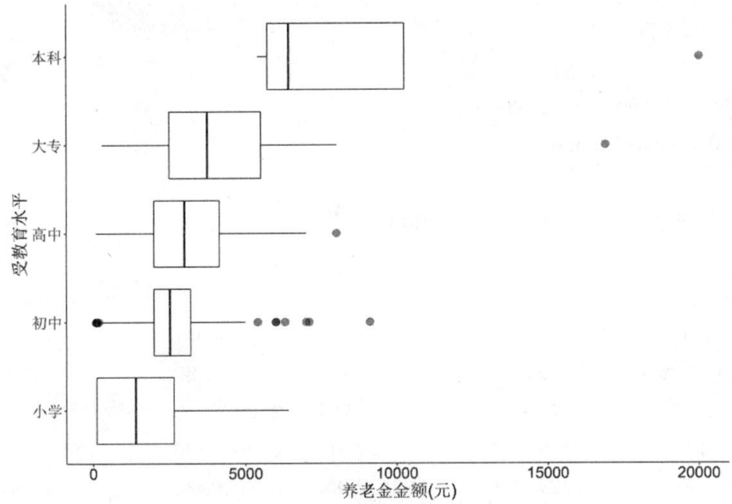

图 8.4　不同受教育水平退休人员养老金箱形图($n=500$)

表 8.11　方差分析表

误差来源	Df	Sum Sq	Mean Sq	F value	Pr(>F)
EducationLevel	4	4.594e+08	114855163	36.49	<2e−16
Residuals	495	1.558e+09	3147461		

(5)多重比较。用 pairwise.t.test()函数可以实现两两比较,TukeyHSD()函数也可以给出更详细的比较信息。R 代码及输出结果如下:

```
# LSD 法实现多重比较
pairwise.t.test(x = df0804 $ Pension, g = df0804 $ EducationLevel,
               p.adjust.method = "none")
##
##  Pairwise comparisons using t tests with pooled SD
##
## data:  df0804 $ Pension and df0804 $ EducationLevel
##
##        小学      初中      高中      大专
## 初中  1.8e-06    -         -         -
## 高中  4.6e-12  0.01340     -         -
## 大专  < 2e-16  1.9e-12   7.0e-09     -
## 本科  8.3e-09  6.3e-06   0.00011   0.44151
##
## P value adjustment method: none
```

从输出结果可以看出,除了大专与本科两组之外,其他组之间平均养老金的差异都是高度显著的。读者可以尝试将参数 p.adjust.method 调整为"Holm"或"Bonferroni"会得到调整之后的 p 值,这在一定程度上可以克服多重 t 检验方法的缺点。

```
# TukeyHSD 法实现多重比较
TukeyHSD(anova0804)
##   Tukey multiple comparisons of means
##     95%  family-wise confidence level
##
## Fit: aov(formula = Pension ~ EducationLevel)
##
## $EducationLevel
##                diff          lwr         upr       p adj
## 初中-小学    892.220     386.3828   1398.0572   0.0000180
## 高中-小学   1342.595     824.1517   1861.0384   0.0000000
## 大专-小学   3418.764    2449.7569   4387.7709   0.0000000
## 本科-小学   3990.764    2127.2890   5854.2388   0.0000001
## 高中-初中    450.375     -46.4667    947.2168   0.0964090
## 大专-初中   2526.544    1568.9204   3484.1673   0.0000000
## 本科-初中   3098.544    1240.9629   4956.1248   0.0000612
## 大专-高中   2076.169    1111.8271   3040.5105   0.0000001
## 本科-高中   2648.169     787.1156   4509.2221   0.0010506
## 本科-大专    572.000   -1461.1528   2605.1528   0.9390463
```

输出结果中的 diff 是两组的样本均值之差，lwr 和 upr 是均值差异的置信下限和置信上限，后面是对应的 p 值。当然，值得注意的是，Tukey 法要求各组的样本数相等，本例中的数据并不满足要求。

8.4 方差分析中的效应分析

如果方差分析 F 检验的结果拒绝了原假设，说明多个总体均值之间存在显著的差异，或者说分类自变量对数值型因变量有显著的影响。测度该影响的强度则需要用到效应分析，其中最核心的概念就是效应量。

8.4.1 单因素方差分析中的效应量

在单因素方差分析中，效应量是处理误差平方和(SSA)占总误差平方和(SST)的比例。它反映了在因变量的总变异中能被自变量解释的部分，比例越大，说明自变量与因变量之间的线性关系就越强。效应量用 η^2 表示，其计算公式为：

$$\eta^2 = \frac{\text{处理的误差平方和}}{\text{总误差平方和}} = \frac{SSA}{SST} \tag{8.11}$$

【例 8.6】 计算例 8.5 中受教育水平对退休人员养老金的影响强度。

解 根据表 8.11 中的方差分析结果可知，

$SSA = 4.594 \times 10^8$，$SSE = 1.558 \times 10^9$，$SST = 4.594 \times 10^8 + 1.558 \times 10^9 = 20.174 \times 10^8$

进而可以计算出效应量为：

$$\eta^2 = \frac{4.594 \times 10^8}{20.174 \times 10^8} \times 100\% = 22.77\%$$

在 R 中，也可以用 DescTools 包中的 EtaSq()函数计算效应量，R 代码和结果如下：

```
DescTools::EtaSq(anova0804, anova = F)
##                   eta.sq    eta.sq.part
## EducationLevel 0.2277275      0.2277275
```

结果表明，在退休人员养老金的总变异中，受教育程度能解释的比例约占 23%，剩余约 77%来自随机误差。

8.4.2 双因素方差分析中的效应量

在双因素方差分析中，涉及两个因素(或者说两种处理)各自的效应以及二者之间的交互效应，所以又分为主效应分析和偏效应分析。

1. 主效应分析

在双因素方差分析中，如果不考虑两个因素的交互作用，可以只用主效应量用来反映每个因素对因变量的单独影响。计算方法是分别用每个因素的误差平方和除以总误差平方和。根据方差分析的原理可知，主效应量具有可加性，将两个主效应量相加就是两个因素对因变量的联合效应，它反映了两个因素联合起来对因变量影响的大小。计算公式如下：

因素 A 的主效应量：

$$\eta_A^2 = \frac{SSA}{SSA + SSB + SSAB + SSE} \tag{8.12}$$

因素 B 的主效应量：

$$\eta_B^2 = \frac{SSB}{SSA + SSB + SSAB + SSE} \tag{8.13}$$

【例 8.7】 根据表 8.9 中的双因素方差分析结果，计算切工(cut)和颜色(color)对钻石价格(price)的主效应量(结果保留两位小数)。

解 根据表 8.9 中的数据可知，

$SSA_{cut} = 2.000 \times 10^8$，$SSB_{color} = 3.157 \times 10^8$，

$SSAB_{cut:color} = 1.776 \times 10^8$，$SSE = 3.301 \times 10^9$，

进而计算出：

$SST = 3.9943 \times 10^9$

所以，钻石切工的主效应量为：

$$\eta_{\text{cut}}^2 = \frac{2 \times 10^8}{3.9943 \times 10^9} \times 100\% = 5.01\%$$

钻石颜色的主效应量为：

$$\eta_{cut}^2 = \frac{3.157 \times 10^8}{3.9943 \times 10^9} \times 100\% = 7.90\%$$

钻石切工与钻石颜色交互效应的效应量为：

$$\eta_{cut:color}^2 = \frac{1.776 \times 10^8}{3.9943 \times 10^9} \times 100\% = 4.45\%$$

结果表明，如果不考虑交互效应，钻石切工和钻石颜色联合起来解释了钻石价格总变异的 13%左右。

2. 偏效应分析

在有交互效应的双因素方差分析中,更多使用偏效应量进行效应分析。某个因素的偏效应量指的是排除另一个因素的效应后该因素对因变量变异的影响程度。

因素 A 的偏效应量计算公式为:

$$偏\ \eta_A^2=\frac{SSA}{SSA+SSE} \tag{8.14}$$

因素 B 的偏效应量计算公式为:

$$偏\ \eta_B^2=\frac{SSB}{SSB+SSE} \tag{8.15}$$

因素 A 和因素 B 交互效应的偏效应量计算公式为:

$$偏\ \eta_{AB}^2=\frac{SSAB}{SSAB+SSE} \tag{8.16}$$

【例 8.8】 同样运用例 8.2 中的数据,做钻石价格与钻石切工(cut)和钻石颜色(color)有交互作用的方差分析,并计算各因素以及交互项的偏效应量。

解 在 R 中,扩展包 DescTools 中的 EtaSq()函数可以直接给出偏效应量的计算结果,代码及输出结果如下:

```
set.seed(10491)
df0807 <- diamonds %>% sample_n(200)
attach(df0807)
anova_interaction_0807 <- aov(price ~ cut + color + cut:color)
detach(df0807)
EtaSq(anova_interaction_0807)
##                          eta.sq      eta.sq.part
##         cut          0.05139272      0.05854824
##        color         0.07905084      0.08730632
##      cut:color       0.04447309      0.05106774
```

根据上面的输出结果,可以得到钻石切工、钻石颜色及其交互效应 cut:color 的偏效应量分别为 5.9%、8.7%和 5.1%。结果表明,在排除颜色和交互效应后,钻石切工大约解释了钻石价格总变异的 6%;在排除切工和交互效应后,钻石颜色大约解释了钻石价格总变异的 8.7%;在排除钻石切工和钻石颜色后,二者的交互效应大约解释了钻石价格总变异的 5%。根据 Cohen 的经验法则,当偏效应量小于 0.01 时属于低效应,高于 0.16 时属于高效应。因此,本例中的两种因素对因变量的影响可以归于中等效应。

8.4.3 模型对比

在双因素方差分析中,究竟要不要考虑交互效应,涉及两个模型的对比问题。其核心思想是,对照于无交互效应的模型,在引入交互项后误差平方和的变化是否显著。在 R 中用 anova()函数可以进行无交互效应模型和有交互效应模型的对比。

【例 8.9】 用例 8.2 中的数据,以钻石价格(price)为因变量,以钻石切工(cut)和钻石颜色(color)为分类变量,分别做无交互效应和有交互效应的双因素方差分析,并进行模型对比。

解 用 aov()函数生成两种方差分析,无交互效应的名字为 anova_no_interaction_0808,有交互效应的名字为 anova_interaction_0808，用 anova()函数进行对比。R 代码及输出结果如下：

```
set.seed(10491)
df0808 <- diamonds %>% sample_n(200)
attach(df0808)
anova_interaction_0808 <- aov(price ~ cut + color + cut:color)
anova_no_interaction_0808 <- aov(price ~ cut + color)
anova(anova_no_interaction_0808, anova_interaction_0808)
## Analysis of Variance Table
##
## Model 1: price ~ cut + color
## Model 2: price ~ cut + color + cut:color
##    Res.Df  RSS         Df  Sum of Sq    F       Pr(>F)
## 1    189   3478288104
## 2    171   3300659783  18  177628322  0.5113  0.9504
```

该检验的原假设是两个模型无显著差异，即模型没有交互项。上述输出结果显示了两个模型的残差平方和(RSS)、交互效应平方和(Sum of Sq)、检验统计量(F)及其相应的 p 值。由于 $p=0.9504>>\alpha$，不能拒绝原假设。因此，没有证据显示两个模型有显著差异，这也从另一个角度印证了前面讨论的钻石颜色与钻石切工之间的交互效应不显著的结论。所以，从简化分析的角度看，本例采用无交互效应模型会更加合适。

8.5　基本假定的检验

正如第 8.2 节所述，方差分析有三个基本假定，其中独立性假定在横截面数据中很容易满足，因此，本节只讨论对正态性假定和方差齐性假定的检验。

8.5.1　正态性检验

在第 8.1.4 小节中，给出了很多种检验正态分布的非正式方法和正式方法，本小节通过案例来演示在 R 中如何实现。非正式的方法包括绘制因素每个水平对应的因变量的直方图、概率密度图或 QQ 图等；正式的方法主要介绍 Shapiro-Wilk 检验。

【例 8.10】（数据集 ggplot2::diamonds）从该数据集随机抽取样本容量为 200 的子样本，对不同切工类型的钻石价格变量进行正态性检验。

解　(1)首先用 ggplot2 绘制直方图(略)和 QQ 图，核心代码如下，输出结果如图 8.5 所示。

```
library(dplyr)
library(ggplot2)
library(qqplotr)
set.seed(10491)
df0809_qq <- diamonds %>% sample_n(200)
ggplot(data = df0809_qq, mapping = aes(sample = price, color = cut, fill = cut)) +
   qqplotr::stat_qq_band(alpha = 0.5) +
```

```
    stat_qq_line() +
    stat_qq_point() +
    facet_wrap(~ cut)
```

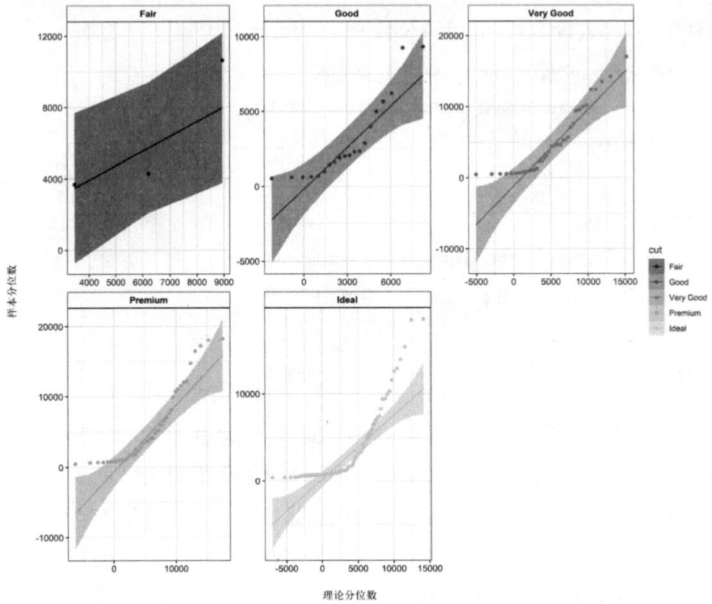

图 8.5 不同切工类型的钻石价格 QQ 图

QQ 图中的横轴是随机变量的理论分位数,纵轴是来自样本的实际分位数,如果变量服从正态分布,样本观测点应均匀地落在 45°对角线(图中的实心线)附近,阴影区域是对应的置信区间。从结果来看,除了第一类外,其余的都偏离正态分布较远。

(2)用 Shapiro-Wilk 法检验正态性。用 R 中的 shapiro. test()函数实现,代码如下:

```
set.seed(10491)
df0809 <- diamonds %>% sample_n(200)
df0809_fair <- filter(df0809, cut == "Fair")
df0809_vg <- filter(df0809, cut == "Very Good")
df0809_pre <- filter(df0809, cut == "Premium")
df0809_ideal <- filter(df0809, cut == "Ideal")
df0809_good <- filter(df0809, cut == "Good")
# 以 fair 组为例对钻石价格及其对数做 Shapiro-Wilk 检验
shapiro.test(as.vector(df0809_fair $ price))  # 原始数据正态性检验
shapiro.test(as.vector(log(df0809_fair $ price)))  # 自然对数转换后的数据正态性检验
```

五个等级对应的钻石价格变量正态性检验 W 统计量及对应的 p 值经整理后,如表 8.12 所示。从图 8.3 的箱形图可以看出,高级切工的钻石价格出现了更多的异常值,因此考虑对其进行对数变换后再次检验正态性,表 8.12 的第三列给出了相应的检验结果,发现等级较低的钻石价格服从正态分布,但是高等级的依然拒绝了正态分布的原假设。读者在以后的建模中应重点考虑对异常值的处理。

表 8.12　钻石价格及其自然对数的 Shapiro-Wilk 正态性检验结果

切工等级	钻石价格 Shapiro-Wilk 检验 W 统计量及其 p 值	对数钻石价格 Shapiro-Wilk 检验 W 统计量及其 p 值
Fair	0.81414(0.1487)	0.85405(0.2514)
Good	0.81468(0.001442)＊＊＊	0.94042(0.2442)
Very Good	0.86738(0.0004115)＊＊＊	0.91755(0.009403)＊＊＊
Premium	0.84641(2.482e−05)＊＊＊	0.94919(0.04365)＊＊
Ideal	0.73773(1.156e−11)＊＊＊	0.92634(5.279e−05)＊＊＊

Shapiro-Wilk 检验适用于样本量在 3～5000 的正态性检验，当样本量很大时，可以用 R 中的 ks. test()函数进行柯尔莫哥洛夫-斯米尔诺夫 K-S 正态性检验。

8.5.2　方差齐性检验

方差齐性假定要求各处理对应的总体方差必须相等。检验方差齐性可使用标准的统计检验。根据各总体是否服从正态总体，标准的统计检验方法可以分为两种：如果所有 k 个总体（即 k 个处理）均服从正态分布，可以使用 Bartlett 检验；如果所有 k 个总体均不服从正态分布，可以使用 Levene 检验，该检验是基于中位数而不是均值构造的，所以当数据分布偏离正态性假定时具有更强的稳健性。当然，Levene 检验也可以用于正态总体。

以单因素方差分析为例，对于自变量的 k 个处理，方差齐性检验的原假设和备则假设分别是：

$H_0:\sigma_1^2=\sigma_2^2=\cdots=\sigma_k^2$

$H_1:\sigma_1^2,\sigma_2^2,\cdots,\sigma_k^2$ 中至少两个不相等

在 R 中，可以用基础包中的 bartlett. test()函数或 car 包中的 leveneTest()函数进行方差齐性检验。

【例 8.11】（数据集 ggplot2::diamonds）从该数据集中随机抽取 500 个样本观测数据，分别用 Bartlett 方法和 Levene 方法检验不同切工类型的钻石重量是否满足方差齐性。($\alpha=0.05$)

解　R 代码及相关注释如下：

```
set.seed(10491)
# 随机抽取样本量为 500 的子样本
df0810_normality <- diamonds %>% sample_n(500)
# Bartlett 方差齐性检验
bartlett.test(df0810_normality $ carat ~ df0810_normality $ cut)
##  Bartlett test of homogeneity of variances
## data:  df0810_normality $ carat by df0810_normality $ cut
## Bartlett's K-squared = 12.39, df = 4, p-value = 0.01467
# Levene 方差齐性检验
car::leveneTest(df0810_normality $ carat ~ df0810_normality $ cut)
##  Levene's    Test   for  Homogeneity of Variance (center = median)
```

```
##            Df    F value     Pr(>F)
## group       4    3.0856      0.01582 *
##           495
## Signif. codes:  0 '***' 0.001 '**' 0.01 '*' 0.05 '.' 0.1 ' ' 1
```

由以上结果可知,两种检验方法的 p 值均小于 0.05,所以拒绝原假设,说明不同切工类型的钻石重量并不满足方差齐性。在实际应用中 Levene 方差齐性检验的适用范围更广一些。

重要术语

方差分析	因素/因子	处理/水平	单因素方差分析
双因素方差分析	组内误差	组间误差	总误差
均方差	方差分析表	效应量	主效应
交互效应	偏效应	正态性检验	方差齐性检验

思考题

8.1 什么是方差分析?它研究的目的是什么?

8.2 简述方差分析的基本思想。

8.3 方差分析包括哪些类型?它们有何区别?

8.4 方差分析有哪些基本假定?如何检验这些假设条件?

8.5 什么是总平方和、组内平方和、组间平方和?它们之间有什么关系?

8.6 方差分析中多重比较有什么作用?

8.7 解释无交互作用和有交互作用的双因素方差分析。

8.8 如何进行主效应量和偏效应量的分析?

练习题

8.9 某大学随机抽取了过去一年三个学院教授参加学术会议的次数,即工程学院的 6 位教授、金融学院的 9 位教授和统计学院的 8 位教授,具体数据如表 8.13 所示。试回答下列问题:

(1)将表中的宽数据转换成长数据;

(2)绘制不同学院教授参加学术会议次数的箱形图;

(3)检验教授参加学术会议次数是否满足正态性和方差齐性;

(4)试分析三个学院的教授参加学术会议次数是否存在显著性差异?($\alpha=0.05$)

(5)分析效应量。

8.10 英国某企业准备购进一批新型的缓冲器,现有四个生产商愿意供货,为比较它们生产的缓冲器质量,该企业在中型汽车上安装了 4 种不同类型的 10 个缓冲器,然后将它们以每小时 5 英里的速度撞在墙上,并对每辆汽车损坏修复的费用进行评估,得到的修复费用数据如表 8.14 所示。试回答下列问题:

表 8.13　三个学院教授过去一年参加学术会议次数

工程学院	金融学院	统计学院
8	5	9
10	7	10
6	6	10
8	7	9
4	7	7
8	6	5
	8	13
	8	7
	2	

(1)检验缓冲器修复费用数据是否满足正态性和方差齐性；

(2)在 0.05%的显著性水平下是否有足够的证据推断 4 种缓冲器在低速碰撞时存在着显著性差异；

(3)如果存在显著性差异，试用 LSD 方法检验哪些缓冲器之间存在差异。

表 8.14　4 种类型缓冲器损坏后的修复费用

单位：元

缓冲器 1	缓冲器 2	缓冲器 3	缓冲器 4
610	404	599	272
354	663	426	405
234	521	429	197
399	518	621	363
278	499	426	297
358	374	414	538
379	562	332	181
548	505	460	318
196	375	494	412
444	438	637	499

8.11　质量控制技术人员从四家供应商中随机抽取 10 个铆钉样本，然后测量每个铆钉在断裂前能够承受的重量如表 8.15 所示。试回答下列问题：

(1)以供应商为横轴、以承受重量为纵轴绘制分类箱形图；

(2)检验断裂强度数据是否满足正态性和方差齐性；

(3)在 0.05 的显著性水平下是否有足够的证据推断四个供应商供应的铆钉存在着显著性差异；

(4)用 R 完成方差分析表；

(5)如果存在显著性差异，试用 LSD 方法检验哪些供应商供应的铆钉之间存在着差异；

(6)分析效应量。

8.12　表 8.16 显示的数据来自某一实验结果。给定显著性水平 $\alpha=0.05$，检验：

(1)因素 A 和因素 B 是否有交互作用；

(2)因素 A 的各水平间是否存在着显著性差异；

(3)因素 B 的各水平间是否存在着显著性差异。

表 8.15　四个供应商供应的铆钉在断裂前可承受的重量数据

单位:千克

供应商	铆钉称重数据				
A	517	484	463	452	502
A	447	481	500	485	566
B	479	499	488	430	482
B	457	424	488	526	455
C	435	443	480	465	435
C	430	465	514	463	510
D	526	537	443	505	468
D	533	481	477	490	470

表 8.16　某次试验的记录数据

		因素 B	
		1	2
因素 A	1	23	20
		18	17
		17	16
		20	19
	2	27	29
		23	23
		20	27
		28	25
	3	23	27
		21	19
		24	20
		16	22

8.13　某农科所尝试在水溶液里种植西红柿(根据经验,从种植到采收整个过程为四个月),采用了三种施肥方式和四种不同的水温。三种施肥方式是:一开始就给以全部可溶性肥料;分两次施肥,每两个月给以50%的肥料;每月给以25%肥料。水温分别为4度、10度、16度和20度。结果如表8.17所示。试回答下列问题:

(1)问施肥方式和水温对产量的影响是否显著?($\alpha=0.05$)

(2)检验施肥方式和水温是否有交互作用;

(3)分析效应量。

表 8.17　不同施肥和控温方式下西红柿的产量数据

		施肥方式		
		一次施肥	分两次施肥	分四次施肥
水温	冷(4度)	20	19	21
	凉(10度)	16	15	14
	温(16度)	9	10	11
	热(20度)	8	7	6

第 9 章 列联分析

【各种受教育程度的人口比例发生变化了吗?】

党的十八大以来,我国教育事业改革发展取得了显著成就,中国教育整体发展水平进入世界中上行列。2012—2021 年,全国小学净入学率从 99.85%提高到 99.9%以上,初中阶段毛入学率始终保持在 100%;高中阶段毛入学率从 2012 年的 85%提高到 2021 年的 91.4%;高等教育向普及化阶段快速迈进,毛入学率从 2012 年的 30%提高到 2021 年的 57.8%。

统计资料显示,2020 年我国总人口 141178 万人,其中每十万人中:大专及以上人口 15467 人,高中和中专 15088 人,初中 34507 人,小学 24767 人,详见表 9.1。那么,与 2010 年相比,2020 年各种受教育程度的人口比例是否发生了显著变化呢? 要回答这一问题,简单的方法是直接对同一类别的人口比例进行比较。比如每十万人中大专及以上人口,2020 年比 2010 年高出 6537 人,说明高等教育规模得到大幅增长;再如具有小学文化程度的人口,2020 年比 2010 年下降了 2012 人,说明整体受教育程度明显提高,等等。通过这样逐一比较的方法,可以分别得到多个比例变化的具体情况。然而,要回答我们提出的问题,就需要用到本章多个比例比较的方法。

表 9.1　2010 年与 2020 年各种受教育程度人口情况

单位:人

受教育程度	2010 年	2020 年
大专及以上	8930	15467
高中和中专	14032	15088
初中	38788	34507
小学	26779	24767

资料来源:《2021 年中国统计年鉴》

在第 4 章数据的图形展示部分,我们学习了对分类数据制作条形图。其中,单式条形图展示了单个分类变量的频数分布,而复式条形图则反映了两个分类变量交叉分类的频数分布。通过这些图形,我们可以直观地发现数据所包含的信息。在参数估计和假设检验部分,基于样本比例的抽样分布,我们学习了总体比例的统计推断问题,比如两个比例的比较。本章将在此基础上,进一步将比例问题推广到更一般的情形,即由两个比例的比较推广到多个比例的比较。

9.1 列联表

9.1.1 列联表及其数据结构

列联表是用来描述定性变量及其数据分布的表格。根据所分析变量的多少,列联表有一维表、二维表和高维表。其中,一维表就是一个定性变量的频数或概率分布表,比如,不同受教育程度的人口数、不同品牌新能源汽车的销量、不同规模的电商数量,等等;二维表就是由两个定性变量交叉分类形成的频数或概率分布表。比如,不同性别、不同受教育程度人口数,不同地区、不同品牌新能源汽车的销量,不同产权类型、不同规模的电商数量,等等;高维表一般是指三个及三个以上变量形成的列联表,本章我们主要学习一维表和二维表。

1. 一维表的数据结构

一维表是最简单的列联表。假设定性变量 A 有 r 个类别,每个类别变量值 A_i 出现的频数为 n_i,对应的样本比例为 p_i,那么,一维表的数据结构如表 9.2 所示。

表 9.2 一维表的数据结构

变量	频数	比例
A_1	n_1	p_1
⋮	⋮	⋮
A_i	n_i	p_i
⋮	⋮	⋮
A_r	n_r	p_r
合计	n	100%

一维表常用于单个定性变量的描述分析,从表中我们可以读出变量的各个类别发生的频数和频率。从表 9.1 我们可以提取出 2010 年各种受教育程度的人口数,见表 9.3。由表可知,2010 年每十万人中各类受教育程度的人口分别为:大专及以上 8930 人,高中和中专 14032 人,初中 38788 人,小学 26779 人。根据这些频数,我们可以计算出各类受教育程度人口发生的频率或所占的比例。实际上,本例中的每十万人中各类受教育程度人口本身就是一个比例,只不过不是常用的百分比。我们只需将上述数据看作是一次抽样,样本大小为 100000 人,各种受教育程度的人口数就是发生的频数。

表 9.3 2010 年各种受教育程度的人口数及其比例

受教育程度	2010 年(人)	比例(%)
大专及以上	8930	8.93
高中和中专	14032	14.03
初中	38788	38.79
小学	26779	26.78
合计	88529	88.53

数据来源:《2021 年中国统计年鉴》

仔细检查表 9.3 中的频数和比例就会发现,已有四个类别的受教育人口之和不足 100000 人,四个类别的比例之和也不等于 100%。因此,需要对数据进行修正,将其余 11471 人单独作为第五类“其他”，代表低于小学文化程度的人口数。2020 年的数据也存在类似的问题，均需要加以调整，目的是满足统计检验的要求，将在第 9.2.1 小节进行详细讨论。

对于一维表，我们通常遇到的问题是，各类别发生的比例是否与已知的比例相一致。显然，这与我们在参数估计和假设检验部分学习的比例问题有所不同。主要区别首先在于随机变量假定的分布不同。之前我们学习的比例问题，无论是一个总体还是两个总体情况下，都是一个二分变量（只有两个分类）的某种结果发生的比例推断问题，比如男性与女性、成功与失败、赞成与反对、合格与不合格等，假定随机变量服从一个二项分布。而本章讨论的比例问题涉及的是一个多分变量（或多类别变量）的比例推断问题，假定变量服从的是一个多项分布。其次，区别还表现在所使用的方法上。之前的比例问题使用的是大样本条件下样本比例的正态近似统计量来进行推断分析，而本章我们将直接使用频数来构建统计量进行多个比例的检验。

2. 二维表的数据结构

(1)四格表

二维表是最为常用的列联表。假如两个定性变量均为二分变量，那么将得到一个最简单二维表，称为 2×2 列联表，也称为四格表。对四格表的分析等价于前面学习的两个总体比例的假设检验，尽管所使用的方法有所不同。

一个四格表的数据结构如表 9.4 所示。变量 A 和变量 B 分别有两个类别值，它们的交叉组合共有四个子类别：(A_1, B_1)，(A_1, B_2)，(A_2, B_1) 和 (A_2, B_2)；这四个子类发生的频数分别为：n_{11}，n_{12}，n_{21} 和 n_{22}。显然，在四格表中包含以下关系式，分别为：

$$n_{11}+n_{12}=n_{1+},\quad n_{21}+n_{22}=n_{2+}$$

$$n_{11}+n_{21}=n_{+1},\quad n_{12}+n_{22}=n_{+2}$$

$$n_{11}+n_{12}+n_{21}+n_{22}=n_{1+}+n_{2+}=n_{+1}+n_{+2}=n$$

其中，n_{1+} 和 n_{2+} 为行边缘频数（简称为行边缘），n_{+1} 和 n_{+2} 称为列边缘频数（简称为列边缘），n 为总的频数也就是样本容量。

表 9.4 四格表的数据结构

变量	B_1	B_2	合计
A_1	n_{11}	n_{12}	n_{1+}
A_2	n_{21}	n_{22}	n_{2+}
合计	n_{+1}	n_{+2}	n

一个四格表可以看作是两个比例的比较问题。其中，当变量 $A=A_1$ 时，变量 $B=B_1$ 的比例为 $p_1=n_{11}/n_{1+}$；类似地，当变量 $A=A_2$ 时，变量 $B=B_1$ 的比例为 $p_2=n_{21}/n_{2+}$。我们注意到，样本比例 p_1 与 p_2 实际上是在控制了变量 A 的条件下变量 B 的分布。这时，样本比例 p_1 与 p_2 是否有显著性差异的比例比较问题，就相当于是讨论变量 A 和 B 是否相互独立的检验问题。因为如果两个比例没有显著性差异，就意味着两个变量之间相互独立；否则，就说明两个变量之间具有关联性。

表 9.5 是一个四格表的例子，概括了 2020 年湖北省人口的性别和民族结构。其中，行变量是性别（“男”和“女”），列变量是民族（“汉族”和“少数民族”），两个变量交叉分类形成了一个四格表。其中，2020 年湖北省人口总数为 5775.3 万人，从行来看，男性有 2969.5 万人，女性有 2805.8 万人；再从列看，汉族有 5498.1 万人，少数民族只有 277.1 万人。

表 9.5　2020 年湖北省不同性别和民族人口数

单位:人

性别	汉族	少数民族	合计
男	28280322	1414396	29694718
女	26701136	1356703	28057839
合计	54981458	2771099	57752557

数据来源:《2021 年中国统计年鉴》

(2)普通二维表

假如两个定性变量中至少有一个是多分类变量时,那么得到的列联表就是普通二维表。通常假设两个定性变量为 A 和 B,其中 A 是行变量,有 r 个不同的类别 $(A_1,A_2,\cdots,A_r)$,B 是列变量,有 c 个不同的类别 $(B_1,B_2,\cdots,B_c)$,各个类别的组合 (A_i,B_j) 出现的频数为 n_{ij},总的观测频数为 n,如表 9.6 所示,把这样的二维列联表称为 $r\times c$ 列联表。

表 9.6　普通二维表的数据结构

变量	B_1	$\cdots$	B_j	$\cdots$	B_c	合计
A_1	n_{11}	$\cdots$	n_{1j}	$\cdots$	n_{1c}	n_{1+}
$\vdots$	$\vdots$	$\vdots$	$\vdots$	$\vdots$	$\vdots$	$\vdots$
A_i	n_{i1}	$\cdots$	n_{ij}	$\cdots$	n_{ic}	n_{i+}
$\vdots$	$\vdots$	$\vdots$	$\vdots$	$\vdots$	$\vdots$	$\vdots$
A_r	n_{r1}	$\cdots$	n_{rj}	$\cdots$	n_{rc}	n_{r+}
合计	n_{+1}	$\cdots$	n_{+j}	$\cdots$	n_{+c}	n

表 9.7 是一个普通二维表的例子。其中,列变量受教育程度细分为七类:未上过学、小学、初中、普通高中、大学专科、大学本科以及研究生,明显是一个多类别变量。行变量性别依然是一个二分变量。当然,也可以是一个多分变量,比如不同省市、不同民族、不同发展水平的地区等。

表 9.7　2020 年全国不同性别各类受教育程度人口情况

单位:人

性别	未上过学	小学	初中	普高	大专	本科	研究生	合计
男	15678886	163696640	263448804	116996970	58727560	47637012	5495343	671681215
女	35728593	183713863	223646206	95212952	53575442	46519060	5270234	643666350
合计	51407479	347410503	487095010	212209922	112303002	94156072	10765577	1315347565

数据来源:《2021 年中国统计年鉴》

9.1.2　列联表中变量的分布

1. 一维表变量的分布

列联表包含了定性变量的分布信息。比如在一维表中,假设定性变量 A 的类别数为 r,每个类别变量值发生的频数分别为 $n_1,\cdots,n_r$,那么,每个变量值与相应的频数就构成一组数据对,如 (A_1,n_1),$\cdots$,(A_r,n_r),这样的数据集合就形成该变量的频数分布。假定该列联表来自总体,那么就可以根据这些变量值出现的频数计算出比例,就像表 9.3 那样,这些比例实际上就是每个变量值发生的概率。当然,更多情况下我们所能得到的都是抽样调查的结果,即使是大数据背景下。因此，在本章中无论是联合频数分布，还是联合概率分布，都是对样本而言的。

2. 二维表变量的分布

对于二维列联表也是如此，只不过多了一个变量 B。数据集合形如 (A_1,B_1,n_{11})，(A_1,B_2,n_{12})，…，(A_i,B_j,n_{ij})，…，(A_r,B_c,n_{rc})，这些数据集合就构成了如表 9.6 和表 9.7 那样的联合频数分布表。根据发生的频数，可以计算出发生的频率或概率，就得到两个变量的联合概率分布表。其中，每个单元格的联合概率为 $p_{ij}=n_{ij}/n$。二维列联表的联合概率分布如表 9.8 所示，显然有 $\sum_{i=1}^{r}\sum_{j=1}^{c}p_{ij}=1$。

表 9.8　$r\times c$ 列联表的联合概率分布表

变量	B_1	…	B_j	…	B_c	p_{i+}
A_1	p_{11}	…	p_{1j}	…	p_{1c}	p_{1+}
⋮	⋮	⋮	⋮	⋮	⋮	⋮
A_i	p_{i1}	…	p_{ij}	…	p_{ic}	p_{i+}
⋮	⋮	⋮	⋮	⋮	⋮	⋮
A_r	p_{r1}	…	p_{rj}	…	p_{rc}	p_{r+}
p_{+j}	p_{+1}	…	p_{+j}	…	p_{+c}	1

如果我们忽略列变量 B，只关注行变量 A，就得到行变量的边缘概率分布，$p_{i+}=\sum_{j=1}^{c}p_{ij}$，$i=1,2,\cdots,r$，称为行边缘概率分布；相反，如果忽略行变量 A，只关注列变量 B，就得到列变量的边缘概率分布，$p_{+j}=\sum_{i=1}^{r}p_{ij}$，$j=1,2,\cdots,c$，称为列边缘概率分布。

二维表中除联合分布和边缘分布外，我们还可以控制某个变量的取值，进而观察另一个变量的分布变化，这就得到了条件分布。比如，当 $A=A_1$ 时，变量 B 的条件分布为：

$$\frac{n_{11}}{n_{1+}},\frac{n_{12}}{n_{1+}},\cdots,\frac{n_{1c}}{n_{1+}}\quad\text{或}\quad\frac{p_{11}}{p_{1+}},\frac{p_{12}}{p_{1+}},\cdots,\frac{p_{1c}}{p_{1+}}$$

由此得到在控制变量 A 时变量 B 的样本条件概率。正如我们在讨论四格表中两个比例的比较中指出的，通常所讲的两个比例无显著差异，实际上是条件概率相等，因此自然两个变量相互独立。类似地，当 $B=B_1$ 时，我们可以得到变量 A 的条件分布：

$$\frac{n_{11}}{n_{+1}},\frac{n_{21}}{n_{+1}},\cdots,\frac{n_{r1}}{n_{+1}}\quad\text{或}\quad\frac{p_{11}}{p_{+1}},\frac{p_{21}}{p_{+1}},\cdots,\frac{p_{r1}}{p_{+1}}$$

可见，熟练掌握二维表中所包含的联合分布、边缘分布和条件分布，对进行列联分析和变量之间的关联测度都具有重要作用。

9.2　一维表的拟合优度检验

9.2.1　拟合优度检验的原理

在分析一维表时，我们可以在描述分析的基础上，基于假设的多项分布来讨论每个类别变量值发生比例的检验问题。比如，各个类别的比例是否与已知比例或理论分布的比例相一致。

如何才能同时对多个比例是否一致进行检验呢？显然，基于一个总体和基于两个总体的比例检验方法不再适用，而要用到统计学家皮尔逊的提出的 χ^2 统计量。该统计量的表达式为：

$$\chi^2 = \sum_{i=1}^{r} \frac{(n_i - e_i)^2}{e_i} \tag{9.1}$$

其中，r 是变量 A 的类别数，n_i 是某个类别变量值的观测频数，e_i 是当原假设成立时该变量值的期望频数。在大样本条件下，该统计量服从自由度为 $r-1$ 的卡方分布。

皮尔逊卡方统计量的构建思想非常直观，即在给定的原假设，即每个类别出现的比例与已知比例或理论比例相一致的条件下，用每个类别的观测频数与其期望频数进行比较。如果原假设成立，那么每个类别的观测频数与期望频数之间应该相差不大，该检验统计量的值会很小，此时卡方检验不显著，不能拒绝原假设。相反，如果卡方统计量的值很大，以至于超过显著性水平对应的临界值，那么说明观测频数与期望频数之间存在显著性差异，或者说各类别发生的比例与已知比例或理论比例显著不一致。而且，卡方统计量的值越大，就说明检验结果越显著。因此，皮尔逊卡方检验是一个右侧的单边检验。

需要注意的是，比例问题一般需要在大样本条件下进行讨论，卡方检验统计量同样如此。一般要求样本量大于等于 50，且每个单元格的期望频数大于等于 5。如果比例分布于两端，比如等于 0.9 或 0.1，这种情况下的近似分布(如正态分布、卡方分布)会不够准确，建议按照小样本情形下所服从的分布来进行精确检验，比如费舍尔精确检验。有兴趣的读者可以参阅相关参考文献。

9.2.2 拟合优度检验

对于一维表，通常需要检验的是各类别发生的比例是否与已知比例相一致。为此，在进行检验时，首先写出假设：

H_0：类 A_i 所占的比例 $\pi_i = \pi_{i0}$，其中 π_{i0} 已知且 $\sum_{i=1}^{r} \pi_{i0} = 1$

H_1：至少类 A_i 所占的比例 $\pi_i \neq \pi_{i0}$

在上述原假设成立时，n 次观测中属于 A_i 类的期望频数为：$e_i = n\pi_{i0}$。这样我们就可以分别计算出每个类别的期望频数，进而计算卡方统计量的值。这里需要指出的是，原假设中已知的比例反映了随机变量的特定分布，如果观测数据的样本比例与已知比例一致，说明样本分布确实与假设的理论分布相同。因此，将此时的卡方检验称为拟合优度检验，也称一致性检验。由于在定性数据分析中，还有其他的一致性问题需要检验，为避免混淆，在本章中统称为拟合优度检验。

【例 9.1】 某班 30 名学生的概率论与数理统计课程成绩达到优良、中等、合格的人数分别为 12，8，10，全年级该课程的比例为 0.4，0.5，0.1，试问该班成绩分布与全校该门课成绩的分布是否一致。

解 检验的原假设与备择假设分别为：

H_0：该班成绩分布与全校一致

H_1：该班成绩分布与全校不一致

R 代码及输出结果如下：

```
x <- c(12, 8, 10)
p <- c(0.4, 0.5, 0.1)
chisq.test(x, p = p)
##   Chi-squared test for given probabilities
## data:  x
## X-squared = 19.6, df = 2, p-value = 5.545e-05
chisq.test(x, p = p, simulate.p.value = TRUE, B = 10000)
##   Chi-squared test for given probabilities with simulated p-value (based
##   on 10000 replicates)
## data:  x
## X-squared = 19.6, df = NA, p-value = 4e-04
```

检验结果表明，卡方值为 19.6，p 值非常小，故认为该班的成绩分布与全校有显著性差异。R 软件通常在卡方检验中发现不满足大样本要求，或部分单元格期望频数小于 5 时，都会发出警告，提示卡方检验结果可能不准确。这时，一种简单的处理方法是使用选项 simulate. p. value = TRUE，要求通过随机模拟来计算 p 值，并设置重复次数，例如 B = 10000。从模拟检验结果可知，卡方值与前面的结果相同，但 p 值明显比之前的大，不过同样是显著的。

从例 9.1 可知，拟合优度检验其实就是用频数构建统计量来对每个类别的比例是否一致进行检验。如果各个比例一致，那么每个类别的观测频数与期望频数应相差不大，卡方检验不显著；反之，如果比例显著不同，则卡方检验会给出存在显著性差异的证据。

【例 9.2】 回到本章开篇案例。为了对 2020 年和 2010 年的各类受教育程度人口的比例进行比较，我们可以把 2010 年的各类受教育程度的人口数作为期望频数，然后用 2020 年的各类受教育程度人口数作为观测频数，进而构建卡方统计量来检验 2020 年各类受教育程度的人口比例是否发生了显著变化。

解 为了检验 2020 年的受教育程度是否发生变化，构造的原假设与备择假设分别为：

H_0:2020 年与 2010 年相比各类受教育程度的人口比例无显著性差异

H_1:2020 年与 2010 年相比各类受教育程度的人口比例有显著性差异

接下来，我们分别计算每个类别的观测频数与期望频数的差及其平方，然后再用期望频数进行调整，最后求和得到卡方统计量的值。以上计算过程见表 9.9。

表 9.9　卡方检验过程

受教育程度	期望频数(2010)	观测频数(2020)	差的平方	除以期望频数
大专及以上	8930	15467	42732369	4785.26
高中和中专	14032	15088	1115136	79.47
初中	38788	34507	18326961	472.49
小学	26779	24767	4048144	151.17
其他	11471	10171	1690000	147.33
合计	—	—	—	5635.72

根据计算结果，卡方统计量的值为 5635.72。正如前面的分析，如果各类受教育程度的人口比例没有发生变化，观测频数与期望频数之间的差异不可能这么大，因此必然是 2020 年的受教育情况发生了显著变化。当然，我们可以根据得到卡方统计量的值计算出 p 值。卡方自由

度为 $5-1=4$，p 值为 0。故拒绝原假设，也就是有充分的证据表明 2020 年的各类受教育程度的人口比例发生了显著变化。

R 代码及输出结果如下：

```
pchisq(5635.72, 4, lower.tail = F)
## [1] 0
```

以上手工检验过程同样可以用 R 中的 chisq.test()函数实现，代码及输出结果如下：

```
library(readxl)
fitgdtest <- read_excel("D:/ASWR/chapter09/data09/fitgdtest.xlsx")
chisq.test(fitgdtest $ y2020, p = fitgdtest $ ratio)
##   Chi-squared test for given probabilities
## data:   fitgdtest $ y2020
## X-squared = 5635.7, df = 4, p-value < 2.2e-16
```

9.3 二维表的独立性检验

9.3.1 独立性检验的原理

在分析二维表时，人们主要关注两个定性变量之间是否存在关联性。如果两个变量相互独立，则一定不相关。因此，可以通过独立性检验，来确定两个定性变量是否相关。如果独立性检验显著，即拒绝了相互独立的原假设，则说明两个变量之间存在关联性。

检验两个变量的独立性，同样可以采用卡方检验。不过与拟合优度检验不同的是，独立性检验多了一个列变量。假设变量 A 有 r 个类别，变量 B 有 c 个类别，它们的交叉分类共有 $r\times c$ 个子类别，也就是二维表有 $r\times c$ 个单元格。那么按照拟合优度检验的原理，我们可以把这个二维表拉伸成一个包含 $r\times c$ 个子类别的一维表，再来检验每个子类别发生的比例是否与已知的比例一致。当然，这个过程我们可以通过比较每个子类别的观测频数和期望频数来完成。因此，独立性检验的卡方统计量表达式为：

$$\chi^2=\sum_{i=1}^{r}\sum_{j=1}^{c}\frac{(n_{ij}-e_{ij})^2}{e_{ij}} \tag{9.2}$$

其中，n_{ij} 是第 i 行第 j 列单元格的观测频数，e_{ij} 是当原假设成立时该单元格的期望频数。在大样本条件下，该统计量渐近服从自由度为 $(r-1)(c-1)$ 的卡方分布。

由于二维表可以拉伸为一维表，因此，与拟合优度检验相类似，独立性检验的原假设依然可以表述为：每个子类别发生的比例与已知比例相一致。当比例一致时，必然有观测频数与期望频数无显著性差异，而这种情况只有两个变量之间相互独立时才可能出现。因此，独立性检验的原假设就是两个变量相互独立，与比例一致的假设完全等价。为此，将独立性检验的假设具体表述为：

H_0：变量 A 与变量 B 相互独立或者表述为：$\pi_{ij}=\pi_{i+}\pi_{+j}$，其中 $i=1,\cdots,r;j=1,\cdots,c$

H_1：变量 A 与变量 B 不相互独立或者表述为：至少存在任意一个单元格使 $\pi_{ij}\neq\pi_{i+}\pi_{+j}$，其中 $i=1,\cdots,r;j=1,\cdots,c$

也就是说，如果两个变量相互独立的话，一定满足 $\pi_{ij}=\pi_{i+}\pi_{+j}$，也就是联合概率等于变量 A 发生概率（行边缘）和变量 B 发生概率（列边缘）的乘积。

在独立性假设下，期望频数 $e_{ij}=n\pi_{ij}=n\pi_{i+}\pi_{+j}$，代入独立性检验卡方统计量后得到：

$$\chi^2=\sum_{i=1}^{r}\sum_{j=1}^{c}\frac{(n_{ij}-n\pi_{i+}\pi_{+j})^2}{n\pi_{i+}\pi_{+j}}$$

其中，用样本估计量代替未知参数进一步有：$\hat{\pi}_{i+}=p_{i+}=\dfrac{n_{i+}}{n}$，$\hat{\pi}_{+j}=p_{+j}=\dfrac{n_{+j}}{n}$，再次代入整理可得：

$$\chi^2=\sum_{i=1}^{r}\sum_{j=1}^{c}\frac{(nn_{ij}-n_{i+}n_{+j})^2}{nn_{i+}n_{+j}} \tag{9.3}$$

可见，独立性检验的卡方统计量最终可以用二维表中的各种频数统计量来表示，包括总频数 n、观测频数 n_{ij}、行边缘频数 n_{i+} 和列边缘频数 n_{+j}。

9.3.2　独立性检验

当二维表中单元格数量较少时，手工计算还是可以应付的。比如，当变量都只有两个类别时，也就是四格表的统计检验还是可以手工完成的。但随着变量分类的增加，计算量也成倍增长。因此，我们推荐使用 R 软件来完成二维表的独立性检验。

【例 9.3】（数据集 vcd::Arthritis）该数据集包含了类风湿关节炎新疗法的临床试验数据。其中变量 Treatment 表示治疗方案，包括安慰剂（Placebo）和新疗法（Treated），变量 Improved 表示治疗效果，包括没有效果（None），有些效果（Some）和效果显著（Marked）。试问新的治疗方案是否有效。

解　从表述的问题来看，表面上是想知道新治疗方案的效果，实际上是想知道两种方案的治疗效果之间有无差异。因此，可以进行卡方检验。如果差异显著，就说明新疗法有效。检验的原假设与备择假设分别为：

H_0：两种方案的治疗效果无显著性差异，或治疗方案与效果相互独立

H_1：两种方案的治疗效果存在显著性差异，或治疗方案与效果不独立

```
library(vcd)
data("Arthritis")
treat<-with(Arthritis, table(Treatment, Improved) )
prop.table(treat, 1)
##                    Improved
## Treatment      None      Some      Marked
##   Placebo      0.6744186 0.1627907 0.1627907
##   Treated      0.3170732 0.1707317 0.5121951
chisq.test(treat)
##   Pearson's Chi-squared test
## data:  treat
## X-squared = 13.055, df = 2, p-value = 0.001463
```

以上代码中命令 prop.table(treat, 1)，输出了治疗方案与治疗效果二维表的行百分比，显示接受安慰剂显著改善的比例为 16%，接受新方案治疗显著改善的比例为 51%。对二维表的独立性检验结果表明，新的治疗方案的疗效显著。

【例 9.4】 继续使用表 9.7 的数据，问 2020 年我国不同性别居民的受教育程度是否相一致?

解 此问题还可以表述为“不同性别居民的受教育程度是否存在显著差异”，检验的原假设与备择假设分别为：

H_0：性别与受教育程度相互独立

H_1：性别与受教育程度不独立

该检验的 R 代码及输出结果如下：

```
# 录入列联表数据,创建矩阵
x <- c(15678886, 163696640, 263448804, 116996970, 58727560, 47637012, 5495343,
      35728593, 183713863, 223646206, 95212952,  53575442, 46519060, 5270234)
cross_table <- matrix(x, nr = 2, byrow = T); cross_table
##         [,1]       [,2]       [,3]        [,4]       [,5]       [,6]      [,7]
## [1,] 15678886  163696640  263448804  116996970  58727560  47637012  5495343
## [2,] 35728593  183713863  223646206   95212952  53575442  46519060  5270234
chisq.test(cross_table)
##  Pearson's Chi-squared test
## X-squared = 14125770, df = 6, p-value < 2.2e-16
```

从检验结果可知，受教育程度与性别的独立性检验结果显著，也就是两个变量之间存在关联性。既然存在关联性，接下来的问题自然就是两个定性变量之间关联性大小测度的问题。

9.4 二维表的关联测度

独立性检验只能说明变量之间是否相互关联，但不能给出关联的方向与强度。这主要是因为卡方统计量本身总是正的，而且卡方统计量的值还会受到总频数的影响，这就使得以卡方统计量为基础的一些关联统计量，如 φ 系数、C 系数和 V 系数的应用受到限制，而逐步被其他统计量所取代。有兴趣的读者可以查阅 R 扩展包 vcd 中的 assocstats() 函数的相关帮助文件。本节将重点介绍优势比和相合性度量等统计量。

9.4.1 优势比

1. 四格表的关联性

(1)两个比例的比值

优势比是用于分析列联表关联性的常用工具，其思想源于两个比例的比较。一般对两个比例的比较是用两个比例相减，也就是比例差，比如用 p_1-p_2 来构建统计量来进行检验。但这种方法却在有的情况下不一定有效，特别是当两个比例处于 0 附近时，比例差往往会产生误导。比如，两种方案下成功的比例分别为 $p_1=0.01$ 和 $p_2=0.001$，它们的差为 0.009，几乎相差无几；但它们的比值却为 10，即二者相差 10 倍。因此，通常用两个比例的比来取代比例差来进行列联表的分析。

将两个比例的比 p_1/p_2，称为相对风险(Relative Risk)。也就是比值的大小反映了风险的大小，当然具体的含义应根据实际问题来进行调整。例如，回到两种方案下的成功比例的比较，

当 $p_1/p_2>1$ 时，意味着第一个方案成功的概率比第二个高；当 $p_1/p_2<1$ 时，表明第一个方案成功的概率比第二个低；当 $p_1/p_2=1$ 时，则表明两个方案成功的概率相同，也就是方案与成功与否没有关系。

（2）优势与优势比

假如事件成功的概率为 p，将成功的优势（Odds）定义为：$odds=p/(1-p)$，表示成功的可能性是失败的多少倍。优势比（Odds Ratio）是两个优势的比，简称优比。在一个四格表中，优势比是第一行成功的优势与第二行成功的优势的比值，即：

$$\theta=\frac{odds_1}{odds_2}=\frac{p_1/(1-p_1)}{p_2/(1-p_2)} \tag{9.4}$$

显然，优势比是一个非负实数，取值从 0 到正无穷。从以上表达式还可以看出，优势比与相对风险有关。当优势比 $\theta=1$ 时，说明第一行成功的概率与第二行相当，这时有 $p_1=p_2$，即两个变量相互独立，相对风险也等于 1；当优势比 $\theta>1$ 时，表示第一行成功的概率大于第二行，且前者是后者的 θ 倍，此时有 $p_1>p_2$，相对风险也大于 1；当优势比 $\theta<1$ 时，第一行比第二行更不容易成功，此时有 $p_1<p_2$，相对风险也小于 1。可见，优势比实质上也是两个比例的比较。

不仅如此，优势比的取值还可以反映两个变量之间的关联强度，这是优势比的重要性质。优势比 θ 值在给定方向离 1 越远，代表两个变量间的关联性越强。比如，优势比 $\theta=4$ 比 $\theta=2$ 意味着更强的关联性，很明显这两个优势比都大于 1；类似地，优势比 $\theta=0.25$ 比优势比 $\theta=0.5$ 具有更强的关联性，而这两个优势比都小于 1。当一个 θ 值是另一个的倒数时，它们具有相同的关联程度，只是四格表中行列的排列顺序不同而已。例如，$\theta=2$ 与 $\theta=0.5$ 意味着两个四格表具有相同的关联性。可见，优势比既可以测度关联性大小，也能反映关联的方向。

不过，对于名义分类变量来说，类别变量值没有大小之分，其行列的排列顺序可以是任意的，因此在四格表中才会出现优势比互为倒数的情形。但对于顺序分类变量则不同，行变量和列变量的排列只能是从小到大，或从大到小。而且，我们将行变量从小到大排列时，列变量自然也要按照从小到大的顺序来排列才行，反之亦反。当然，对于四格表来说，无论是名义分类数据还是顺序分类数据，优势比互为倒数均意味着相同的关联性。

（3）优势比的其他形式

在四格表中，优势比可以方便地直接用样本的联合概率来表示。由于是用样本比例来估计，故表达式为：

$$\hat{\theta}=\frac{p_{11}/p_{12}}{p_{21}/p_{22}}=\frac{p_{11}p_{22}}{p_{12}p_{21}} \tag{9.5}$$

从形式上看，其分子分母分别是四格表中对角线单元格联合概率的乘积。当 $p_{11}p_{22}=p_{12}p_{21}$ 时，有 $\hat{\theta}=1$，故两个变量相互独立。当然，联合概率是用观测频数计算得到的，同样可以用观测频数来表示优势比。将各个样本联合概率的频数表达式代入后得：

$$\hat{\theta}=\frac{(n_{11}/n)(n_{22}/n)}{(n_{12}/n)(n_{21}/n)}=\frac{n_{11}n_{22}}{n_{12}n_{21}} \tag{9.6}$$

因此，当两个变量相互独立时 $\hat{\theta}=1$，因此有 $n_{11}n_{22}=n_{12}n_{21}$。也就是，如果四格表的对角线单元格观测频数的乘积相等，那么优势比就等于 1，即两个变量相互独立。否则，当对角线单元格交叉乘积不相等时，优势比将大于 1 或小于 1，则两个变量之间存在关联性。基于这一计算方法，优势比也称为交叉乘积比。

如果某个单元格频数等于 0 时,优势比将可能等于 0。为避免出现这种情况,我们可以对上述统计量进行修正。修正的方法是每个单元格频数加 0.5。这种修正方法对于某些单元格频数较小时同样具有较好的效果。这样修正后的统计量形式为:

$$\hat{\theta}=\frac{(n_{11}+0.5)(n_{22}+0.5)}{(n_{12}+0.5)(n_{21}+0.5)} \tag{9.7}$$

(4)对数优势比及其检验

在样本容量不是充分大的情况下,优势比的抽样分布通常是偏斜的。为此,优势比的统计推断常使用对数优势比。当两个变量独立时,由 $\theta=1$ 可知 $\ln\theta=0$。因此,对数优势比是关于 0 对称,在 0 的右侧或左侧越远,说明变量间的关联程度越强。如果我们改变四格表中行或列的排列顺序,仅改变对数优势比的符号。因此,除符号外两个对数优势比相同时,代表相同的关联程度。比如,$\ln(4)=1.39$ 和 $\ln(0.25)=-1.39$,表示相同的关联程度。因此,我们可以通过计算一个四格表的对数优势比,来判断两个定性变量之间的关联性大小及其方向。

由于通常对数优势比是由样本得到的,能否用于推断总体还需要进行检验。统计学家已经证明,在大样本条件下,样本对数优势比的抽样分布为:

$$\sqrt{n}\,(\ln\hat{\theta}-\ln\theta)\sim N\left(0,\frac{1}{p_{11}}+\frac{1}{p_{12}}+\frac{1}{p_{21}}+\frac{1}{p_{22}}\right)$$

于是,在原假设 $\theta=1$ 成立时,我们可以得到对数优势比的检验统计量如下:

$$Z=\frac{\ln\hat{\theta}}{\sqrt{\frac{1}{n_{11}}+\frac{1}{n_{12}}+\frac{1}{n_{21}}+\frac{1}{n_{22}}}}\sim N(0,1) \tag{9.8}$$

式(9.8)中,分母是样本对数优势比 $\ln\hat{\theta}$ 的标准误,它的大小取决于四格表中每个单元格的观测频数,频数越大,标准误越小。掌握了对数优势比的抽样分布,我们就可以很容易得到其置信区间,表达式为:

$$\left[\ln\hat{\theta}-|Z_{\alpha/2}|\sqrt{\frac{1}{n_{11}}+\frac{1}{n_{12}}+\frac{1}{n_{21}}+\frac{1}{n_{22}}},\ln\hat{\theta}+|Z_{\alpha/2}|\sqrt{\frac{1}{n_{11}}+\frac{1}{n_{12}}+\frac{1}{n_{21}}+\frac{1}{n_{22}}}\right] \tag{9.9}$$

根据计算的置信区间是否包含 0,我们可以判断四格表中两个变量之间是否相关,以及关联强度大小。当然,根据对数优势比的 Z 统计量,我们可以直接进行显著性检验。为了方便,将以上 Z 统计量转化为卡方统计量,即

$$\chi^2=Z^2=\frac{(\ln\hat{\theta})^2}{\frac{1}{n_{11}}+\frac{1}{n_{12}}+\frac{1}{n_{21}}+\frac{1}{n_{22}}}\sim\chi^2(1) \tag{9.10}$$

该统计量渐近服从自由度为 1 的卡方分布。无论是 Z 检验还是卡方检验,我们在检验对数优势比是否显著的同时,也是对四格表独立性的检验。

【例 9.5】 继续使用表 9.5 中的数据,分析 2020 年湖北省不同性别的不同民族人口占比是否存在显著差异。

解 本例是想知道湖北省不同性别的人口中,汉族和少数民族人口的比例是否是相同的,也就是变量性别是否与民族存在关联性。我们可以用卡方独立性检验的方法,也可以用优势比检验的方法。R 代码及输出结果如下:

```
x <- c(28280322, 1414396, 26701136, 1356703)
hbpo <- matrix(x, nr = 2, byrow = T); hbpo
##         [,1]      [,2]
## [1,] 28280322  1414396
## [2,] 26701136  1356703
prop.table(hbpo, 1)
##          [,1]       [,2]
## [1,] 0.9523688  0.04763123
## [2,] 0.9516462  0.04835380
chisq.test(hbpo)
## Pearson's Chi-squared test with Yates'  continuity correction
## data:  hbpo
## X-squared = 164.87, df = 1, p-value < 2.2e-16
oddsr <- (hbpo[1,1] * hbpo[2,2]) / (hbpo[1,2] * hbpo[2,1])
orse <- 1 / hbpo[1,1] + 1 / hbpo[1,2] + 1 / hbpo[2,1] + 1 / hbpo[2,2]
zsqr <- (log(oddsr))^2 / orse
pzsq <- pchisq(zsqr, 1, lower.tail = F)
cbind(oddsr, zsqr, pzsq)
##          oddsr      zsqr       pzsq
## [1,]   1.015941   164.8847   9.694027e-38
```

以上代码先将列联表单元格频数按行输入，并输出矩阵进行检查与四格表确保一致。进一步计算出湖北省男性人口中汉族占比为 95.24%，女性人口中汉族占比为 95.16%，也就是男性人口中汉族占比略高 0.08%。独立性检验结果表明，卡方值为 164.87，对应的 p 值接近于 0，说明检验结果显著，即不同性别中的不同民族人口占比有显著性差异。也就是说，尽管 0.08% 看上去不大，但统计检验是显著的。这个例子正好说明了统计显著性与实际显著性的关系，统计检验结果显著，但实际上的差别并不很显著。这个例子之所以统计显著，主要与样本量非常大有关系。

后半部分代码运行结果显示，优势比检验的卡方值为 164.88，与独立性卡方统计量的值非常接近，反映了二者之间的内在联系；p 值非常小，再次表明性别与民族之间存在关联性；优势比为 1.0159，略大于 1，说明性别与民族有一定程度相关，但关联强度不大。可见，优势比检验可以代替独立性检验，而且能够反映变量之间的关联强度。

2. 普通二维表的关联性

对于多于两行或两列的二维表即普通 $r \times c$ 列联表，依然可以用优势比来分析其中包含的任意 2×2 子表中的关联性。这样的话，在一个二维表中就可能存在多种关联模式，具体表现为某个变量的任意两个类别，与另一个变量的任意两个类别之间，两两组合形成多种不同的关联模式。

例如，表 9.10 是对 500 名被调查者的父辈与子辈文化程度的调查数据。社会学者认为，父辈与子辈之间存在代际流动现象，文化程度的代际流动就是其中之一。用优势比对这个普通二维表进行关联分析，只需分别考察每个 2×2 子表的关联性即可。

表 9.10　文化程度的代际流动调查

子辈	父辈		
	大学	中学	小学
大学	118	37	15
中学	18	130	32
小学	9	43	98

数据来源:卢淑华,《社会统计学》(第三版).北京大学出版社,2005

首先,我们来看前两行和前两列构成的四格表,优势比为 $(118\times130)/(18\times37)=23.03$。子辈是大学文化,父辈是大学文化而不是中学文化的概率,是子辈是中学文化的概率的 23 倍。也就是父辈文化程度是大学时,子辈文化程度更可能是大学。

再来看前两行和后两列对应的四格表,优势比为 $(37\times32)/(130\times15)=0.61$。子辈是大学文化,父辈是中学文化而不是小学文化的概率,是子辈是中学文化的概率的 0.61 倍。也就是父辈是中学文化时,子辈是大学文化的概率低于子辈是中学文化的概率。

接下来看前两行与第一和第三列形成的四格表,优势比为 $(118\times32)/(18\times15)=13.99$。子辈是大学文化,父辈是大学文化而不是小学文化的概率,是子辈是中学文化的概率约 14 倍。细心的读者可能已经发现,第三个四格表的优势比计算公式实际上是前两个优势比的乘积。也就是说,前两个优势比决定了第三个优势比,不需要再对第三个优势比进行分析。

按照与前面类似的方法,可以继续对后两行与前两列、后两列分别进行优势比分析。再然后会发现,进行第一行和第三行,与前两列、后两列的优势比分析已经没有必要。也就是说,在这个 3×3 二维表中,自由度为 $2\times2=4$,意味着用优势比进行分析共有 4 种不同的关联模式。

总之,对于四格表和普通二维表,我们都可以使用优势比来进行关联性分析,特别是适用于分类变量构成的列联表,因为优势比的计算没有考虑类别变量值的排列顺序。不过对多类别的普通二维表来说,正如代际流动例子所展示的,使用优势比进行关联分析显得有些麻烦。能否像四格表一样只用一个概括性度量,来描述整个二维表的关联性呢?这就需要借助一个概念——相合性。

9.4.2　相合性

与名义分类变量不同,顺序分类变量可以进行大小排序。对列联表中顺序分类变量间的关联测度,通常称为相合性度量。根据定性变量的类型,我们把二维表分为三类:双向无序表、单向无序表和双向有序表。其中,双向无序表是指两个变量都不是顺序分类变量,也就是之前讨论的名义分类变量列联表。单向有序表就是有一个变量是顺序分类变量,双向有序表就是两个变量都是顺序分类变量的列联表。对于双向有序表,列联表的行和列被固定下来,那么行变量与列变量的关联性自然表现为:当行变量由小到大时,列变量是否也由小到大,还是由大到小。也就是列联表是否表现出一种趋势,将这种趋势称为两个变量之间的相合性(Concordance)。

实际上,即使是名义分类变量,我们也可以假定其各类别变量值按照某种从小到大的顺序进行排列,比如"男性"小,"女性"大。这样的话,即使不是顺序分类变量,我们也可以使列联表表现出某种趋势或相合性。与独立性不同,相合性是有方向的。比如,如果行变量与列变量都从小到大,也就是行变量小时,列变量也小;而行变量大时,列变量也大,称为正相合;相反,如果行变量大时,列变量小,或者行变量小时,列变量大,则称为负相合。

1. 四格表的相合性

以四格表表 9.4 为例，假定行变量从 A_1 到 A_2，列变量从 B_1 到 B_2，是一个从小到大的顺序关系。正相合是指行变量小的个体中列变量也小的频数 n_{11} 较大；同时，行变量大的个体中列变量也大的频数 n_{22} 也较大。也就是，当四格表的正对角线单元格上的频数都较大时，就是正相合；相反，当四格表的反对角线上的频数 n_{21} 和 n_{12} 较大时，则是负相合。也就是，当 $n_{11}n_{22}-n_{12}n_{21}>0$ 时，四格表表现为正相合；当 $n_{11}n_{22}-n_{12}n_{21}<0$ 时，四格表表现为负相合。

在第 9.4.1 小节中，我们将优势比主要用于名义分类变量关联性的测度。对于顺序分类变量即双向有序的四格表，同样可以用优势比来测度相合性。当优势比 $\theta>1$ 时，四格表表现为正相合；相反，当 $\theta<1$ 时，四格表表现为负相合。当然，如果能将分类变量定义一个从小到大的顺序，也同样可以使用优势比来度量其相合性。可见，优势比是度量列联表关联性的重要统计量。

2. 普通二维表的相合性

那如何测度普通二维表中的相合性呢？我们假设二维表均可定义为双向有序表，则可以通过对顺序分类变量赋值来确定由小到大的顺序关系。最简单的赋值方法就是令表 9.6 中的行变量 A 的类别值 $A_1<\cdots<A_i<\cdots<A_r$，分别取值为 $1,\cdots,i,\cdots,r$；列变量 B 的类别值 $B_1<\cdots<B_j<\cdots<B_c$，分别取值为 $1,\cdots,j,\cdots,c$。因此在二维表中数据对 (A_1,B_1) 即 (1,1) 有 n_{11} 对，数据对 (A_1,B_2) 即 (1,2) 有 n_{12} 对，以此类推，数据对 (A_r,B_c) 即 (r,c) 有 n_{rc} 对。

在任意两个单元格或数据对中，若 $A_i>A_{i*}$ 也就是 $i>i^*$，且 $B_j>B_{j*}$ 也就是 $j>j^*$，把这样的数据对称为同序对(Concordant Pairs)，用 C 来表示所有同序对的数量；若 $A_i>A_{i*}$，且 $B_j<B_{j*}$，把这样的数据对称为异序对(Discordant Pairs)，用 D 来表示所有异序对的数量；若 $A_i=A_{i*}$ 或 $B_j=B_{j*}$，把这样的数据对称为同分对(Tied Pairs)，用 T 来表示所有同分对的数量。

(1) Tau 系数

在不考虑同分对的情况下，肯德尔 Tau 系数的一种简单算法是：以数据对中同序对与异序对的差为分子，以样本容量 n 可能形成的总数据对为分母（记为 τ）。其表达式为：

$$\tau=\frac{C-D}{C_n^2}=\frac{2(C-D)}{n(n-1)} \tag{9.11}$$

Tau 系数可以视为两个比例的差，其取值范围在 $[-1,+1]$ 之间。当 $D=0$ 时，Tau 系数达到最大等于 1，称为完全正相合；这时二维表只有正对角线上的单元格有频数，而对角线两侧单元格频数均为 0。当 $C=0$ 时，Tau 系数达到最小等于 -1，称为完全负相合；这时只有反对角线上的单元格有频数，而两侧的频数均为 0。

因此，Tau 系数是一种基于变量的顺序或等级之间的大小关系而构建的统计量，或称为基于秩的相关统计量。其中，同序对越多，二维表就越趋向正相合；而异序对越多，则越趋向负相合。而同序对与异序对的差，最终决定了二维表中相合性的大小和方向。若 $C-D>0$，则 Tau 系数为正，意味着二维表具有正相合性；反之，若 $C-D<0$，则表现为负相合性。因此，关键是要计算出同序对与异序对的数量。

对于四格表，同序对和异序对数量的计算很简单。根据其数据结构，同序对的数量应为 $n_{11}n_{22}$，而异序对的数量为 $n_{12}n_{21}$，因此，$C-D=n_{11}n_{22}-n_{12}n_{21}$，代入即得 Tau 值。

【例 9.6】　沿续例 9.5，通过优势比分析我们知道性别与民族存在一定关联性，试计算 2020 年湖北省人口的性别与民族的相合性度量 Tau 系数。

解　R 代码及输出结果如下：

```
x <- c(28280322, 1414396, 26701136, 1356703)
hbpo <- matrix(x, nr = 2, byrow = T)
n <- sum(hbpo)
C <- 28280322 * 1356703
D <- 1414396 * 26701136
tau <- (C - D) / (n * (n - 1) / 2); tau
## [1] 0.0003609914
```

Tau 系数为 0.00036,说明四格表中性别与民族之间的相合性不大。与第 9.4.1 小节用优势比得到的结论基本一致。

对于普通二维表,同序对和异序对数量的计算比较复杂,可以采用以下公式:

$$C=\sum_{i<i*}\sum_{j<j*}n_{ij}n_{i*j*},\quad D=\sum_{i<i*}\sum_{j>j*}n_{ij}n_{i*j*}$$

以上算法直观来讲,就是同序对的计算从第一行的第一格开始,逐格从左到右,从上到下,分别计算出每个单元格的同序对后求和;而异序对的计算,则是从第一行的最后一格开始,从右到左,从上到下,逐格分别计算出每个单元格的异序对后求和。

【例 9.7】 (数据集 vcdExtra::JobSat)该数据集为收入水平与工作满意度的二维表,每个变量都有四个类别,而且都是顺序分类变量,如表 9.11 所示。试计算该二维表中同序对和异序对的数量。

表 9.11　不同收入水平与工作满意度调查

收入	非常不满意	有点不满意	中度满意	满意	合计
≤ 15k	1	3	10	6	20
15—25k	2	3	10	7	22
25—40k	1	6	14	12	33
> 40k	0	1	9	11	21
合计	4	13	43	36	96

解　对该二维表包含的同序对的计算,首先从第 1 行第 1 列的第一个单元格开始。除去第 1 行第 1 列中不满足同序对要求的单元格外,从第 2 行到第 4 行,第 2 列到第 4 列的 9 个单元格都是第一个单元格的同序对。因此,第一个单元格的同序对数量为:

$$C_{11}=1\times(3+10+7+6+14+12+1+9+11)=73$$

类似地,第 1 行第 2 列单元格的同序对应该是第 2 到第 4 行,第 3 到第 4 列的右下方 6 个单元格,故同序对数量为:

$$C_{12}=3\times(10+7+14+12+9+11)=189$$

其他单元格以此类推,从左往右,从上到下,直至到最后一个单元格是第 3 行第 3 列,该单元格的同序对只有第 4 行第 4 列的单元格,故同序对数量为:

$$C_{33}=14\times 11=154$$

最后,将以上同序对数量加总,得到二维表中同序对的总数。经计算,$C=1331$。

对异序对的计算与同序对相反,是从第 1 行最后一列也就是第 4 列的单元格开始计算。除去第 1 行和第 4 列中不符合异序对要求的单元格外,从第 2 行到第 4 行,从第 1 列到第 3 列的 9 个单元格,都是该单元格的异序对。因此,异序对的数量为:

$D_{14}=6\times(2+3+10+1+6+14+0+1+9)=276$

接下来第 1 行第 3 列的单元格的异序对，应该是除去同行同列的单元格外左下方的 6 个单元格。故异序对数量为：

$D_{13}=10\times(2+3+1+6+0+1)=130$

其他单元格以此类推，从右往左，从上到下，直至到最后一个单元格是第 3 行第 2 列，该单元格的异序对只有第 4 行第 1 列的单元格，故异序对数量为：

$D_{32}=6\times 0=0$

最后，将以上异序对数量加总得到异序对的总数。经计算，$D=849$。将以上同序对和异序对总数代入 Tau 系数表达式，有

$$\tau=\frac{2(C-D)}{n(n-1)}=\frac{2\times(1331-849)}{96\times(96-1)}=0.1057$$

计算表明，收入水平与工作满意度之间的相合性为 0.1057，表明二者之间具有关联性。以上手工计算过程同样可以用 R 软件来完成，结果完全相同。代码及输出如下：

```
library(vcdExtra)
data(JobSat)
concordance <- function (x) {
  n = sum(x);  C = 0; D = 0;  r = nrow(x)
  c = ncol(x);  r1 = r - 1; c1 = c - 1
  for (i in 1:r1){
    for (j in 1:c1){ C = C + x[i,j] * sum(x[(i + 1):r, (j + 1):c]) }}  # 计算 C 值
  for (i in 1:r1){
    for (j in 2:c){D = D + x[i,j] * sum(x[(i + 1):r, 1:(j - 1)]) }}  # 计算 D 值
  cd = C - D
  tau <- cd / (n * (n - 1) / 2)
  cat("相合性度量的 tau 系数:\n")
  cat("C =", C, "\n")
  cat("D =", D, "\n")
  cat("tau =", tau, "\n")
}
concordance(JobSat)
## 相合性度量的 tau 系数:
## C = 1331
## D = 849
## tau = 0.1057018
```

【例 9.8】 沿续例 9.4，受教育程度与性别的独立性检验表明，二者之间存在关联性。试计算 2020 年我国居民的性别与受教育程度的相合性度量 Tau 系数。

解　R 代码及输出结果如下：

```
edu <- matrix(c(15678886, 163696640, 263448804, 116996970, 58727560, 47637012, 5495343,
                35728593, 183713863, 223646206, 95212952, 53575442, 46519060, 5270234),
              nrow = 2, byrow = T)
```

```
# 相合性度量
concordance <- function (x)
{ n <- nrow(x);  m <- ncol(x)
pi.c <- pi.d <- matrix(0, nrow = n, ncol = m)
row.x <- row(x); col.x <- col(x)
for (i in 1:(n)){ for (j in 1:(m)){
pi.c[i, j] <- sum(x[row.x < i & col.x < j]) + sum(x[row.x > i & col.x > j])
pi.d[i, j] <- sum(x[row.x < i & col.x > j]) + sum(x[row.x > i & col.x < j]) } }
C <- sum(pi.c * x) / 2; D <- sum(pi.d * x) / 2
CD = C - D
N <- sum(edu)
tau <- CD / (N * (N - 1) / 2)
cat("相合性度量的 tau 系数:\n")
cat("tau =", tau, "\n")}
concordance(edu)
## 相合性度量的 tau 系数:
## tau = -0.03627396
```

由运行结果知,Tau 系数为−0.0363,表明 2020 年我国居民的性别与受教育程度之间具有负相合性。由于在表格中性别的两个取值为先男性后女性,所以结果表明,男性的受教育程度高于女性。

当用以上 Tau 系数度量相合性时,需要注意以下两点:第一,在该 Tau 系数计算过程中,我们没有考虑同分对的影响。由于同分对是构成总的数据对的一部分,忽略同分对会导致 Tau 系数的分母偏大,使 Tau 系数偏小。因此有必要进行校正,剔除同分对的影响,感兴趣的话可以参阅王静龙和梁小筠(2008)。第二,Tau 系数只有在方表中才可能等于 1 或者 −1,而普通二维表即使是完全正相合或完全负相合,也不可能等于 1 或者 −1。

(2)Gamma 系数

除肯德尔的 Tau 系数外,二维表的相合性度量更多使用 Gamma 系数,记为 γ。计算公式为:

$$\gamma = \frac{C-D}{C+D} \tag{9.12}$$

可见,Gamma 系数与 Tau 系数的构建方法都是相同的,都是两个比例的差。二者的区别在于分母,Gamma 系数的分母是同序对和异序对的和,而不是所有的数据对。正是因为其分母中不考虑同分对,使得 Gamma 系数远比经过校正的 Tau 系数使用更加广泛。

Gamma 系数的取值同样在 $[-1, +1]$ 之间,当 $D=0$ 时,$\gamma=1$;当 $C=0$ 时,$\gamma=-1$。当 Tau 系数等于 1 或者 −1 时,Gamma 系数也等于 1 或者 −1。但是,当 Gamma 系数等于 1 或者 −1 时,Tau 系数却不一定,说明 Gamma 系数的表现优于 Tau 系数。

【例 9.9】 沿续例 9.7,计算度量相合性的 Gamma 系数。

解 这里我们直接使用 R 扩展包 vcdExtra 中的 GKgamma()函数来进行计算,代码及输出结果如下:

```
library(vcdExtra)
data(JobSat)
GKgamma(JobSat)
## gamma          : 0.221
## std. error     : 0.117
## CI             : -0.009  0.451
```

与前面计算的 Tau 系数 0.1057 相比，Gamma 系数为 0.221，进一步表明收入水平与工作满意度之间具有正相合性。输出结果还显示了 Gamma 系数的标准误和置信区间。其实，该命令还生成了其他一些对象，例如同序对和异序对的数量，可以用 $ 符号进行访问。比如在计算 Tau 系数的时候，可以先运行代码：CD <- GKgamma(X)，然后通过 CD$C 和 CD$D 的方式提取出我们需要的同序对和异序对，再在此基础上来计算 Tau 系数。

【例 9.10】 沿续例 9.8，试求 2020 年我国居民受教育程度与的性别相合性度量的 Gamma 系数。

解　R 代码及输出结果如下：

```
# 录入列联表数据,创建矩阵
x <- c(15678886, 163696640, 263448804, 116996970, 58727560, 47637012, 5495343,
       35728593, 183713863, 223646206, 95212952, 53575442, 46519060, 5270234)
E <- matrix(x, nrow = 2, byrow = T)
library(vcdExtra)
GKgamma(E)
## gamma          : -0.096
## std. error     : 0
## CI             : -0.096  -0.096
```

结果表明，Gamma 系数为 −0.096，表明 2020 年我国居民的性别与受教育程度具有负相合性，与 Tau 系数得出的结论一致。在以上结果中显示 Gamma 系数的标准误为 0，实际上是非常小，几乎等于零，表明估计的相合性度量 −0.096 的精度非常高。

需要强调的是，对计算得到的样本相合系数还需要进行检验，才能知道能否代表总体。从 Tau 系数和 Gamma 系数的计算公式可知，对二维表的相合性检验主要是对同序对与异序对的差进行检验，即检验 $C-D$ 是否等于 0，其关键是得到 $C-D$ 的标准误或方差。统计学家已证明，$C-D$ 的方差近似计算公式为：

$$\sigma_{C-D}^2 \approx \frac{(n^3-\sum n_{i+}^3)(n^3-\sum n_{+j}^3)}{9n^3} \tag{9.13}$$

因此，在原假设成立时，以下统计量的渐近分布为自由度为 1 的卡方分布：

$$\chi^2=\frac{(C-D)^2}{\sigma_{C-D}^2} \sim \chi^2(1) \tag{9.14}$$

【例 9.11】 沿续例 9.8，试对 2020 年我国居民的性别与受教育程度的相合性 Tau 系数进行检验。

解　R 代码及输出结果如下：

```
# 相合性检验
concordance_test <- function (x, alternative = "")
{
    n <- nrow(x);  m <- ncol(x);  pi.c <- pi.d <- matrix(0, nrow = n, ncol = m)
    row.x <- row(x);  col.x <- col(x)
  for (i in 1:(n)){  for (j in 1:(m)){
                  pi.c[i, j] <- sum(x[row.x < i & col.x < j]) + sum(x[row.x > i & col.x > j])
                  pi.d[i, j] <- sum(x[row.x < i & col.x > j]) + sum(x[row.x > i & col.x < j]) } }
  C <- sum(pi.c * x) / 2;  D <- sum(pi.d * x) / 2
  CD = C - D;  N <- sum(edu)
  tau <- CD / (N * (N - 1) / 2)
# sigma 平方的近似计算公式
sigma_2 = (N^3 - sum(rowSums(x)^3)) * (N^3 - sum(colSums(x)^3)) / (9 * N^3)
# 构建检验统计量:U 统计量
U = CD / sqrt(sigma_2)
if (alternative = = "two.side")
    { p_value = 1 - pchisq(U^2, 1) }
else   { if (alternative= ="greater")  # greater:备择假设为正相合
           {p_value = pnorm(-U)}
          else if (alternative= ="less")  # less:备择假设为负相合
                  {p_value = pnorm(U)}
    else {cat("please input: \n alternative = "two.side", "greater", or "less" ")} }
  list(tau = tau, X2 = U^2, p_value = p_value)
}
concordance_test(edu, "two.side")
## $tau
## [1] -0.03627396
## $X2
## [1] 5612444
## $p_value
## [1] 0
```

结果表明,受教育程度与性别为负相合,检验结果显著,说明可以代表总体中两个变量之间的关联性。显然,在对 Tau 系数的显著性进行检验的同时,也对 Gamma 系数进行了检验,只需要进行一次检验,因为它们的分子是相同的。

重要术语

列联表	联合分布	边缘分布	条件分布
拟合优度检验	卡方统计量	期望频数	独立性检验
相对风险	优势	优势比	对数优势比
相合性度量	相合性检验	Tau 系数	Gamma 系数

思考题

9.1　什么是列联表？列联表的数据结构是怎样的？

9.2　试述列联表中联合分布、边缘分布和条件分布的含义？

9.3　试说明拟合优度检验的原理，为什么又叫一致性检验？

9.4　试说明独立性检验的原理，独立性检验与多个比例的比较有什么关系？

9.5　什么是相对风险，相对风险与优势有何不同？

9.6　什么是优势比，为什么优势比可以测度四格表中的关联性？

9.7　什么是对数优势比，如何用对数优势比测度关联性？

9.8　什么是相合性？相合性如何测度和检验？

练习题

9.9　一直以来，某位老师给学生的分数都服从对称分布，其中90分以上占5%，80～90分占20%，70～80分占50%，60～70分占20%，60分以下占5%，这学期该教师打分结果如表9.12所示。试问在0.05的显著性水平下，这学期的成绩分布与往年是否相同。

表9.12　某老师给学生的分数数据

46	50	76	71	97	75	75	78
45	86	65	23	78	39	39	99
69	76	23	78	89	46	46	48
63	65	33	13	83	88	88	81
48	65	99	79	59	77	77	74
31	48	85	33	96	73	77	48
54	65	42	62	50	23	87	65
78	99	48	81	74	48	77	94

9.10　某城市驾照记录显示，20%是微型电动车（用A表示），25%是小型新能源车（用B表示），35%是中型燃油车（用C表示），20%为其他型号汽车（用D表示）。有人抽取了发生交通事故的车辆样本如表9.13所示，试问不同类型汽车发生交通事故的比例是否与给定比例相一致。

表9.13　某城市交通事故车辆类型数据

C	A	B	A	B	A	B
A	D	A	A	A	A	D
C	A	A	A	B	C	A
C	A	A	B	A	B	B
C	A	A	B	A	B	B
C	B	B	C	A	B	C
C	A	C	A	A	B	

9.11 某单位对调整员工退休金发放方式征求意见,经整理后数据如表 9.14 所示。试回答如下问题:

(1)计算行边缘频数和列边缘频数;

(2)计算不同岗位员工对奖金发放方式同意的比例;

(3)在 0.05 显著性水平下,不同岗位的员工的反馈意见是否有显著性差异。

表 9.14 不同员工的意见调查结果

反馈意见	管理岗	服务岗	技术岗
同意	67	11	32
反对	62	9	18

9.12 吸烟有害健康,人们都想戒烟,但往往不一定成功。一位研究者想确定为什么有的人能戒烟,而有的却不能,为此做了一个调查,记录下他们的受教育程度和一年后是否还在吸烟,经过整理后得到的数据如表 9.15 所示。试问在 0.05 显著性水平下,戒烟与受教育程度之间是否存在关联性。

表 9.15 不同受教育程度与戒烟效果

戒烟效果	初中以下	高中	大学	研究生
成功	32	51	47	36
失败	48	42	38	41

9.13 为了提高问卷回收率,某调查公司尝试采用不同的奖励方式。在一次调查中共发放 1000 份问卷,其中,有 300 份问卷许诺给每人一个纪念品,有 200 份许诺可以抽奖,剩余 500 份什么也没有。最后,回收的问卷中有 100 份是许诺了纪念品的,有 80 份是许诺可以抽奖的,另外 120 份是什么都没许诺的。试以发放的问卷份数为边缘分布画出列联表,在 0.05 的显著性水平下,能从这组数据中得出什么结论。

9.14 一位管理者对“男女搭配,干活不累”感兴趣,想知道工作中不同性别组合是否影响员工的工作满意度,调查结果见表 9.16,可能得到的研究结论是什么?($\alpha=0.05$)

表 9.16 不同性别组合的工作满意度

工作满意度	男性与男性	男性与女性	女性与女性
满意	25	92	54
一般	49	77	50
不满意	48	42	10

9.15 某新能源汽车公司想了解汽车电池在生产过程中质量是否有差异,随机抽取 600 个电池进行检查。每个电池经检查后分为合格和不合格,同时记录各自对应的班次,数据见表 9.17。试回答下列问题:

(1)计算行边缘频数和列边缘频数;

(2)计算不同生成班次生产的合格电池比例;

(3)检验三个班次生产的电池质量是否有显著差异。($\alpha=0.05$)

表 9.17 三个班次的电池质量情况

电池质量	早班	中班	晚班
合格	240	191	139
不合格	10	9	11

9.16 根据某地交通事故的调查结果，按照乘客是否系安全带，以及是否受伤，整理数据如表 9.18 所示。请用优势比分析系安全带对交通事故中受伤是否具有直接的影响。

表 9.18 是否系安全带与是否受伤列联表

	受伤	未受伤
系安全带	2409	35383
未系安全带	3865	27037

9.17 将应用统计学的教学方法分为三种：1 表示不使用手工计算而使用统计软件的教学方法，2 表示用手工计算解决问题的传统教学方法，3 表示强调推导和证明的教学方法。为了了解教学方法是否与教师的最高学位有关进行了一次调查，结果见表 9.19。学位类型包括 1 是商学，2 是经济学，3 是数学，4 是其他。试问教师的学位是否与教学方法有关？如果是的话，试计算 Tau 系数和 Gamma 系数并检验。($\alpha=0.05$)

表 9.19 对教学方法与最高学位的调查数据

教学方法	学位	教学方法	学位	教学方法	学位	教学方法	学位
2	2	1	1	1	1	3	1
2	2	3	1	1	4	2	3
3	4	2	1	1	3	3	1
3	2	3	4	2	1	1	1
1	1	1	1	1	2	1	1
2	3	2	1	3	3	2	3
1	1	2	3	1	1	1	1
1	1	1	3	1	1	1	1
1	4	2	1	1	1	3	2
1	4	1	1	3	1	2	3
3	4	2	1	2	1	2	4
2	3	3	2	1	1	1	1
3	1	3	3	3	3	2	1
1	4	3	3	1	1	3	3
2	1	1	1	1	1	2	1

9.18 所有的投资者都在时刻关注和预测油价的变化趋势。表 9.20 记录了 70 名投资者对油价变化做出的预测，以及油价实际的走势。其中，1 表示正向变动，2 表示负向变动。预测的趋势与实际的变化之间是否存在关系？如果存在的话，试计算 Tau 系数和 Gamma 系数并检验。($\alpha=0.05$)

表 9.20　70 名投资者对油价的预测与实际走势情况

预测	实际	预测	实际	预测	实际	预测	实际	预测	实际	预测	实际	预测	实际
1	2	1	1	1	1	1	2	1	1	1	2	1	1
2	2	2	2	1	1	2	2	1	1	1	2	1	1
2	1	1	2	2	2	1	1	1	2	2	1	1	1
2	2	1	2	1	2	1	1	1	2	1	1	1	2
1	2	2	1	2	2	1	2	2	1	2	2	1	1
1	1	2	2	1	2	2	1	2	2	1	1	1	1
1	1	2	2	2	2	1	1	2	2	1	2	2	2
2	1	1	1	2	1	2	2	1	1	2	1	1	2
2	2	2	2	2	1	1	2	2	2	2	1	2	1
2	2	2	2	1	2	1	1	2	1	1	2	1	1

第 10 章
一元线性回归分析

【我国城镇居民的边际消费倾向是多少?】

居民消费在社会经济的持续发展中有着重要的作用。居民合理的消费模式和适度的消费规模有利于经济持续健康的增长,而且这也是人民生活水平的具体体现。改革开放以来,随着中国经济的快速发展,城镇居民人均消费支出和人均可支配收入呈现出逐年增长的趋势(如表10.1所示)。消费作为总需求的重要组成部分,是宏观经济调控的基本变量。1936年,凯恩斯在《就业、利息和货币通论》中提出了著名的消费函数理论,认为可支配收入是决定消费支出的核心要素,用数学表达式 $C_t = a + bY_t$ 表示,其中的 b 被定义为边际消费倾向,表示每增加一单位国民收入所引起的消费的平均变化。中国的消费函数是什么样子?不同阶段的边际消费倾向分别是多少?这些问题都可以用统计学中回归分析的思想进行研究。

表 10.1　1996—2021 年我国城镇居民消费支出与可支配收入数据

单位:元

年份	人均消费支出	人均可支配收入	年份	人均消费支出	人均可支配收入
1996	3919.5	4838.9	2009	12264.6	17174.7
1997	4185.6	5160.3	2010	13471.5	19109.4
1998	4331.6	5425.1	2011	15160.9	21809.8
1999	4615.9	5854.4	2012	16674.3	24564.7
2000	4998.3	6280.2	2013	18487.5	26955.1
2001	5309.1	6859.6	2014	19968.1	29381.0
2002	6029.9	7702.8	2015	21392.4	31194.8
2003	6510.9	8472.2	2016	23078.9	33616.2
2004	7182.1	9421.6	2017	24445.2	36396.4
2005	7942.9	10493.0	2018	26112.3	39250.8
2006	8696.6	11759.5	2019	28063.4	42358.8
2007	9997.5	13785.8	2020	27007.4	43833.8
2008	11242.9	15780.8	2021	30307.0	47412.0

数据来源:《2021 年中国统计年鉴》

10.1　变量间的关系

事物的联系是普遍的。客观世界中许多事物之间都存在着相互影响、相互制约、相互依赖、相互关联的关系。客观现象尤其是经济现象的这种联系都可以通过一定的数量形式反映出来。例如父母身高与子女身高之间、商品需求量(或供给量)与商品价格之间、家庭可支配收入与家庭消费支出之间、企业投入与企业产出之间、银行储蓄额与居民收入之间、退休人员养老金与受教育程度之间、能源消费与 GDP 之间、网购支出与职业性质之间等,都存在一定的依存关系。人们在实践中发现,现象之间的这种依存关系可以分为两种类型:一种是确定性的函数关系,另一种是不确定性的统计相关关系。

10.1.1 函数关系

当一个或若干个变量 X 取一定数值时,另一个变量 Y 有确定的数值与之相对应,我们称变量之间的这种关系为确定性的函数关系。一般情况下,确定性的函数关系可以表示为:

$Y=f(X)$

例如,当销售价格 P 不变时,某种商品的销售额 Y 与销售量 X 之间的关系可以表示为 $Y=PX$;又如半径为 r 的圆形面积 S 可以表示为 $S=\pi r^2$,等等。

10.1.2 相关关系

函数关系是一一对应的确定关系,但在现实世界中,变量之间的关系往往不会这么严格一一对应。即现象之间虽然存在着数量关系,但这种关系并不是完全确定性的,当一个变量数值确定时,另一个变量可能存在许多个取值与之相对应,这些取值通常会按某种规律在一定范围内变化,我们把这种不确定的数量关系称为相关关系。一般情况下,统计相关关系可以表示为 $Y=f(X,u)$,其中 u 为随机变量。

例如,职工薪水 (Y) 与工作年限 (X) 之间的关系,通常具有相同工作年限的职工的薪水并不完全相同,二者会呈现出不确定的相关关系,这是因为除了工作年限外,还存在年龄、企业性质、受教育程度等一系列影响薪水的其他因素。又如企业利润的多少与成本的高低有着密切关系,但是某一确定的成本与相对应的利润却是不确定的,这是因为影响企业利润的因素除了成本之外,还有产品价格、同行竞争、市场供求、企业管理水平及其他偶然因素。

10.1.3 相关关系和函数关系的区别与联系

相关关系和函数关系有区别,但是二者之间也有联系。它们之间的联系主要体现在两个方面:一方面,对于具有函数关系的现象,在实际中由于观察或者测量误差等原因往往呈现出相关关系的特征;另一方面,现象之间的相关关系通常要利用相应的函数关系式来表现。

在具有相互依存关系的两个变量中,作为根据的变量叫自变量(又称为解释变量,在回归模型中也称为回归元),发生对应变化的变量叫因变量(又称为被解释变量,在回归模型中也称为回归子)。当变量之间存在前因后果的关系时,自变量和因变量的确定较为容易,如前述的父母身高、家庭可支配收入、企业投入、居民收入等是自变量,子女身高、家庭消费支出、企业产出、银行储蓄额是因变量。然而,当变量之间互为因果时,则要根据研究目的来确定哪个(些)是自变量,哪个是因变量,如宏观经济研究中的 GDP 和 M2 之间的关系以及商品需求量与商品价格之间的关系等。在相关分析中,一般不需要确定自变量和因变量,而在回归分析中则必须确定自变量和因变量。

10.2　相关分析

10.2.1　相关关系的种类

现实中的相关关系错综复杂，根据涉及的变量数量、相关关系的性质以及相关程度的强弱，变量之间的相关关系可以划分为不同的类型。

1. 简单相关和复相关

根据相关关系涉及的变量多少，可以将其划分为简单相关和复相关。也就是说，如果是两个变量之间的相关关系称作简单相关，也称为二元相关，而三个或三个以上的变量之间的相关关系称为复相关或者多元相关。此外，还有偏相关和典型相关等概念会在后续的课程中学到。

2. 线性相关和非线性相关

根据相关关系的表现形式，可以分为线性相关和非线性相关。对于二元相关表现为直线相关和曲线相关。

线性相关是指变量之间呈现线性关系，若记自变量为 $X_1, X_2, \cdots, X_p$，因变量为 Y，则下面的相关形式即为线性：

$$Y = a_0 + a_1 X_1 + a_2 X_2 + \cdots + a_p X_p + u$$

其中，自变量的系数 $(a_1, a_2, \cdots, a_p)$ 是一组不全为 0 的实数。对于两个变量而言，如果对应数据在坐标系上描点后近似地表现为一条直线，则二者之间为直线相关。

非线性相关则是指变量之间呈现非线性关系，其形式多种多样，如：

$$Y = a_0 + a_1 \ln X_1 + a_2 \ln X_2 + \cdots + a_p \ln X_p + u$$

$$Y = a_0 + a_1 X_1 + a_2 X_2 + a_{11} X_1^2 + a_{22} X_2^2 + a_{12} X_1 X_2 + \cdots + u$$

如果两个变量对应数据在坐标系上描点后近似表现为一条曲线，则二者为曲线相关，如抛物线、双曲线、指数曲线、对数曲线、S 曲线等。

3. 正相关和负相关

对于简单相关，根据变量变化的方向不同，可以将相关关系划分为正相关和负相关。正相关是指当一个变量的值增加或者减少时，另一个变量的值也随之增加或减少，如工人劳动生产率提高，产品产量也随之增加，又如可支配收入提高，平均消费支出也随之增加。负相关是指当一个变量的值增加或者减少时，另一个变量的值反而减少或增加，如商品流转额越大，商品流通费用率越低，又如劳动生产率提高，生产单位产品所耗时间减少等。

10.2.2　相关关系的测度

1. 相关图

相关图又称散点图，它是用直角坐标系的 X 轴代表一个变量，Y 轴代表另一个变量，将两个变量间相对应的变量值用坐标点的形式描绘出来，用以表明相关点分布状况的图形。散点图是描述变量之间关系的一种直观方法，大体上可以看出变量之间的关系形态及关系强度，如图 10.1 所示。

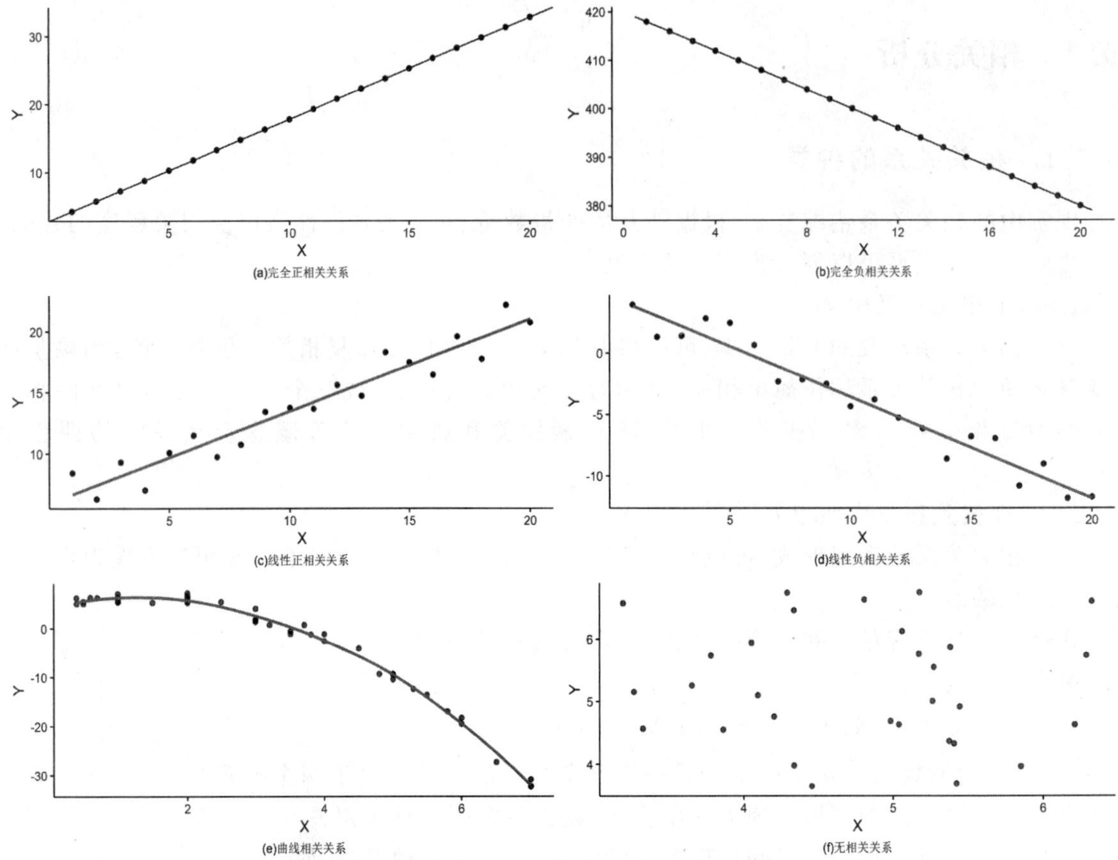

图 10.1　两个变量之间相关关系示意图

就两个变量而言,如果一个变量的取值完全依赖另一个变量,各观测点落在一条直线上,则称为完全相关,如图 10.1(a)和 10.1(b)所示,其实质就是函数关系。如果二者之间的关系近似地表现为一条直线,则称为线性相关,而且根据其方向判定分别属于正线性相关和负线性相关,如图 10.1(c)和 10.1(d)所示。当散点图中的点接近于一条曲线时,则称为非线性相关或曲线相关,如图 10.1(e)所示。如果两个变量的观测点很分散,无任何规律,则表示变量之间没有相关关系,如图 10.1(f)所示。

2. 相关系数

散点图虽然比较直观,却失之精确。在统计学中,对于不同类型的变量数据,通常采用相关系数来量化变量之间的相关程度。相关系数是皮尔逊相关系数的简称,它是在线性相关的条件下,说明两个现象之间紧密程度的统计分析指标。

相关系数有如下几个特点:

(1)两个变量为对等关系,即可以不必区分自变量和因变量;

(2)相关系数只是一个相对数值,不受变量单位和量纲的影响;

(3)相关系数有正负号,分别代表正相关和负相关;

(4)若以抽样调查取得资料,则两变量均应有相同的随机性;对全面统计资料而言,不存在随机性问题,均为确定性资料。

如果相关系数是根据总体全部数据计算的,称为总体相关系数,记为 ρ,用两个变量的协方差除以两个变量各自标准差之积得出，相应的公式为：

$$\rho=\frac{E(X-\mu_X)(Y-\mu_Y)}{\sigma_X\sigma_Y} \tag{10.1}$$

如果相关系数是根据样本数据计算的，则称为样本相关系数，记为 r，其计算公式为：

$$r=\frac{\sum_{i=1}^{n}(X_i-\bar{X})(Y_i-\bar{Y})}{\sqrt{\sum_{i=1}^{n}(X_i-\bar{X})^2}\sqrt{\sum_{i=1}^{n}(Y_i-\bar{Y})^2}} \tag{10.2}$$

该公式可以简化为：

$$r=\frac{n\sum_{i=1}^{n}X_iY_i-\sum_{i=1}^{n}X_i\sum_{i=1}^{n}Y_i}{\sqrt{n\sum_{i=1}^{n}X_i^2-\left(\sum_{i=1}^{n}X_i\right)^2}\sqrt{n\sum_{i=1}^{n}Y_i^2-\left(\sum_{i=1}^{n}Y_i\right)^2}} \tag{10.3}$$

在 R 软件中，可以自己编写代码计算两个变量之间的相关系数，也可以直接调用 cor()函数求出相关系数。

【例 10.1】 （数据集 DPI_PCE.xlsx）利用本章开篇案例中的数据，计算城镇居民人均消费支出（PCE）与人均可支配收入（DPI）之间的相关系数。

解　首先将数据读入 R，然后根据式（10.2）或调用 cor()函数计算相关系数。代码及输出结果如下：

```
library(readxl)
# 读取数据
df1001 <- read_xlsx(path = "D:/ASWR/chapter10/data10/DPI_PCE.xlsx")
x <- df1001 $ DPI; y <- df1001 $ PCE
xbar <- mean(x); ybar <- mean(y); n <- length(x)
var_x <- var(x); var_y <- var(y)
# 方法一：根据定义式(10.2)计算相关系数
corr_xy <- sum((x - xbar) * (y - ybar)) / ((n - 1) * sqrt( var_y * var_x))
## [1] 0.9985301
# 方法二：直接调用 R 中的 cor()函数
cor(x,y)
## [1] 0.9985301
```

输出结果显示，人均消费支出和人均可支配收入的相关系数高达 0.9985，表明二者相关程度非常高。

r 不仅表示两个变量线性相关的大小，其符号还表示相关的方向，具有如下五个性质：

（1）r 的取值范围为$[-1,1]$；

（2）当 $-1<r<0$ 时，相关图分布呈现出变量 Y 随着变量 X 的增加而减小的负斜率趋势，即为负相关；

（3）当 $r=0$ 时，相关图分布通常呈现出不规则状态，变量 Y 不受变量 X 的影响，表明 X 和 Y 之间没有线性相关关系。这里必须注意，没有线性相关关系并不排斥其他相关关系，如某种形态的曲线相关；

(4)当 $0<r<1$ 时,相关图分布呈现出变量 Y 随着变量 X 的增加而增加的正斜率趋势,即为正相关;

(5)当 $|r|=1$ 时,相关散点图呈现在一条直线上,表明变量 Y 与变量 X 完全线性相关。$r=1$ 时表现为完全正相关;$r=-1$ 时表现为完全负相关。

为了判断变量之间相关程度的大小,人们往往根据经验将社会经济现象中的相关系数划分为四个等级:$|r|\leqslant 0.3$ 为基本不相关,$0.3<|r|\leqslant 0.5$ 为弱相关,$0.5<|r|\leqslant 0.8$ 为中度相关,$|r|>0.8$ 为高度相关。值得注意的是,这个标准只是一个经验法则,并非是一成不变的,它与样本容量有很大的关系,只有当样本容量较大时这一判断才成立。

10.2.3 相关系数的显著性检验

上述的相关系数 r 是根据样本计算出来的对总体相关系数的一个估计量,因此需要对其显著性进行统计检验。检验的内容包括两部分:一是总体线性相关的存在性检验,即检验 ρ 是否为零;二是总体线性相关差异性检验,即检验某一总体线性相关程度是否等于(双尾检验)或大(小)于(单尾检验)某一指定值,以及检验两个总体相关系数是否相等。本小节只讨论第一种情况。

作为随抽样而变动的随机变量,样本相关系数 r 具有一定的概率分布,要对其进行显著性检验,必须明确其抽样分布的性质。如果 X 和 Y 均服从正态分布,在总体相关系数为 0 的假设下,可以证明,与样本相关系数 r 有关的 t 统计量服从自由度为 $n-2$ 的 t 分布,即基本假设为:

$H_0:\rho=0$

$H_1:\rho\neq 0$

对应的检验统计量为:

$$t=\frac{r\sqrt{n-2}}{\sqrt{1-r^2}}\sim t(n-2) \tag{10.4}$$

给定显著性水平 α,当 $|t|>|t_{\alpha/2}(n-2)|$,表明相关系数 r 在统计上显著不为 0,应拒绝原假设,意味着两个变量之间的线性相关性(在一定程度上)是存在的。

【例 10.2】 沿续例 10.1 中的数据,在 0.05 的水平下检验相关系数的显著性。

解 在 R 中可以调用 cor.test()进行相关系数显著性检验,代码如下:

```
cor.test(x,y)
## Pearson's product-moment correlation
## data:  x and y
## t = 90.254, df = 24, p-value < 2.2e-16
## alternative hypothesis: true correlation is not equal to 0
## 95 percent confidence interval:
## 0.9966744  0.9993506
## sample estimates:
##       cor
## 0.9985301
```

输出结果可知,检验的 $p=2.2\times 10^{-16}<<0.05$,所以认为两个变量之间的相关关系确实

存在，而且相关系数达到了 0.9985，呈现高度正相关。

10.3　线性回归分析基本问题

10.3.1　回归的含义

“回归”(Regression)一词源于 19 世纪英国生物统计学家高尔顿的研究成果。他在观察父母身高与子女身高的关系时，发现虽然较高的父母其子女也较高，较矮的父母其子女也较矮，但是父母很高时，其子女却较其父母要矮些，而父母很矮时，其子女却较其父母要高些。也就是说，对于一定身高的父母，子女的平均身高有朝向人类平均身高移动或回归的趋势。这就是“回归”的古典意义。

在这种古典回归概念的基础上，后人发展出了一系列回归分析的理论与方法，并被广泛地应用于社会经济生活的各个方面。回归分析法在因果关系初步认识的基础上，将这种可能的结论以方程的形式表现出来，即将研究对象设为因变量(或称为回归子)，将影响研究对象的各因素设为自变量(或称为回归元)。这样就形成了反映一个因变量与自变量依存关系的方程式，称为回归方程。

10.3.2　回归分析的特点

回归分析具有如下特点：

(1)在两个或者两个以上的变量中，必须根据研究目的确定其中一个为因变量，其余为自变量。这一点和前面提到的相关分析不一样，相关分析可以不必区分自变量和因变量。

(2)在相关分析中，两个变量要求都是随机的；而在回归分析中，要求因变量是随机的，而自变量的值则是事先给定的。

(3)若变量之间互为因果或者是没有明显的因果关系，则可以求出两个回归方程，即 Y 倚 X 的回归方程 (Y 为因变量)和 X 倚 Y 的回归方程 (X 为因变量)，两个方程的含义是不同的。而对于相关分析来说，两个变量之间只能求出一个相关系数。

(4)回归方程有很强的应用性。根据回归方程的参数可以得出变量之间的具体数量变动关系；回归方程也可以用于估计推断，即根据给定的自变量的数值来估计因变量的可能取值，或以限定的因变量的取值范围来推断自变量取值应控制在什么范围内。

10.3.3　一元线性回归模型设定

1. 总体回归方程与模型

假设我们的研究对象是 Y，其主要影响因素是 X，则反映这两个变量之间因果关系的回归方程，就应该是在 X 给定时 Y 的期望水平，即

$$E(Y_i \mid X_i)=\beta_0+\beta_1 X_i$$

其中，$E(Y_i \mid X_i)$ 代表被解释变量的条件期望值，X_i 代表解释变量值，β_0 和 β_1 称为回归方程的待定参数(也称为回归系数)。该回归方程式在二维平面坐标系中表现为一条直线，所以称为总体回归方程或总体回归直线。由于人们很难(几乎不可能)对总体进行全面的观察，所以只能通过样本观测来估计和推断它。

总体回归方程只反映了研究对象 Y 与主要解释变量 X 之间可能的平均意义上的因果关系，而并没有包括其他可能的影响因素，这就会使其回归所测算的理论值与实际值之间产生一定的差距，该差距就是回归方程的总体误差。人们习惯将反映误差在内的回归方程叫做回归模型。因此，一元线性回归模型的形式如下：

$$Y_i = \beta_0 + \beta_1 X_i + u_i \tag{10.5}$$

其中，β_0 代表回归方程在 Y 轴上的截距(又称常数项)，β_1 代表回归方程的斜率系数(又称回归系数)，误差项 u_i 代表着所有 X 因素以外的其他因素的作用。如果该回归方程确实是 X 与 Y 的因果关系的真实反映，则误差将很小，即只有随机因素对误差项起作用。

对式(10.5)这一理论模型，有以下几个基本假定：

(1)因变量 Y 与自变量 X 之间的线性关系确实存在；

(2)在重复抽样中，自变量 X 的取值是固定的，即假定 X 是非随机的；

(3)误差项 u_i 是一个期望值为 0 的随机变量，即 $E(u_i)=0$；

(4)对于所有 X 值，误差项的方差都相同，即 $Var(u_i)=E(u_i^2)=\sigma^2$；

(5)误差项是一个服从正态分布的独立随机变量，即 $u_i \sim N(0,\sigma^2)$ 且 $E(u_i,u_j)=0$。

2. 样本回归方程与模型

当我们无法获得总体的全部数据时，只能通过样本的观测来进行回归分析，则利用样本数据建立一元线性回归方程和模型。

(1)样本回归方程。样本回归方程通常有两种表示形式，一种是：

$$\hat{Y}_i = \hat{\beta}_0 + \hat{\beta}_1 X_i$$

另一种是：

$$E(Y_i) = \hat{\beta}_0 + \hat{\beta}_1 X_i$$

其中，$\hat{Y}_i$ 代表因变量的理论值或预测值，它的均值与 Y_i 的均值相等，$\hat{\beta}_0$ 是总体回归方程中 β_0 的估计值，$\hat{\beta}_1$ 是总体回归方程中 β_1 的估计值。它们是根据样本资料计算的，由于样本的取得以及样本对总体的代表程度不同，样本回归方程中的参数与总体回归方程中的参数就有可能不一致。

(2)样本回归模型。把观测值表示为预测值加残差的形式，即

$$Y_i = \hat{\beta}_0 + \hat{\beta}_1 X_i + \hat{u}_i$$

称为样本回归模型，其中，$\hat{u}_i$ 代表因变量观测值与估计值之间的误差，称为残差，其他符号的含义同上。

10.4 一元线性回归中的参数估计

10.4.1 最小二乘基本原理

对回归模型进行参数估计的方法有很多种，对于满足基本假定的线性回归模型的估计，最简便、最常用的方法是普通最小二乘法(Ordinary Least Square，OLS)。

在一元线性回归中，对于样本回归方程和既定的样本观测值，用不同的估计方法可能得到不同的样本回归参数的估计值 $\hat{\beta}_0$ 和 $\hat{\beta}_1$，估计的 $\hat{Y}_i$ 也可能不同。我们总是希望所估计的(预测

的) $\hat{Y}_i$ 偏离实际观测值 Y_i 的残差 $\hat{u}_i$ 越小越好。然而，因为 $\hat{u}_i$ 有正有负，残差的直接代数和会相互抵消，为此可以取残差平方和（SSE）最小化作为衡量预测值与观测值偏离程度的标准，这就是所谓的最小二乘准则。

令 $Q=SSE=\sum \hat{u}_i^2$，我们只需要让 Q 取极小值就可以估计出 $\hat{\beta}_0$ 和 $\hat{\beta}_1$。过程如下：

$$\begin{aligned} Q(\hat{\beta}_0,\hat{\beta}_1) &= \sum_{i=1}^{n} \hat{u}_i^2 \\ &= \sum_{i=1}^{n} (Y_i-\hat{Y}_i)^2 \\ &= \sum_{i=1}^{n} (Y_i-\hat{\beta}_0-\hat{\beta}_1 X_i)^2 \end{aligned} \tag{10.6}$$

根据微积分中求极值的原理，为了使得 Q 达到最小，待定系数 $\hat{\beta}_0$ 和 $\hat{\beta}_1$ 应同时满足：

$$\begin{cases} \dfrac{\partial Q}{\partial \hat{\beta}_0} = -2\sum\limits_{i=1}^{n} (Y_i-\hat{\beta}_0-\hat{\beta}_1 X_i)=0 \\ \dfrac{\partial Q}{\partial \hat{\beta}_1} = -2\sum\limits_{i=1}^{n} (Y_i-\hat{\beta}_0-\hat{\beta}_1 X_i)X_i=0 \end{cases} \tag{10.7}$$

从而得到如下方程组：

$$\begin{cases} n\hat{\beta}_0+\hat{\beta}_1 \sum X_i = n\sum Y_i \\ \hat{\beta}_0 \sum X_i+\hat{\beta}_1 \sum\limits_{i=1}^{n} X_i^2 = \sum\limits_{i=1}^{n} X_i Y_i \end{cases} \tag{10.8}$$

其中，n 为样本容量。该方程组称为最小二乘的正规方程组，求解该方程组得：

$$\begin{cases} \hat{\beta}_1 = \dfrac{\sum\limits_{i=1}^{n}(X_i-\bar{X})(Y_i-\bar{Y})}{\sum\limits_{i=1}^{n}(X_i-\bar{X})^2} \\ \hat{\beta}_0 = \bar{Y}-\hat{\beta}_1\bar{X} \end{cases}$$

其中，$\bar{X}$，$\bar{Y}$ 分别为样本观测值 X_i，Y_i 的平均值。

若记 $L_{XX}=\sum\limits_{i=1}^{n}(X_i-\bar{X})^2$，$L_{XY}=\sum\limits_{i=1}^{n}(X_i-\bar{X})(Y_i-\bar{Y})$，则参数估计结果可简记为：

$$\begin{cases} \hat{\beta}_1 = \dfrac{L_{XY}}{L_{XX}} \\ \hat{\beta}_0 = \bar{Y}-\hat{\beta}_1\bar{X} \end{cases} \tag{10.9}$$

由式(10.9)可知，回归直线通过点样本均值点 $(\bar{X},\bar{Y})$，这是回归直线的重要特征之一。

10.4.2　案例及 R 语言实现

【例 10.3】　(数据集 table_10.2_Sales_Ad.xlsx)表 10.2 数据记录了某种产品的销售量(sales，万件)与广告投放(ad，万元)。试用最小二乘法估计回归方程。

解　首先将数据导入 R 并绘制散点图(见图 10.2)，然后调用基础包中线性回归模型拟合的 lm() 函数，代码及输出结果如下：

表 10.2　某产品销售量与广告投放数据

id	销售量(sales)	广告投放(ad)	id	销售量(sales)	广告投放(ad)
1	0.79	679	28	4.88	1748
2	0.44	292	29	3.48	1381
3	0.56	1012	30	7.58	1428
4	0.79	493	31	2.63	1255
5	2.70	582	32	4.99	1777
6	3.64	1156	33	0.59	370
7	4.73	997	34	8.19	2316
8	9.50	2189	35	4.79	1130
9	5.34	1097	36	0.51	463
10	6.85	2078	37	1.74	770
11	5.84	1818	38	4.10	724
12	5.21	1700	39	3.94	808
13	3.25	747	40	0.96	790
14	4.43	2030	41	3.29	783
15	3.16	1643	42	0.44	406
16	0.50	414	43	3.24	1242
17	0.17	354	44	2.14	658
18	1.88	1276	45	5.71	1746
19	0.77	745	46	0.64	468
20	1.39	435	47	1.90	1114
21	0.56	540	48	0.51	413
22	1.56	874	49	8.33	1787
23	5.28	1543	50	14.94	3560
24	0.64	1029	51	5.11	1495
25	4.00	710	52	3.85	2221
26	0.31	1434	53	3.93	1526
27	4.20	837			

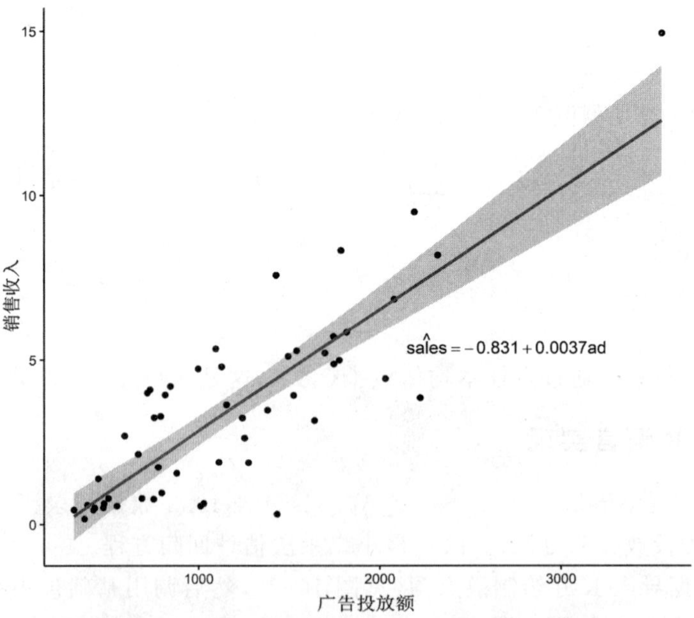

图 10.2　产品销售量和广告投放回归模型拟合图

```
library(readxl); library(ggplot2); library(dplyr); library(car)
df1002 <- read_xlsx(path = "D:/ASWR/chapter10/data10/Sales_Ad.xlsx")
df1002 %>% ggplot(aes(x = ad, y = sales)) +
  geom_point() +
  theme_bw() +
  labs(x = "广告投放额", y = "销售收入")
# 拟合回归模型
fit1002 <- lm(sales ~ ad, data = df1002)
S(fit1002)

## Call: lm(formula = sales ~ ad, data = df1002)
## Coefficients:
##               Estimate    Std. Error    t value    Pr(>|t|)
## (Intercept)   -0.8313037  0.4416121     -1.882     0.0655 .
## ad            0.0036828   0.0003339     11.030     4.11e-15 ***
## ---
## Signif. codes:  0 '***'  0.001 '**'  0.01 '*'  0.05 '.'  0.1 ' '  1
##
## Residual standard deviation: 1.577 on 51 degrees of freedom
## Multiple R-squared: 0.7046
## F-statistic: 121.7 on 1 and 51 DF,  p-value: 4.106e-15
##    AIC    BIC
## 202.67  208.58
```

于是回归方程可以表述为：

$$\widehat{sales} = -0.831 + 0.0037ad$$

该方程表示，广告投放额每增加 10000 元，那么产品销售量将平均增加 37 件，二者之间呈现正相关关系，这个结果符合我们的预期。

在上述代码中，线性回归的所有结果保存在名为“fit1002”的 R 对象中，它是一个包含多个元素的列表，可以用 ls(model_sales)进行查看。

```
ls(fit1002)
[1] "assign"          "call"            "coefficients"    "df.residual"
[5] "effects"         "fitted.values"   "model"           "qr"
[9] "rank"            "residuals"       "terms"           "xlevels"
```

其中，"coefficients"是回归系数，"fitted. values"是因变量的拟合值，"residuals"是残差，列表中其他元素的含义读者可以自行了解。

提取元素的方式为“模型名$成分名”。例如，我们想要提取回归参数估计值数 $\hat{\beta}_0$ 和 $\hat{\beta}_1$，可以通过如下代码实现：

```
fit1002 $ coefficients
## (Intercept)          ad
## -0.831303660  0.003682843
coefficients (fit1002)  # 输出同样的结果
```

10.5 线性回归中的假设检验

10.5.1 拟合优度的度量

样本回归直线是对样本数据的一种拟合,不同估计方法可拟合出不同的回归线,从散点图上看,样本回归直线与样本观测值总是一定程度上存在或正或负的偏离。各观测点越是紧密围绕回归直线,说明直线对观测数据的拟合程度越好,反之则越差。我们把回归直线与各观测点的接近程度称为拟合优度。对样本回归拟合优度的度量是建立在对因变量总离差平方和分解的基础上的。

如图 10.3 所示,如果以平均值 $\bar{Y}$ 为基准,可以用离差来说明估计值 $\hat{Y}_i$ 及观测值 Y_i 对 $\bar{Y}$ 的偏离程度,即

$$Y_i - \bar{Y} = (Y_i - \hat{Y}_i) + (\hat{Y}_i - \bar{Y}) \tag{10.10}$$

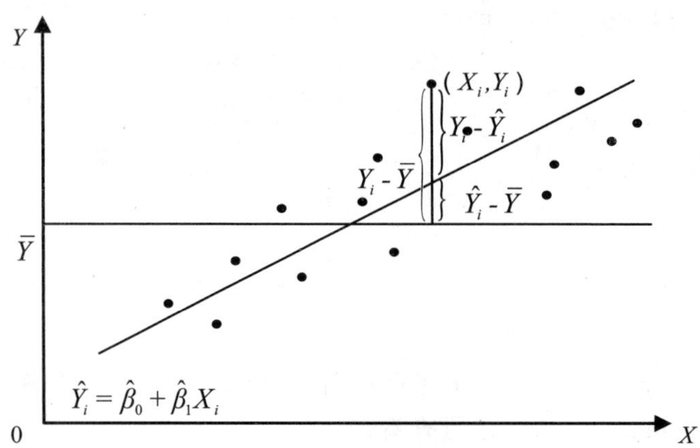

图 10.3 因变量离差分解示意图

将式(10.10)两边平方并对所有观测值加总,得到

$$\sum_{i=1}^{n}(Y_i - \bar{Y})^2 = \sum_{i=1}^{n}(Y_i - \hat{Y}_i)^2 + \sum_{i=1}^{n}(\hat{Y}_i - \bar{Y})^2 + 2\sum_{i=1}^{n}(Y_i - \hat{Y}_i)(\hat{Y}_i - \bar{Y})$$

可以证明,$\sum_{i=1}^{n}(Y_i - \hat{Y}_i)(\hat{Y}_i - \bar{Y}) = 0$,因此

$$\sum_{i=1}^{n}(Y_i - \bar{Y})^2 = \sum_{i=1}^{n}(Y_i - \hat{Y}_i)^2 + \sum_{i=1}^{n}(\hat{Y}_i - \bar{Y})^2$$

其中,$\sum_{i=1}^{n}(Y_i - \bar{Y})^2$ 就是因变量 Y 的总离差平方和(记为 SST);$\sum_{i=1}^{n}(\hat{Y}_i - \bar{Y})^2$ 就是因变量 Y

的样本估计值（来自回归方程）与平均值的离差平方和，称为回归平方和（记为 SSR）；$\sum_{i=1}^{n}(Y_i-\hat{Y}_i)^2$ 是因变量估计值与观测值之差（即残差）的平方和，称为残差平方和（记为 SSE），是回归方程未作解释的离差平方和。三个平方和的关系可以写作：

$$SST = SSR + SSE$$

两边同时除以 SST 得

$$1=\frac{SSR}{SST}+\frac{SSE}{SST}$$

其中，$\frac{SSR}{SST}$ 是由样本回归方程作出解释的离差平方和在总离差平方和中的比重，$\frac{SSE}{SST}$ 是未由回归方程作出解释的离差平方和在总离差平方和中的比重。

显然，如果样本回归线对样本观测值拟合程度越好，各样本观测点与回归线靠得越近，由样本回归方程作出解释的离差平方和在总离差平方和中占的比重也越大；反之，拟合程度越差，这部分所占比重越小。所以，这个比重可以作为综合度量回归模型对样本观测值拟合优度的指标，称为可决系数（又叫判定系数），用 R^2 表示，即

$$R^2=\frac{SSR}{SST} \tag{10.11}$$

它是相关系数的平方，表示因变量的变异中自变量可以解释的比例。

10.5.2　回归模型估计的标准误

判定系数可用于度量回归直线的拟合程度，而残差平方和则可以说明实际观测值与回归估计值之间的差异程度。估计误差的大小能反映估计值的准确性。但我们要观察的不是某一个变量值与估计值的误差，而是所有数据整体的误差情况。由于实际值与估计值的离差之和为零，所以要反映整体的误差情况，必须用离差平方和的平均数（称为残差方差）来反映，记为 MSE，即

$$MSE=\frac{\sum_{i=1}^{n}(Y_i-\hat{Y}_i)^2}{n-2} \tag{10.12}$$

其中，$n-2$ 为自由度，这是因为在求解参数时受到最小二乘两个正规方程式(10.7)的约束，失去了两个自由度。

对残差方差开方即得到回归估计标准误，又称估计标准误差，它是衡量回归估计精确度高低或回归方程代表性大小的统计指标，记为 Se，即

$$Se=\sqrt{MSE}=\sqrt{\frac{\sum_{i=1}^{n}(Y_i-\hat{Y}_i)^2}{n-2}} \tag{10.13}$$

显然，Se 的数值越小，说明估计值的代表性越好，观测点越靠近回归直线，其离散程度就越小。特殊地，当 $Se=0$ 时，说明预测值与观测值完全一致，在散点图上表现为所有的观测点都落在回归直线上。反之，Se 的值越大，说明观测点的离散程度越大，回归方程的代表性越差，回归估计结果就越不精确。

10.5.3　回归模型的假设检验

回归分析的主要目的是根据所建立的回归方程用自变量来估计或预测因变量的取值。对于所拟合的回归模型,还不能马上进行估计或预测,因为该方程是根据样本数据得出的,它是否真实地反映出 Y 与 X 的之间的关系,还需要检验其合理性。

1. 模型整体显著性的 F 检验

由前面的讨论可知,变量 Y 与 X 之间存在线性统计关系是依据散点图作出的假设。这只是一种直观判断,并不可靠。一旦变量 Y 与 X 之间不存在线性统计关系,则我们所确定的回归方程将毫无意义。因此,在建立了回归方程后,我们必须对变量 Y 与 X 之间是否真正存在线性统计关系进行检验,这就是所谓的回归方程显著性检验。

对回归方程 $E(Y_i \mid X_i)=\beta_0+\beta_1 X_i$ 进行显著性检验,就是要检验如下假设:

$H_0:\beta_1=0$ 或所有自变量系数同时为 0

$H_1:\beta_1 \neq 0$ 或至少有一个自变量的系数不为 0

当 H_0 为真时,模型不成立,即 Y 与 X 之间不存在线性统计关系;当 H_0 被拒绝时,模型成立,即 Y 与 X 之间存在线性统计关系。

为了检验假设 H_0,需要建立检验统计量。在建立检验统计量之前,首先对引起数据 y_1, $y_2,\cdots,y_n$ 波动的主要因素进行分析。归纳起来引起数据 $y_1,y_2,\cdots,y_n$ 波动的主要因素有两个:一是由自变量 X 取值的不同引起 $E(Y)=\beta_0+\beta_1 X$ 的变化,称为回归因素;二是其他一切随机因素(包括试验误差)的影响,称为误差因素。

为了检验两方面的影响哪一个是主要的,需要把它们从 Y 的总离差中分解出来,这就前面已经介绍过的总离差平方和的分解,即 $SST=SSR+SSE$。

由回归平方和(SSR)及残差平方和(SSE)的意义可知,Y 与 X 之间是否存在线性统计关系,取决于 SSR 及 SSE 在 SST 中所占的比例大小,或者看 $\dfrac{SSR}{SSE}$ 的大小,这个比值越大,说明 X 对 Y 的线性影响越大。可以证明

$$\frac{SSE}{\sigma^2} \sim \chi^2(n-2)$$

且 SSR 与 SSE 相互独立。

而在假设 H_0 成立的条件下,有

$$\frac{SSR}{\sigma^2} \sim \chi^2(1)$$

由 F 分布的定义知,在 H_0 成立的条件下,

$$F=\frac{SSR/1}{SSE/(n-2)} \sim F(1,n-2)$$

有了检验统计量 F,在给定的显著性水平 α 下,假设 H_0 的拒绝域为:

$$F > F_\alpha(1,n-2)$$

若假设 H_0 被拒绝,则回归方程的回归效果是显著的,这说明变量 Y 与 X 之间存在显著的线性统计关系;否则回归方程的回归效果是不显著的,这说明变量 Y 与 X 之间不存在显著的线性统计关系。

回归方程的显著性检验通常由方差分析表(ANOVA)给出,见表 10.3。

表 10.3　回归分析的方差分析表

误差来源	离差平方和	自由度	均方	F 统计量	p 值
回归	SSR	1	$MSR = SSR/1$	MSR/MSE	
残差	SSE	$n-2$	$MSE = SSE/(n-2)$		
总体	SST	$n-1$			

方差分析部分除了给出检验统计量的 F 值外还给出了用于检验的 p 值。将 p 值与给定的显著性水平 α 进行比较，如果 $p < \alpha$，则拒绝原假设 H_0，表明变量 Y 与 X 之间存在显著的线性关系；如果 $p > \alpha$，则不拒绝原假设 H_0，没有证据表明变量 Y 与 X 之间存在显著的线性关系。

2. 回归系数显著性的 t 检验

对回归系数进行显著性检验的目的是根据样本回归估计的结果对总体回归函数的回归系数的有关假设进行检验，以检验总体回归系数是否等于某个特定的值。在线性回归建模中，截距项并没有明确的经济意义，因此通常对自变量的系数进行检验。

如果模型的误差项 u_i 符合基本假定，可以证明一元线性模型的最小二乘估计量具有如下的抽样分布：

$$\hat{\beta}_0 \sim N\left(\beta_0, \left(\frac{1}{n} + \frac{\bar{X}^2}{\sum_{i=1}^{n}(X_i - \bar{X}^2)}\right)\sigma^2\right)$$

$$\hat{\beta}_1 \sim N\left(\beta_1, \frac{\sigma^2}{\sum_{i=1}^{n}(X_i - \bar{X})^2}\right)$$

在一元线性回归中，主要是对 X 的系数 β_1 进行检验。即检验假设：

$H_0: \beta_1 = 0$

$H_1: \beta_1 \neq 0$

当 σ^2 未知(通常情况下如此)时，可以用其无偏估计量 $\hat{\sigma}^2 (= MSE)$ 来代替。在原假设成立时，对应的检验统计量为：

$$t = \frac{\hat{\beta}_1}{\hat{\sigma}\sqrt{\frac{1}{\sum_{i=1}^{n}(X_i - \bar{X})^2}}} \sim t(n-2) \tag{10.14}$$

在给定的显著性水平 α 下，若 $|t| > |t_{\alpha/2}(n-2)|$，则拒绝原假设，认为回归系数对方程的影响是显著的，或自变量是重要的；否则，说明该参数显著为零，该自变量对模型的影响不显著。当然，也可以根据软件给出的 p 值进行决策，决策准则依然是 $p < \alpha$ 时拒绝原假设。

3. 假设检验的 R 软件实现

回到例 10.3 输出结果，模型的参数假设检验也在其中。

```
S(fit1002)
## Call: lm(formula = sales ~ ad, data = df1002)
## Coefficients:
##              Estimate   Std. Error   t value   Pr(>|t|)
## (Intercept)  -0.8313037 0.4416121    -1.882    0.0655 .
## ad           0.0036828  0.0003339    11.030    4.11e-15 * * *
## ---
## Signif. codes:  0 '* * * '  0.001 '* * '  0.01 '* '  0.05 '.'  0.1 ' '  1
## Residual standard deviation: 1.577 on 51 degrees of freedom
## Multiple R-squared: 0.7046
## F-statistic: 121.7 on 1 and 51 DF,  p-value: 4.106e-15
##    AIC    BIC
## 202.67  208.58
```

结果表明,回归系数的估计值为 0.0036828,其标准误是 0.0003339,回归系数显著性检验的 t 值是 11.03,对应的 p 值是 4.11×10^{-15},小于 0.05,因此认为该回归方程是显著的。此外,回归模型的判定系数是 0.7046,拟合效果较好,说明解释变量“广告投放”对被解释变量“产品销售量”的绝大部分变异做了解释,模型估计的标准误差是 1.577(自由度是 51)。

利用函数 anova()可以得出回归的方差分析表,结果如下:

```
anova(fit1002)
## Analysis of Variance Table
## Response: sales
##            Df    Sum Sq    Mean Sq   F value    Pr(>F)
## ad          1    302.63    302.633   121.66    4.11e-15* * *
## Residuals  51    126.87      2.488
## ---
## Signif. codes:  0 '* * * '  0.001 '* * '  0.01 '* '  0.05 '.'  0.1 ' '  1
```

从方差分析表可以看出,回归模型整体显著性的 F 检验统计量的值是 121.66,对应的 p 值是 4.11×10^{-15},小于 0.05,因此认为所建立的回归方程是显著的,“广告投放”和“产品销售量”之间存在线性回归关系。

回归系数的置信区间可以通过如下命令给出:

```
confint(fit1002)
##                    2.5 %       97.5 %
## (Intercept)  -1.717877001  0.055269681
## ad            0.003012517  0.004353169
```

从输出结果可知,回归系数 $\hat{\beta}_1$ 的 95%的置信区间为[0.0030,0.0044]。

10.6　回归模型的诊断

在回归模型中，我们假定随机误差项 u 是一个期望值为 0、方差恒定且服从正态分布的随机变量。如果这些假定不成立，那么前面的参数估计和假设检验也许会失去说服力。因此在模型应用之前应该验证这些假定是否成立。

10.6.1　正态性假定诊断

严格意义上讲，正态性假定在线性回归建模中（尤其是大样本情况下）并不是必须的，但是如果样本量比较小，又对模型预测的精确性要求较高时，则要尽量保证随机变量的正态性。判断正态性假定是否成立的方法很多，既有直观的图形法，也有假设检验的方法。本书只给出几种常见的图形法，更多的方法（如雅克-贝拉 J-B 检验、柯尔莫哥洛夫-斯米尔诺夫 K-S 检验、安德森-达令 A-D 检验等）可以参考相关文献。

我们无法直接对随机干扰项 u 进行观测，但是可以用残差 $\hat{u}_i$ 展开研究。因此，借助残差直方图或 QQ 图可以初步判断误差项是否服从正态分布。残差直方图若呈现典型的"钟形"曲线，则表明总体很可能服从正态分布（如图 10.4 所示）。

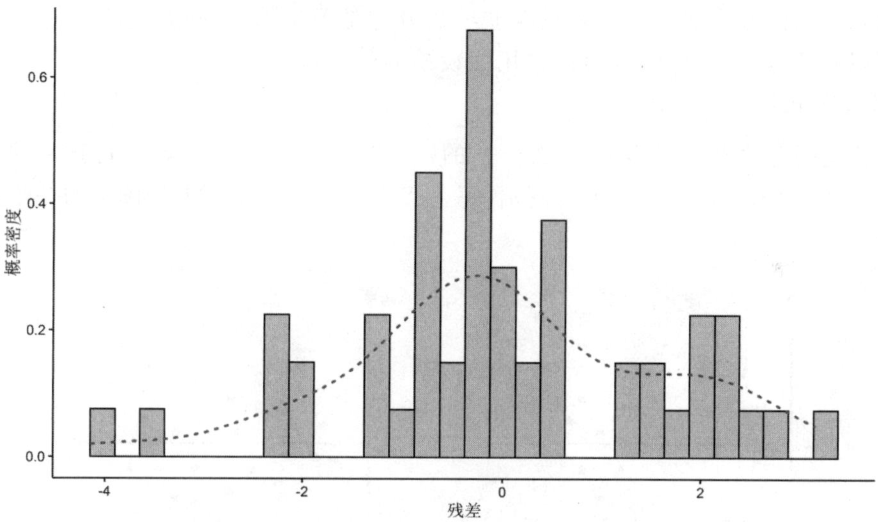

图 10.4　销售—广告数据回归残差的直方图

PP 图是根据变量的累积概率对应于所指定的理论分布累积概率绘制的散点图，用于直观地检测样本数据是否符合某一概率分布。如果被检验的数据符合所指定的分布，则代表样本数据的点应当基本在代表理论分布的 45 度对角线上。

统计学中的 PP 图是根据样本观测值的累积概率对应于所指定的理论分布累积概率绘制的散点图，用于直观地检测样本数据是否符合某一概率分布。如果被检验的数据符合所指定的分布，则代表样本数据的点应当基本在代表理论分布的 45 度对角线上。QQ 图与 PP 图非常相似，只是 PP 图是用分布的累积概率，而 QQ 图用的是分布的分位数来做对比。下面用 ggplot2 绘制例 10.2 中回归残差的 QQ 图如图 10.5 所示。

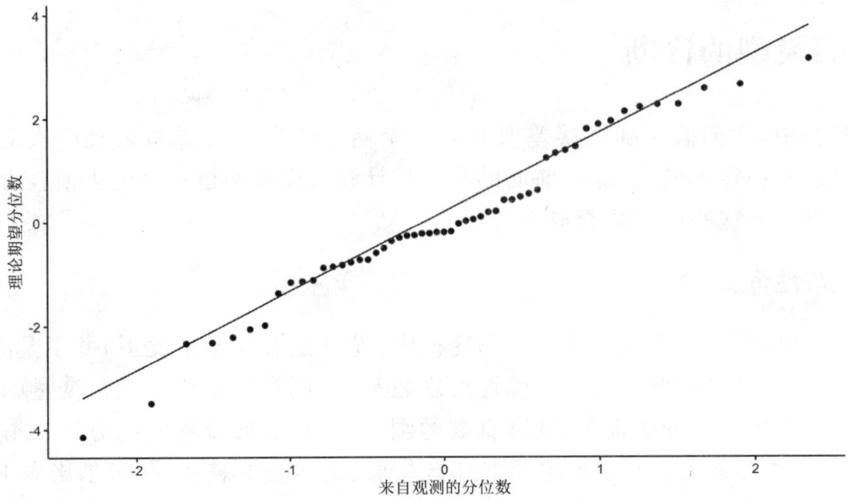

图 10.5 销售—广告数据回归残差的 QQ 图

根据以上两幅图,可以认为销售—广告投放案例中的正态性假定基本得到了满足。

10.6.2 同方差性假定诊断

线性回归模型的基本假定之一就是误差项的方差是恒定的(即同方差性假定),对这一假定的验证既可以用残差图分析法,也可以采用假设检验的方法。

1. 残差图分析法

常见的残差图有关于 X 的残差图、关于 $\hat{Y}$ 的残差图、标准化残差图等。关于 X 的残差图是用横轴表示自变量 X 的值,用纵轴表示残差 $\hat{u}_i$,每个 X 的值与对应的残差用图上的一个点来表示。

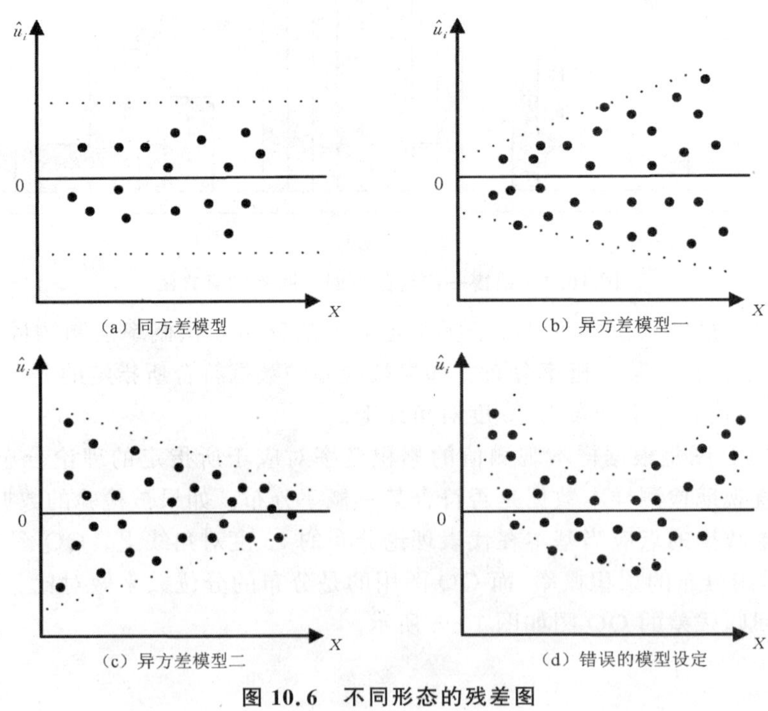

图 10.6 不同形态的残差图

常见的残差图有下面几种形态：如果回归模型设定正确，且对于所有的 X 值，残差图上的所有点均匀落入水平带状区域（图 10.6(a)所示），则表明误差是同方差的（或者常数方差）；如果残差图具有明显的形状（如图 10.6(b)和(c)所示的“喇叭口”），表明误差项的方差随着 X 的变化而变化（非常数方差），这就违背了同方差的假定；如果残差图呈现出如图 10.6(d)所示的形状，则表明所选择的线性模型不合理，或许可以尝试曲线回归或者引进其他自变量。

例 10.2 中的回归残差图如图 10.7 所示，中间的实线表示残差均值为 0，两条虚线分别代表上下距离均值 2 个标准差的区域。由图 10.7 可知，该模型残差图呈现出“喇叭口”形状，可能存在异方差，而且样本中有异常值存在（虚线外的观测点）。

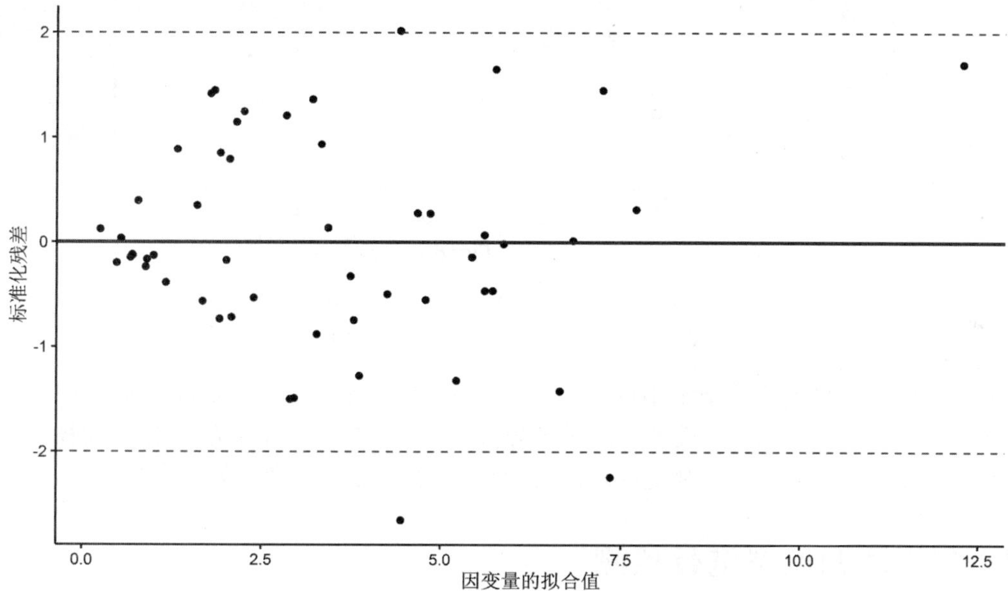

图 10.7　销售—广告数据回归模型的标准化残差图

2. 假设检验法

R 软件中进行方差恒定的检验方法有很多，此处以 car 扩展包提供的两个函数来判断误差项的同方差性，分别是 ncvTest()和 spreadLevelPlot()函数。前者是一个得分检验，原假设是误差方差恒定；后者创建了一个学生化残差与拟合值的散点图，称为分布水平图，若该图表现为一条水平线，则表示误差的等方差假定基本满足。

同样以例 10.2 的销售量—广告投放模型为例说明同方差性在 R 中的实现。代码如下：

```
library(car)
spreadLevelPlot(fit1002)
## Suggested power transformation:  0.3952856
ncvTest(fit1002)
## Non-constant Variance Score Test
## Variance formula: ~fitted.values
## Chisquare = 6.830133    Df = 1    p = 0.00896326
```

从图 10.8 可以看到，直线是倾斜而非水平的，说明误差项存在异方差。该函数还有一个好处是，如果同方差假定未得到满足，它会自动给出建议的幂函数转换的幂次 λ（如本例中的 $\lambda = 0.4$），即对因变量进行幂函数转换处理后再建立模型，误差项将满足同方差的假定。

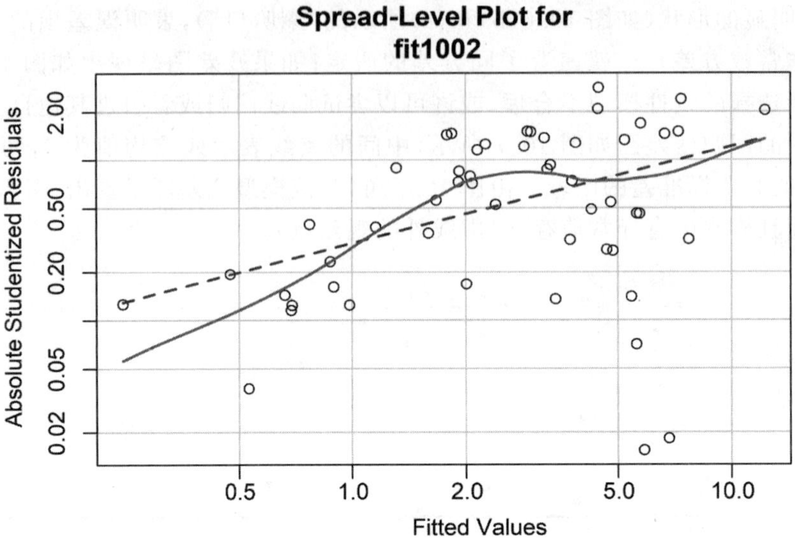

图 10.8 同方差假定的分布水平图

注：图中的虚线斜率为正，表明方差随着拟合值的增大而增大，实线是根据散点拟合的平滑曲线。

ncvTest 同方差检验输出结果中的 p 值为 0.00896，远小于 0.05，所以拒绝了同方差的原假设，同样得出异方差的结论。模型中出现了异方差，则违背了基本假定，就需要对模型进行补救，关于补救常用的办法之一是对变量取自然对数，读者可以自行尝试转换。

10.7 利用回归模型进行预测

经过前面的参数估计、假设检验并对模型进行诊断及必要的补救后，就可以应用该模型对因变量进行预测了。预测分为两类即点估计和区间估计。

10.7.1 点估计

将自变量 X 的某个特定值 x_0 带入回归方程求出对应的因变量 Y 的估计值 $\hat{y}_0$，这就是点估计。

$$\hat{y}_0 = \hat{\beta}_0 + \hat{\beta}_1 x_0$$

例如，在销售—广告模型中，估计的回归方程是

$$\widehat{sales} = -0.83 + 0.0037ad$$

如果想知道 10000 元的广告投放能带来多大的销售量，就可以这样计算：

$$\widehat{sales} = -0.83 + 0.0037 \times 10000 = 36.17(\text{件})$$

也就是说，广告投放为 10000 元时，产品销售量的估计值大约为 36 件。

10.7.2 区间估计

1. 基本原理

将自变量 X 的某个特定值 x_0 带入回归方程求出对应的因变量 Y 的估计值 $\hat{y}_0$ 的区间，这就是区间估计。区间估计有两种类型：一种是对应于特定的 x_0，因变量 Y 的平均值的估计区间，称为置信区间(Confidence Interval)；另一种是对应于特定的 x_0，因变量 Y 的个别值的估计区间，称为预测区间(Prediction Interval)。

一般来讲，不能期望估计值 $\hat{y}_0$ 精确地等于 $E(y_0)$。因此要想用 $\hat{y}_0$ 推断 $E(y_0)$，必须考虑根据估计的回归方程得到的 $\hat{y}_0$ 的方差。如果已经知道实际的预测值 y_0，则预测误差为：

$$e_0 = y_0 - \hat{y}_0$$

显然，e_0 是一随机变量，可以证明

$$\begin{aligned}E(e_0) &= E(y_0 - \hat{y}_0)\\ &= E(\beta_0 + \beta_1 x_0 + u_0) - E(\hat{\beta}_0 + \hat{\beta}_1 x_0)\\ &= \beta_0 + \beta_1 x_0 - (\beta_0 + \beta_1 x_0) = 0\end{aligned}$$

$$\begin{aligned}D(e_0) &= Cov(e_0, e_0) = Cov(y_0 - \hat{y}_0, y_0 - \hat{y}_0)\\ &= Cov(y_0, y_0) - 2Cov(y_0, \hat{y}_0) + Cov(\hat{y}_0, \hat{y}_0)\\ &= \sigma_u^2 + D(\hat{y}_0) - 2Cov(y_0, \hat{y}_0)\end{aligned}$$

因为 $\hat{y}_0$ 由原样本的 OLS 估计值求得，而 y_0 与原样本不相关，故有：

$$Cov(y_0, \hat{y}_0) = 0$$

因此，

$$D(e_0) = \sigma_u^2 + D(\hat{y}_0)$$

统计学家已经给出了 $\hat{y}_0$ 的方差公式

$$D(\hat{y}_0) = \left[\frac{1}{n} + \frac{(x_0 - \bar{x})^2}{\sum_{i=1}^{n}(x_i - \bar{x})^2}\right]\sigma_u^2 \tag{10.15}$$

进而可以计算出

$$D(e_0) = \left[1 + \frac{1}{n} + \frac{(x_0 - \bar{x})^2}{\sum_{i=1}^{n}(x_i - \bar{x})^2}\right]\sigma_u^2 \tag{10.16}$$

因为 $\hat{y}_0$ 和 e_0 均服从正态分布，可利用它们的性质构造统计量，求出区间估计值。

2. 置信区间估计

利用 $\hat{y}_0$ 构造统计量为：

$$Z_{\hat{y}_0} = \frac{\hat{y}_0 - E(y_0)}{\sqrt{\left[\frac{1}{n} + \frac{(x_0 - \bar{x})^2}{\sum_{i=1}^{n}(x_i - \bar{x})^2}\right]\sigma_u^2}} \sim N(0,1) \tag{10.17}$$

将 σ_u^2 用估计值 $\hat{\sigma}_u^2$ 代入上式，有

$$t_{\hat{y}_0} = \frac{\hat{y}_0 - E(y_0)}{\sqrt{\left[\frac{1}{n} + \frac{(x_0 - \bar{x})^2}{\sum_{i=1}^{n}(x_i - \bar{x})^2}\right]\hat{\sigma}_u^2}} \sim t(n-2) \tag{10.18}$$

这样,根据置信区间的原理,可得显著性水平 α 下 $E(y_0)$ 的置信区间为:

$$\left[\hat{y}_0-|t_{\alpha/2}|\sqrt{\left[\frac{1}{n}+\frac{(x_0-\bar{x})^2}{\sum_{i=1}^{n}(x_i-\bar{x})^2}\right]\hat{\sigma}_u^2},\ \hat{y}_0+|t_{\alpha/2}|\sqrt{\left[\frac{1}{n}+\frac{(x_0-\bar{x})^2}{\sum_{i=1}^{n}(x_i-\bar{x})^2}\right]\hat{\sigma}_u^2}\right]$$

这就是 y_0 的均值的区间估计,又称置信区间。

3. 预测区间估计

同理,利用 e_0 构造统计量,有:

$$N_{e_0}=\frac{e_0}{\sqrt{\left[1+\frac{1}{n}+\frac{(x_0-\bar{x})^2}{\sum_{i=1}^{n}(x_i-\bar{x})^2}\right]\sigma_u^2}}=\frac{y_0-\hat{y}_0}{\sqrt{\left[1+\frac{1}{n}+\frac{(x_0-\bar{x})^2}{\sum_{i=1}^{n}(x_i-\bar{x})^2}\right]\sigma_u^2}}\sim N(0,1)\tag{10.19}$$

将 σ_u^2 用估计值 $\hat{\sigma}_u^2$ 代入上式,有:

$$t_{e_0}=\frac{e_0}{\sqrt{\left[1+\frac{1}{n}+\frac{(x_0-\bar{x})^2}{\sum_{i=1}^{n}(x_i-\bar{x})^2}\right]\hat{\sigma}_u^2}}=\frac{y_0-\hat{y}_0}{\sqrt{\left[1+\frac{1}{n}+\frac{(x_0-\bar{x})^2}{\sum_{i=1}^{n}(x_i-\bar{x})^2}\right]\hat{\sigma}_u^2}}\sim t(n-2)\tag{10.20}$$

这样,根据置信区间的原理,可得显著性水平 α 下 y_0 的置信区间为:

$$\left[\hat{y}_0-|t_{\alpha/2}|\sqrt{\left[1+\frac{1}{n}+\frac{(x_0-\bar{x})^2}{\sum_{i=1}^{n}(x_i-\bar{x})^2}\right]\hat{\sigma}_u^2},\ \hat{y}_0+|t_{\alpha/2}|\sqrt{\left[1+\frac{1}{n}+\frac{(x_0-\bar{x})^2}{\sum_{i=1}^{n}(x_i-\bar{x})^2}\right]\hat{\sigma}_u^2}\right]$$

这就是 y_0 的个值的区间估计,又称预测区间。

4. 置信区间与预测区间的比较

显然,在同样的 α 下,预测区间要宽于均值区间,换句话说,均值的估计要比个值的估计更精确(读者自己思考为什么?)。同时,当 $x_0=\bar{x}$ 时,预测区间也是最精确的。图 10.9 给出了置信区间和预测区间的示意图。

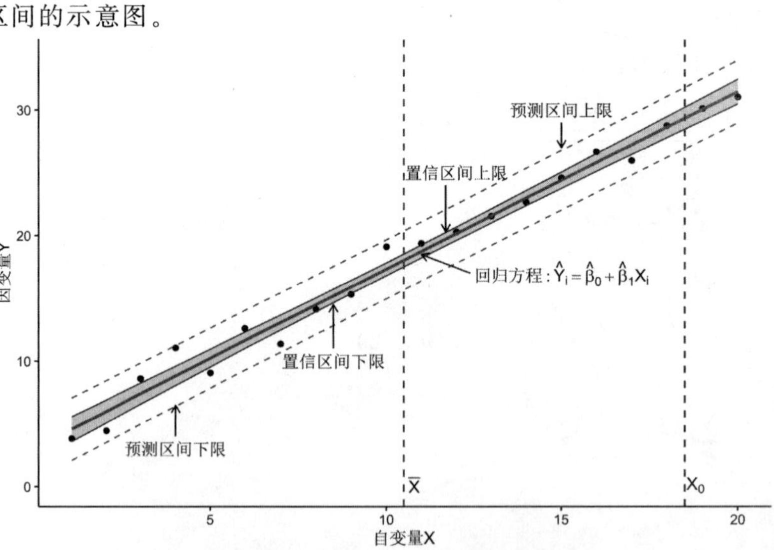

图 10.9 置信区间与预测区间对比示意图

在实际应用中，我们当然也希望置信水平越高越好，置信区间越小越好，以增加预测的实用意义。然而，如何才能缩小置信区间呢？

(1)增大样本容量 n。在同样的置信水平下，n 越大，从 t 分布表中查得自由度为 $n-k-1$ 的临界值 $t_{\alpha/2}$ 越小；同时，增大样本容量，在一般情况下可使模型估计误差 $\hat{\sigma}_u^2=\dfrac{\sum\hat{u}_i^2}{n-2}$ 减小，因为式中分母的增大是肯定的，分子并不一定增大。

(2)提高模型的拟合优度，以减小残差平方和 $\sum_{i=1}^{n}\hat{u}_i^2$。设想一种极端情况，如果模型完全拟合样本观测值，残差平方和为 0，则置信区间长度也为 0，预测区间就是一点。

(3)提高样本观测值的变异度。在一般情况下，样本观测值越分散，作为分母的 $\sum_{i=1}^{n}(x_i-\bar{x})^2$ 的值越大，致使区间缩小。

(4)置信水平 $1-\alpha$ 与置信区间是矛盾的。置信水平越高，在其他情况不变时，临界值 $t_{\alpha/2}$ 越大，置信区间越宽。如果要求缩小置信区间，在其他情况不变时，就必须降低对置信水平的要求。

10.7.3　回归预测的 R 语言实现

使用 R 中的函数 predict()可以计算 y_0 的点估计值、预测区间和 $E(y_0)$ 的置信区间。下面使用 R 软件计算销售—广告回归模型中 $X=x_0=12500$ 时对应的产品销售量 y 的置信水平为 95%的置信区间和预测区间：

```
x0 <- data.frame(ad = 12500)     # 给定自变量的特定取值 12500
predict(fit1002, x0, interval = "confidence", level = 0.95)     # 因变量 95% 的置信区间
##          fit           lwr          upr
## 1     45.20423     37.58529     52.82318
predict(fit1002, x0, interval = "prediction", level = 0.95)     # 因变量 95% 的预测区间
##          fit           lwr          upr
## 1     45.20423     36.95352     53.45494
```

其中的“fit”表示点估计值，“lwr”和“upr”分别代表区间的下限和上限。由计算结果得知，在 95%的置信水平下，当广告投放量 $x=12500$ 时，对应的产品销售量 y 的预测值为 45.2042，均值置信区间为[37.5853，52.8232]，个值预测区间为[36.9535，53.4549]。

下面的例子可以帮助读者更清楚地看出置信区间和预测区间的差异，如表 10.4 和表 10.5 所示。

```
x <- c(0.10, 0.11, 0.12, 0.13, 0.14, 0.15, 0.16, 0.17, 0.18, 0.20, 0.21, 0.23)
y <- c(42.0, 43.5, 45.0, 45.5, 45.0, 47.5, 49.0, 53.0, 50.0, 55.0, 55.0, 60.0)
model_predict <- lm(y ~ x)
summary(model_predict)
# 给定自变量序列计算预测值
Xnew <- data.frame(x = seq(0.10, 0.24, by = 0.01))       # 生成 x 的横坐标
ind_pred <- predict(model_predict, Xnew, interval = "prediction")
ind_pred
```

表 10.4　因变量个值预测及其置信区间

编号	点预测	置信区间下限	置信区间上限
1	41.57630	38.26760	44.88500
2	42.88465	39.65186	46.11744
3	44.19300	41.02322	47.36277
4	45.50135	42.38091	48.62178
5	46.80969	43.72426	49.89513
6	48.11804	45.05280	51.18329
7	49.42639	46.36621	52.48657
8	50.73474	47.66443	53.80505
9	52.04309	48.94761	55.13856
10	53.35144	50.21612	56.48676
11	54.65978	51.47049	57.84908
12	55.96813	52.71143	59.22483
13	57.27648	53.93976	60.61320
14	58.58483	55.15636	62.01330
15	59.89318	56.36215	63.42421

```
mean_pred <- predict(model_predict, Xnew, interval = "confidence")
mean_pred
```

表 10.5　因变量均值预测及其置信区间

编号	点预测	预测区间下限	预测区间上限
1	41.57630	40.05830	43.09430
2	42.88465	41.54012	44.22918
3	44.19300	43.00796	45.37804
4	45.50135	44.45542	46.54728
5	46.80969	45.87336	47.74603
6	48.11804	47.25052	48.98556
7	49.42639	48.57695	50.27584
8	50.73474	49.84951	51.61997
9	52.04309	51.07417	53.01200
10	53.35144	52.26191	54.44097
11	54.65978	53.42348	55.89609
12	55.96813	54.56708	57.36918
13	57.27648	55.69834	58.85462
14	58.58483	56.82096	60.34870
15	59.89318	57.93741	61.84894

```
# 绘图
matplot(Xnew $ x, cbind(ind_pred, mean_pred[,-1]), type = "l",
        + xlab = "X", ylab = "Y", lty = c(1, 5, 5, 2, 2),
        + col = c("blue", "green", "green", "red", "red"), lwd = 2)
# Xnew $ x 为横轴方向上的 15 个 x 值,ind_pred 与 mean_pred 的 fit 值相同
# 故去除相同一列,cbind 表示纵轴方向上的值
points(x, y, cex = 1.4, pch = 25, col= "black")
# 在图上增加样本观测点
legend(0.1, 63, c("观测值", "预测值", "置信区间", "预测区间"),
       + pch = c(25, NA, NA, NA), lty = c(NA, 1, 5, 2),
       + col = c("black", "blue", "red", "green"))
```

输出结果如图 10.10 所示。可以看出,中间的实线就是回归方程,表示每个自变量对应的因变量的点估计值,两条短划虚线是因变量均值预测的置信区间上下限,两条长划线虚线是因变量个值预测的预测区间上下限。很明显,预测区间比置信区间要宽一些。

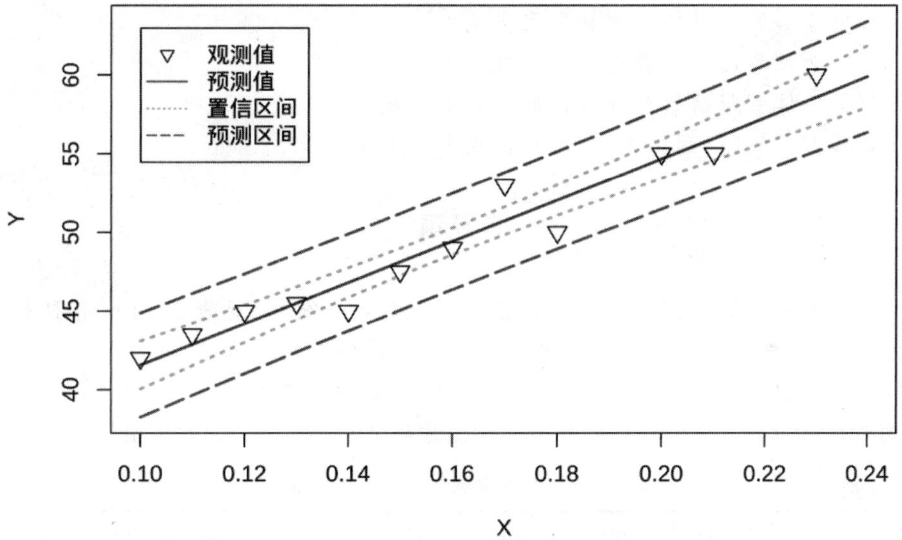

图 10.10　回归预测的置信区间与预测区间区间对比图

重要术语

函数关系	相关系数	回归关系	因变量
自变量	回归方程	回归系数	总体回归函数
样本回归函数	随机误差项	回归残差	最小二乘法
残差平方和	回归平方和	误差分解	判决系数
回归系数	系数的标准误	回归的标准误	同方差性
自由度	QQ 图	置信区间	预测区间

思考题

10.1　什么是相关关系？什么是函数关系？二者有何区别？

10.2　相关分析与回归分析有何区别与联系？

10.3　相关系数有哪些特点？

10.4　线性回归模型有哪些基本假定？

10.5　什么是判定系数？判定系数和相关系数有什么区别？

10.6　最小二乘估计的原理是什么？

10.7　怎么理解最小二乘法求得的回归系数是最优线性无偏估计？

10.8　为什么对估计的样本相关系数还要进行检验？

10.9　回归系数 t 检验的基本思想是什么？

10.10　如何理解一元线性回归中对模型的 F 检验与对系数的 t 检验是等价的？

10.11　什么是残差？

10.12　通过残差图如何判断对随机误差项同方差的假定是否成立？

10.13　如何理解回归置信区间和预测区间？

10.14　为什么预测区间比置信区间更宽一些？

10.15　解释总体回归函数与样本回归函数的区别。

10.16　解释回归模型、回归方程、估计的回归方程的含义。

练习题

10.17　应用本章开篇案例中的消费支出—可支配收入数据(见表 10.1)，用 R 软件实现：
(1)绘制散点图，并判断消费支出和可支配收入之间的关系；
(2)计算相关系数并对其显著性进行检验，判断二者的相关强度；
(3)以消费支出为因变量、可支配收入为自变量建立回归模型，并对模型进行评价。

表 10.6　商业建筑体建筑成本数据

ID	sqft	cost	ID	sqft	cost	ID	sqft	cost	ID	sqft	cost
1	0.73	72.70	11	1.25	281.36	21	1.57	139.88	31	1.59	419.84
2	1.92	440.48	12	0.88	127.29	22	1.16	63.89	32	0.89	185.46
3	0.77	109.77	13	1.58	266.72	23	1.26	153.45	33	1.51	269.56
4	0.65	134.47	14	0.93	172.10	24	1.32	215.92	34	0.95	143.06
5	0.80	123.39	15	0.68	118.32	25	0.51	75.03	35	1.52	187.31
6	1.03	187.34	16	1.57	382.82	26	1.04	230.93	36	0.67	135.52
7	0.94	91.43	17	1.29	97.26	27	1.07	115.74	37	1.81	302.55
8	0.72	117.37	18	1.44	304.42	28	1.21	315.28	38	0.34	82.97
9	0.95	173.69	19	0.53	85.36	29	1.38	247.60	39	0.88	105.61
10	0.49	112.60	20	1.15	182.11	30	0.34	61.03	40	0.38	64.75

10.18　(数据集 table_10.6_mallcost.xlsx)表 10.6 给出包含商业建筑体的建筑成本(cost,万磅)和建筑面积(sqrt,平方英尺)在内的 40 组观测数据。试回答下列问题：

(1)构建建筑成本与面积之间的线性回归方程；

(2)对回归系数进行显著性检验；($\alpha=0.05$)

(3)计算回归估计的标准误差和判定系数；

(4)假定某个商业体的建筑面积为 1.29 平方英尺,预测其成本并给出置信水平为 95%的预测区间；

(5)绘制残差图并判断异方差是否存在。

10.19　(数据集 datasets::women)表 10.7 是 R 自带的数据集,其中 height 表示身高(单位:英寸),weight 表示体重(单位:磅)。试回答下列问题：

(1)为了研究体重与身高的关系,给出你的预期；

(2)绘制散点图,初步判断二者之间的关系是否符合预期；

(3)估计回归参数,并解释回归系数的意义；

(4)你认为该模型理想吗？有没有更适合的模型？

表 10.7　女性身高体重数据表

ID	height	weight	ID	height	weight	ID	height	weight
1	58	115	6	63	129	11	68	146
2	59	117	7	64	132	12	69	150
3	60	120	8	65	135	13	70	154
4	61	123	9	66	139	14	71	159
5	62	126	10	67	142	15	72	164

10.20　根据某地区历年的人均收入(x,千元)与商品销售额(y,百万元)资料计算的有关数据如下：

$$n=9,\quad \sum_{i=1}^{9} x_i=39,\quad \sum_{i=1}^{9} y_i=2560,\quad \sum_{i=1}^{9} x_i^2=182,\quad \sum_{i=1}^{9} x_i y_i=11918$$

(1)建立以商品销售额为因变量的线性回归方程,解释斜率系数的经济意义；

(2)若某年人均年收入为 8000 元,根据回归模型估算该年该地区的商品销售额。

10.21　(数据集 table_10.1_DPI_PCE.xlsx)利用本章开篇案例数据集,回答下列问题：

(1)绘制人均消费支出(PCE)与人均可支配收入(DPI)的散点图；

(2)拟合回归方程,并将其加入(1)中的散点图,标注方程表达式；

(3)解释回归方程的经济含义,回答案例中的问题:中国城镇居民的边际消费倾向是多少？与世界水平比又如何？

(4)绘制残差分析图和残差 QQ 图,分析模型中是否有异方差？

(5)假定某一年份的 DPI 为 32000 元,请用 R 计算预测区间；

(6)将两个变量分别取自然对数,重复上面(1)到(5)的问题,结论有何变化？

第 11 章 多元线性回归分析

【除了 GDP 以外,FDI 对能源消费会有影响吗?】

18 世纪,瓦特发明的蒸汽机为人类带来了新的动力,煤炭得到了更有效的利用;19 世纪末期,电力开始成为基本的动力源泉并应用到社会的各个领域;进入 21 世纪,以太阳能、风能、核能等为代表的新能源强有力地促进了经济社会的高质量发展。围绕着能源消费与经济发展之间关系的研究一直没有停止过,能源消费对经济增长的影响是显而易见的,反过来,经济增长也会对能源消费产生反作用。一方面,经济增长需要大量的能源投入作为保障,另一方面,高质量发展会带动高品质能源的运用,促进能源产业结构升级。

伴随着不断加速的经济全球化步伐,越来越多的中国企业开始以全球视野配置资源,中国的对外直接投资也踏上了高速增长的快车道。然而,近年来,气候变暖严重威胁到人类的可持续发展,应对气候变化的低碳约束政策竞相出台,在一定程度上改变了跨国公司运营的市场环境,对原有国际资本流动的方式、流向与范围形成了冲击。我国企业如何转变思维,研发或引进节能技术,应对低碳约束,改善对外直接投资模式,已成为建设资源节约型和环境友好型社会的新思路。

以能源消费为因变量,只研究经济增长或对外直接投资对其的影响,均属于一元回归分析。如果同时把两个变量都作为解释变量放入模型中,如何解释模型中的回归系数以及两个解释变量自身之间的相关性会不会对模型的拟合产生影响,就会用到本章学习的多元回归分析的知识。

在第 10 章中,回归模型中只有一个自变量,我们称之为一元线性回归。但是,社会经济现象往往是复杂的,一个经济变量可能会同多个经济变量有相关关系。例如,个人消费支出不仅受可支配收入的影响,而且还会受到性别、受教育程度、消费偏好等其他因素的影响;又如,企业的获利能力,不仅取决于生产技术水平,还取决于企业管理水平以及市场需求总量;再如,影响国家货币需求量的除了经济总量外,还有利率、物价水平等因素。因此,就需要在模型中引入多个自变量,这种研究一个因变量与多个自变量之间的线性关系的模型,我们称之为多元线性回归模型。多元线性回归分析是对一元线性回归分析的拓展和延伸,原理、方法和步骤与一元回归基本类似,只是多了一些基本假定,计算上相对复杂一些而已。

11.1 多元回归模型及其基本假定

11.1.1 多元回归模型的一般表述

1. 含有两个自变量的模型

想要了解我们在构建多元回归模型中会碰到的新问题，或者了解如何用多元回归来解决一元回归所不能解决的问题，我们先从一个仅包含两个自变量的简单模型开始。

首先来看一个例子。

为研究收入对主观幸福感的影响，我们引入了简单的方程：

$$happi=\beta_0+\beta_1 incom+\beta_2 dispa+u$$

其中，因变量 $happi$ 是主观幸福感，一个自变量 $incom$ 是收入水平，另一个自变量 $dispa$ 是收入差距，以个人所在社区的基尼系数衡量。于是，根据该方程，主观幸福感由收入水平和收入差距两个自变量及那些无法观测的其他因素(包含在随机干扰项 u 中)来决定。出于政策目的，我们关心系数 β_1，即在控制收入差距（$dispa$）和其他条件的情况下收入（$incom$）对因变量主观幸福感（$happi$）的影响。在简单的回归模型中，$dispa$ 被包含在误差项中，如果 $dispa$ 是个重要的自变量，那么模型就会存在遗漏变量问题，如果 $incom$ 和 $dispa$ 相关，那么就会存在自变量 $incom$ 和扰动项相关，无论是遗漏变量还是自变量与扰动项相关都会导致对 β_1 的 OLS 估计有偏误。

一般地，我们可以把含有两个自变量的模型写成：

$$Y=\beta_0+\beta_1 X_1+\beta_2 X_2+u$$

其中，β_0 是截距，β_1 度量了在其他条件不变情况下 Y 相对 X_1 的变化，β_2 度量了在其他条件不变情况下 Y 相对 X_2 的变化。

2. 含有多个自变量的一般模型

进一步将含有两个自变量的多元回归模型扩展到一般情况。如果因变量为 Y，自变量为 $X_1,X_2,\cdots,X_{p-1}$，则多元线性回归模型可以表述为：

$$Y=\beta_0+\beta_1 X_1+\beta_2 X_2+\cdots+\beta_{p-1}X_{p-1}+u$$

其中，$\beta_0,\beta_1,\beta_2,\cdots,\beta_{p-1}$ 为 p 个待估参数，通常称为(偏)回归系数。显然，当 $p=2$ 时，即为一元线性回归模型。当 $p>2$ 时，称为多元线性回归模型。

对于一个实际问题，如果我们获得 n 个样本观测值 $(x_{1i},x_{2i},\cdots,x_{p-1,i};y_i)$，$i=1,2,\cdots,n$，则线性回归模型可以表示为：

$$y_i=\beta_0+\beta_1 x_{1i}+\beta_2 x_{2i}+\cdots+\beta_{p-1}x_{p-1,i}+u_i$$

或如下形式：

$$\begin{cases} y_1=\beta_0+\beta_1 x_{11}+\beta_2 x_{21}+\cdots+\beta_{p-1}x_{p-1,1}+u_1 \\ y_2=\beta_0+\beta_1 x_{12}+\beta_2 x_{22}+\cdots+\beta_{p-1}x_{p-1,2}+u_2 \\ \vdots \\ y_n=\beta_0+\beta_1 x_{1n}+\beta_2 x_{2n}+\cdots+\beta_{p-1}x_{p-1,n}+u_n \end{cases}$$

写成矩阵的形式为：

$$\boldsymbol{Y}=\boldsymbol{X\beta}+\boldsymbol{u}$$

其中，

$$\boldsymbol{Y}=\begin{pmatrix} y_1 \\ y_2 \\ \vdots \\ y_n \end{pmatrix},\ \boldsymbol{X}=\begin{pmatrix} 1 & x_{11} & x_{21} & \cdots & x_{p-1,1} \\ 1 & x_{12} & x_{22} & \cdots & x_{p-1,2} \\ \vdots & \vdots & \vdots & \ddots & \vdots \\ 1 & x_{1n} & x_{2n} & \cdots & x_{p-1,n} \end{pmatrix},\ \boldsymbol{\beta}=\begin{pmatrix} \beta_0 \\ \beta_1 \\ \vdots \\ \beta_{p-1} \end{pmatrix},\ \boldsymbol{u}=\begin{pmatrix} u_1 \\ u_2 \\ \vdots \\ u_n \end{pmatrix}$$

这里的 $\boldsymbol{X}_{n\times p}$ 称为回归设计矩阵(注意常数项的系数恒为 1)，$\boldsymbol{u}$ 是随机误差列向量。

11.1.2 多元回归模型的基本假定

与一元回归模型类似,多元回归模型也有一系列的基本假定,包括

(1)模型中 Y 是随机变量,而 X 是控制变量(或者非随机变量);

(2)随机误差项满足高斯-马尔科夫条件,即误差项是一个零均值、方差恒定、相互独立的随机变量;

(3)随机误差项服从正态分布,即 $u_i \sim N(0,\sigma^2)$;

(4)自变量之间不存在完全共线性,换句话说,设计矩阵 $\boldsymbol{X}_{n\times p}$ 是一个列满秩矩阵。

11.1.3 估计的多元回归方程

回归模型中的系数 $\beta_0,\beta_1,\beta_2,\cdots,\beta_{p-1}$ 是待估的参数,需要利用样本数据去估计。因此估计的多元回归方程可以表述为:

$$\hat{y}=\hat{\beta}_0+\hat{\beta}_1 x_1+\hat{\beta}_2 x_2+\cdots+\hat{\beta}_{p-1} x_{p-1}$$

其中,$\hat{y}_i$ 是因变量 y_i 的估计值,$\hat{\beta}_0,\hat{\beta}_1,\hat{\beta}_2,\cdots,\hat{\beta}_{p-1}$ 是参数 $\beta_0,\beta_1,\beta_2,\cdots,\beta_{p-1}$ 的估计值,又称为偏回归系数。$\hat{\beta}_j$ 的含义是:当其他自变量保持不变时,自变量 x_j 每变化一个单位引起因变量 y 的平均变动。

比估计 $\hat{\beta}_j$ 细节更重要的是对所估计的方程进行解释。我们以含有两个自变量的情况为例,假设估计的回归方程是

$$\hat{y}=\hat{\beta}_0+\hat{\beta}_1 x_1+\hat{\beta}_2 x_2$$

截距项 $\hat{\beta}_0$ 是在 x_1 和 x_2 都等于零的情况下 y 的预测值。尽管在多数情况下,令 x_1 和 x_2 都等于零没有什么实际意义,但为了从 OLS 回归中得到的预测值,一般都需要截距项。

通过变换,我们可以得到

$$\Delta\hat{y}=\hat{\beta}_1\Delta x_1+\hat{\beta}_2\Delta x_2$$

可见,我们能在给定 x_1 和 x_2 变化的情况下预测 y 的变化。特别地,当 x_2 取值固定即 $\Delta x_2=0$ 时,我们可以得到

$$\Delta\hat{y}=\hat{\beta}_1\Delta x_1$$

恰好说明了估计值 $\hat{\beta}_1$ 或 $\hat{\beta}_2$ 具有偏效应或其他条件不变的解释。

11.2 多元回归模型的参数估计

11.2.1 回归系数的最小二乘估计

同样地,我们从简单的、仅含两个自变量的多元回归模型出发,先看如何估计含两个自变量的多元回归模型的回归系数。与一元线性回归模型的估计方法一样,可以用残差平方和最小的准则去估计回归参数。

回归的残差 $\hat{u}_i$ 可以表示为因变量的观测值 y_i 和预测值 $\hat{y}_i$ 的差,即

$$\hat{u}_i=y_i-\hat{y}_i=y_i-(\hat{\beta}_0+\hat{\beta}_1 x_{1i}+\hat{\beta}_2 x_{2i})$$

接着，构造残差平方和

$$Q=SSE=\sum_{i=1}^{n}\hat{u}_i^2=\sum_{i=1}^{n}[y_i-(\hat{\beta}_0+\hat{\beta}_1x_{1i}+\hat{\beta}_2x_{2i})]^2$$

根据最小二乘法的基本原理，要使其最小化，充分必要条件是

$$\frac{\partial Q}{\partial \beta_j}\Big|_{\beta_j=\hat{\beta}_j}=0,\quad j=0,1,2$$

据此得出正规方程组

$$\begin{cases}-2\sum_{i=1}^{n}[y_i-(\hat{\beta}_0+\hat{\beta}_1x_{1i}+\hat{\beta}_2x_{2i})]=0\\-2\sum_{i=1}^{n}x_{1i}[y_i-(\hat{\beta}_0+\hat{\beta}_1x_{1i}+\hat{\beta}_2x_{2i})]=0\\-2\sum_{i=1}^{n}x_{2i}[y_i-(\hat{\beta}_0+\hat{\beta}_1x_{1i}+\hat{\beta}_2x_{2i})]=0\end{cases}$$

根据样本观测值求解正规方程组，即可以得到多元线性回归的系数估计值。

$$\hat{\beta}_1=\Big(\sum_{i=1}^{n}\hat{u}_{1i}^2y_i\Big)/\Big(\sum_{i=1}^{n}\hat{u}_{1i}^2\Big)$$

$$\hat{\beta}_2=\Big(\sum_{i=1}^{n}\hat{u}_{2i}^2y_i\Big)/\Big(\sum_{i=1}^{n}\hat{u}_{2i}^2\Big)$$

其中，$\hat{u}_{1i}$ 为利用现有样本将 x_1 对 x_2 进行简单回归得到的 OLS 残差，同样地，$\hat{u}_{2i}$ 为利用现有样本将 x_2 对 x_1 进行简单回归得到的 OLS 残差。可见，我们首先将第一个自变量 x_1 对第二个自变量 x_2 进行简单回归，得到残差 $\hat{u}_1$，然后用 y 对 $\hat{u}_1$ 进行简单回归得到 $\hat{\beta}_1$。$\hat{\beta}_2$ 的估计也是同样的方法。

扩展到一般的多元回归模型，此时，用矩阵的形式求解更为方便，正规方程组可以转化成矩阵的形式，即

$$\boldsymbol{X}'\boldsymbol{X}\hat{\boldsymbol{\beta}}=\boldsymbol{X}'\boldsymbol{Y}$$

当回归假定满足时，$(\boldsymbol{X}'\boldsymbol{X})^{-1}$ 存在，用 $(\boldsymbol{X}'\boldsymbol{X})^{-1}$ 左乘上述方程两端，得到参数向量 $\boldsymbol{\beta}$ 的最小二乘估计为：

$$\hat{\boldsymbol{\beta}}=(\boldsymbol{X}'\boldsymbol{X})^{-1}\boldsymbol{X}'\boldsymbol{Y}$$

有了矩阵形式的参数估计公式，在 R 等统计软件中进行编程就非常方便了。

11.2.2　误差方差 $\boldsymbol{\sigma}^2$ 的估计

在线性回归模型中还有一个重要参数 σ^2，它是模型误差项的方差，因而有时简称为误差方差。σ^2 反映了模型误差以及观察误差的大小，在回归分析中起着重要作用。通常用残差的方差作为误差方差的估计。

比如，含两个自变量的回归模型误差估计值为：

$$\hat{\sigma}^2=\Big(\sum_{i=1}^{n}\hat{u}^2\Big)/(n-3)=SSE/(n-3)$$

扩展到一般情形，误差向量是一个不可观测的随机向量，用最小二乘估计 $\hat{\boldsymbol{\beta}}$ 代替其中的 $\boldsymbol{\beta}$，得到

$$\hat{\boldsymbol{u}} = \boldsymbol{Y} - \hat{\boldsymbol{Y}} = \boldsymbol{Y} - \boldsymbol{X}\hat{\boldsymbol{\beta}} = [\boldsymbol{I} - \boldsymbol{X}(\boldsymbol{X}'\boldsymbol{X})^{-1}\boldsymbol{X}']\boldsymbol{Y} = (\boldsymbol{I} - \boldsymbol{H})\boldsymbol{Y}$$

我们称 $\hat{\boldsymbol{u}}$ 为残差向量,其中 $\boldsymbol{H} = \boldsymbol{X}(\boldsymbol{X}'\boldsymbol{X})^{-1}\boldsymbol{X}'$ 为帽子矩阵,它是一个对称幂等矩阵。我们称标量

$$\boldsymbol{SSE} = \hat{\boldsymbol{u}}'\hat{\boldsymbol{u}} = \boldsymbol{Y}'(\boldsymbol{I} - \boldsymbol{H})\boldsymbol{Y} = \boldsymbol{Y}'\boldsymbol{Y} - \hat{\boldsymbol{\beta}}'\boldsymbol{X}'\boldsymbol{Y}$$

为残差平方和,它的大小反映了实际数据与理论模型的偏离程度或者说拟合程度。可以证明 $\hat{\sigma}^2 = SSE/(n-p)$ 为 σ^2 的无偏估计。

11.2.3 OLS 估计量的方差

当随机误差项满足高斯-马尔科夫假定,即误差项是一个零均值、方差恒定、相互独立的随机变量时,我们可以求得 OLS 回归系数估计量的抽样方差

$$Var(\hat{\beta}_j) = \frac{\sigma^2}{SST_j(1-R_j^2)}$$

其中,$SST_j = \sum_{i=1}^{n}(x_{ij} - \bar{x}_j)^2$ 是 x_j 的总样本波动,而 R_j^2 是将 x_j 对所有其他自变量(包括截距)进行回归得到的判决系数。

在含有两个自变量的多元回归模型中,R_1^2 即为 x_1 对 x_2 进行简单回归得到的判决系数,R_2^2 即为 x_2 对 x_1 进行简单回归得到的判决系数。如果 x_1 和 x_2 的线性相关程度越高,R_1^2 和 R_2^2 就越大,此时 $Var(\hat{\beta}_1)$ 和 $Var(\hat{\beta}_2)$ 就越大。在回归系数的显著性检验和多重共线性诊断中,我们会进一步看到 R_j^2 较大产生的后果,这将会影响回归系数 β_1 和 β_2 的显著性检验。

11.3 多元回归模型的显著性检验

11.3.1 回归模型的整体显著性检验——*F* 检验

因变量 Y 和自变量 $X_1, X_2, \cdots, X_{p-1}$ 之间是否存在显著的线性关系,还需要对回归方程进行统计检验。

1. 离差平方和的分解

因变量总的离差平方和

$$SST = \sum_{i=1}^{n}(y_i - \bar{y})^2$$

反映了数据 $y_1, y_2, \cdots, y_n$ 波动性的大小。残差平方和

$$SSE = \sum_{i=1}^{n}(y_i - \hat{y}_i)^2$$

反映了除去 Y 与 $X_1, X_2, \cdots, X_{p-1}$ 之间的线性关系以外的因素引起的数据 $y_1, y_2, \cdots, y_n$ 的波动。SSE 越大,观测值和线性拟合值间的偏差也越大。回归平方和

$$SSR = \sum_{i=1}^{n}(\hat{y}_i - \bar{y})^2$$

反映了线性拟合值与其平均值(等于因变量的均值)的总偏差,即由 $X_1, X_2, \cdots, X_{p-1}$ 的变化所引起的 y_i 的波动。与一元回归模型一样,可以证明

$$SST = SSE + SSR$$

2. 自由度的分解

可以证明 SST,SSE 和 SSR 的自由度分别为 $n-1$,$n-p$ 和 $p-1$,即上式中的自由度之间有如下关系：

$$n-1=(n-p)+(p-1)$$

3. 方差分析表及显著性检验

线性模型的显著性检验本质上是检验所有的自变量系数是否全部为 0,即检验假设：

$H_0:\beta_1=\beta_2=\cdots=\beta_{p-1}=0$

H_1:至少有某个 $\beta_i\neq 0(1\leqslant i\leqslant p-1)$

构造检验统计量

$$F=MSR/MSE$$

可以证明当 H_0 为真时，$F\sim F(p-1,n-p)$；当 H_0 不为真时，F 有偏大的趋势。如观测值 $F_0\leqslant F_\alpha(p-1,n-p)$，则不拒绝 H_0；否则拒绝 H_0。

在统计软件中,对显著性检验问题,其输出结果通常是检验的 p 值。在上述线性回归关系的显著性检验问题,其检验的 p 值为 $p=P_{H_0}(F\geqslant F_0)$，对于给定的显著水平 α，检验准则均为:若 $p<\alpha$，则拒绝原假设 H_0；若 $p\geqslant\alpha$，则不拒绝原假设 H_0，方差分析表如表 11.1 所示。

表 11.1　多元回归方差分析表

方差来源	自由度	平方和(SS)	均方(MS)	F 统计量
回归	$p-1$	$SSR=\hat{\boldsymbol{\beta}}'\boldsymbol{X}'\boldsymbol{Y}-\boldsymbol{Y}'\boldsymbol{J}\boldsymbol{Y}/n$	$MSR=SSR/(p-1)$	$F=MSR/MSE$
误差	$n-p$	$SSE=\boldsymbol{Y}'\boldsymbol{Y}-\hat{\boldsymbol{\beta}}'\boldsymbol{X}'\boldsymbol{Y}$	$MSE=SSE/(n-p)$	
总和	$n-1$	$SST=\boldsymbol{Y}'\boldsymbol{Y}-\boldsymbol{Y}'\boldsymbol{J}\boldsymbol{Y}/n$		

4. 模型拟合优度

与一元线性回归模型相同,在多元线性回归中,同样可以定义判决系数为：

$$R^2=SSR/SST=1-SSE/SST$$

我们称之为多重判决系数或复判决系数。其取值依然在[0,1]区间内，R^2 越接近于 1,表明回归拟合的效果越好；R^2 越接近于 0,表明回归拟合的效果越差。

定义 $R=\sqrt{R^2}=\sqrt{SSR/SST}$ 为 Y 关于 $X_1,X_2,\cdots,X_k$ 的样本复相关系数。在两个变量的简单相关系数中,相关系数有正负之分,而复相关系数是表示因变量与所有自变量之间的线性关系,它的符号不能由某一个自变量的回归系数的符号来确定,因此复相关系数通常取正号。

值得注意的是,判决系数 R^2 是多元回归中回归平方和占总平方和的比例,是度量多元回归方程拟合程度的一个统计量,反映了在因变量 Y 的总变异中被估计的回归方程所解释的比例。显然,自变量数目的增加会影响判决系数的大小,即自变量增加会使预测误差变小从而减小残差平方和 (SSE)，从而会使 R^2 变大。如果模型中增加一个自变量,即使该自变量在统计上不显著,判决系数也会变大。为避免盲目增加自变量而提高 R^2，统计学家提出了一种惩罚机制,即用自由度去调整 R^2，计算出调整的判决系数

$$\begin{aligned}R_a^2&=1-\frac{SSE/(n-p)}{SST/(n-1)}\\&=1-\frac{n-1}{n-p}\cdot\frac{SSE}{SST}\\&=1-\frac{n-1}{n-p}\left(1-\frac{SSR}{SST}\right)\end{aligned}$$

$$=1-\frac{n-1}{n-p}(1-R^2)$$

可以看出,R_a^2 的值永远不会大于R^2,因此在多元回归中通常用调整的判决系数。

11.3.2 回归系数的显著性检验——t 检验

模型线性回归关系显著并不意味着每个自变量 X_j 对因变量 Y 的影响都显著,可能其中的某个或某些对 Y 的影响不显著。我们希望从回归方程中剔除那些对 Y 的影响不显著的自变量,从而建立一个简单有效的回归方程,以便于实际应用。

首先,我们看含有两个自变量的回归系数的显著性检验。以 β_1 为例,检验的原假设和备择假设分别为:

$$H_0:\beta_1=0,\quad H_1:\beta_1\neq 0$$

其次,构建检验统计量

$$t_1=\frac{\hat{\beta}_1}{S(\hat{\beta}_1)}=\frac{\hat{\beta}_1}{\sqrt{\dfrac{\sigma^2}{SST_1(1-R_1^2)}}}\sim t(n-3)$$

再次,得到检验准则为:

$$\begin{cases}若|t_1|\leqslant|t_{\alpha/2}(n-3)|,则不拒绝 H_0\\ 若|t_1|>|t_{\alpha/2}(n-3)|,则拒绝 H_0\end{cases}$$

对上述统计量,其 p 值为 $p=P_{H_0}(|t|\geqslant|t_1|)$,于是若 $p\geqslant\alpha$,则不能拒绝 H_0,反之就拒绝 H_0。同时,可得到 β_1 的置信水平为 $1-\alpha$ 的置信区间为:

$$[\hat{\beta}_1-t_{\alpha/2}(n-3)s(\hat{\beta}_1),\hat{\beta}_1+t_{\alpha/2}(n-3)s(\hat{\beta}_1)]$$

扩展到一般多元回归模型的回归系数显著性检验,检验某个自变量 X_j 的影响是否显著等价于检验假设:

$$H_0:\beta_j=0,\quad H_1:\beta_j\neq 0$$

由于 $\boldsymbol{\beta}$ 的最小二乘估计

$$\hat{\boldsymbol{\beta}}=(\boldsymbol{X}'\boldsymbol{X})^{-1}\boldsymbol{X}'\boldsymbol{Y}=(\boldsymbol{X}'\boldsymbol{X})^{-1}\boldsymbol{X}'(\boldsymbol{X\beta}+\boldsymbol{u})=\boldsymbol{\beta}+(\boldsymbol{X}'\boldsymbol{X})^{-1}\boldsymbol{X}'\boldsymbol{u}$$

所以

$$Var\text{-}Cov(\hat{\boldsymbol{\beta}})=\mathrm{E}(\hat{\boldsymbol{\beta}}-\boldsymbol{\beta})(\hat{\boldsymbol{\beta}}-\boldsymbol{\beta})'=(\boldsymbol{X}'\boldsymbol{X})^{-1}\boldsymbol{X}'\boldsymbol{E}(\boldsymbol{uu}')\boldsymbol{X}(\boldsymbol{X}'\boldsymbol{X})^{-1}=\sigma^2(\boldsymbol{X}'\boldsymbol{X})^{-1}$$

从而取 $Cov(\hat{\boldsymbol{\beta}})$ 的一个估计为:

$$S(\hat{\boldsymbol{\beta}})=MSE(\boldsymbol{X}'\boldsymbol{X})^{-1}$$

可以证明

$$(\hat{\beta}_j-\beta_j)/s(\hat{\beta}_j)\sim t(n-p),\quad j=0,1,\cdots,p-1$$

其中 $s(\hat{\boldsymbol{\beta}}_j)$ 为 $S(\hat{\boldsymbol{\beta}})$ 的主对角线上的第 j 个元素的算术平方根。由此得到检验准则为:

$$\begin{cases}若|t_0|\leqslant|t_{\alpha/2}(n-p)|,则不拒绝 H_0\\ 若|t_0|>|t_{\alpha/2}(n-p)|,则拒绝 H_0\end{cases}$$

对上述统计量,其 p 值为 $p=P_{H_0}(|t|\geqslant|t_0|)$,于是若 $p\geqslant\alpha$,则不拒绝 H_0,反之就拒绝 H_0。同时,可得到 β_j 的置信水平为 $1-\alpha$ 的置信区间为:

$$[\hat{\beta}_j - t_{\alpha/2}(n-p)s(\hat{\beta}_j), \hat{\beta}_j + t_{\alpha/2}(n-p)s(\hat{\beta}_j)]$$

11.4　多元回归模型的诊断

与一元线性回归一样，多元线性回归建模同样要对基本假定进行检验，其中的正态性检验、同方差检验与第 10 章的方法完全相同，需要增加的检验就是对多重共线性的检验。

在多元线性回归中，假定设计矩阵 X 是列满秩的，即要求 X 的各列向量是线性无关的。然而在实际问题中，变量之间不是孤立的而是相互联系的，意味着多重共线性是非常常见的。当多重共线性严重时，仍然采用普通最小二乘法去估计模型参数，会产生很多不良后果，例如，最小二乘估计量不具有有效性，参数估计量的经济含义不合理，变量的显著性检验失去意义，模型的预测功能失效等。因此，在多元回归建模时，应尽可能避免多重共线性的存在。常用的诊断多重共线性的方法有方差膨胀因子法、特征根法和条件数法等。

11.4.1　方差膨胀因子法

根据前面对回归系数估计的方差公式可知，当模型中存在共线性时估计的方差会变大，从而导致估计有效性不足。自变量 X_j 的方差膨胀因子(Variance Inflation Factor, VIF)定义为：

$$VIF_j = \frac{1}{1-R_j^2}$$

其中，R_j^2 是第 j 个自变量 X_j 与模型中其余所有自变量之间的判决系数，分母 $1-R_j^2$ 称为自变量 X_j 的容忍度(Tolerance)。自变量之间的共线性越弱，R_j^2 越接近于 0，容忍度越大，越接近于 1；反之，自变量之间的共线性越强，R_j^2 越接近于 1，VIF_j 越大。经验认为，如果 $VIF_j > 5$，认为自变量 X_j 与模型中其他自变量之间的多重共线性问题值得引起重视；如果 $VIF_j > 10$，认为多重共线性较为严重；如果 $VIF_j > 100$，则认为自变量之间存在十分严重的多重共线性。

11.4.2　特征根法

特征根法主要是考察矩阵 $\boldsymbol{X}'\boldsymbol{X}$ 的特征根。因为矩阵的行列式等于其特征根的乘积，因此若行列式 $\det(\boldsymbol{X}'\boldsymbol{X}) \approx 0$，则矩阵 $\boldsymbol{X}'\boldsymbol{X}$ 至少存在一个近似为 0 的特征根，意味着 $\boldsymbol{X}$ 矩阵的列向量之间必存在多重共线性。所以可以通过求矩阵特征值来分析变量之间是否存在多重共线性。

11.4.3　条件数法

假设矩阵 $\boldsymbol{X}'\boldsymbol{X}$ 的 p 个特征根分别是 $\lambda_1, \lambda_1, \cdots, \lambda_p$，记最大特征根为 $\lambda_{\max}$，定义特征根 λ_j 的条件数(Condition Index)为：

$$k_j = \sqrt{\frac{\lambda_{\max}}{\lambda_j}}, \quad j = 1, 2, \cdots, p$$

显然，当矩阵 $\boldsymbol{X}'\boldsymbol{X}$ 的特征根非常接近于 0 时，该特征根所对应的条件数就趋于无穷大。记 $k = \max\{k_j\}$，经验法则认为，当 $0 < k < 10$ 时，$\boldsymbol{X}$ 不存在多重共线性；当 $10 \leqslant k < 100$ 时，$\boldsymbol{X}$ 存在一定程度的多重共线性；当 $100 \leqslant k \leqslant 1000$ 时，$\boldsymbol{X}$ 存在较为严重的多重共线性；$k \geqslant 1000$ 时，共线性非常严重。

11.5 多元回归模型的 R 实现

11.5.1 案例数据集

采用本书配套的宏观经济数据集,从中筛选 2019 年和 2020 年两个年份的我国 30 个省、自治区、直辖市(西藏因缺失值太多除外)的国内生产总值(GDP)、对外直接投资(FDI)和能源消费(Energy_Consum)三个变量。根据能源经济学相关理论可知,GDP 和 FDI 对能源消费有显著影响,本案例通过实证研究探讨该影响在中国是否显著以及影响关系如何。

首先对数据进行筛选和整理,为了消除可能存在的异方差,对变量进行自然对数转换。R 代码及输出结果如下:

```
library(readxl); library(dplyr); library(ggplot2); library(car); library(GGally)
df_gdp_0 <- read_xlsx("D:/ASWR/chapter10/data10/ChinaGdp.xlsx")  # 读取数据
# 数据筛选、去掉缺失值并进行对数转换
df_gdp <- df_gdp_0 %>%
  select(Province, Gdp = GDP, FDI = FDI,
         Energy = Energy_Consum, Year = Year) %>%
  filter(Province ! = "西藏" & Year = = 2019 |  # 去掉西藏自治区数据,筛选年份
         Year = = 2020 | Year = = 2021) %>%
  mutate(LnEnergy = log(Energy),  # 自然对数转换
        LnGdp = log(Gdp), LnFDI = log(FDI)) %>%
  select(LnEnergy, LnGdp, LnFDI) %>%   # 筛选建模变量
  tidyr::drop_na()  # 去掉缺失值
head(df_gdp)
## # A tibble: 6 × 3
##     LnEnergy    LnGdp    LnFDI
##      <dbl>      <dbl>    <dbl>
## 1    9.51       10.2     13.6
## 2    9.00       9.11     9.09
## 3    8.96       9.07     9.01
## 4    8.35       7.99     8.82
## 5    9.85       9.53     9.98
## 6    9.82       9.52     10.4
```

11.5.2 绘制散点图及相关系数矩阵

用 GGally 包中的 ggpairs()函数绘制 LnEnergy、LnGdp 和 LnFDI 的散点图矩阵,如图 11.1 所示。从图 11.1 可以看出,自然对数转换后的三个变量基本上都服从正态分布,且能源消费与 GDP 和 FDI 的之间呈现出线性的关系,简单相关系数分别为 0.686 和 0.441,且在 0.01 的显著性水平下关系显著。需要注意的是,两个自变量之间的线性相关系数达到了 0.853,提示了可能存在多重共线性。

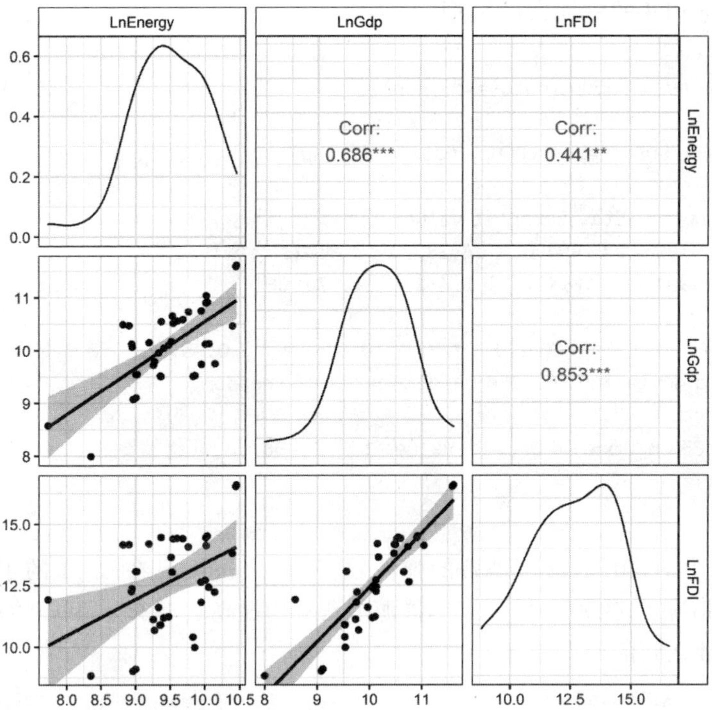

图 11.1　取对数后能源消费与 GDP 和 FDI 的散点图及相关关系矩阵

11.5.3　模型估计与检验

这是一个包含两个自变量的多元回归模型，从图 11.1 可以直观看出，线性关系可能存在，接下来尝试分别构建两个一元回归和一个二元回归，并进行对比。和一元回归一样，用 R 基础包的 lm()函数拟合线性回归模型，R 代码及输出结果如下：

1. 能源消费与 GDP 的一元回归模型

```
fit10_1 <- lm(LnEnergy ~ LnFDI, data = df_gdp)
car::S(fit10_1)
## Call: lm(formula = LnEnergy ~ LnFDI, data = df_gdp)
## Coefficients:
##              Estimate   Std. Error   t value   Pr(>|t|)
## (Intercept)  7.80301    0.57590      13.549    1.05e-15 * * *
## LnFDI        0.13291    0.04504      2.951     0.00555* *
## Signif.      codes:0    ' * * * '    0.001     ' * * '  0.01 ' * '  0.05 '.'  0.1 ''  1
## Residual standard deviation: 0.5249 on 36 degrees of freedom
## Multiple R-squared: 0.1947
## F-statistic: 8.706 on 1 and 36 DF,  p-value: 0.005548
##  AIC   BIC
## 62.80  67.71
```

由输出结果可知，FDI 对能源消费的弹性效应为 0.1329，且在 0.01 的水平上显著，表明在不考虑其他因素的情况下，FDI 每增长 1%，能源消费平均提高 0.1329%，但回归的判决系数并不高，只有 0.1947。

2. 能源消费与 FDI 的一元回归模型

```
fit10_2 <- lm(LnEnergy ~ LnGdp, data = df_gdp)
S(fit10_2)
## Call: lm(formula = LnEnergy ~ LnGdp, data = df_gdp)
## Coefficients:
##              Estimate  Std. Error  t value  Pr(>|t|)
## (Intercept)  4.09195   0.95490     4.285    0.00013 ***
## LnGdp        0.53394   0.09432     5.661    1.97e-06***
## ---
## Signif. codes:  0 '***'  0.001 '**'  0.01 '*'  0.05 '.'  0.1 ' '  1
## Residual standard deviation: 0.4254 on 36 degrees of freedom
## Multiple R-squared: 0.471
## F-statistic: 32.05 on 1 and 36 DF,  p-value: 1.973e-06
##  AIC    BIC
## 46.83  51.74
```

由输出结果可知,GDP 对能源消费的弹性效应为 0.5339,且在 0.01 的水平上显著,表明在不考虑其他因素的情况下,GDP 每增长 1%,能源消费平均提高 0.5339%,回归的判决系数为 0.471。

3. 两个自变量之间的回归模型

```
fit10_3 <- lm(LnFDI ~ LnGdp, data = df_gdp)
S(fit10_3)
## Call: lm(formula = LnFDI ~ LnGdp, data = df_gdp)
##
## Coefficients:
##               Estimate   Std. Error   t value   Pr(>|t|)
## (Intercept)    -9.6065     2.2750     -4.223    0.000157 ***
## LnGdp           2.2035     0.2247      9.806    1.04e-11 ***
## ---
## Signif. codes:  0 '***'  0.001 '**'  0.01 '*'  0.05 '.'  0.1 ' '  1
##
## Residual standard deviation: 1.014 on 36 degrees of freedom
## Multiple R-squared: 0.7276
## F-statistic: 96.16 on 1 and 36 DF,  p-value: 1.045e-11
##    AIC    BIC
## 112.81  117.72
```

由输出结果可知,两个自变量 GDP 和 FDI 之间存在高度显著的正向相关关系,这也印证了图 11.1 中的猜测,回归的判决系数高达 0.7276。

4. 二元回归模型

```
fit10_final <- lm(LnEnergy ~ LnGdp + LnFDI, data = df_gdp)
S(fit10_final)
## Call: lm(formula = LnEnergy ~ LnGdp + LnFDI, data = df_gdp)
## Coefficients:
##                Estimate   Std. Error   t value     Pr(>|t|)
```

```
## (Intercept)    2.56140     1.09561      2.338        0.0252 *
## LnGdp          0.88502     0.16956      5.219        8.26e-06 * * *
## LnFDI         -0.15932     0.06564     -2.427        0.0205*
## ---
## Signif. codes:  0 ' * * * '  0.001 ' * * '  0.01 ' * '  0.05 ' . '  0.1 ' '  1
## Residual standard deviation: 0.3992 on 35 degrees of freedom
## Multiple R-squared: 0.5472
## F-statistic: 21.15 on 2 and 35 DF,  p-value: 9.52e-07
##  AIC    BIC
## 42.92  49.47
```

输出结果可以看到，模型的判决系数 $R^2=0.5472$，在 0.05 的显著性水平下模型线性关系的 F 检验高度显著。GDP 在 0.01 的水平上依然显著，FDI 在 0.05 的水平上也是显著的，但是会发现，FDI 的系数变成了负数，不符合理论预期，这很可能是多重共线性导致。

11.5.4 模型诊断

模型构建完成后还要对基本假定进行检验，正态性检验和独立性检验的方法和第 10 章一元回归一样，这里不再赘述。本章重点进行残差分析和多重共线性诊断。

1. 残差分析

以因变量的预测值为横轴，标准化残差为纵轴，绘制残差图 11.2，进行残差分析。R 代码及相关注释如下：

```
yhat <- fit10_final $ fitted.values  # 从模型中提取预测值
resid_hat <- fit10_final $ residuals  # 从模型中提取残差
Z_resid <- (resid_hat - mean(resid_hat)) / sd(resid_hat)  # 对残差进行标准化
df_residual <- data.frame(yhat, Z_resid)
ggplot(data = df_residual, mapping = aes(x = yhat, y = Z_resid)) +
  geom_point()
```

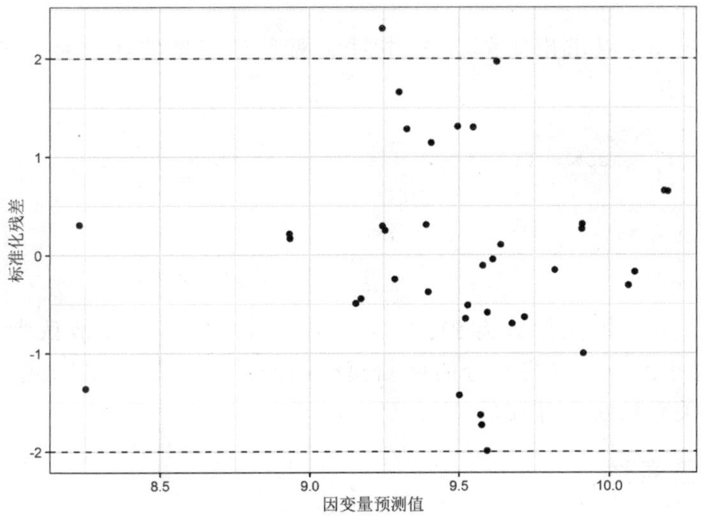

图 11.2　能源消费与 GDP 和 FDI 回归模型残差图

由残差图可以看出,标准化残差的均值为 0,且在均值上下两个标准差范围内均匀分布,表明同方差的假定得到了满足。

2. 多重共线性诊断

只要模型中出现了两个及两个以上的自变量,就需要进行多重共线性诊断。读者可以根据第 11.4 节的原理,自己编写代码进行分析,也可以直接调用相关函数实现。

(1)方差膨胀因子法

用 vif()函数计算方差膨胀因子。R 代码及输出结果如下:

```
vif(fit10_final)
##    LnGdp      LnFDI
## 3.671196    3.671196
```

(2)特征值法

用 eigen()函数计算特征值。R 代码及输出结果如下:

```
X <- as.matrix(cbind(1, df_gdp$LnGdp, df_gdp$LnFDI))  # 生成设计矩阵
XX <- t(X) %*% X  # X 矩阵的转置乘以 X
eigen(XX)  # 特征值分解
## eigen() decomposition
## $values
## [1] 1.012248e+04  2.173561e+01  1.299613e-01
## $vectors
##              [,1]           [,2]          [,3]
## [1,]    -0.06086173    -0.1318026     0.98940584
## [2,]    -0.61928150    -0.7724069    -0.14098947
## [3,]    -0.78280666     0.6213016     0.03461292
```

得到的最小特征根为 $\lambda_{min}=0.13$,比较接近于 0,也说明了存在一定程度的多重共线性,但并不是特别严重。对应的特征向量是(0.9894, −0.1410, 0.0346)′,LnFDI 的系数为 0.0346,接近于 0,也印证了可能存在的共线性。

(3)条件数法

使用函数 kappa()可以求出矩阵 $X'X$ 中对应两个自变量的条件数。R 代码及输出结果如下:

```
kappa(df_gdp[, c(2, 3)], exact = T)
## [1] 21.73
kappa(df_final, exact = T)
## [1] 279.085
```

由于两个自变量对应的条件数为 21.73,而 $10 < 21.73 < 100$,故认为自变量之间存在多重共线性,但并不是很严重。最终拟合的回归模型的条件数为 279.085,超过了 100,认为因变量与自变量的线性关系确实是存在的。

11.5.5 最终模型表达

经过诊断补救后的模型应表达为规范的形式,如上例中的最终回归模型可以表达为:

$$\widehat{\text{LnEnergy}}=2.5614+0.8850\text{LnGdp}-0.1593\text{LnFDI}$$
$$(1.0956)\qquad(0.1696)\qquad(0.0656)$$
$$R^2=0.5472,\ df=35$$

对应的方差分析 R 代码及输出结果如下：

```
Anova(fit10_final)
## Anova Table (Type II tests)
## Response: LnEnergy
##              Sum Sq   Df   F value     Pr(>F)
## LnGdp        4.3408    1   27.2420   8.259e-06 * * *
## LnFDI        0.9388    1    5.8918      0.0205 *
## Residuals    5.5770   35
```

重要术语

复相关系数　　多重共线性　　偏回归系数
方差膨胀因子　　复判决系数　　调整判决系数
容忍度　　特征根　　条件数

思考题

11.1　以二元回归为例，解释多元线性回归模型的含义。
11.2　多元线性回归中有哪些基本假定？
11.3　解释多元线性回归模型中偏回归系数的含义。
11.4　解释多重判定系数以及调整的多重判定系数的含义和作用。
11.5　解释多重共线性的含义。
11.6　多重共线性对回归分析有什么影响？
11.7　列举多重共线性的诊断方法。
11.8　在多元线性回归分析中，对参数做了 t 检验后为什么还要做方差分析和 F 检验？
11.9　在 R 软件中，如何制作散点图矩阵？散点图矩阵能说明什么问题？
11.10　多元线性回归模型最小二乘估计中，对设计矩阵有什么要求？

练习题

11.11　已知某企业 1997—2020 年的总成本和产量的数据如表 11.2 所示，试回答下列问题：

(1) 绘制总成本(Y) 与产量(X) 的散点图；

(2) 构建关于总成本(Y) 与产量(X) 的一元线性回归模型并对其进行简要评价；

(3)估计包含产量(X)、产量平方(X^2)以及产量立方(X^3)的总成本函数:

$Y_t = \beta_0 + \beta_1 X_t + \beta_2 X_t^2 + \beta_3 X_t^3 + u_t$

(4)对比(1)和(2)中的两个模型,结合成本理论,你认为哪个模型更好一些?

(5)检验模型(2)参数的显著性以及整个回归方程的显著性;

(6)对比两个模型的残差图,并对模型(2)进行评价。

表 11.2　某企业总成本与产量数据

年份	总成本(万元)	产量(件)	年份	总成本(万元)	产量(件)
1997	329	410	2009	3234	1602
1998	524	608	2010	3045	1597
1999	424	512	2011	3872	1682
2000	629	723	2012	4210	1733
2001	741	811	2013	4588	1765
2002	1020	1009	2014	5648	1799
2003	863	906	2015	5580	1855
2004	1390	1223	2016	6502	1903
2005	1157	1107	2017	6934	2040
2006	1548	1319	2018	7080	2346
2007	1787	1424	2019	7577	2468
2008	2931	1541	2020	9020	2613

11.12　表 11.3 给出了因变量 Y 对自变量 X_1 和 X_2 进行线性回归的方差分析结果,试回答下列问题:

(1)完成方差分析表;

(2)该回归分析中样本容量是多少?

(3)对模型进行显著性检验应该选择什么统计量?计算该统计量的值;

(4)计算该回归模型的判决系数以及调整的判决系数;

(5)根据以上信息能否确定两个自变量各自对因变量的贡献?

表 11.3　方差分析表

离差来源	平方和(SS)	自由度(df)	均方(MS)
来自回归	65965	(b)	(d)
来自残差	(a)	(c)	(e)
总离差	66042	14	

11.13　随着越来越多的人使用互联网,许多公司不得不考虑如何利用互联网销售他们的产品,因此想知道互联网消费的情况。统计部门经过分析,认为上网时间与受教育程度、年龄、收入等有一定关系。于是,随机收集了 50 个上网者的数据,分别记录了他们过去上网的时间、受教育程度、年龄、收入等数据,如表 11.4 所示。试回答下列问题:

(1)把受教育年限转换成分类变量,低于 7 年的归为第一类,7～12 年的归为第二类,12 年以上的归为第三类。然后,绘制上网时间以受教育年限分类的箱形图;

(2)绘制散点图矩阵,初步判断变量之间的线性关系是否存在;

(3)建立上网时间与年龄、受教育程度和收入的线性回归方程;

(4)在 0.05 的显著性水平下对回归系数的显著性进行检验,并解释各回归系数的含义;

(5)在 0.05 的显著性水平下,对回归方程的线性关系的显著性进行检验。

表 11.4　上网时间影响因素数据表

编号	上网时间（小时）	年龄（岁）	教育（年）	收入（千元）	编号	上网时间（小时）	年龄（岁）	教育（年）	收入（千元）
1	0	39	7	64	26	12	38	11	58
2	8	37	14	53	27	13	31	9	53
3	12	24	12	68	28	5	47	7	23
4	5	48	10	66	29	0	47	5	12
5	0	52	11	35	30	9	41	11	34
6	8	40	15	46	31	8	34	10	23
7	12	36	14	57	32	7	45	12	25
8	7	37	11	35	33	11	31	8	45
9	10	28	14	54	34	0	49	7	34
10	0	44	10	32	35	11	35	14	82
11	14	28	12	53	36	10	38	12	60
12	4	53	11	45	37	14	32	13	68
13	10	39	13	61	38	7	50	10	42
14	8	35	12	21	39	8	35	10	12
15	10	44	12	66	40	7	43	13	34
16	0	41	9	34	41	0	42	6	37
17	10	32	12	48	42	7	44	8	34
18	6	44	10	62	43	4	47	5	43
19	5	49	10	23	44	9	46	10	54
20	0	48	9	72	45	0	33	12	23
21	9	40	6	51	46	15	40	12	82
22	13	28	11	55	47	12	31	16	53
23	6	43	12	34	48	0	33	4	27
24	10	43	12	65	49	10	40	11	58
25	9	33	9	57	50	10	30	13	54

11.14　表 11.5 列出了中国 2012 年按行业分的全部制造业国有企业及规模以上制造业非国有企业的工业总产值 (Y)、资产合计(K) 及职工人数(L)。试回答下列问题:

(1)绘制散点图矩阵和工业总产值的 QQ 图;

(2)对三个变量取自然对数,重复(1)中的练习,结果有何不同?

(3)根据柯布-道格拉斯生产函数理论,设定模型为:$Y_i = AK_i^{\alpha}L_i^{\beta}e^{u_i}$,试结合上述数据进行回归分析(提示:先两边取自然对数,再拟合模型);

(4)对参数的显著性进行检验,并解释 α 和 β 的经济意义;

(5)阐述中国 2012 年制造业总体呈现出的规模报酬状态；

(6)该模型中存在多重共线性吗？说出你的判断依据。

表 11.5 中国 2012 年分行业工业总产值、资产合计及职工人数数据表

序号	工业总产值（亿元）	资产合计（亿元）	职工人数（万人）	序号	工业总产值（亿元）	资产合计（亿元）	职工人数（万人）
1	3722.70	3078.22	113	17	812.70	1118.81	43
2	1442.52	1684.43	67	18	1899.70	2052.16	61
3	1752.37	2742.77	84	19	3692.85	6113.11	240
4	1451.29	1973.82	270	20	4732.90	9228.25	222
5	5149.30	5917.01	327	21	2180.23	2866.65	800
6	2291.16	1758.77	120	22	2539.76	2545.63	960
7	1345.17	939.10	580	23	3046.95	4787.90	222
8	656.77	694.94	310	24	2192.63	3255.29	163
9	370.18	363.48	160	25	5364.83	8129.68	244
10	1590.36	2511.99	660	26	4834.68	5260.20	145
11	616.71	973.73	580	27	7549.58	7518.79	138
12	617.94	516.01	280	28	867.91	984.52	460
13	4429.19	3785.91	610	29	4611.39	18626.94	218
14	5749.02	8688.03	254	30	170.30	610.91	190
15	1781.37	2798.90	830	31	325.53	1523.19	450
16	1243.07	1808.44	330				

11.15 （数据集 mallcost.sav）研究发现，商业体的建筑成本（Y，万元）除了与建筑面积（X_1，平方米）有关以外，还与商业体的性质 D（indoor-0；outdoor-1）以及设计师的经验（X_2，年）有关。试回答下列问题：

(1)读取 SPSS 格式的外部数据至 R；

(2)绘制散点图矩阵，初步判断变量之间的线性关系；

(3)试建立因变量 Y 与自变量 X_1、X_2 以及 D 之间的线性回归方程；

(4)检验回归系数以及回归方程的显著性，你发现了什么问题？

(5)对模型进行残差分析，解释模型中是否存在异方差性？

(6)解释自变量 D 的系数的经济含义；

(7)某室内商业体建筑面积为 0.85 平方米并由 15 年设计经验的设计师设计，根据回归模型构造其建筑成本的置信区间。($\alpha=0.05$)

第 12 章 非参数统计

【我国东、西部地区经济发展水平的比较】

前面的章节介绍了大量的参数统计分析方法，其主要特点是产生样本数据的总体分布是已知的，未知的仅仅是其中几个参数的值。参数统计分析方法不仅利用了数据的信息，而且还利用了产生数据的总体的信息，因此，它是一种很有效的统计分析方法。然而，由于人们的实践经验有限，或者情况比较特殊，有时候难以准确分辨产生样本数据的总体服从何种分布，如果这时仍然使用参数统计分析方法，则其结果可能会产生误导。

比如，根据国家统计局公布的关于东、中、西部划分标准，从东部区域和西部区域分别随机选择了 9 个和 8 个省、自治区、直辖市，统计了各省、自治区、直辖市 2021 年的 GDP 数据，如表 12.1 所示。

表 12.1　2021 年东、西部部分省、自治区、直辖市的 GDP 数据

单位：万亿

东部区域	北京	天津	河北	辽宁	上海	浙江	福建	山东	海南
GDP	4.03	1.57	4.04	2.76	4.32	7.35	4.88	8.31	0.65
西部区域	内蒙古	广西	重庆	四川	贵州	云南	陕西	新疆	
GDP	2.05	2.47	2.79	5.39	1.96	2.71	2.98	1.60	

如果我们用传统的两样本 t 检验，会得出东、西部区域所辖各省、自治区、直辖市的 GDP 没有差异的结论，显然和我国区域经济发展实际不相吻合。究其原因，是因为我们假设各省、自治区、直辖市的 GDP 数据服从正态分布的缘故。很明显，西部地区 GDP 数据的分布是不对称的，由于有一部分地区的 GDP 相对比较高，所以分布明显右偏。将 GDP 数据的分布假设为正态分布，并且在正态分布假设条件下使用参数统计分析方法是不恰当的，就需要用到本章介绍的非参数统计的分析方法。

12.1　非参数统计简介

非参数统计方法是相对于参数统计方法而言的。两者的共同点在于都是基于总体的某种数量特征建立原假设和备择假设，都给定检验的显著性水平，并根据实际的统计量来判断对原假设的取舍。但是，参数假设检验需要对总体分布作限制性的假定。这种假定实际就是要求总体的分布类型已知，所不知道的只是其中某个参数是否有变动。如果对总体的分布不知道或者了解很少，则参数检验方法就不可靠，甚至会发生很大偏差。非参数检验则是一种不依赖总体分布形式的检验方法。由于它对总体的分布不施加任何限制，所以也称为自由分布检验。

非参数检验方法对比参数检验方法具有许多优点。

首先,非参数检验方法的检验条件相对于参数检验方法而言比较宽松,适应性强。参数检验假定总体分布正态或近似正态,如果这些条件不存在,检验结果很可能会产生方向性的错误。而非参数检验不受这些条件的限制,大大弥补了参数检验的不足。例如非正态的、方差不等的以及分布形态未知的资料都可适用,所以,非参数统计方法的适应性更强。

其次,非参数检验方法使用比较灵活,用途更加广泛。非参数检验不但可以应用于定距、定比等数值型数据的检验,还适用于定类、定序等分类数据的检验,对于那些不能直接进行加减乘除四则运算的数据类型,如等级数据,运用符号检验、符号秩和检验都能起到比较好的效果,所以非参数检验的用途更加广泛。

再次,非参数检验方法的计算比较简单,易于理解。由于非参数检验不用计量的方法,而用计数的方法,其过程及结果都可以被直观地理解,较容易被使用者所理解和接受。

然而,非参数统计方法的缺点也较为明显。非参数统计方法对总体分布的假定不多,适用性强,但方法也就相对缺乏针对性,其功效就不如参数检验方法好。非参数检验是基于秩的检验方法,而不是基于实际数值,其方法简便,但是也会丢失很多原始信息,使得非参数检验的结果相对较差。例如,对于一批适用于 t 检验的配对资料,如果采用符号秩和检验方法处理,其功效将明显低于 t 参数检验方法,如果用符号检验方法处理,则效率更低,因为符号检验方法对信息的利用更不充分。当然,如果假定的分布不成立,那么非参数检验就是更值得信赖的。

非参数检验方法有很多种,非参数统计内容也不只是假设检验问题,我们在这里选择实际生活中最常用的分布检验、符号检验、秩的位置和相关性检验加以简要介绍。

12.2 分布的检验

许多实际问题中,人们往往对总体的分布知之甚少,很难对总体的分布形式做出正确的假定,此时,就需要对给定的总体的分布形式进行检验,如果符合某种确定形式的分布(如正态分布),则采用参数统计方法,若无法判断总体的分布形式,则需要采用非参数统计方法,以避免得出与事实相背离的结论。用于分布检验的统计方法主要有 Kolmogorov-Smirnov 检验、Pearson 拟合优度 χ^2 检验等。本节以 Kolmogorov-Smirnov 检验方法为例展开讨论。

Kolmogorov-Smirnov 检验简写为 K-S 检验,是一种拟合优度检验。它是用于检验一组样本数据的实际分布与某一指定的理论分布之间是否相符合,检验所获取的样本数据是否来自具有某一理论分布的总体。K-S 检验方法既可用于单个总体的分布检验,也可用于两个总体的分布检验,下面逐一介绍。

12.2.1 单个总体的检验

若 $S_n(x)$ 表示一个 n 次观察的随机样本观察值的累积概率分布函数,$S_n(x)=\frac{i}{n}$,i 是小于或等于 x 的所有观察结果的数目,$i=1,2,\cdots,n$。$F_0(x)$ 表示一个特定的累积概率分布函数,也就是说,对于任一 x 值,$F_0(x)$ 的值代表小于或等于 x 值的那些预期结果所占的比例。于是,可以定义 $S_n(x)$ 与 $F_0(x)$ 之间的差值,即:$D=|S_n(x)-F_0(x)|$,其中,$S_n(x)$ 为经验分布函数,$F_0(x)$ 为理论分布函数。对每一个 x 值来说,若 $S_n(x)$ 与 $F_0(x)$ 十分接近,也就是差异很小,则表明经验分布函数与特定分布函数的拟合程度很高,有理由认为样本数据来

自具有该理论分布的总体。K-S 检验集中考察的是 $|S_n(x)-F_0(x)|$ 中的那个最大的偏差，即利用统计量 $D=\max\{|S_n(x)-F_0(x)|\}$ 做出判定。

K-S 检验的基本步骤为：

(1)建立原假设和备择假设

$H_0:S_n(x)=F_0(x)$，对所有 x

$H_1:S_n(x)\neq F_0(x)$，对一些 x

(2)计算 D 统计量

$D=\max\{|S_n(x)-F_0(x)|\}$

(3)计算临界值

根据给定的显著性水平 α，样本容量 n，查二项分布表(或者用 R 函数计算)可以得到临界值 d_α(双尾检验)。

(4)做出决策

若 $D<d_\alpha$，则在 α 水平下不能拒绝 H_0；若 $D\geqslant d_\alpha$，则在 α 水平下拒绝 H_0。

下面以一个例子进一步解释如何利用 R 语言开展 K-S 检验。

【例 12.1】 表 12.2 收集了湖北省 2002—2021 年的 GDP 数据。试用 K-S 方法检验湖北省 2002—2021 年的 GDP 数据是否服从正态分布。($\alpha=0.05$)

表 12.2　湖北省 2002—2021 年的 GDP 数据

单位:亿元

年份	GDP	年份	GDP
2002	4212.82	2012	22590.89
2003	5395.91	2013	25378.01
2004	5664.15	2014	28242.13
2005	6631.65	2015	30344.00
2006	7670.83	2016	33353.00
2007	9451.39	2017	37235.00
2008	11497.46	2018	42021.95
2009	13192.14	2019	45828.31
2010	16226.94	2020	43443.50
2011	19942.45	2021	50012.94

解　用 R 基础包中的 ks.test()函数实现 K-S 检验。代码及输出结果如下：

```
HBGDP <- c(4212.82, 5395.91, 5664.15, 6631.65, 7670.83, 9451.39, 11497.46,
        13192.14, 16226.94, 19942.45, 22590.89, 25378.01, 28242.13, 30344.00,
        33353.00, 37235.00, 42021.95, 45828.31, 43443.5, 50012.94)
ks.test(HBGDP, pnorm)
##  One-sample Kolmogorov-Smirnov test
## data:  HBGDP
## D = 1, p-value < 2.2e-16
## alternative hypothesis: two-sided
```

D 统计量的值为 1，检验的 p 值远小于 0.05，因此拒绝原假设，认为湖北省 GDP 数据不服从正态分布。

12.2.2 两个总体的检验

单样本的 K-S 检验也可推广应用到两个独立样本。假定有两个连续总体，具有累积概率分布分别为 $F_1(x)$ 和 $F_2(x)$，要检验两个总体的分布是否相同，建立的原假设与备择假设如下：

$H_0: F_1(x)=F_2(x)$，对所有 x

$H_1: F_1(x)\neq F_1(x)$，对某个 x

下面以一个例子进一步解释如何利用 R 语言进行两个总体的 K-S 检验。

【例 12.2】 表 12.3 给出了北京市和上海市 2000—2021 年的 GDP 数据，请使用 K-S 方法检验两市的 GDP 数据分布是否相同。

表 12.3 北京市和上海市 2000—2021 年的 GDP 数据

单位：亿元

年份	北京	上海	年份	北京	上海
2000	3212.80	4812.15	2011	17188.80	19195.69
2001	3861.50	5257.66	2012	18350.10	20101.33
2002	4525.70	5795.02	2013	20330.10	21818.15
2003	3611.94	6250.81	2014	21944.10	23567.70
2004	6252.50	7450.27	2015	23685.70	25123.45
2005	7141.40	9247.70	2016	25669.10	28178.65
2006	8387.00	10598.86	2017	28014.90	30632.99
2007	10425.50	12878.68	2018	30320.00	32679.87
2008	11813.10	14536.90	2019	35445.10	38155.32
2009	12900.90	15742.44	2020	36103.00	38701.00
2010	14441.60	17165.98	2021	40269.60	43214.85

解 使用 R 语言求解上述问题的代码及运行结果如下：

```
x <- c(3212.80, 3861.50, 4525.70, 3611.94, 6252.50, 7141.40, 8387.00, 10425.50,
     11813.10, 12900.90, 14441.60, 17188.80, 18350.10, 20330.10, 21944.10,
     23685.70, 25669.10, 28014.90, 30320.00, 35445.10, 36103.00, 40269.60)
y <- c(4812.15, 5257.66, 5795.02, 6250.81, 7450.27, 9247.70, 10598.86,
     12878.68, 14536.90, 15742.44, 17165.98, 19195.69, 20101.33,
     21818.15, 23567.70, 25123.45, 28178.65, 30632.99, 32679.87,
     38155.32, 38701.00, 43214.85)
ks.test(x, y)
##  Two-sample Kolmogorov-Smirnov test
## data:  x and y
## D = 0.18182, p-value = 0.8717
## alternative hypothesis: two-sided
```

由输出结果可知，D 统计量的值为 0.1818，检验的 p 值为 0.8717，远大于 0.05，因此不拒绝原假设 H_0，即认为两个地方 GDP 数据的分布是相同的。

12.3　符号检验

符号检验是较为简单的非参数统计方法。其是以“+”或“−”两个差数符号作为检验标准的检验方法，是非参数检验中最简单又最常用的方法。符号检验既可适用于单样本的分析，也可用于配对样本的分析。

12.3.1　单样本的符号检验

在单样本的分析过程中，符号检验适用于检验总体中位数是否在某一指定的位置。我们知道，反映一个总体分布位置的参数主要有平均数和中位数。平均数反映的是分布数列的重心位置，而中位数则是反映分布数列上下两边数据个数相等的中间位置。当分布为对称时，两者的位置是一致的，当分布为不对称时，两者就有差别了。在偏斜程度较大时，检验中位数往往比检验平均数更有实际意义，但这时又不适合使用参数检验方法。用正负符号检验法则更适用于中位数的检验。

中位数检验法的基本原理是：假设总体中位数的真值 $M_e=A$，并且从实际抽取容量为 n 的样本中，将每个观察值 $x_1,x_2,\cdots,x_n$ 相应减去 A，只记录其差数的符号，即：

$$(x_i-A)\text{的符号}=\begin{cases}+, & x_i>A\\ -, & x_i<A\end{cases}$$

然后，分别计算出“+”号的个数(用 n^+ 表示)，和“−”号的个数(用 n^- 表示)。如果遇到 $x_i=A$ 的情况，则将其剔除。从理论上说，当中位数 $M_e=A$ 为真时，所得的正号的个数 n^+ 和负号的个数 n^- 应该接近或者相等。如果从样本中得到的 n^+ 和 n^- 相差较远的话，就有理由认为 $M_e=A$ 的假设是不能接受的。这里检验中所用的判断标准是由二项分布临界值提供的，在大样本情况下可由正态分布来逼近。

下面结合实例来说明单样本符号检验的步骤。

【例 12.3】 从某大学随机抽取了 66 名大学生，记录其在 2021 年 9 月份的娱乐性支出数据，并按照从小到大排序后列出如表 12.4 所示。其中，某位同学当月的娱乐性支出为 99 元，试用符号检验法分析该同学当月的娱乐性支出是在该批被调研同学娱乐性支出数据的中位数之上还是在中位数之下。

表 12.4　随机抽取的 66 位同学在 2021 年 9 月的娱乐性支出

单位：元

66	75	78	80	81	81	82	83	83	83	83
84	85	85	86	86	86	86	87	87	88	88
88	88	88	89	89	89	89	90	90	91	91
91	91	92	93	93	96	96	96	97	99	100
101	102	103	103	104	104	104	105	106	109	109
110	110	110	111	113	115	116	117	118	155	192

解　经计算，这 66 位同学的娱乐性支出数据的中位数为 91，这个假设检验问题的原假设和备择假设分别为：

$H_0:M_e\geqslant 99$，　$H_1:M_e<99$

符号检验的计算很简单,只需将每一个样本数据与 99 进行比较,然后计算一下有多少个样本数据大于 99。本例有 $S^+=23$ 个样本数据大于 99。为简化讨论,不妨假设 $P(X<M_e)=P(X>M_e)=\frac{1}{2}$,其中 X 为该批同学的娱乐性支出数据。于是,若 $M_e>99$,则 $P(X<99)<P(X>M_e)=\frac{1}{2}$,$P(X>99)>P(X>M_e)=\frac{1}{2}$。所以,一般来说,观察到的大于 99 的样本数据的个数比较多,而小于 99 的样本数据的个数比较少,即 S^+ 比较大。因此我们在 S^+ 比较大的时候拒绝备择假设 $H_1:M_e<99$,从而不拒绝原假设 $H_0:M_e\geqslant 99$。

前面提到,符号检验中所用的判断标准是由二项分布临界值提供的,因此通过查二项分布临界值表(或调用 R 函数 pbinom())可得该问题的 p 值为 0.009329。由于 p 值较小,因此,拒绝原假设,从而接受备择假设 $H_1:M_e<99$,即:认为该同学当月的娱乐性支出数据在该批同学娱乐性支出的中位数之上。

使用 R 语言可以更加简便地得出上述问题的结论,代码及输出结果如下:

```
x <- c(66,75, 78,80,81,81,82, 83, 83, 83, 83, 84 , 85, 85, 86, 86, 86, 86, 87, 87,
       88, 88,88, 88, 88, 89 ,89, 89, 89, 90 ,90 ,91 ,91,91 ,91, 92, 93, 93, 96,
       96, 96, 97, 99, 100, 101, 102, 103, 103 ,104, 104, 104 ,105, 106, 109, 109,
       110 ,110, 110, 111, 113, 115, 116, 117, 118, 155, 192)
binom.test(sum(x > 99), length(x), alternative = "less")
##   Exact binomial test
## data:   sum(x > 99) and length(x)
## number of successes = 23, number of trials = 66, p-value = 0.009329
## alternative hypothesis: true probability of success is less than 0.5
## 95 percent confidence interval:
## 0.0000000  0.4563087
## sample estimates:
## probability of success
##          0.3484848
```

12.3.2　配对样本的符号检验

许多科学试验或社会经济调查中,常常需要比较两个总体的差异情况,但是总体的分布往往也不清楚,甚至调查的结果都很难从数量上进行测度。例如,让消费者品尝评判不同品牌啤酒的质量,评判者只能判别较好、较差或者给出质量等级,在这类分析中,配对样本的符号检验便是最适合的方法。当然,样本的配对并不仅仅限定于等级差异比较问题,它还有非常广泛的其他应用。配对样本符号检验的基本思想如下:设 n_1,n_2 是选自样本容量大小相同的不同总体的两个随机样本单位数,现在将两个样本的数据一一配对。然后将各配对组的数值相减,并记录其差数的符号,再计算"+"和"−"的个数 n^+ 和 n^-。如果两个样本所属的总体不存在显著的差异,则 n^+ 和 n^- 所出现的概率应该相差不大,反之,则认为两个总体存在显著差异。

【例 12.4】 在某企业中,随机抽取 14 名员工分别使用两种不同的工艺流程去生产某种产品,记录期内两个小组生产的产品数量列出如表 12.5 所示。试分析两种工艺流程在生产效率方面有无显著性差异。($\alpha=0.05$)

表 12.5　两种工艺流程生产产品的数量

编号	1	2	3	4	5	6	7	8	9	10	11	12	13	14
流程 1	25	30	28	23	27	35	30	28	32	29	30	30	31	16
流程 2	19	32	21	19	25	31	31	26	30	25	28	31	25	25
差数符号	+	−	+	+	+	+	−	+	+	+	+	−	+	−

解　从表 12.5 可知，$n^+=10$，$n^-=4$，$n=n^++n^-=10+4=14$。

(1)设立原假设。原假设 $H_0:P=0.5$，表示正负号出现的概率相等，各为 0.5，说明使用两种工艺流程对于生产的产品数量无显著性差异。备择假设 $H_1:P\neq 0.5$，表示正负号出现的概率不相等，说明使用两种工艺流程对于生产的产品数量有显著性差异。

(2)根据给定的显著性水平 $\alpha=0.05$，由于是双侧检验，每侧各为 $\alpha/2=0.025$，在 $n=14$ 的条件下，通过二项分布临界值表可查得临界值(同样可以调用 R 函数计算)。

(3)检验判断。计算出 p 值为 0.2857，明显大于 0.05，无法拒绝原假设，可以认为使用两种工艺流程对于生产的产品数量无显著性差异。

实现上述假设检验的 R 代码及输出结果如下：

```
x <- c(25, 30, 28, 23, 27, 35, 30, 28, 32, 29, 30, 30, 31, 16)
y <- c(19, 32, 21, 19, 25, 31, 31, 26, 30, 25, 28, 31, 25, 25)
binom.test(sum(x < y), length(x))   # sum(x < y)表示样本 X 小于样本 Y 的个数
##  Exact binomial test
## data:  sum(x < y) and length(x)
## number of successes = 4, number of trials = 14, p-value =0.1796
## alternative hypothesis: true probability of success is not equal to 0.5
## 95 percent confidence interval:
## 0.08388932  0.58103526
## sample estimates:
## probability of success
##         0.2857143
```

12.4　秩统计量和相关性检验

12.4.1　秩统计量的概念

秩是非参数统计方法中最常用的概念之一，大多数非参数统计方法都明显地或隐含地利用了秩的性质。一般来说，秩就是将数据按照升幂排列之后，每个观测值的位置值。

设样本 $X_1,X_2,\cdots,X_n$ 是取自总体 X 的简单随机抽样，$X_1,X_2,\cdots,X_n$ 中不超过 X_i 的数据个数，即 $R_i=\sum_{j=1}^{n}I(X_j\leqslant X_i)$，称为 X_i 的秩，X_i 是第 R_i 个顺序统计量，$X_{(R_i)}=X_i$。令 $R=(R_1,R_2,\cdots,R_n)$，R 是由样本产生的统计量，称为秩统计量。

显然，若样本 $X_1,X_2,\cdots,X_n$ 是取自连续分布总体的独立同分布样本，则统计量 $R_1,R_2,\cdots,R_n$ 的分布是对称等概率的，即对 $1,2,\cdots,n$ 的任一排列 $i_1,i_2,\cdots,i_n$，有

$$P(R_1=i_1,R_2=i_2,\cdots,R_n=i_n)=\frac{1}{n!}$$

此时，$R_1,R_2,\cdots,R_n$ 的分布与总体分布无关。

【例 12.5】 一组随机观察值如表 12.6 所示，请计算各观察值的秩。

表 12.6　一组随机观察值

X_i	X_1	X_2	X_3	X_4	X_5	X_6	X_7	X_8	X_9	X_{10}
观测值	15	9	18	3	17	8	5	13	7	19

解　首先，将上述数据按照升幂重新排列并加上次序得到表 12.7。

表 12.7　升幂排列后的数据及其秩

观测值 (X_i)	3	5	7	8	9	13	15	17	18	19
秩 (R_i)	1	2	3	4	5	6	7	8	9	10

还原回数据序列的初始顺序后，可得表 12.8。

表 12.8　原始观察值及其秩

观测值 (X_i)	15	9	18	3	17	8	5	13	7	19
秩 (R_i)	7	5	9	1	8	4	2	6	3	10

表 12.8 中第二行即为各数据的秩。

利用秩的大小进行统计推断就避免了不知道总体分布的困难，这也是大多数基于秩的非参数检验方法的优点。

在 R 软件中可以用 rank()函数计算秩统计量。求解例 12.5 的 R 代码及输出结果如下：

```
x <- c(15, 9, 18, 3, 17, 8, 5, 13, 7, 19)
rank(x)
## [1]  7  5  9  1  8  4  2  6  3  10
```

上述结果与人工计算结果相同。

12.4.2　Wilcoxon 秩和检验

符号检验利用观察值和零假设的中心位置之差的符号来进行检验，但是它并没有利用这些差的大小所包含的信息。不同的符号代表了在中心位置的哪一边，而差的绝对值的秩的大小代表了距离中心的远近。如果把这两者结合起来，自然比仅仅利用符号更加有效，这也是下面要介绍的 Wilcoxon 符号秩检验的宗旨。它把差的绝对值的秩分别按照不同的符号相加作为其检验统计量。

需要注意的是，该检验需要假定样本点来自连续对称总体分布，在这个假定下，总体中位数等于均值。它的检验目的和符号检验是一样的。

秩和检验的基本程序如下：

首先，从两个已知总体中，分别独立、随机地抽取容量为 n_1 和 n_2 的样本。其中，把样本容量较小的总体称为总体 1，并且有 $n_1+n_2=n$。如果两个样本容量相等，就可以任意将其中的一个总体称为总体 1。

其次，把两个样本混合起来，并按样本数据的大小，从小到大顺序编号，每个数值的编号就是它的秩。如果混合样本中有若干相同的数值，则把几个相同数值所在位置的秩简单算术平均，以所得的平均值作为这些数值的秩。

最后，计算来自总体 1 的 n_1 个观察值在混合样本序列中所对应的秩之和 W。其中，

W 的最小可能值为：

$$1+2+3+\cdots+n_1=\frac{n_1(n_1+1)}{2}$$

W 的最大可能值为：

$$(n_2+1)+(n_2+2)+(n_2+3)+\cdots+(n_2+n_1)=n_1\left[\frac{n_2+(n_1+1)}{2}\right]$$

如果两个总体分布无显著性差异，则 W 的值不应太大或太小，而应靠近中间值，即：(最大可能值+最小可能值)/2。如果总体 1 分布于总体 2 的右边，即 $M_e^1>M_e^2$，则 W 将靠近它的最大可能值；如果总体 1 分布于总体 2 的左边，即 $M_e^1<M_e^2$，W 将靠近它的最小可能值。W 可以作为秩和检验的统计量，当 W 的实际值超过临界值时，就拒绝两总体没有显著性差异的原假设。

由于 W 的分布与 n_1 和 n_2 的大小有关，因此秩和检验中临界值的确定有两种方法。如果 n_1 和 n_2 都未超过 10，可以通过查秩和检验临界值表来确定临界值的上下限。如果 n_1 和 n_2 都超过 10，此时随机变量 W 近似服从正态分布，其平均数 $\bar{W}$ 和标准差 σ 分别为：

$$\bar{W}=\frac{n_1(n+1)}{2},\quad \sigma=\sqrt{\frac{n_1n_2(n+1)}{12}}$$

在这种情况下，可将 W 标准化为 Z 统计量，通过查标准正态分布表来确定其临界值：

$$Z=\frac{W-\bar{W}}{\sigma}$$

下面我们通过一个例子来详细阐述 Wilcoxon 秩和检验的求解过程。

【例 12.6】　今测得 10 名非铅作业工人和 7 名有铅作业工人的血铅值，如表 12.9 所示。试用 Wilcoxon 秩和检验分析两组工人血铅值有无差异。

表 12.9　两组人员的血铅值

单位：微克/升

非铅作业组	24	26	29	34	43	58	63	72	87	101
铅作业组	82	87	97	121	164	208	213			

解　利用 Wilcoxon 秩和检验法的求解过程如下：

(1)该问题的原假设为 $H_0:X=Y$，备择假设为 $H_1:X<Y$，然后，将这两个组一共 17 个职工合在一起，把他们的血铅值由小到大排列，并记下它们的秩，如表 12.10 所示。

表 12.10　两组人员的血铅值及其秩

血铅值	24	26	29	34	43	58	63	72	82
秩	**1**	**2**	**3**	**4**	**5**	**6**	**7**	**8**	9
血铅值	87	87	97	101	121	164	208	213	
秩	**10.5**	10.5	12	**13**	14	15	16	17	

其中,加黑的数据表示非铅作业组的人员的血铅值,未加黑的数据表示有铅作业组的人员的血铅值。

(2)考虑到非铅作业组有 10 个人员,有铅作业组有 7 个人员,有铅作业组的样本量较小,为简单起见,我们计算有铅作业组的人员的血铅值的秩,它们是 9,11,12,14,15,16,17。

(3)将有铅作业组的人员的血铅值的秩相加,得到它们的和;

$W_2=9+10.5+12+14+15+16+17=93.5$

(4)显然,在 W_2 比较小的时候认为铅作业组人员的血铅值比非铅作业组的要低,在 W_2 比较大的时候认为铅作业组人员的血铅值比非铅作业组的要高。现在的问题是,$W_2=93.5$ 究竟是比较小,还是比较大?倘若这两个组的人员的血铅值没有差异,W_2 是如何分布的?这可以查 Wilcoxon 秩和检验临界值表。通过 R 函数计算得到 $p=0.0014$。p 值很小,说明 $W_2=93.5$ 是一个比较大的数,所以我们认为铅作业组的血铅值比非铅作业组的要高。这个统计分析的结论和数据相吻合。

该例的 R 代码及输出结果如下:

```
x <- c(24, 26, 29, 34, 43, 58, 63, 72, 87, 101)
y <- c(82, 87, 97, 121, 164, 208, 213)
wilcox.test(x, y, alternative = "less", exact = FALSE, correct = FALSE)
##  Wilcoxon rank sum test
## data:  x and y
## W = 4.5, p-value = 0.001449
## alternative hypothesis: true location shift is less than 0
```

12.4.3 Spearman 秩相关系数

1904 年斯皮尔曼提出的秩相关系数是秩方法的开始,Spearman 秩相关系数的计算过程如下。

设有成对数据

$$\binom{x_1}{y_1},\binom{x_2}{y_2},\cdots,\binom{x_n}{y_n}$$

它的秩相关系数的计算过程主要包括如下两步:

(1)记 x_i 在 $\{x_1,x_2,\cdots,x_n\}$ 中的秩为 R_i,y_i 在 $\{y_1,y_2,\cdots,y_n\}$ 中的秩为 Q_i,$i=1,2,\cdots,n$。为简化讨论,不妨假设在 $x_1,x_2,\cdots,x_n$,以及在 $y_1,y_2,\cdots,y_n$ 中都没有重复的观察值,则 $R_i=1,2,\cdots,n$,$Q_i=1,2,\cdots,n$。Spearman 秩相关系数的基本思想就是用 R_i 和 Q_i 分别代替 x_i 和 y_i,构造一个新的成对数据

$$\binom{R_1}{Q_1},\binom{R_2}{Q_2},\cdots,\binom{R_n}{Q_n}$$

(2)计算上述成对数据的矩相关系数

$$r_s=\frac{\sum_{i=1}^{n}(R_i-\bar{R})(Q_i-\bar{Q})}{\sqrt{\sum_{i=1}^{n}(R_i-\bar{R})^2}\sqrt{\sum_{i=1}^{n}(Q_i-\bar{Q})^2}}$$

其中,$\bar{R}=\frac{1}{n}\sum_{i=1}^{n}R_i=\frac{n+1}{2}$,$\bar{Q}=\frac{1}{n}\sum_{i=1}^{n}Q_i=\frac{n+1}{2}$。由于

$$\sum_{i=1}^{n}(R_i-\bar{R})^2=\sum_{i=1}^{n}(Q_i-\bar{Q})^2=\frac{n(n^2-1)}{12}$$

所以

$$r_s=\frac{12\sum_{i=1}^{n}R_iQ_i-3n(n+1)^2}{n(n^2-1)}$$

我们称 r_s 为上述成对数据的秩相关系数。显然，在 $g(\cdot)$ 为严格单调上升函数时，$\begin{pmatrix}x_1\\y_1\end{pmatrix}$，$\begin{pmatrix}x_2\\y_2\end{pmatrix}$，…，$\begin{pmatrix}x_n\\y_n\end{pmatrix}$ 与 $\begin{pmatrix}g(x_1)\\y_1\end{pmatrix}$，$\begin{pmatrix}g(x_2)\\y_2\end{pmatrix}$，…，$\begin{pmatrix}g(x_n)\\y_n\end{pmatrix}$ 的秩相关系数相等，所以秩相关系数可用来描述两个变量有没有同时上升(下降)，或一个上升、一个下降的趋势。

【例 12.7】 一项环保政策同时在六个省份试点，试点期满后，由两个专家组对此项环保政策在六个省份的试用效果进行评估，1 分代表最差，6 分代表最好，评估结果如表 12.11 所示，试用 Spearman 秩相关检验方法检验这两个专家组所进行的等级评定有无相关关系。($\alpha=0.05$)

表 12.11　甲乙两个专家组的打分情况

六个省份编号	A	B	C	D	E	F
甲组打分(X)	1	4	5	3	2	6
乙组打分(Y)	3	2	4	6	1	5

解　使用 R 语言求解上述问题的代码及输出结果如下：

```
x <- c(1, 4, 5, 3, 2, 6)
y <- c(3, 2, 4, 6, 1, 5)
cor.test(x, y, method = "spearman")
##  Spearman's rank correlation rho
## data:  x and y
## S = 20, p-value = 0.4194
## alternative hypothesis: true rho is not equal to 0
## sample estimates:
##       rho
## 0.4285714
```

结果显示，检验的 p 值为 0.4194，大于 0.05，因此，不能拒绝原假设，从而认为两个专家组所进行的等级评定不相关。

12.4.4　Kendall-τ 相关系数

1938 年肯德尔给出了另一种与 Spearman 相关检验法相似的检验方法并给出了对应统计量 τ，计算公式如下：

$$\tau=\frac{2k}{n(n-1)}$$

其中，$k=\sum_{1\leqslant i<j\leqslant n}sign((x_j-x_i)(y_j-y_i))$。$sign(\cdot)$ 是符号函数，在 $t>0$，$t=0$ 和 $t<0$ 时，$sign(t)$ 分别等于 1，0 和 -1，所以

$$sign((x_j-x_i)(y_j-y_i))=\begin{cases}1, & (x_j-x_i)(y_j-y_i)>0\\0, & (x_j-x_i)(y_j-y_i)=0\\-1, & (x_j-x_i)(y_j-y_i)<0\end{cases}$$

我们可以用 τ 来度量相关性。在 τ 接近 1 时,认为 X 与 Y 正相关;在 τ 接近 -1 时,认为它们负相关;在 τ 接近 0 时,认为它们不相关。这个统计量称为 Kendall-τ 相关系数。

针对例 12.7,我们也可以使用 Kendall-τ 相关系数对甲和乙两个专家组的打分情况进行相关性的分析,其 R 代码及输出结果如下:

```
x <- c(1, 4, 5, 3, 2, 6)
y <- c(3, 2, 4, 6, 1, 5)
cor.test(x, y, method = "kendall")
##  Kendall' s rank correlation tau
## data:  x and y
## T = 10, p-value = 0.4694
## alternative hypothesis: true tau is not equal to 0
## sample estimates:
##       tau
## 0.3333333
```

重要术语

参数检验　非参数检验　秩　分布的检验　符号检验　秩相关系数

思考题

12.1　简要叙述非参数统计与参数统计方法的主要区别。
12.2　简要描述非参数统计与参数统计方法各自的优缺点及适用范围。
12.3　如何计算一组给定数据的秩?
12.4　请解释为什么秩统计量的分布和总体分布无关?
12.5　为什么要对样本数据进行分布检验?
12.6　请描述符号检验的步骤。
12.7　请描述 Wilcoxon 秩和检验的步骤。

练习题

12.8　有一组原始观测值如表 12.12 所示。请分别通过手工和 R 软件计算上述各观测值的秩。

表 12.12　原始观测值

x_i	x_1	x_2	x_3	x_4	x_5	x_6	x_7	x_8	x_9	x_{10}
观测值	11	13	14	30	7	28	51	16	2	62

12.9　为帮助员工通过自学提高操作技能，特编辑了一套技术辅导材料。现针对某一项技能的掌握情况开展测试，随机选取了15名技工，他们在使用该套辅导材料之前的得分情况如表12.13所示，学习辅导资料后，重新对这一技能进行测试，所得分数也列在12.13表中。请使用R软件检验该套辅导材料是否有效提高了技工的该项技能？

表12.13　15名技工在学习辅导材料前后的测试得分

技工编号	1	2	3	4	5	6	7	8	9	10	11	12	13	14	15
学习前得分	2	2	2	2	3	3	3	3	3	3	2	3	3	2	3
学习后得分	3	4	2	3	2	3	4	4	2	4	4	3	4	4	4

12.10　在8块土地上同时试种新、旧两种小麦，我们知道旧小麦的平均亩产量为180公斤/亩，而新小麦产量分别为(单位:公斤/亩):209,200,179,230,170,195,210,155。试问:新产品小麦有无推广的必要？

12.11　在六个班级开展数学辅导，未辅导前，学生的平均数学成绩为81分，辅导后，六个班级学生的数学平均成绩为:88,79,89,91,78,81。试问:此类数学辅导是否有推广的必要？

12.12　某医院用某种药物治疗两型(单纯型和喘息型)慢性支气管炎患者共216例，疗效(效果显著、有进步和无效)如表12.14所示。试分析该药物对两型慢性支气管炎的治疗是否相同。

表12.14　某种药物治疗两型慢性支气管炎疗效结果

疗效	控制	效果显著	有进步	无效
单纯型	62	41	14	11
喘息型	20	37	16	15

12.13　某幼儿园对9对双胞胎的智力进行检验，并按百分制打分。数据如表12.15所示。试用Kendall相关检验方法检验双胞胎的智力是否相关。

表12.15　9对双胞胎的得分数据

双胞胎的编号(对)	1	2	3	4	5	6	7	8	9
先出生的儿童(X)	86	77	68	91	70	71	85	87	63
后出生的儿童(Y)	88	76	64	96	65	80	81	72	60

12.14　从一次期末考试试卷中随机抽取10份试卷，由两位老师同时批改这10份试卷，批改得分情况如表12.16所示，试用Spearman秩相关检验方法检验这两位老师的试卷批改有无相关关系。

表12.16　两位老师针对10份试卷的判分数据

试卷编号	1	2	3	4	5	6	7	8	9	10
甲老师的判分	88	71	98	61	75	82	95	84	75	91
乙老师的判分	62	89	68	90	91	99	67	75	79	80

参考文献

[1]Edward Curry. Introduction to Bioinformatics with R[M]. Chapman & Hall/CRC,2020.
[2] Michael Akritas. Probability & Statistics with R for Engineers and Scientists [M]. Pearson,2018.
[3]Garrett Grolemund, Hadley Wickham. R for Data Science: Import, Tidy, Transform, Visualize, and Model Data[M]. O'Reilly,2020.
[4]Hadley Wickham. ggplot2: Elegant Graphics for Data Analysis[M]. Springer,2021.
[5]Måns Thulin. Modern Statistics with R: From wrangling and exploring data to inference and predictive modelling[M]. https://modernstatisticswithr. com/,2022.
[6]Peter Dalgaard. Introductory Statistics with R[M]. Springer,2018.
[7]Robert I. Kabacoff. R in Action: Data analysis and graphics with R and Tidyverse[M]. Manning,2019.
[8]Yihui Xie. R Markdown Cookbook[M]. Chapman & Hall/CRC,2020.
[9]陈希孺.概率论与数理统计[M].合肥:中国科学技术大学出版社,2017.
[10]彼得·斯普伦特.应用非参数统计方法[M].北京:机械工业出版社,2018.
[11]曾五一.统计学概论[M].3 版.北京:首都经济贸易大学出版社,2018.
[12]贾俊平.统计学:基于 R[M].北京:中国人民大学出版社,2021.
[13]李金昌,苏为华.统计学[M].5 版.北京:机械工业出版社,2019.
[14]李勇,金蛟.统计学导论——基于 R 语言[M].北京:北京大学出版社,2016.
[15]柳向东.非参数统计——基于 R 语言案例分析[M].广州:暨南大学出版社,2015.
[16]茆诗松,程依明,濮晓龙.高等数理统计[M].3 版.北京:高等教育出版社,2019.
[17]王静龙,梁小筠.定性数据统计分析[M].北京:中国统计出版社,2008.
[18]王星.非参数统计[M].3 版.北京:电子工业出版社,2020.
[19]吴喜之.统计学——从概念到数据分析[M].北京:高等教育出版社,2016.
[20]薛毅,陈立萍.统计建模与 R 软件[M].2 版.北京:清华大学出版社,2021.
[21]温斯顿·常.R 数据可视化手册[M].2 版.人民邮电出版社,2021.
[22]哈德利·威克姆.ggplot2:数据分析与图形艺术[M].2 版.西安:西安交通大学出版社,2018.
[23]阿格雷斯特.属性数据分析引论[M].2 版.北京:高等教育出版社,2008.
[24]戴维·安德森.商务与经济统计[M].13 版.北京:机械工业出版社,2017.
[25]加雷斯·詹姆斯.统计学习导论——基于 R 应用[M].北京:机械工业出版社,2015.